LUMINAIRE

光启

守望思想　逐光启航

AMERICAN
PASSAGE

穿越窄门

埃利斯岛上的
移民故事

THE HISTORY
OF ELLIS ISLAND

［美］文森特·J.卡纳托　著

马百亮　译

上海人民出版社

LUMINAIRE BOOKS
光启书局

目　录

引　言

埃利斯岛是世界上最伟大的人性舞台之一，这里每天都在上演悲　　1
欢离合。

———威廉·威廉姆斯，埃利斯岛移民专员，1912 年

埃利斯岛是这个生机勃勃的新共和国的伟大前哨，它守卫着美国
敞开的大门。多年来，源源不断的移民大军的脚步曾经在这里回响。

———哈利·E. 赫尔，移民总专员，1928 年

1912 年，来自芬兰的 32 岁木匠约翰·泰尼（Johann Tyni）说他受
够了美国。"我想回芬兰，我在这个国家过得很不好。"[①] 此时，他和家
人来到美国还不到三年。这位带着四个孩子的已婚移民情绪低落，没
有工作。他说："我太累了，已经筋疲力尽，我总是心灰意冷，一想到
这些我就想哭。"

负责布鲁克林芬兰海员会堂（Finnish Seamen's Mission）的牧师卡

---

① 关于泰尼一家人，见 File 53525-37, INS。——原注。如无特殊说明，本书注释皆为
原注。

勒·麦肯嫩（Kalle McKinen）已经受够了约翰·泰尼。在过去的一年半时间里，这家芬兰人的慈善机构一直在照顾泰尼一家。麦肯嫩给移民局的官员写信说："这个人一到这里就疯了。他们全家竟然被允许进入美国，这实在令人遗憾。"他还抱怨说泰尼的妻子精神有问题，不能再照顾她的孩子。出于绝望、怜悯和愤怒，麦肯嫩牧师把泰尼一家送到了埃利斯岛。

在岛上的精神病院对约翰进行了一段时间的观察之后，移民官员们也受够了这家人。埃利斯岛的医生诊断约翰患有"精神疾病，表现为抑郁、行动迟缓、头痛和无力"。他们还宣布约翰9岁的儿子是一个"低能儿"，表现出"典型的智力缺陷"。

这一家人最初来到埃利斯岛时，情况比现在要好很多。约翰和他的妻子带着三个孩子和100美元来到这里，身心都很健康。但是，来美国不到三年，约翰和他的妻子、两个在芬兰出生的儿子和两个在美国出生的孩子就被从埃利斯岛遣返回芬兰。他们也急于回到约翰的岳母身边，摆脱在美国毫无意义的生活。

在他们来到美国之后，肯定发生了什么事情。虽然到美国后又生了两个孩子，但在布鲁克林生活期间，泰尼夫妇失去了他们在芬兰出生的两岁儿子尤金。儿子去世的打击，加上一个严酷的、陌生的新环境，也许足以把约翰·泰尼推入心理深渊。

移民官员对泰尼精神疾病的原因不感兴趣，他们只关心他已经不能工作并养家糊口的事实。按照官方的说法，泰尼全家都被认为"有可能成为公共的负担"，这一说法足以让移民官员将他们遣返。两岁大的大卫和尚在襁褓中的玛丽都是美国公民，因为他们出生在美国。严格来说，他们不用被遣返，可以留在美国，但显然他们与父母和兄弟姐妹一起踏上了前往芬兰的归途。

当时，美国政府不仅可以在边境拒绝移民，还可以在移民到达后将他们驱逐出境，只要他们属于被驱逐群体。埃利斯岛的幽灵不仅困扰着那些等待检查的新移民，也困扰着那些已经入境的人，他们可能会面临三年后遭遣返的威胁。

与泰尼一家不同的是，有些移民还没有踏足美国就遭遣返了。18岁的匈牙利人安娜·塞格拉（Anna Segla）也是在1910年来到美国的，比泰尼一家晚几个月。[①] 在埃利斯岛接受检查后，医生诊断她"脊柱弯曲，胸部畸形"，而且身材矮小。他们认为这些生理缺陷会让安娜无法在美国获得有意义的工作。于是，她上了被驱逐名单。

安娜本来是要去康涅狄格州和姑妈姑父住在一起的。这对夫妇没有子女，他们承诺会照顾安娜，并提出可以为她出具保证书。在将近两周的时间里，安娜被扣留在埃利斯岛，同时她的案子被上诉到华盛顿的官员那里。在一封很可能是她姑妈执笔的信里，安娜为自己做出了强有力的辩护。信中说："恕我直言，驼背从来没有妨碍过我谋生的能力，因为我总是做最重的家务，将来我也能做同样的工作。我请求阁下允许我留在美国。"尽管如此，安娜还是被遣返回欧洲。

其他移民则在埃利斯岛被扣留了更长时间，尽管其中许多人最终获准进入美国。[②]1907年，还是个小男孩的路易斯·K. 皮特曼（Louis K. Pittman）经过埃利斯岛时，被医生发现患有沙眼。这是一种轻微的传染性眼病，医务人员对此特别警惕。皮特曼没有被直接遣返，而是获准留在岛上的医院接受治疗。几十年后，皮特曼回忆起他在埃利斯

3

---

① 关于安娜·塞格拉的故事，见 File 52880-77, INS。

② 路易斯·K. 皮特曼 1985 年 12 月 3 日的来信，Public Health Service Historians Office, Rockville, MD。

岛的生活，认为"非常愉快"，有玩具、美味的食物、玩伴，大人的监管也非常宽松。在埃利斯岛的医院里关了 17 个月后，皮特曼获准登上大陆与家人团聚。

还有一些人比皮特曼幸运，遭扣留的时间较短。弗兰克·伍德哈尔（Frank Woodhull）在埃利斯岛的经历始于 1908 年，当时他刚从英国度假回来。[①] 在加拿大出生的伍德哈尔并不是归化的美国公民，他要回他居住的新奥尔良。当他和其他乘客列队经受埃利斯岛的医生审视时，他被拉到一边接受进一步检查。50 岁的他身材瘦弱，面色蜡黄。他穿着一套黑色的西装和马甲，一顶拉得很低的黑色帽子遮住了他的眼睛和剪得短短的头发。他的外表引起了医生的注意，要对他进行肺

4 结核检查。

伍德哈尔被带到一个房间做进一步检查。当医生要求他脱下衣服时，伍德哈尔请求不做检查。情急之下，他说："我还是把一切都告诉你吧，我是女的，15 年来一直女扮男装旅行。"接着，她向官员们讲述了自己的人生故事，她的真名是玛丽·约翰逊（Mary Johnson），作为一个年轻女子，孤身一人，努力谋生，但她具有男子气概的外表、低沉的声音，以及薄薄的双唇上的小胡子，让她的生活变得更加艰难。所以在 35 岁时，约翰逊置办了行头，以弗兰克·伍德哈尔的身份，开始了女扮男装的新生活。她在全国各地从事各种工作，过上了体面而独立的生活。在此之前的 15 年里，玛丽·约翰逊的真实性别一直是个秘密。

约翰逊要求找一位女医生给她做检查，这位女医生很快就发现她

---

① 关于弗兰克·伍德哈尔 / 玛丽·约翰逊的故事，见 *NYT*, October 5, 6, 1908; *NYTrib*, October 5, 1908; *New York Herald*, October 5, 1908; and Erica Rand, *The Ellis Island Snow Globe* (Durham, NC: Duke University Press, 2005), Chapter 2。

身体没有任何问题。她有足够的钱来避免被列为可能成为公共负担的人，她聪慧而健康，用一家报纸的话来说，官员认为她是"一个完全有道德的人"。她不同寻常的生活经历给埃利斯岛上的官员留下了深刻的印象。尽管如此，这件事还是太奇怪了，官员们扣留了她一个晚上，以便决定如何处置。由于不知道应该把约翰逊和男的还是和女的关在一起，官员们最终把她安置在岛上医院的单间里。

《纽约太阳报》上的标题是"长着小胡子的她女扮男装"。尽管有这种情况，但官员们还是认为约翰逊是一个可以接收的移民，允许她进入美国，用《纽约时报》的话说，就是"穿起裤子闯世界"。移民法中并没有禁止女性移民穿男性服装的规定，尽管我们可以想象，如果情况反过来，一个男性穿着女性服装入境，结果可能会与此不同。

在前往新奥尔良之前，约翰逊接受了记者采访。她说："在这个世界上，身为女性殊为不易。"她抱怨女性太在意衣着，只不过是"为女帽店、纺织品店、珠宝店和其他商店做活广告"。在约翰逊看来，女性是"奇想和时尚的奴隶"。她不愿受这些限制的束缚，更愿意"过一种独立自由的生活"。说完，她就离开了埃利斯岛，重新以弗兰克·伍德哈尔的身份开始了男人的生活。

但是在 1892 年至 1924 年期间经过埃利斯岛的 1 200 万移民中，绝大多数人都没有经历过这些麻烦。大约 80% 的人会在几个小时内通过埃利斯岛。

对于这些人来说，亚瑟·卡尔森（Arthur Carlson）的经历可能与他们更相似。[①] 卡尔森是 1902 年来到这里的瑞典移民，他只在埃利斯

---

① Bruce M. Stave, John F. Sutherland, with Aldo Salerno, *From the Old Country: An Oral History of European Migration to America* (NewYork: Twayne Publishers, 1994), 44–45.

岛待了大约两个小时就获准登陆了。卡尔森后来回忆说："我受到了很好的待遇，没有什么让我感到震惊。来到一个新的国家让我很兴奋。"卡尔森的目的地是康涅狄格州的纽黑文，他原本计划乘船前往，但移民官员建议说火车会更快一些。很快，卡尔森就拿到了火车票，踏上与哥哥团聚的旅途。

上述这些人在埃利斯岛的经历各不相同，有的被接收，如卡尔森；有的被扣留然后被接收，如伍德哈尔/约翰逊；有的入院治疗然后被接收，如皮特曼；有的被接收然后被遣返，如泰尼一家；有的被拒绝，如塞格拉。

没有一个故事可以囊括人们在埃利斯岛的全部经历，实际上这样的故事成千上万。[1]对大多数移民来说，埃利斯岛是通往美国新生活的大门，是他们美国之路不可分割的一部分。对一些移民和他们的家人来说，这里成了一个特殊的地方，而另一些人对这个地方则只有微弱的记忆，或者把它视为一个充满难以想象的精神压力的地方，到处是严厉的政府官员，这些人掌握着决定他们命运的权力。对一小部分人来说，埃利斯岛是他们在遭遣返之前所能看到的美国的全部。

对于像泰尼一家、弗兰克·伍德哈尔、阿瑟·卡尔森、路易斯·皮特曼和安娜·塞格拉这样的移民来说，为什么美国之路必须要经过纽约港这个小岛上的检查站？为什么他们的经历会如此大相径庭？

1896年，《今天》（*Our Day*）杂志刊登了一幅漫画，题为"大门

---

[1] 1915年，6岁的詹姆斯·卡拉沃拉斯（James Karavolas）来到埃利斯岛，多年后他讲述了自己对埃利斯岛的回忆。他说："我对埃利斯岛一点印象也没有，记忆很模糊。"Peter Morton Coan, *Ellis Island Interviews: In Their Own Words* (New York: Checkmark Books, 1997), 279.

口的陌生人"，描绘了一位寻求进入美国的移民。这个男人看起来很　　6
可怜：身材矮小，弯腰驼背，体弱多病，脚趾头从破烂的鞋子里伸出
来。无论是从字面意义上，还是从比喻意义上，他都背负着很多包袱。
他一只手里拿着一个写有"贫穷"的袋子，另一只手里拿着一个写有
"疾病"的袋子。他脖子上挂着一块刻有"迷信"字样的骨头，象征着
他落后的宗教和文化。他背着一个写有"亵渎安息日"的啤酒桶和一
枚标有"无政府状态"的粗制炸弹。

　　他来到一道大门前，大门两边是高高的石墙。门口的一根柱子上
有"美利坚合众国""自由进入""请进""欢迎"这些字样。站在大门
中间的是山姆大叔。山姆大叔比移民高出很多，穿着全套的爱国行头。
他很不开心地捏着鼻子，轻蔑地俯视着站在他面前的移民。捏住鼻子
的举动意味着恶臭的存在，但它也意味着一个人被迫做他不想做的事
情。这就是山姆大叔所面临的困境。

　　"我能进来吗？"移民问山姆大叔。

　　"我想你可以，没有法律将你拒之门外。"山姆大叔厌恶地回答。

　　根据这位漫画家的说法，通往美国的大门向欧洲的渣滓敞开，而
美国政府无法阻止他们。尽管对许多美国人来说这是一个很强烈的想
法，但实际上在1896年，这种想法已经过时。因为此时国会正在制定
一份把移民拒之门外的理由清单，随着时间的推移，这份清单还会越
来越长。

　　为了执行这些新法律，联邦政府建立了一个新的检查站。近80%
的美国移民都要经过纽约港，而这个检查站就位于纽约港一个名叫埃
利斯岛的小岛上。

　　这道大门的象征意义很重要。每天，检查员、医生和其他政府官
员都会站在门口，审查那些想要进入这个国家的人。他们仔细考虑哪

些移民可以进来，哪些要被拒之门外。

在这个门口，埃利斯岛就像一个筛子。政府官员设法对移民进行
筛选，把受欢迎的和不受欢迎的分开。对于那些不受欢迎的人来说，
美国的大门将永远关闭。联邦法律定义了这些类别，但这些法律的执
行和解释由埃利斯岛等地的官员具体负责。

爱德华·斯坦纳（Edward Steiner）写道，埃利斯岛的筛选过程并
不愉快，而是"一个严酷的事实，是执行法律的残酷机器，它精挑细
选，让身强力壮的人进来，把弱小和无助者排斥在外"。对另一个观察
者来说，这个过程就像"一台巨大的煤炭破碎机在筛选煤炭"。[1]

在埃利斯岛，最重要的筛选环节是检查。[2] 所有的移民排成一队
来到医疗人员面前。有时，这些医疗人员一天要检查数千名移民，他
们只有几秒钟的时间做出初步判断。他们会仔细观察头皮、脸、脖子、
手、步态以及整体的精神和身体状况。然后移民们要在医生面前向右
转，让医生可以看到他们的背后和侧面。通常，医生会触摸这些移民，
以了解其肌肉发育情况或是否发烧，或者检查他们的手，以判断是否
存在更严重的健康问题。这些医生也可能会问一些简短的问题，他们
已经掌握了一套独特的观察方法。正如一位医生所指出的那样，"身体
的每一个动作都有其独特的意义，通过认真练习，我们可以很快学会

---

① Edward A. Steiner, *On the Trail of the Immigrant* (New York: Fleming H. Revell Company, 1906), 72; Stephen Graham, *With Poor Immigrants to America* (New York: Macmillan, 1914), 44.
② Allan McLaughlin, "How Immigrants Are Inspected," *PSM*, February 1905; J. G. Wilson, "Some Remarks Concerning Diagnosis by Inspection," *NYM*, July 8, 1911; Alfred C. Reed, "The Medical Side of Immigration," *PSM*, April 1912; E. H. Mullan, "Mental Examination of Immigrants: Administration and Line Inspection at Ellis Island," Public Health Reports, U.S. Public Health Service, May 18, 1917; and Elizabeth Yew, "Medical Inspection of Immigrants at Ellis Island, 1891–1924," *Bulletin of the New York Academy of Medicine* 56, no. 5 (June 1980).

解读各种偏离常规的动作的意义"。

　　1905 年以后，所有的移民还要经过另一名医生的检查，这名医生的唯一工作就是给他们做一个快速的目测。如果发现任何可能有缺陷的迹象，他就会用粉笔做一个标记。例如，如果发现跛足，就标上英语里表示"跛足"的单词"lameness"的首字母"L"，如果发现眼睛有问题，就标上英语里表示"眼睛"的单词"eye"的首字母"E"。这些带有粉笔标记的移民大约占所有移民的 15% 到 20%，他们将接受进一步的身体或精神测试。

　　移民官员在很大程度上根据移民的精神、身体和道德来决定是否可以接收他们入境。对于现代人来说，把人归为"不受欢迎的"是一种让人不舒服的想法，带有歧视和麻木不仁的味道，但我们应该小心，不要用现在的标准来评判过去。相反，重要的是要理解为什么美国人会用这种方式对人进行分类，不管这个过程在我们看来有多么不愉快。

　　首先，他们担心移民会成为"公共负担"，也就是无法自谋生路。在还没有联邦福利体系和社会保障体系的情况下，这意味着他们要进入私人慈善机构或地方机构，比如济贫院、医院或收容所。要想进入这个国家，移民需要证明他们是健康的，能够自食其力。

　　其次，移民是来工作的。具体地说，他们是为美国的工厂和矿山提供劳动力的体力劳动者。这样艰苦的工作要求身体强壮。体弱多病或有智力缺陷的移民被认为不可能在工厂的艰苦环境中生存下来。

　　最后，重塑现代世界的科学观念在 19 世纪后期开始渗入公众意识，并影响了美国人看待移民的方式。达尔文的进化论和原始遗传理论为美国人提供了关于错误移民之危险的黑暗教训。许多美国人认为，贫穷、疾病和无知是遗传特征，会遗传给后代，从而削弱国家的基因库，降低普通美国人的活力，不仅是现在，还有未来几代人的活力。

所有这些观点都假设一个国家排斥它认为不受欢迎的移民是可以接受的。[①] 和现在一样，当时的美国人都在纠结一个问题：世界上的每个人都有资格进入美国吗？这个问题是埃利斯岛历史的核心。当时，大多数土生土长的美国人认为，他们有权在这个事关国家主权的问题上作出决定。马萨诸塞州参议员亨利·卡伯特·洛奇（Henry Cabot Lodge）在 1908 年的一次演讲中总结了这一观点：

> 每一个独立的国家都有而且必须有绝对的权力来决定谁可以进入该国，以及以什么条件成为其公民。……美国人民决定谁可以进入、以什么条件进入这个国家的权力是绝对的。我这里所说的美国人民是指一切美国公民，无论是土生土长的，还是归化的，他们的选票控制着政府。……除非得到美国人民的允许，否则任何人都无权进入美国或成为美国公民。

9

尽管洛奇毫不掩饰地相信白人盎格鲁-撒克逊新教徒的优越性，但他关于国家主权的观点触及了这样一个问题的核心，即一个国家应该如何对待那些敲它大门的人。

美国的移民法基于这样一个理念，即自治的人民能够决定谁可以或不可以进入这个国家。但这一理念与其他理念存在冲突，比如美国欢迎新移民的历史传统。更重要的是，它与宪法所保障的权利是普世权利的理念相冲突。《独立宣言》的基本信条是人人生而平等，这与有些移民是受欢迎的、有些移民是不受欢迎的这一观点怎么相吻合呢？

---

① 亨利·卡伯特·洛奇 1908 年 3 月 20 日在波士顿城市俱乐部的演讲，转载于第 60 届国会第一次会议，参议院第 423 号文件。

不同美国理想之间的冲突是理解埃利斯岛最初创建理由的核心。

正如约翰·海厄姆（John Higham）的经典著作《国土上的陌生人》（*Strangers in the Land*）所表明的那样，埃利斯岛时期的传统历史关注的是本土主义的兴衰。约翰·海厄姆将本土主义定义为"因其与国外的联系而强烈反对国内少数族裔"。[①] 然而，海厄姆很快就发现了自己分析的不足之处。在他的书出版后不久，他问道："我是否应该承认，现在看来，作为研究美国不同族裔之间斗争的工具，本土主义并不像我之前的讲述和其他的讲述所暗示的那样合适？"他后来承认："虽然我不仅厌恶过去的仇外情绪，也厌恶冷战时期无所不在的民族主义幻觉，但是我却强调了种族冲突中最具煽动性的方面。"

海厄姆总结道："目前为止所形成和定义的本土主义主题已经出现了想象力的枯竭。"[②] 他过分强调了美国人对移民态度的心理解释，弱化了个人的理性，将个人对复杂社会变化的反应降低为原始的情绪反应。这并不意味着淡化美国历史某些时期的反移民情绪，而这种情绪常常会很丑陋。在 19 世纪晚期，随着移民的主体从北欧人变成了南欧人和东欧人，这种情绪也逐步高涨，在这一点上，海厄姆基本上是正确的。第一次世界大战引发了对外国人的强烈反对，在这一点上，他也是正确的。 10

然而，这两个时期也见证了美国社会更大的转变。前者发生在渐

① John Higham, *Strangers in the Land: Patterns of American Nativism, 1860-1925* (New Brunswick, NJ: Rutgers University Press, 1955), 4. 对海厄姆的"精神病理学方法"的评论，见 Aristide R. Zolberg, *A Nation by Design: Immigration Policy in the Fashioning of America* (New York: Russell Sage Foundation, 2006), 6-8。

② John Higham, "Another Look at Nativism," *Catholic Historical Review*, July 1958 and John Higham, "Instead of a Sequel, or How I Lost My Subject," *Reviews in American History* 28, no. 2 (2000).

进式改革时代的初期，为了实施这些改革，美国开始成为一个联邦行政体制国家。后者发生在第一次世界大战之后人们对改革和政府的幻想破灭之际。随着规范社会的进步动力的消退，美国人转而试图恢复被现代工业化美国的崛起所取代的失落的世界。

如果不被反移民情绪的表达所迷惑，而是聚焦于移民政策的实施，我们会发现围绕埃利斯岛的争论并不像我们想象的那样两极分化。尽管有激烈的言辞，这场辩论依然在美国政治生活的正常范围之内。在移民问题上，人们拥有相当大的共识。大多数美国人在这个问题上持中间立场。这场争论在埃利斯岛最为著名，持续了 30 多年。

几乎没有美国人主张对所有移民完全开放，也没有人主张完全排斥移民。[①] 美国公共卫生署的医生艾伦·麦克劳克林（Allan McLaughlin）指出了争论的范围：

> 有些极端主义者主张完全排除所有移民或完全排除某些种族，而这是不可能的。还有一些极端主义者摆出一副人道主义者和慈善家的姿态，鼓吹一种近乎疯狂的行为，即取消所有的限制，让所有不幸的人都能畅通无阻地进来，包括瘸子、瞎子、道德上和身体上有毛病的人。这两种极端的观点都是站不住脚的。无论是禁止所有移民入境，还是对某一特定种族的不公正歧视，都是不合逻辑的、偏执的、不符合美国精神的。另一方面，不加分别地接纳一群患病、有残疾和一无所有的移民将是对国家的犯罪，不能用虚伪的人道主义或错误的慈善精神作为借口。

[①] Allan McLaughlin, "Immigration and Public Health," *PSM*, January 1904.

美国人很少质疑政府排斥或遣返移民的权力，他们争论的是这样做的合法标准，以及政府应该如何在埃利斯岛这样的移民站严格执行这些标准。

以积极参与这一时期辩论的两个人的意见为例。[1]马克斯·科勒（Max Kohler）是美国犹太人委员会（American Jewish Committee）的律师，他坚决捍卫犹太移民的权利，批评埃利斯岛的执法过于严格。不过，他承认，当时的移民法在禁止那些不受欢迎的人入境方面是适当的。他说："我们不希望任何种族或信仰的外国人都进入美国。事实上，那些患有令人不适或传染性疾病的人，那些精神上或道德上有缺陷的人，那些合同工或贫民，那些可能成为公共负担的人，我们不希望他们进来。"他反对的是更加严格地执行该法律，以及国会通过更多针对移民的限制性措施。

另一方是移民总专员弗兰克·萨金特（Frank Sargent），这位前劳工领导人赞成对移民进行更严格的检查和限制，但是他承认，他"不会提倡'闭门'政策……因为我们仍然需要身体健康、能够自食其力的外国人"。[2]对他和其他有类似想法的人来说，现行的法律还不错，但需要更严格地执行。可见，辩论的焦点不在于是否要限制移民，而是关于谁可以进入美国的标准本身。

美国犹太人委员会在向美国移民委员会提出的建议中指出："我们希望强调一点，即美国的移民法一直是为了规范移民而制定的。"[3]有

[1]　Max Kohler, "Immigration and the Jews of America," *AH*, January 27, 1911.

[2]　Frank Sargent, "The Need of Closer Inspection and Greater Restriction of Immigrants," *Century Magazine*, January 1904.

[3]　《美国犹太委员会报告》，转引自 Max J. Kohler, *Immigration and Aliens in the United States: Studies of American Immigration Laws and the Legal Status of Aliens in the United States* (New York: Bloch Publishing Company, 1936), 1。

关移民问题的辩论双方都认为，美国有必要继续接受移民，也都认为
有必要对抵达美国的移民进行分类，排除那些不受欢迎的移民。然而，
他们在如何严格管理移民方面存在分歧。在实践中，这使得主要来自
欧洲的移民在近 30 年的时间里保持着美国历史上的高位。虽然存在关
于排斥和限制的各种讨论，但在经过埃利斯岛的所有移民中，只有不
到 2% 的人最终被拒之门外。

这些涉及欧洲移民以及数量较少的中东和加勒比移民的法律，与
针对中国移民的法律形成了鲜明对比。[①] 对于中国人和其他亚洲人来
说，美国的移民政策是加以限制。这是更大范围的移民政策的例外，
当时的美国人非常清楚这种差别对待，并且努力不对其他移民群体
重复这种做法。对亚洲人来说，他们几乎完全被排除在美国之外是
出于种族原因。对于所有其他寻求入境的人，移民官员们会根据个
体特征而不是种族来剔除那些所谓不受欢迎的移民。对南欧和东欧
的偏见当然存在，但直到 20 世纪 20 年代移民配额制度出台才被写入
法律。

与关于美国移民的许多其他著作不同，本书并没有严格地从本土
主义情绪偏颇的诠释角度来看待这段历史，也没有把埃利斯岛作为美
国慷慨和不切实际的理想主义的象征。相反，本书着眼于真实的人们
是如何在埃利斯岛创造、解释和执行移民法的。

这是一个关于现代国家在巨大的、令人不安的变化中不断成长的

---

① 见 Erika Lee, "The Chinese Exclusion Example: Race, Immigration, and American Gatekeeping, 1882–1924," *Journal of American Ethnic History*, Spring 2002; Lucy E. Salyer, *Laws Harsh As Tigers: Chinese Immigrants and the Shaping of Modern Immigration Law* (Chapel Hill: University of North Carolina Press, 1995)。关于天使岛在移民历史解读中的作用，请参阅 Roger Daniels, "No Lamps Were Lit for Them: Angel Island and the Historiography of Asian American Immigration," *Journal of American Ethnic History* 17, no. 1 (Fall 1997)。

烦恼故事。作为回应，美国人参与了一场关于谁能成为美国人的辩论。这场辩论很激烈，很吵闹，常常令人很不愉快。原始的情感和直率的观点被那些常常会让现代读者感到不安的语言表达了出来。

作为对这场辩论的回应，国会将这些担忧转化为法律，并在埃利斯岛和全国各地其他较小的移民检查站实施。在这些检查站，移民官员们每天都要面对蜂拥而至的大量人口。

守卫边境成为定义美利坚民族性格的关键。埃利斯岛代表了一个新时代的开始：美国崛起成为一个现代民族国家。内战结束后，它将成为一个工业强国，从东海岸到西海岸成为一个统一的国家，并将其势力范围扩展到亚洲、加勒比地区和拉丁美洲，从而增强了其在世界舞台上的实力。为了管理这个经济、军事和政治巨兽，不得不几乎从零开始，建立一个新的联邦政府。我们应该在这个现代国家崛起的大背景下对移民问题进行思考。

管理埃利斯岛等检查站的移民署是美国首批大型政府项目之一。我们今天所知的强大的联邦政府在19世纪末才刚刚起步。随着联邦政府投入更多的时间、精力、金钱和人力来检查移民，一个越来越大的行政体系被创造了出来，而这样的体系建立了自己的一套规则。

与其将埃利斯岛的工作视为一种移民限制，不如将其视为一种监管形式。19世纪相对低调的联邦政府到20世纪发展成为一个更严格的监管体系，这个体系并没有终结资本主义，而是寻求控制其过度行为。在同一时期，联邦政府的自由放任态度让位于这样一种制度：并不终止移民，而是为了公众利益对其进行监管。

移民管制背后的推动力，与禁止童工、管理铁路和垄断部门、开放定居点、创建国家公园、与城市政治机器的腐败作斗争，以及提倡节制饮酒的推动力是一样的。正是这些进步时代的改革推动了联邦政府的扩张，以确保它能从公共利益的角度监管私人企业。

　　从这个意义上说，移民管制作为一项渐进式改革非常合适。在许多改革者看来，大企业和自私的轮船公司一起，在腐败的政治大佬的帮助下，试图将移民的水龙头完全打开，将他们作为廉价劳动力的来源，为新的工业经济提供动力，并为城市政治机器提供选民。改革者希望通过规范移民而不是终止移民来缓和这种局面。他们相信一个大型的工业和市民社会需要积极塑造，19 世纪旧的自由放任主义哲学无法解决现代的问题。

　　20 世纪美国的政治史在很大程度上是关于政府监管程度的斗争。历史学家普遍认为，渐进式改革的精神在第一次世界大战后暂时消失了，毫不奇怪，在这一时期，埃利斯岛实行了 30 年的移民管制也结束了。到 20 世纪 20 年代，生硬的移民配额机制将取代这种对移民的监管方式。这个新机制并不试图对移民做出筛选，而是根据移民的来源对其进行严格限制。美国并没有像之前对中国移民所做的那样完全拒绝来自欧洲的移民，但大规模移民的时代实际上已经结束了，埃利斯岛也失去了它存在的意义。

　　当罗斯福新政带来一种新的改革精神，联邦政府再次开始积极干预私营部门时，移民问题被排除在外。这个国家对政府权力的矛盾观点也反映在了移民法上。

　　在二战期间，埃利斯岛变成了关押敌对国公民的监狱。在冷战期间，这里成为关押有激进思想的非公民外国人的监狱。在战后的繁荣时期，政府于 1954 年遗弃了埃利斯岛，任其荒废。到了 20 世纪 80 年代，美国迎来又一波大规模移民浪潮，埃利斯岛才再次引起人们的关注。此时，这个以前的检查站已经演变成数百万美国人的情感象征，一个新的普利茅斯岩石。部分旧建筑被修复并重新开放，成为移民历史博物馆。从此，埃利斯岛成为历史记忆的一部分。

　　本书不是一个人的传记，而是一个地方的传记，是纽约港一个小岛的传记，它浓缩了美国在欢迎人们来到新世界时复杂而矛盾的想法。本书追溯了埃利斯岛的历史。在19世纪，这里曾经是对海盗执行绞刑的场所；在1892年至1924年的鼎盛时期，作为美国主要的移民站，有1 200万移民在这里接受检查；在第二次世界大战和冷战期间，这里曾作为外国人的关押地；最后，埃利斯岛作为移民博物馆和国家的标志而获得重生。埃利斯岛早已不再是一个检查站，但是围绕它的争论却依然在继续。

　　如今，对有些人来说，埃利斯岛已经成为一种老生常谈的故事，它讲述了那些"渴望自由的贫苦大众"的勇气和毅力。在这里，他们找到了自由。这是一首怀旧的颂歌，歌颂了我们吃苦耐劳的祖先，尽管有在这个臭名昭著的眼泪之岛的经历，他们依然取得了成功。在这里，固执的官员让他们吃尽苦头，还硬是把他们有六个音节、没有元音的姓氏改成了"史密斯"。

　　事实上，埃利斯岛是美国就移民问题进行了长达30多年激烈辩论的地方。检查员、医生和移民官员每天都要面对如何解释美国移民法的问题，同时还要亲自面对成千上万蜂拥而至的活生生的人。一边是完成枯燥乏味的执法任务的人们，另一边是来美国寻求新生活的人们，两者之间产生了直接的冲突。

　　埃利斯岛体现了美国人努力应对快速工业化和大规模欧洲移民带来的巨大而破坏性变化的故事。它讲述的是美国的故事，当数百万来自截然不同背景的新移民涌入美国时，这个国家开始努力思考作为一个美国人意味着什么。

　　美国人需要这样一种历史，它既不以一种飘飘然的、沾沾自喜的

15

怀旧情绪来美化这个地方，也不盲目地将发生在那里的一切谴责为丑陋的本土主义者的邪恶和偏执所致。相反，本书试图探究在埃利斯岛究竟发生了什么以及为什么会发生。

这座岛屿面积如此之小，却深深铭刻在许多美国人的心中。这是一段真实而动荡的历史，它有助于解释为什么数百万移民必须通过埃利斯岛进入美国，以及这条通道反过来又如何参与塑造了这个国家。

第一部分

大洪水之前

第一章 岛屿

1824年4月2日下午，五万纽约人堵塞了第二大道和十三街的交
叉口。[1] 纽约近三分之一的人在那里目睹了对一个名叫约翰·约翰逊的
杀人犯的绞刑。

这一场景让城市官员很不开心。他们关心的不是一个文明的城市
是否应该发生这样可怕的事件，而是由此造成的交通堵塞。后来他们
下令将以后的处决移至附近的布莱克威尔岛（现在的罗斯福岛）。但
是，公众还没有看够呢。在下次行刑时，他们乘船前来看热闹，船只
太多导致河上交通中断，造成了许多事故。市议会随后下令，今后所
有的处决都在市监狱内进行，不再让公众围观。

这座城市并非对所有的处决都有管辖权。公海上的海盗犯罪是一
种由联邦政府负责的罪行。海盗活动相当普遍，足以让联邦当局操心。
虽然纽约禁止公开行刑，但在接下来的几年里，在联邦政府控制的一
个港口小岛上，继续向纽约人展示这种可怕的行为。19世纪的纽约人
称这里为绞刑架岛，但后来它有了另一个名字，即埃利斯岛，是美国

---

[1] Daniel Allen Hearn, *Legal Executions in New York State, 1639–1963* (Jefferson, NC: McFarland & Co., 1997), 40, 299–300.

最著名的岛屿之一。然而，它的早期历史用不光彩来形容最为恰当。

说起海盗，人们总会联想到独目黑眼罩、骷髅旗和大量财宝，但现实中的海盗要比这平凡得多，尽管仍然充满暴力。[①]一旦被抓，他们往往面临死刑。对海盗的绞刑不仅仅是一种惩罚，还是一种威慑。被处死后，他们还要被挂在铁链上一段时间，作为对那些胆敢破坏海上贸易的人的警告。用来悬挂尸体的柱子被称为绞刑架，因此这座岛屿才有了这个令人毛骨悚然的名字。

1809 年，华盛顿·欧文（Washington Irving）以迪德里克·尼克博克（Diedrich Knickerbocker）为笔名出版了他对纽约历史的伟大讽刺作品，其中有很多地方提到了绞刑架岛。[②]他把真实的历史和神话混合在一起，创造了一个名叫迈克尔·鲍尔（Michael Paw）的定居者。根据欧文的描述，他"统治着古老而美丽的巴佛尼亚（Pavonia）地区和遥远的南方土地，甚至一直到纳维锡克山脉（Navesink）。此外，他还是绞刑架岛的主人"。虽然鲍尔可能的确拥有这片土地，但这片三英亩的岩石和沙岛并不能给他带来什么权力或威望，也不是什么值得夸耀的东西。

绞刑架岛和海盗绞刑的传说也诡异地出现在欧文的另一个故事《来自绞刑架岛的客人》中。[③]在这个鬼故事中，两个海盗划船来到绞刑架岛，发现他们的三个同伙"吊在那里，在月光下摇晃着，他们的破衣烂衫随风飘动，身上的锁链在风中慢慢地摇摆着，发出吱吱嘎嘎

---

① Rudolph Reimer, "History of Ellis Island," mimeo, 1934, 6–7, NYPL.

② Washington Irving, *History, Tales and Sketches* (New York: Library of America, 1983), 628–629.

③ Washington Irving, "Guests from Gibbet Island," in Charles Neider, ed., *Complete Tales of Washington Irving* (New York: Da Capo Press, 1998). 欧文在他的短篇小说《道夫·海利格尔》（*Dolph Heyliger*）中也回到了这个主题。

的响声"。当其中一个海盗回到家时，等着他的是"那三个从绞刑架岛来的客人，脖子上套着绞索，正在一起碰杯"。另一个海盗很快就死掉了，他的尸体被发现"搁浅在绞刑架岛的岩石中间，就在海盗的绞刑架下方"。

绞刑架岛上的海盗绞刑可不仅仅是鬼故事的素材。[①]1824年6月11日午后，一个名叫托马斯·琼斯（Thomas Jones）的黑人水手因参与谋杀船长和大副而在绞刑架岛被绞死。琼斯死后不久问世的一本小册子中写道："在他的同伙看来，毫无疑问，他已经进入了天堂。他的生命就这样结束了，给世界留下了一个大罪人的恶例，也证明了上帝的无限恩典和耶稣基督拯救罪人的意愿。"

到琼斯被绞死的时候，罪犯的尸体已经不再被挂在绞刑架上，但公众仍然需要从这些处决中吸取教训。这些被广泛传播的小册子强调的是基督教的救赎观念，而不是复仇，因为他们都会为自己的罪过忏悔并接受耶稣基督的救赎。这些小册子不仅向公众讲述有关谋杀和海盗的可怕故事，而且还讲述了令人欣慰的故事，在这个故事中，即使是最邪恶的罪犯也会在死前忏悔自己的罪行，以拯救自己的灵魂免于永恒的诅咒。

两年后，当威廉·希尔（William Hill）在绞刑架岛被绞死时，人们也讲述了一个类似的故事。[②]可是希尔的情况与琼斯截然不同。虽然两人都是黑人，但琼斯是自由人和水手，而希尔是马里兰州一名24岁的奴隶，他在一次逃跑失败后被抓。弗雷德里克·道格拉斯（Frederick Douglass）曾经是巴尔的摩的奴隶，他描述了马里兰州行为

---

① "Life and Confession of Thomas Jones," 1824, NYHS.
② "Trial and Confession of William Hill," 1826, NYHS; Frederick Douglass, *Narrative of the Life of Frederick Douglass, an American Slave* (New York: Signet Classics, 1997), 26.

不端的奴隶的遭遇："如果一个奴隶被认为行为不端，变得不服管教，或有了要逃跑的心思，他会立即被带到这里，被鞭子狠狠抽打，然后送到单桅帆船上，运至巴尔的摩，卖给奥斯汀·伍尔福克（Austin Woolfolk）或其他奴隶贩子，作为对其他奴隶的警告。"这就是发生在威廉·希尔身上的事。

1826 年 4 月 20 日晚，奥斯汀·伍尔福克将锁链加身的希尔和其他 30 名奴隶赶到"迪凯特"（Decatur）号上。① 这艘船从巴尔的摩出发，目的地是新奥尔良，在那里，奴隶将被卖到南方腹地的大型种植园干活。琼斯和其他一些奴隶不愿意接受命运的安排，而是设法脱身，控制了船只，把船长和大副扔到了海里。赫尔曼·梅尔维尔（Herman Melville）的小说《贝尼托·塞莱诺》（Benito Cereno）的读者和电影《断锁怒潮》（Amistad）的观众应该都很熟悉这一情节。

叛乱的奴隶被抓获，但只有希尔被判罪。他对被谋杀的船长并无恶意，说他和同伙只是在争取自由。事实上，他对自己在船长之死中所扮演的角色感到非常内疚，甚至希望自己当初选择了跳海而不是杀死另一个人。

1826 年 12 月 15 日，希尔被送到绞刑架岛受刑。一份记录显示："从坐上蒸汽船到抵达被处决的地方，他似乎完全听从上帝的安排。他不停地祈祷，唱赞美诗，到了岛上，有人把他的棺材给他看，他说那只能装下他的身体，而装不了他的灵魂，因为他的灵魂和亲爱的救主同往荣耀里去了。"

奥斯汀·伍尔福克也出席了行刑。在绞刑架上，希尔发现了这个

---

① *Genius of Universal Emancipation*, January 2, 1827; Ralph Clayton, "Baltimore's Own Version of 'Amistad': Slave Revolt," *Baltimore Chronicle*, January 7, 1998, http://baltimorechronicle.com/slave_ship2.html.

奴隶贩子，他在最后的遗言中原谅了伍尔福克，并说希望他们能够在
天堂重逢。作为回应，伍尔福克诅咒了这个注定要死的人，说他罪有
应得。人群中一些人对伍尔福克的情感暴发感到震惊，让他安静下来。
最后，这个由奴隶变成海盗的人"进入了永恒"。

在那之后，这里执行了更多的绞刑。最著名的是 1831 年同时对
海盗查尔斯·吉布斯（Charles Gibbs）和托马斯·沃姆斯利（Thomas
Walmsley）的绞刑。4 月的一个春日，港口再次挤满了船只，船上的乘
客急切地想亲眼观看行刑过程。绞刑架岛"挤满了男人、女人和孩子，
在周围的水域，有无数载满乘客的船只，有汽船和帆船，也有小艇和
独木舟"。拥挤的港口一片混乱，有几艘船翻掉了。

现场混乱不堪。[①]《商业广告报》（Commercial Advertiser）接到
一个人的电话，说他给一位职员放一天的假，让他去观看行刑的场
面，但从那以后就再也没有听到过这位职员的消息。《工人鼓动报》
（Workingman's Advocate）也刊登了一则消息，说有一位 36 岁的男子
神秘失踪，他在绞刑那天从家里出来，但再也没有回来。他的朋友们
认为他是去港口看行刑，然后淹死了。我们不清楚这两名男子是真的
溺水身亡，还是只是逃避工作，但第二天人们发现有一具身份不明的
尸体漂到了华尔街附近的咖啡馆码头。

吉布斯是一个 30 多岁的白人，据说来自罗得岛一个受人尊敬的家
庭。[②]据一个夸张的说法，吉布斯和他的手下抢劫了 20 多艘船，杀害
了近 400 人。沃姆斯利是一个肥胖的 23 岁黑白混血儿。1830 年 11 月，

---

① Reimer, "History of Ellis Island," 24; *Commercial Advertiser*, April 23, 1831; *Workingman's Advocate*, April 30, 1831.

② "Mutiny and Murder: Confession of Charles Gibbs," (Providence, RI: Israel Smith, 1831), NYHS.

两人和他们的同伙控制了"葡萄园"号，杀死了船长和大副。他们把船搁浅在长岛附近，带着船上的钱游上了岸。三名同伙在上岸之前淹死了。吉布斯和沃姆斯利很快就被逮捕，并被一名似乎对分赃不满意的同伙指认为主谋。

在审判中，曾担任船上乘务员的沃姆斯利似乎以种族偏见为由为自己辩护。他在证词中说："我很清楚，不同肤色的人会受到不同的对待，我在这个法庭上也看到了这一点。"不过，1831 年 4 月 22 日，吉布斯和沃姆斯利"按照法律规定的犯下此类罪行的人所要缴纳的数额支付了罚金"。在绞刑架上，吉布斯向聚集在绞刑架岛上的人们发表了将近半个小时的讲话。两人都承认对他们的死刑判决是公正的。他们不是从绞刑台上掉下来，而是被吊死在一根另一端系着重物的绳子上。沃姆斯利几乎立刻就死了，而吉布斯的死则要慢得多，也痛苦得多，因为他脖子上的绳结没有系好。

他们的尸体在绞刑架上摇晃了近一个小时，之后被交给外科医生进行尸检。[1] 在外科医生取走尸体之前，一个雕刻家用石膏做了吉布斯的头颅标本。这样，颅相学家就可以"仔细研究这个史上最凶恶的凶手之一的头骨"。颅相学家认为，通过测量头骨的大小和形状，可以揭示一个人的性格和智力。

岛上的最后一次绞刑发生在 1839 年 6 月 21 日，当时纽约人围观了一个名叫科尼利厄斯·威廉斯（Cornelius Wilhelms）的海盗被处死。[2] 这将是他们最后一次在绞刑架岛围观这一恐怖景象，尽管 20 年后，大约 10 000 名纽约人（大多数是乘船）会到附近的贝德罗岛观看

---

[1] *New York Evening Post*, April 23, 1831; *Atkinson's Saturday Evening Post*, April 30, 1831.

[2] Hearn, 46; "The Life of Cornelius Wilhelms: One of the *Bra-ganza* Pirates," 1839, NYHS.

海盗阿尔伯特·希克斯（Albert Hicks）的绞刑。

到了19世纪末，对海盗的绞刑已经成为历史，贝德罗岛和绞刑架岛也从其早期的可疑历史变成了美国神话历史的万神殿。此时，在绞死阿尔伯特·希克斯的绞刑架的原址上，已经竖立起自由女神像的基座。绞刑架岛将抛弃它臭名昭著的名字和历史，恢复到以前的名字，即埃利斯岛。19世纪末之前，它吸引了比以往任何时候都多的人来见证海盗的绞刑。

纽约市是一个群岛，是哈德逊河上的菲律宾，是数千年前冰川的杰作。[①] 它是一个由近600英里的海岸线组成的岛屿帝国。实际上只有一个行政区与大陆相连，即布朗克斯。除了曼哈顿、斯坦顿岛和长岛之外，还有大约40个岛屿。[②] 这些小岛坐落在海湾、河流、港口和其他环绕着这个城市的水道中。最大的岛屿之一——罗斯福岛是一座城中之城，长2英里，宽800英尺，人口超过8 000人。它的南端是这座城市最小的岛屿之一，长100英尺，宽200英尺，以联合国第三任秘书长吴丹（U Thant）的名字命名。

这座城市的许多岛屿曾经发挥过重要的社会作用，有些岛屿现在仍然如此。[③] 随着这座城市从曼哈顿向北发展，困扰每一个新兴大都市的社会问题也随之而来。在这种情况下，用作家菲利普·罗帕特（Phillip Lopate）的话来说，这些岛屿构成了一道防疫封锁线，"罪犯、精神病患者、梅毒患者、结核病患者、孤儿和赤贫者等都被隔离在这里"。难怪这里会成为绞死海盗的好地方。

24

---

① 关于纽约滨水区的精彩探讨，见 Phillip Lopate, *Waterfront: A Journey Around Manhattan* (New York: Crown, 2004)。

② Sharon Seitz and Stuart Miller, *The Other Islands of New York City: A History and Guide*, 2nd ed. (Woodstock, VT: Countryman Press, 2001).

③ Lopate, *Waterfront*, 374.

在这些被当作流放之地的岛屿中，有哈特岛，这里成了纽约最大的义冢，即无名穷人的最后安息之地；有布莱克威尔岛，这里曾经有一家关押囚犯的精神病院，还有一家医院；有北兄弟岛，这里有一家治疗传染病的医院，"伤寒玛丽"（Typhoid Mary）在这里生活了近30年；有沃德岛，这里有更多的精神病院；还有赖克斯岛，这里至今仍是一座城市监狱，有将近15 000名囚犯住在10栋楼里，是美国最大的监狱之一。

埃利斯岛位于上纽约港，距离新泽西海岸只有几百码。[1]在最后一个冰河时代，一层厚厚的冰覆盖了纽约的大部分地区。大约1.2万年前，当冰川开始退却时，留下了一个巨大的沼泽地，上面点缀着一块块高地。其海岸线深入大西洋几百英里。今天的港口和海洋大部分曾经是陆地。现在，你可以从埃利斯岛漫步到邻近的自由岛，再到斯坦顿岛的高地，根本就不用涉水。

随着水位继续上升，这里形成了港口，大部分高地变成了纽约的岛屿。如今，埃利斯岛占地约27英亩，但在其近代历史的大部分时间里，它是不到三英亩勉强露出水面的沙土滩，"如果按照高水位来计算的话，只有两英亩三路得（每路得约等于0.25英亩）35平方杆（每平方杆约等于25平方米）"。

海豹、鲸鱼和鼠海豚曾在该岛附近的水域活动。[2]此外还有牡蛎。

---

[1] Diana diZerega Wall and Anne-Marie Cantwell, *Touring Gotham's Archaeological Past: 8 Self Guided Walking Tours Through New York City* (New Haven, CT: Yale University Press, 2004), 20-21.

[2] Diana diZerega Wall and Anne-Marie Cantwell, *Unearthing Gotham: The Archaeology of New York City* (New Haven, CT: Yale University Press, 2004), 87; John Waldman, *Heartbeats in the Muck: The History, Sea Life, and Environment of New York Harbor* (New York: Lyons Press, 1999); and Mark Kurlansky, *The Big Oyster: History on the Half Shell* (New York: Ballantine Books, 2006).

纽约港和哈德逊河下游曾经有 350 平方英里肥沃的牡蛎养殖场，为世界供应了一半以上的牡蛎。它们被视为珍馐美味，价格便宜，供应充足，成为工人阶级的主食。一份 1730 年的纽约港地图显示，整个泽西海岸就是"一个巨大的牡蛎礁"。

牡蛎产自这片露出地面的沙地的周围水域，出于对这份美味的尊重，欧洲殖民者把这个位于港口的小岛命名为小牡蛎岛，而它旁边较大的岛屿则被称为大牡蛎岛。

小牡蛎岛成为新阿姆斯特丹早期历史的一小部分。[①]1653 年，西印度公司的总经理、新阿姆斯特丹事实上的统治者彼得·施托伊弗桑特（Peter Stuyvesant）受命于董事会，创建了市政府。1653 年 2 月，新组建的市政府在阿姆斯特丹堡召开会议。

那天处理的第一批事务中，有一份是约斯特·戈德里斯（Joost Goderis）的起诉，他 20 多岁，父亲是一位荷兰小画家。[②] 1 月下旬，戈德里斯和一个男孩乘独木舟去牡蛎岛"找牡蛎，寻开心"。艾萨克·贝德罗（Isaack Bedloo）和雅各布·拜斯（Jacob Buys）拦住了他，

① Edwin G. Burrows and Mike Wallace, *Gotham: A History of New York City to 1898* (New York: Oxford University Press, 1999), 63.
② Berthold Fernow, ed., *Records of New Amsterdam*, vol. 1 (Baltimore, MD: Genealogical Publishing Co., 1976), 51, 58–59; Russell Shorto, *The Island at the Center of the World: The Epic Story of Dutch Manhattan and the Forgotten Colony That Shaped America* (New York: Doubleday, 2004), 259; Elva Kathleen Lyon, "Joost Goderis, New Amsterdam Burgher, Weighmaster, and Dutch Master Painter's Son," *New York Genealogical and Biographical Record* 123, no. 4 (October 1992). Berthold Fernow, ed., *Records of New Amsterdam*, vol. 1 (Baltimore, MD: Genealogical Publishing Co., 1976), 51, 58–59; Russell Shorto, *The Island at the Center of the World: The Epic Story of Dutch Manhattan and the Forgotten Colony That Shaped America* (New York: Doubleday, 2004), 259; Elva Kathleen Lyon, "Joost Goderis, New Amsterdam Burgher, Weighmaster, and Dutch Master Painter's Son," *New York Genealogical and Biographical Record* 123, no. 4 (October 1992).

他们嘲笑戈德里斯，冲着他喊："你这个戴绿帽子的家伙，你老婆和阿拉德·安东尼（Allard Antony）有一腿。"一个名叫古列姆·德维斯（Guliam d'Wys）的人嘲笑戈德里斯，说他应该让德维斯和他老婆发生关系，因为安东尼已经这样做了。一位历史学家认为戈德里斯"容易激动"，"脑子不太好使"，他找到贝德罗家里，给了他几耳光。作为还击，贝德罗抽出一把刀子，伤到了戈德里斯的脖子。

戈德里斯决定把他的案子提交给当地的新政府，以恢复他妻子和家族的名誉。他还拉来了其他几个人，他们是被告的朋友，据说他们目睹了这一事件。这些证人拒绝提供不利于自己朋友的证词，结果案件拖了好几个星期。其中一名听审者正是阿拉德·安东尼，即据说给他戴绿帽子的那个人。

戈德里斯和其他人已经消失在历史长河中，但艾萨克·贝德罗的名字却流传了下来。他成了一名富有的商人，后来在 1664 年和新阿姆斯特丹的其他要人一起说服施托伊弗桑特将新阿姆斯特丹的控制权移交给英国。这纯粹是一个商业上的决定。作为回报，贝德罗在这个新的英国殖民地得到了政治上的支持，把大牡蛎岛买了下来。像其他在英国统治下的荷兰定居者一样，贝德罗把他的名字英音化为"Bedlow"，后来又以讹传讹变成了"Bedloe"，这个名字最终与 1886 年成为自由女神像所在地的那个岛屿联系到了一起。

小牡蛎岛在 18 世纪也被称为戴尔岛（Dyre Island）和巴金岛（Bucking Island）。[1] 从 17 世纪 90 年代末到 1785 年，该岛的所有权一直不清楚。1785 年，当地报纸上登了一则广告，出售"位于约克湾波尔斯岬（Powles' Hook）附近、地理位置优越的岛屿，名叫牡蛎岛，包括

---

[1]　Reimer, "History of Ellis Island," 7.

岛上的许多改善工程"。除了这座岛，卖家还要出售曼哈顿的两块土地、"几桶优质鲱鱼"、"大量的麻绳"，以及"一辆几乎全新的大型娱乐雪橇"。

这位卖家名叫塞缪尔·埃利斯（Samuel Ellis），他是一位农夫兼商人，住在格林威治街 1 号。人们不知道他是什么时候买下这座岛的，不过在 1778 年的一份报纸上发现了一则告示，上面说有人发现一艘船漂浮在"埃利斯先生的岛"附近。

埃利斯死于 1794 年，那时他仍然是这个岛屿的所有者。[①] 他的女儿凯瑟琳·威斯特维尔特（Catherine Westervelt）当时有孕在身，塞缪尔在遗嘱中明确表示，如果她生的是男孩，他希望"这个男孩能够以塞缪尔·埃利斯的名字受洗"。埃利斯显然对延续香火很感兴趣。他有三个女儿，他很可能担心自己的名字在他死后无法流传下去，有一个名叫塞缪尔·埃利斯·韦斯特维尔特的外孙算是退而求其次。遗憾的是，他的计划还是落空了。虽然凯瑟琳生了一个男孩，并按照他外祖父的遗愿接受了洗礼，却很早就去世了。不过，基于历史和运气的因素，埃利斯这个名字依然与这个国家最著名的岛屿之一联系到了一起。

即使在塞缪尔·埃利斯在世时，随着美国新政府对该岛产生兴趣，其所有权也成了一个颇具争议的问题。在 18 世纪 90 年代，与英国的紧张关系依然在继续，陆军部开始设计防御其海岸的策略。在纽约，军方开始在纽约港各个岛屿修筑工事，以抵御英国海军可能的进攻。

在塞缪尔·埃利斯去世之前，这座城市授予纽约州对这座岛屿周

27

---

① I. N. Phelps Stokes, *The Iconography of Manhattan Island*, vol. 5 (New York: Arno Press, 1967), 1198–1199; Thomas M. Pitkin, *Keepers of the Gate: A History of Ellis Island* (New York: New York University Press, 1975), 3.

围从最高水位到最低水位之间的土地的权利。这座城市认为自己有权
对这片土地作出决定，虽然该岛本身为私人所有。

在接下来的几年里，州政府在岛上修建了土制防御工事，其中一些
侵占了私人土地。①1798 年，埃比尼泽·史蒂文斯（Ebenezer Stevens）
上校告知陆军部，那里已经建成了一个军营，还放置了 12 门大炮。不
过，他提醒上司，该岛仍在私人手中。史蒂文斯写道："我认为应该
想办法把它买下来，之后，州政府将把管辖权移交给联邦政府。"1800
年，纽约州将纽约港所有设防岛屿的管辖权移交给联邦政府，虽然它
仍然没有对埃利斯岛的合法权利。

1807 年，美国陆军总工程师、陆军中校乔纳森·威廉姆斯
（Jonathan Williams）宣布，埃利斯岛的防御工事"完全破败不堪了"。②
他草拟了一项新的计划，在纽约港港口修建防御工事，其中包括在埃
利斯岛修建一座新的堡垒。但首先需要确定这个岛屿的所有权。纽约
州州长丹尼尔·汤普金斯（Daniel Tompkins）在给威廉姆斯的信中提
到，尽管塞缪尔·埃利斯同意出售该岛，但他在执行契约之前就去世
了。汤普金斯写道，在那里建造的军事建筑"只有经所有者的许可才
能使用，其家族的祖先曾授予这种许可，而且其后人从未收回过这种
许可"。

1808 年 4 月 27 日，纽约郡的郡长和一群经过挑选的纽约人来到
埃利斯岛，对该岛的价值进行了评估，最终确定下 10 000 美元的价
格，这令威廉姆斯上校大为震惊。通过评估师对埃利斯岛的评估，我
们可以了解为什么作为投资者的塞缪尔·埃利斯会对该岛感兴趣：

① Pitkin, *Keepers of the Gate*, 4–5.
② Reimer, "History of Ellis Island," 16.

这个地方是附近捕鲱鱼的最佳位置之一，仅此一项，这个岛屿的所有者就可以获得每年 450 到 500 美元的收益。因为牡蛎滩就在附近，也可以通过出租船只和耙子等创收。除此之外，还有一个相当大的好处，对于在附近工作的人来说，这个岛屿是牡蛎滩和纽约之间唯一的交流渠道。

尽管威廉姆斯上校很不乐意，政府还是同意支付这笔钱来解决混乱，然后州政府将地契移交给了联邦政府。美国在那之后很快就会与英国开战，然而直到 1812 年战争结束，纽约港的任何一个要塞都没有开过一枪一炮。

大自然在许多方面眷顾着纽约的岛屿帝国，尤其是它那四英里宽的港口，使它避开了大西洋汹涌的海水。[1]从科尼岛（Coney Island）以南的下纽约湾延伸到桑迪岬（Sandy Point）的沙洲是一道天然防波堤，而位于斯塔顿岛和布鲁克林之间两英里长的纽约湾海峡保护着平静的港湾不受暴风雨和海浪的侵袭。站在炮台公园，望着广阔的港湾，平静的海面让人不禁心旷神怡。

拥有这样一个天然港口只是纽约成功的一部分原因。[2]虽然纽约一直是这个年轻共和国的主要港口，但 1825 年伊利运河的开通确保了纽约作为美国主要商业前哨的地位。现在已经形成了一条运输链条，从大西洋穿过纽约港，沿着哈德逊河北上，向西穿过伊利运河，进入五大湖，直到美国的中心地带。

---

[1] Robert Greenhalgh Albion, *The Rise of New York Port, 1815−1860* (New York: Scribner's, 1939), 16−29.

[2] Edward Robb Ellis, *The Epic of New York City: A Narrative History* (New York: Kondasha International, 1997), 223−229.

纽约这座城市将成为这个新国家的商业支点，将繁荣的中西部与欧洲及其他地区的市场连接起来。[①] 在运河开通后的 35 年里，曼哈顿的人口从 12.3 万增加到 81.3 万。在同一时期，60% 的进口和三分之一的出口都要经过纽约港。

纽约从英国的工厂进口羊毛和棉花服装，为高端的女性消费者进口昂贵的丝绸、花边、缎带、手套和帽子。糖、咖啡和茶的进口也要经过纽约港。纽约不仅垄断了这些商品的进口，它也引领了从欧洲的另一种进口，那就是移民。

1820 年至 1860 年间，有 370 万移民通过纽约港进入美国，占这一时期移民总数的 70% 左右。在整个 19 世纪，那些满载着移民的船只源源不断地驶入纽约港，但对这些新来者来说，埃利斯岛没有任何意义。

在接下来的几十年里，埃利斯岛相对默默无闻，主要被陆军和海军用作军火库。[②] 虽然注定不过是这座城市历史上的一个脚注，但是在纽约港对面的曼哈顿岛所上演的这幕大剧中，埃利斯岛确实扮演着重要的角色。它见证着这座小城市如何发展为一个城市巨人。

对于 19 世纪下半叶来到纽约的移民来说，挂在他们嘴边的不是埃利斯岛，而是城堡花园。

[①] Burrows and Wallace, *Gotham*, 435–436; Albion, 389; John Gunther, *Inside U.S.A.* (New York: Book of the Month Club, 1997), 555.

[②] Reimer, "History of Ellis Island," 17–18.

第二章 城堡花园

这个非常重要的部门（城堡花园）现在的管理状况是文明社会的丑闻和耻辱。

——格罗弗·克利夫兰（Grover Cleveland）州长，1883 年

城堡花园是世界上最慈善的机构之一。

——《哈泼新月刊》，1884 年 6 月

1855 年 8 月，一个炎热的夜晚，在曼哈顿的下百老汇大街上，灯光照亮了傍晚的天空。举着火把的纽约居民沿着那座矮山往下，经过鲍灵格林（Bowling Green，这是一小片椭圆形的草地，周围有铁栅栏环绕），进入了炮台公园。这是一场欢乐而喧闹的活动，一部分是政治抗议，一部分是社交活动。人们大声喊叫，燃放烟花。人群举着德语和英语横幅，绕着公园游行时，甚至还会鸣炮。当他们最终到达的时候，人数已经增加到大约 3 000 人。

这些男人、女人和孩子们正在响应城市里张贴的一则告示：[1]

---

[1] *NYT*, August 7, 1855.

抗议大会

第一选区（The First Ward）的公民们，

团结起来，捍卫你们的权利！

公民们，

你们愿意身处瘟疫和霍乱吗？

你愿意让你的孩子得天花和斑疹伤寒吗？

纽约人呀，

我们最光荣、最神圣的地方，会被欧洲济贫院和监狱里那些体弱多病、令人憎恶的贫民和难民亵渎吗？

民粹主义暴徒是美国城市的一个常见特征，这可以追溯到革命时代，比如那些针对印花税法案的抗议活动。抗议大会让市民可以向当局发泄不满，并展示他们的集体力量。

这天晚上，群众愤怒的对象是近期在一块岩石上开放的新移民站，这块岩石就在炮台附近，通过人行桥相连。城堡花园位于一座建于 1811 年的堡垒的旧址之上，这是纽约港防御工事的一部分。当拉法耶特侯爵在 1824 年访问美国时，他首先来到了这个堡垒，那里有5 000 多人在迎接他。

这座古老的堡垒后来被改造成了一个音乐厅，"瑞典夜莺"珍妮·林德（Jenny Lind）1850 年的首次美国亮相就是在这里，这是美国巡演的一部分，由诱惑不可阻挡的 P. T. 巴纳姆（P. T. Barnum）资助和宣传。① 这个城市的精英们曾经坐在这里聆听林德的歌唱，如今这里却

---

① 关于城堡花园的历史，见 *Commercial Advertiser*, June 22, 1839; James G. Wilson, ed., *The Memorial History of the City of New York*, vol. 4 (New York: New York History Company, 1893), 441; Phillip Lopate, *Waterfront: A Journey Around Manhattan* (New York: Crown（转下页）

被爱尔兰和德国移民占据，以等待进入这个国家的机会。

这个新的移民站激怒了人群。① 组织者将这次抗议活动称为"反霍乱集会"，这利用了纽约人的恐惧情绪，因为在过去几年里，他们经历了多次霍乱暴发，并将其归咎于移民。这则告示警告说："无赖和投机商引进了染上霍乱、天花、斑疹伤寒以及一切存在于国外监狱和济贫院恶习的贫民和移民。"这则告示还诉诸人们的爱国主义精神，呼吁纽约人抗议城堡花园这片神圣土地被亵渎，要知道，乔治·华盛顿和安德鲁·杰克逊总统都曾驻足于此。

抗议大会成功地吸引了一大群情绪激昂的人。② 当人群在炮台公园安定下来后，有人宣读了一份反对城堡花园的决议，一些发言者站起来表示反对。其中一位是以赛亚·林德斯（Isaiah Rynders），他在一片喧闹的欢呼声和烟火的爆炸声中开始了他的演讲。等人群安静下来，林德斯告诉他们，他本来没有被邀请来演讲，但是很遗憾，人们"没有找到比我更有能力向你们讲话的其他人"。

这是一种虚伪的谦逊，因为林德斯可不是一个普通的演讲者，他显然是有备而来。③ 事实上，他本人很可能就是这次抗议活动的幕后策划者。西奥多·罗斯福在他介绍纽约历史的著作中，将林德斯描述为"领导暴民、控制下层政治的野蛮而狂暴的暴徒"之一，"他以武力

32

（接上页）Publishers, 2004), 24; Edwin G. Burrows and Mike Wallace, *Gotham: A History of New York City to 1898* (New York: Oxford University Press, 1999), 815-816; Sharon Seitz and Stuart Miller, *The Other Islands of New York City: A History and Guide*, 2nd ed. (Woodstock, VT: Countryman Press, 2001), 72-74。

① *NYT*, August 6, 7, 1855.
② *NYT*, August 7, 10, 1855.
③ Theodore Roosevelt, *New York: A Sketch of the City's Social, Political, and Commercial Progress from the First Dutch Settlement to Recent Times* (New York: Charles Scribner's Sons, 1906), 238, 246.

和欺诈手段进行控制，与混乱的犯罪阶层勾结在一起"。

林德斯出生在纽约北部，父亲是德裔美国人，母亲是爱尔兰裔新教徒。① 他之所以获得"captain"（这个词既有"上尉"的意思，也有"船长"的意思）的称呼，不是因为他的战斗功绩，而是因为他在哈德逊河上驾驶船只的经历。作为 19 世纪 30 年代和 40 年代典型的"游戏人生者"，林德斯没有稳定的工作，却热衷于有闲阶级富有男子气的活动，如赌博、骑马和政治。有一段时间，他在密西西比河上做河船赌客来谋生。

他建立了一个名为"帝国俱乐部"的政治俱乐部，其成员是纽约市民主党的政治力量。他和手下不仅经营肮脏的地下赌场、酒馆和妓院，而且在地方和国家政治中也是一股势力。他们威胁选民，破坏对手的集会，强迫选民投票给民主党候选人。赌场和妓院的收入维系着一个政治组织，这个组织可以在选举日鼓动选民投票，恐吓对手，并且在选举结束时还能剩下足够的钱，让林德斯这样的人变得富有。

许多人把詹姆斯·K. 波尔克（James K. Polk）在 1844 年赢得总统大选的功劳归于林德斯。如果这位田纳西州的民主党人没有以微弱的优势赢得纽约，他就会输掉这次选举。林德斯煽动了 1849 年阿斯特广场（Astor Place）的血腥暴乱，从而一举成名。第二年，在威廉·劳埃德·加里森（William Lloyd Garrison）领导的美国反奴隶制协会的一次会议上，他冲上舞台向正在演讲的弗雷德里克·道格拉斯发起挑战，试图打断会议。

---

① 关于林德斯，见 Tyler Andbinder, *Five Points: The 19th Century New York City Neighborhood That Invented Tap Dance, Stole Elections, and Became the World's Most Notorious Slum* (New York: Free Press, 2001), 141–144, 166–167 and T. J. English, *Paddy Whacked: The Untold Story of the Irish American Gangster* (New York: Regan Books, 2005), 13–15, 26–27。

林德斯反对开设移民站的原因与他的另一个角色有关。尽管嘴　33
上这么说，但暴徒们并不是真的担心城堡花园的爱国记忆被玷污，也
不是担心移民站对健康造成的危害。考虑到其中很多人都是第一代和
第二代纽约人，而且很多标语都是用德语写的，反移民的论调就更加
令人费解了。实际上，抗议为的是金钱和控制权。事实证明，林德
斯不仅仅是一个政治掮客，也是纽约所谓的"移民掮客"（immigrant
runner）的负责人。

19 世纪中期的纽约是一个混乱的城市，现代文明的影响还没有抚
平许多市民身上的粗暴。生存斗争占据了主导地位，而这种斗争大多
围绕着商业展开。在 19 世纪纽约蓬勃发展的商业中心，有些人的生意
不在于买卖商品，而在于对新移民敲诈勒索。

虽然"greenhorn"这个词后来专门指代新移民，但当时被用来指
代任何不熟悉大城市生活的人。一个人的衣着、口音，还有那种半是
眼花缭乱、半是迷惑不解的眼神，都在向精明的纽约人发出信号：新
移民来了。

纽约的大街上肯定有很多新移民。[①] 从 1820 年到 1839 年，纽约每
年接收大约 2.5 万移民。这个数字每年都在增长。在 19 世纪 40 年代，
约有 120 万人通过纽约入境，美国四分之三的移民要经过纽约。这些
数字可能看起来并不大，但是要知道，直到 1850 年曼哈顿的人口也才
略多于 50 万。

许多纽约人带着一种混杂着怜悯、不解和轻蔑的心情来看待这些
新移民，但对有些人来说，这些新移民意味着金钱。这些移民第一次
踏上美国土地的那个码头人潮涌动，混乱不堪。像林德斯这样的人在

---

① Burrows and Wallace, *Gotham,* 736.

混乱中找到了机会，利用移民的无知和天真获利。

在一个由政治人物、匪帮、赌徒、铁路公司、货运公司、酒馆老板、寄宿旅馆老板和妓女组成的腐败的图腾柱上，林德斯位于顶端。[①]他们的活动场所是曼哈顿下城区的格林威治街、华盛顿街和雪松街两旁的酒馆和公寓。根据一名证人的说法，这一地区有"139 名移民捐客，他们混迹于移民、妓女、酒鬼、以次充好出售手表的人、玩弄戏法骗人的人、假装丢贵重物品让人上钩进而行骗的人中间"。以高价出售火车票，对寄宿公寓的房间收取过高的费用，通过对秤动手脚而对移民的行李收取过高的费用，甚至直接偷窃和勒索——这些都能赚钱。混乱让这些移民捐客浑水摸鱼，对于新移民却非常不利。

只要船一靠岸，这些捐客就会跑上去。[②]如果移民来自德国，他们就会说德语。如果移民是爱尔兰人，他们同样会冒充老乡。如果移民没有上钩，他们就会强行把他们的行李带到附近的寄宿处"妥善保管"。当移民们试图取回他们的行李时，常常被引诱住在寄宿处，并许诺提供廉价的食宿。当住宿结束要离开时，这些新移民会收到一张高得离谱的账单，作为住宿、食物和行李储存的费用。如果付不起账，寄宿房主就会把行李作为抵押。这是一门好生意，从移民身上榨取的大部分钱都流向了林德斯，他能够在没有城市官员干涉的情况下经营自己的生意。他们本来靠移民过着富有的生活，现在城堡花园的移民站却有可能让他们失业。

19 世纪 40 年代中期，纽约州议会的一个委员会调查了这种情

---

① George J. Svejda, "Castle Garden as an Immigrant Depot, 1855-1890," National Park Service, December 2, 1968, 41.

② Friedrich Kapp, *Immigration and the Commissioners of Emigration of the State of New York* (New York: Nation Press, 1870), 62; Burrows and Wallace, *Gotham*, 737.

况。[1] 委员会听到了传言，也读到了报纸上关于移民掮客如何欺诈移民的报道，但委员会承认，在开始调查之前，他们"不可能相信这些欺诈和暴行的严重程度"。

联邦政府基本上对移民问题不感兴趣。[2] 偶尔，国会也会被敦促采取行动，解决困扰着乘坐经济舱横渡大西洋的移民的过度拥挤问题，但它在规范移民流动方面几乎没有做什么。尽管有暗藏的反移民和反天主教情绪，这个日益壮大的国家还是欢迎欧洲移民来此定居。19世纪40年代，约翰·泰勒（John Tyler）总统盛赞"来自文明世界各地的移民，他们来到我们中间，分享我们自由制度的福祉，并通过他们的劳动帮助我们扩大财富和权力"。然而，拥有奴隶的泰勒明确表示，他的话仅仅针对欧洲白人。

规范移民的工作留给了像马萨诸塞和纽约这样的州，这些州通过法律来延续殖民政策，限制罪犯、贫民和传染病患者移民。[3] 各州根据移民的数量向运输移民的船主征收人头税，以支付照顾贫穷和生病的移民的费用，并要求其为那些被认为可能会成为公共负担的移民缴纳保证金。尽管各州的法律预示了后来的联邦移民法规，但是其执行力度很弱，而且几乎没有移民被拒之门外。

---

① "Report of the Select Committee to Investigate Frauds upon Emigrant Passengers," 1848, excerpted in Edith Abbott, ed., *Immigration: Select Documents and Case Records* (Chicago: University of Chicago Press, 1924), 130‒134.

② Hans P. Vought, The Bully Pulpit and the Melting Pot: American Presidents and the Immigrant, 1897‒1933 (Macon, GA: Mercer University Press, 2004), 5.

③ E. P. Hutchinson, *Legislative History of American Immigration Policy, 1798‒1965* (Philadelphia: University of Pennsylvania Press, 1981), 388‒404; Daniel J. Tichenor, *Dividing Lines: The Politics of Immigration Control in America* (Princeton, NJ: Princeton University Press, 2002), 58‒59; Gerald L. Neuman, *Strangers to the Constitution: Immigrants, Borders, and Fundamental Law* (Princeton, NJ: Princeton University Press, 1996), 19‒43. 关于这些州级法律的例子，见 Abbott, ed., *Immigration*, 102‒110。

保护移民不受虐待的是个人和组织。种族团结促进了移民援助
协会的建立。纽约的爱尔兰人在这方面已经取得了一些成功，他们在
1841 年成立了爱尔兰移民协会，"为爱尔兰移民提供建议、信息、援
助和保护，并从总体上促进他们的福利"。1847 年，爱尔兰移民协会
与德国移民协会合作，游说纽约州成立移民委员会，成员包括纽约和
布鲁克林的市长、德国移民协会和爱尔兰移民协会的负责人，以及由
州长任命的其他六个人。

移民委员会将对每个移民征收一美元的人头税。利用这笔钱，委
员会在沃德岛开设了移民医院和庇护所，以照顾患病的移民。到 1854
年，该委员会照顾的移民病人超过了 2 500 人。

这个想法的产生适逢其时。1847 年，爱尔兰的马铃薯饥荒使大批
爱尔兰人背井离乡。在接下来的几年里，为了逃离饥饿和死亡，可怜
的爱尔兰难民涌入了美国的港口。从 1845 年到 1854 年，近 300 万移
民来到美国。他们中的许多人最终来到了纽约。从 1840 年到 1850 年，
曼哈顿的人口增长了 65%。到了 1855 年，纽约市 629 904 名居民中有
超过一半是移民，超过四分之一的纽约人来自爱尔兰。

要想成功地保护这一大批移民不受那些移民掮客的掠夺，移民委
员会需要有自己的移民接待中心，帮助移民办理手续，满足他们的需
要，保护他们的利益。为此目的，1855 年 4 月，委员会选择了城堡花
园作为其移民站。①

移民委员会列出了选择城堡花园的主要好处。首先，它可以帮助
移民更快更容易地登陆，使他们摆脱移民掮客的魔爪，能够"在没有

36

---

① Kapp, *Immigration and the Commissioners*, 109-110. 要了解炮台的历史，包括城堡花园
的许多化身，请参阅 Rodman Gilder, *The Battery* (Boston: Houghton Mifflin, 1936)。

财产受损、没有道德败坏，可能也没有染上疾病的情况下"登陆。委员会还将开始记录移民的数量和他们的去向。

委员会的利他主义和它对移民福利的关心是真诚的。毫不奇怪，它想把原来纽约市主要的音乐厅改造成移民站的想法遭到了很多人的反对。市政官员对这个想法持怀疑态度。这将是一个位于他们后院的州营项目，通过征收人头税来筹集大量资金，而地方官员所获得的仅仅是 10 人委员会中的两个席位。

纽约第一选区富有的居民和商人也反对这项计划，他们担心在他们的社区修建移民站会导致房产价值下降。① 他们还担心移民会带来"令人讨厌的难闻气味"，这些气味会在夏天吹进体面人家的窗户。许多人希望城堡花园周围新扩建的炮台公园能成为一个令人愉快的海景大道，但移民委员会使这样的计划泡汤了。

《纽约时报》发表了一篇社论，反对修建城堡花园的计划，称"这座城市近 30 年来的乐趣之一"将"不再是乐趣了，此后它将成为令人讨厌的东西……对眼睛是一种冒犯，对我们欣赏海湾的壮丽移动全景是一道难看的障碍"。在那些对城堡花园不满的纽约富人中，有一位是铁路大亨科尼利尔斯·范德比尔特（Cornelius Vanderbilt），他住在炮台公园的对面，也参加 8 月的抗议集会。尽管有这样的反对，城堡花园还是按计划开放了。

在城堡花园开放的第一天，当移民们涌进大门时，一群移民掮客聚集在外面，对城堡花园的工作人员大喊大叫，并恐吓他们。② 移民委员会的一名成员被迫向这些暴徒开枪。这天晚上半夜过后，一群移民

---

① 　*NYT*, June 15, 1855; Svejda, "Castle Garden," 40.

② 　Svejda, "Castle Garden," 45–46; *NYT*, August 4, 1855.

掮客试图冲进城堡花园的大门大肆破坏，但被驱赶了出来，一份报纸称他们是"长期靠掠夺移民发家致富的一群肮脏的恶棍"。

由于没能阻止城堡花园的开放，8月中旬，林德斯和他的支持者们在移民站开放三天后走上街头抗议。[①] 林德斯声称，他只是在寻求"移民代理之间公开、公平的竞争"，并反对国家对移民业务进行垄断的任何企图。换句话说，纽约州和移民委员会正在把林德斯和他的手下逼出局。

在最后一位发言者发表讲话后，人群在《扬基歌》的旋律中离开了炮台公园，举着火把在第一选区的街道进行了游行。[②]《纽约时报》并没有被他们的爱国主义论调或城堡花园会危及城市健康的说法所愚弄。它告诉读者，抗议集会的组织者"是移民掮客、行李搬运者、寄宿公寓房主和其他的有钱人，长期以来，他们通过敲诈初来乍到的移民填饱了自己的口袋"。《每日论坛报》则更加直言不讳，认为这次集会是要"设法将移民再次推到那些靠坑蒙拐骗偷而发家致富的坏人手里"。

整个秋天，这些移民掮客一直试图在城堡花园制造麻烦，或者把移民从移民站引开，但对他们来说，这注定是一场硬仗。[③] 到1855年12月，城堡花园已经运营了四个月，一位来此参观过的记者对他所看到的情况很满意。入口处戒备森严，没有介绍信的人被拒之门外。"在这座城市里，没有什么公益事业比这更明智、更仁慈了。"这名记者接着说："能够做出明智和仁慈的事情，对于我们的城市来说，是一种救赎。"

---

① *NYT*, August 7, 1855. 在抗议的第二天，林德斯给编辑写了一封信，澄清了他对此事的看法。*NYT*, August 8, 1855.

② *NYT*, August 8, 1855; *New York Daily Tribune*, August 7, 1855.

③ *NYT*, August 14, 18; December 15, 1855.

对城堡花园的骚扰又持续了一年，但那些移民掮客和他们的同伙始终没能关闭这个移民站。[①]1856 年 1 月至 4 月，城堡花园处理了乘坐 106 艘船抵达的 16 000 多名移民。在当年的年度报告中，移民委员会隐晦地提到了这些麻烦，指出"当那些没有头脑、无法无天的暴力分子要用强硬手段进行破坏时，警察有效地阻止了他们，保护了有价值的财产不被破坏"。

一些报道称，这些移民掮客在纽约遭遇失败后，要么前往加利福尼亚淘金，要么加入了前往墨西哥和尼加拉瓜的私人军事冒险组织。[②]林德斯成功地保住了自己的政治权力，并在 1857 年被任命为纽约的执法官，作为他帮助詹姆斯·布坎南当选总统的奖赏。

在城堡花园，移民们得到了关于旅行、工作和住房的可靠信息。新来者可以用外币兑换美元，购买火车票，而不用担心上当受骗。职业介绍所帮助移民在全国各地找工作。病人和残疾人得到了医疗照顾。移民的行李被小心地搬运，移民委员会对寄宿处进行监督和筛选，并给合格者颁发执照。人们可以买到价格合适而像样的食物。

在移民掮客们似乎被击败的情况下，移民委员会赢得了极大的赞誉。[③]委员会成员弗里德里希·卡普（Friedrich Kapp）将他协助管理的这个机构描述为"文明世界最仁慈的机构之一……它避免了无法言说的痛苦、贫困和苦难"。一位英国移民称它为"来自世界各地移民的伟大避难所……它高尚而实用，独具一格"。在威廉·迪恩·豪威尔斯

---

① Kapp, Immigration and the Commissioners, 108; Svejda, "Castle Garden," 50-57.

② Kapp, Immigration and the Commissioners, 81.

③ William Dean Howells, *A Hazard of New Fortunes* (New York: Meridian, 1994), 263; *NYT*, December 23, 1866; Friedrich Kapp, quoted in Charlotte Erickson, ed., *Emigration from Europe, 1815-1914* (London: Adam & Charles Black, 1976), 274; *New York: A Collection from Harper's Magazine* (New York: Gallery Books, 1991), 363.

（William Dean Howells）1890 年的小说《新财富的危险》（*A Hazard of New Fortunes*）中，主人公巴兹尔·马奇（Basil March）描述了城堡花园的官员是如何善待新来者的："没有人显得不安或焦虑，这里的官员们有一种自觉的礼貌。"一位记者称城堡花园是"世界上最慈善的机构之一"。

尽管赞誉有加，卡普还是无法理解这个国家对移民问题的放任态度。他在 1870 年写道："人们对欧洲大批移民的到来漠不关心，而他们的存在本身就会对西方世界的命运产生重大的影响。联邦和各州的立法者很少或根本不关心这个外来因素的发展方向。"

这种情况很快就会改变。到了 19 世纪 80 年代，似乎所有的美国人都对移民问题产生了兴趣，甚至痴迷于此。工业革命正在改变美国人的工作和生活方式。此时的美国横跨从大西洋到太平洋的这个大陆，由横贯大陆的铁路连接起来。从 1870 年到 1900 年，这个国家的人口几乎翻了一番，国民生产总值增长了六倍。美国在一夜之间从一个以农业为主的农村社会转变为一个工业化、城市化的国家。

从 1860 年到 1910 年，居住在城市的美国人从占总人口 20% 的600 万增加到了占总人口 40% 的 4 400 万。[1]1885 年，一位名叫约西亚·斯特朗（Josiah Strong）的新教牧师写了一本畅销书，名为《我们的国家》（*Our Country*），他在书中抱怨城市"对我们的文明构成了严重的威胁"，并"对移民具有一种特殊的吸引力"。人口普查数据显示，这些城市已经成为外国人的天下。移民及其子女将很快占到纽约和芝加哥等城市人口的近 80%。

---

[1] John Higham, *Strangers in the Land: Patterns of American Nativism, 1860–1925* (New Brunswick, NJ: Rutgers University Press, 1995), 39.

　　在斯特朗发表他那充满哀怨的文章几年后，历史学家弗雷德里克·杰克逊·特纳（Frederick Jackson Turner）研究了 1890 年的人口普查数据，宣布美国的边疆正式关闭了。至少在理论上，开放的土地正在消失。在特纳看来，开放的土地使早期移民成为可能，因为边疆成为"移民美国化、自由化，并融合为一个混合种族"的熔炉。

　　如果边疆关闭了，新移民去哪里？批评人士担心城市将成为新边疆，但没有同样的能力来同化新来者。那些说着外语的人居住的过度拥挤的城市将意味着这个共和国的终结，因为美国正处于变得像欧洲一样的危险之中：腐败堕落、过分放纵、阶级分化、蔑视共和政府，并注定要发生革命。随之而来的将是政治腐败、酗酒和社会主义。

　　1882 年，《大西洋月刊》的一位撰稿人担心："对于对欧洲构成危险和耻辱的社会疾病，我们曾经拥有幸运的免疫力，但这样的时代正在消失。"[1] 这些新移民不仅让人们想起了过度拥挤和腐败的旧欧洲，也让人想起了受到城市贫民和日益增多的非罗马公民威胁的古罗马。一位作家在 1887 年说："尽管我们的大陆幅员辽阔，但我们已经开始感到拥挤。我们的城市充满了动荡不安的外国无产者，他们像在古罗马时代一样叫嚷着要'面包与马戏'，如果他们的要求得不到重视，就会威胁到共和国的存在。"

　　日报、中产阶级杂志和知识分子杂志对移民问题的讨论越来越多。[2]《北美评论》（North American Review）代表的是北方土生土长的保守派新教徒的声音，它在 19 世纪 80 年代初发表了两篇长文，详细

40

---

[1]　Higham, *Strangers in the Land*, 35; "Dangers of Unrestricted Immigration," *Forum*, July 1887.

[2]　Edward Self, "Why They Come," *NAR*, April 1882; Edward Self, "Evils Incident to Immigration," *NAR*, January 1884.

描述了移民的数量以及他们来自哪里。这些文章表现出明显的矛盾心理。移民给美国带来了巨大的物质利益，但"大批移民将不可避免地带来许多道德和肉体上的恶习"。

全国各地的报纸纷纷响应。[①]《俄亥俄州报》（*Ohio State Journal*）问道："哪位政治家会足够明智，对从欧洲蜂拥而来的数十万移民进行筛选，判断哪些应该接收，哪些应该为了行使自我保护的神圣权利而拒之门外？"根据《费城电讯报》（*Philadelphia Telegraph*）的说法，我们需要这样一位政治家，因为"我们所欢迎的大部分外国人都不值得我们这样做"，他们"往往是懒惰的、邪恶的社会主义者和无政府主义者、社会有害分子和煽动者"。

有人担心，美国正成为欧洲被遗弃农民的垃圾场。《芝加哥时报》（*Chicago Times*）警告说："在我们中间有大量的社会主义者、无政府主义者、虚无主义者、疯子、乞丐，以及其他来自旧世界的社会渣滓，这是一种危险，威胁着我们的国家，侵蚀着其道德根基。"《纽约时报》问道："这个国家的人民会在这个从旧世界移到他们肩上的重担下愉快地忍受多久？"

但是，依然能够听到对移民问题更温和的看法。《波士顿导报》（*Boston Pilot*）提醒其主要为爱尔兰天主教徒的读者，呼吁限制移民"让人想起无知的本土主义者当道的黑暗时代"。拥有大量德国读者的《密尔沃基日报》（*Milwaukee Journal*）认为，移民"如同潮涨潮落一样自然，这是一项恢复地球人类平衡的运动"。这份报纸提出的放任政策反对政府干预，称其"不符合美国的精神"，并认为自然力量会根据市场和社会条件来减少或增加移民。

41

---

① *Public Opinion*, April 30, May 14, June 30, 1887.

《密尔沃基日报》称，移民"给我们提供了世界上最好的血液"，暗指扩大基因库的好处。"美国人的人性最终有望成为这个星球上迄今为止出现的所有其他人性的进步。"根据《圣路易斯共和党人》（*St. Louis Republican*）的说法，美国人是一个"复合民族"，"我们的美国精神在不断变化。今天不是一代人以前的样子，一代人以后也不会是今天的样子"。

有些人则将基因理论用于更阴暗的目的。[①]参议员贾斯汀·莫里尔（Justin Morrill）认为，新移民的影响"对美国人民的个性和根深蒂固的耐力来说更加危险……我指的是那些有天生缺陷和恶习的人，以及那些无论在这一代还是下一代都无法改进的人"。莫里尔是佛蒙特州一位受人尊敬的共和党人，他认为美国人"不应该被强迫去支持那些从医院、监狱和济贫院里被驱逐出来的弱小、卑鄙、饥饿的人，他们来到这里不仅是为了留下来，而且是为了把遗传的污点传给第三代和第四代"。

圣公会主教和诗人克利夫兰·考克斯（A. Cleveland Coxe）得出了这一理论合乎逻辑的结论。[②]考克斯把这些新移民称为"入侵者"，他们"带着对我们的文明和种族来说的致命武器"来到这里。考克斯警告说，美国正遭受着"大群野蛮人"的攻击，对熟悉历史的美国人来说，这是有充足先例的。过去的入侵使西班牙成为一个"混血种族，使其陷入了一种长期的衰退和愚蠢的状态"。当然，这方面最典型的例子是罗马帝国，"哥特人和汪达尔人涌入阳光明媚的南方"。考克斯认为，新移民生来就不喜欢民主，这可能会危及美国的自治实验。

[①] "Immigration and Crime," *Forum*, December 1889.
[②] "Government by Aliens," *Forum*, August 1889.

　　尽管考克斯言辞华丽，但大多数人都在试图找到一种方法，使美国作为移民避难所的愿景与只接纳理想的新移民的愿望达成一致。[①]《特洛伊时报》(*Troy Times*) 欢迎"聪明、勤劳、诚实的外国人来这里建立家园"，但希望对"一文不值的人类垃圾抬高门槛"。《明尼阿波利斯论坛报》(*Minneapolis Tribune*) 认为，"我们需要对有意移民的人进行检查和筛选"。《纽约商业广告报》(*New York Commercial Advertiser*) 认为，这样的制度将允许美国"在不排挤有资格成为好公民的移民的情况下，保护自己免受不受欢迎的人口增加的影响"。

　　到了 19 世纪 80 年代末，美国对待移民问题的方式不可避免地发生了变化。城堡花园已经过时，成为一个正在消失的世界的奇特遗迹。这是一个由州经营的机构，却要处理联邦级别的问题。它是由操纵政党活动的政客和寻求保护移民利益的普通公民运作的机构，而不是为社会谋求更大利益的无私专业人士。这是在以 19 世纪的方法解决一个 20 世纪的问题。

　　城堡花园的官员们几乎遭到了连续不断的抨击。多年前，以赛亚·林德斯和他的移民掮客们阻止城堡花园的努力失败了，但最高法院、国会、财政部、纽约州州长和记者们却成功了。

　　最高法院在 1875 年的"亨德森诉纽约市长案"中对其发起了第一次打击，它宣称，要求征收移民人头税的州法律违反了宪法，因为这些法律篡夺了宪法规定的国会监管移民的权力。宪法在涉及移民问题时相当隐晦，国会此前也没有表现出行使这一权力的意愿。在联邦军队在阿波马托克斯取得胜利的 10 年后，最高法院对州权的概念并不热情。它宣布："无论是纽约和波士顿，还是新奥尔良和旧金山，管理从

---

① *Public Opinion*, April 30, July 30, 1887, December 28, 1889.

其他国家来美国的旅客入境权利的法律应该是一样的。"

这一裁决后不久，国会通过了第一部限制移民的联邦法律。[1]1875
年的移民法禁止妓女、罪犯和华工。然而，这是一条奇怪的法律。尽
管国会宣布有权排斥移民，但联邦政府对执行这项新法律几乎没有兴
趣，而是把这项任务留给了各州。在纽约，城堡花园的委员会由于没
有了移民人头税的收入，负债累累，无法继续照顾移民。在接下来的
六年里，国会无视纽约州为执行联邦法律而对财政援助的请求。沮丧
的委员会威胁要关闭城堡花园。

　43

直到 1882 年，国会才再次对移民问题采取行动，通过了两条重要
的法案。[2]第一条法案使美国财政部将监管移民的权力牢牢地掌握在了
自己手中。当年约有 47.6 万移民通过城堡花园进入美国，1882 年的移
民法案对所有入境移民征收 50 美分的人头税。更重要的是，它扩大了
排除范围，包括任何"罪犯、疯子、白痴和不能自力更生而成为公共
负担的人"。国会扩大了不受欢迎移民的范围，而且在未来几年里，这
份清单很快就会变得更长。

同年，国会通过了另一条意图不同的法律。[3]《排华法案》禁止几
乎所有华人移民入境。华人移民的数量很小，从 1851 年到 1880 年，
大约有 25 万华人来到美国，每年只占移民总数的不到 3%，然而国会
屈服于种族恐惧，同时也担心廉价的华人劳动力会降低本土工人的生
活水平。

1885 年，国会再次注意到劳工的意愿，通过了《福兰法案》(*Foran*

---

[1] Hutchinson, *Legislative History*, 65-66.

[2] "An Act to Regulate Immigration," 1882, excerpted in Abbott, ed., *Immigration*, 181-182.

[3] Vought, *Bully Pulpit*, 10; Tichenor, *Dividing Lines*, 89-90; Hutchinson, *Legislative History*, 80-83.

Act），也被称为《外国人劳动合同法》（Alien Contract Labor Law），规定"通过合同或协议，协助或鼓励外国人输入或移民"为非法，从而使招募旅费由第三方（通常是商业代理）预付的移民成为非法行为。熟练工人、艺术家、演员、歌手和家仆都不受这条法律的限制。

即使有了这些新法律，对移民更加宽容的态度仍深深扎根于美国人的心中。一位支持《外国人劳动合同法》的国会议员强调说，该法律"绝不是要限制自由移民，这样的主张对美国人民来说理所当然是可憎的"。国会明确表示，有了这些法律，处理欧洲和亚洲移民的方法将大不相同。当涉及欧洲移民时，美国人试图在对这些新移民影响的担忧与欢迎新移民的民族神话之间取得平衡。然而，华人几乎完全因为其种族而被排斥在外。

如何执行这些法律仍然是一个悬而未决的问题。无论是财政部还是华盛顿的其他部门都没有能力对数十万移民进行监督、调查和检查。为了解决这个问题，财政部长与州政府以及移民委员会这样的组织签署协议，让他们继续做已经在做的事。①

移民委员会在受到越来越多的批评的同时，也被要求承担更大的责任。1883年，纽约新当选的民主党州长——格罗弗·克利夫兰抨击城堡花园为"文明社会的丑闻和耻辱"，在这里，"由于厚颜无耻的营私舞弊，可怜的移民本来指望得到其保护，却发现自己的孤立无助提供了别人能随时抓住的敲诈勒索的机会"。

虽然城堡花园的创建是出于一种利他主义的精神，但它很快就陷入了共和党州官员和民主党市政官员之间的争斗。克利夫兰的抨击呼应了一些党派人士的批评，即城堡花园是共和党在民主党控制的纽约

---

① Document No. 815, Box 4, INS.

市中心的赞助来源。移民委员会不断要求国家为城堡花园的运营提供更多的资金，而私人公司却利用共和党官员赋予他们的垄断地位从中获利，这让许多人感到愤怒。

城堡花园大约有 100 名工人，其中 90% 是共和党人。[①] 纽约的民主党人对谁从中获利几乎没有发言权。这个移民站将特许经营权（比如销售火车票和货币兑换）都给了有政治关系的公司。据估计，1886年，铁路为城堡花园带来了超过 250 万美元的生意。

对许多人来说，这需要联邦政府的干预。[②]《纽约时报》发表社论说，如果"外国移民由联邦政府直接管理，肯定可以避免巨大的浪费，也可以避免许多丑闻，一项重要的公共利益也可以得到妥善的处理"。

然而，这种批评和让联邦政府接管移民问题的呼声远不止盲目的党派之争。无论管理城堡花园的人的意图是什么，情况无疑已经恶化，以至于 19 世纪 80 年代的犹太移民创造了一个新的意第绪语短语"kesel garten"，这个表达成了"混乱"的同义词。过去对移民掮客和其他骗子的警惕已经减弱，移民们的安全无法完全得到保障，有时会遇到骗子和小偷。

45

1880 年，22 岁的英国矿工罗伯特·沃乔恩（Robert Watchorn）来到城堡花园。[③] 饥肠辘辘的他看到了一个馅饼摊。在柜台上丢了 50 美分后，沃乔恩狼吞虎咽地吃下了他那价值 10 美分的苹果派。但是当他要求找零时，却被售货员拒绝了。沃乔恩试图跳过柜台取回他的钱，

---

① *NYT*, January 25, 1883; "Immigration Investigation Report, Testimony and Statistics," House Report 3472, 51st Congress, 2nd Session, Serial 2886.

② *NYT*, February 11, 1883.

③ Robert Watchorn, *The Autobiography of Robert Watchorn* (Oklahoma City, OK: Robert Watchorn Charities, 1959); "Robert Watchorn," *Outlook*, March 4, 1905.

但一名警察介入，并威胁要指控他发起人身攻击。有一种说法是，他把钱取了回来，就继续上路了；还有一种说法是，他并没有把钱拿回来，而是得到了"许多令人伤心的经历"。不管怎样，即使25年之后，他依然无法忘怀这段经历，而此时他已经成为纽约负责管理移民的人。

城堡花园情况正在恶化的另一个迹象是1883年天主教玫瑰圣母会堂爱尔兰移民女孩之家的建立。[①] 这个慈善机构由约翰·里奥丹（John Riordan）神父创建，就在炮台公园正对面的州街（State Street）7号。1899年，M. J.亨利神父介绍这家慈善机构的早期岁月时明确指出，即使有了城堡花园的保护，墙外依然有以移民为掠夺对象的坏人。

小偷、勒索者和皮条客在许多不幸的移民身上收获了他们的财富。只要移民还留在城堡花园，他们就会受到保护，还会享有爱尔兰移民协会建立的职业介绍所的帮助。然而，一旦离开移民站去找亲戚朋友或找寄宿处，他们就不得不面对那些诡计多端的坏蛋。

这家由天主教神父经营的机构为这些爱尔兰女孩提供了一个安全的住所。从她们到达城堡花园开始，神父们就一直在看护着她们。他们主要关心的是保护这些年轻的单身天主教女孩的贞操，以免她们无意中被游荡在炮台公园的坏人诱骗沦为娼妓。在最初运营的16年里，估计有七万名爱尔兰女孩在经过城堡花园后在此待过。

19世纪80年代，《纽约世界报》（New York World）的编辑约瑟夫·普利策（Joseph Pulitzer）对城堡花园发起了一场猛烈的抨击，公众对城堡花园的关注持续升温。[②] 作为匈牙利移民，普利策几十年前经由城堡花园来到美国，他把他的报纸变成了一个宣扬民粹主义事业的

46

---

① Roll 19, G-7-G20, ANY.

② James B. Bell and Richard I. Abrams, *Liberty: The Story of the Statue of Liberty and Ellis Island* (New York: Doubleday, 1984), 43–45.

论坛。1884年，他领导他的"人民的报纸"发起了一场为完成自由女神像底座筹款的活动。在羞辱富人捐钱太少的同时，普利策承诺会列出每一个捐款人的名字，无论数额大小。最终普利策募集了超过10万美元，《纽约世界报》的发行量增加了，普利策作为改革者的声誉也提高了。

1887年，普利策开始对城堡花园发起猛烈的抨击，而且在一年多的时间里从未放松。① 在第一篇文章中，他将城堡花园列为垄断式经营，认为这个移民站已经变成了一个"笨重不堪的机构"。《纽约世界报》指责铁路公司在移民委员会同意的情况下敲诈移民。这份报纸另一篇关于城堡花园的社论的标题为"需要净化"。移民委员会也没有对这些指控置若罔闻。其中一名成员称普利策是"一个卑鄙、肮脏、可鄙的懦夫"，他"为了逃脱监禁而逃到欧洲"，并以诽谤罪起诉该报。

《纽约世界报》曝光后不久，华盛顿就采取了行动。担任纽约州州长时曾严厉批评过城堡花园的格罗弗·克利夫兰现在成了美国总统。1887年8月，他的财政部长下令对城堡花园进行调查。城堡花园不仅被指控给予欺骗移民的公司垄断经营权，还被指控没有严格执行1882年禁止某些不受欢迎的移民的法律。美国移民协会的J. C. 萨沃里（Savory）称城堡花园"欺骗公众，是移民的陷阱"。

接着对城堡花园发起批判的是国会。事实证明，在19世纪80年代，国会不愿意在这个日益成为全国性问题的问题上袖手旁观。在西奥多·罗斯福执掌白宫这个"天字第一号讲坛"（bully pulpit）和帝王

---

① *NYW*, July 27, August 4, 10, 1887; Erickson, ed., *Emigration from Europe, 1815–1914*, 276; *NYT*, August 31, 1887.

式总统制出现之前的时代，华盛顿的实权掌握在国会手中。为了回应关于移民意义的日益激烈的争论，国会开始维护自己的权威。

1888 年，密歇根州众议员墨尔本·福特（Melbourne Ford）主持了一个调查移民问题的国会委员会。[①]当福特带着他的委员会来到纽约时，普利策的《纽约世界报》在那里迎接他，并将证人的证词放到了头版。第二年早些时候，该委员会公布了其报告。它预示着美国处理移民问题的方式即将发生变化。该报告描述了 1888 年移民在城堡花园是如何被处理的：

> 当载着他们的船只停泊在码头后，移民们被转移到驳船上，然后被拖到城堡花园。他们在那里下船，被要求排成一队通过用木栏杆隔开的狭窄通道。每条通道的中间都有一张桌子，旁边坐着一名登记人员，他会盘问移民的国籍、职业、目的地等，这些问题的目的是确定移民是否会被法律剥夺入境资格……这些问题必须迅速提出，检查工作也必须以非常匆忙的方式进行，以免出现不必要的拖延。

这个过程不够周密，不符合现行的移民法。根据福特的报告，"这个港口每年接收大量非法进入美国的人"。这个委员会的报告说，城堡花园的一位专员甚至称这里的行动是"一场完美的闹剧"。

这份报告并未就此打住，而是在最后提出了一些一般性的看法。在对过去的移民凭借其"勤劳和节俭"在西部定居带来的好处表示敬意之后，该报告提出了这样一个问题："我们现在接收的大部分移民是否也

① The Ford Report, reprinted in *Congressional Record*, 50th Congress, 2nd Session, 997-999.

是如此？"国会议员们自问自答说："本委员会认为答案是否定的。"

该委员会认为："最近在这个国家的煤炭产区被引进和雇用的移民不能成为美国的理想居民。"报告称斯拉夫人和意大利人智力低下，说他们在美国的目的是"通过吝啬、刻板和不健康的方式积累足够的钱，然后回家"。他们过着"像野兽一样"的生活，吃着"会让美国工人作呕的食物……他们的习惯是邪恶的，他们的风俗是令人厌恶的"。

福特报告反映了当时对移民问题的许多担忧。

第一，它区分了受欢迎的移民和不受欢迎的移民，认为政府应该 48 对这些移民进行筛选，分清良莠。

第二，移民监管的话语与对托拉斯、垄断企业和铁路的经济监管的类似话语密切呼应。美国人所经历的巨大社会变革可以归咎于商人的贪婪，他们将个人利益置于公共利益之上。改革者们寻求利用政府的权力来促进公共利益，约束自私的私人利益。根据福特报告：

> 出于贪婪，这些人夸大了移民到这个国家的人所能获得的好处，为了从船票价格中获得佣金而说谎。这种情况非常严重，欧洲的一些地方已人烟稀少，可怜的移民被骗到美国，来到这里时身无分文，却发现轮船代理人的话完全是一派胡言，在许多情况下，过不了多久，他就成了公共的负担。

在一个对自由放任经济理论日益幻灭的时代，移民限制主义者发现他们的敌人是贪婪的蒸汽船公司和美国企业，后者与低薪移民签订劳动合同，从本土工人那里抢走工作。

第三，福特报告没有要求禁止来自特定国家或种族的移民，也没有要求暂停和终止所有移民。在华人移民的问题上，这份报告只有一行字，表示并没有去深入调查。对欧洲移民的监管与对华人移民的严格限制和近乎完全的禁止截然不同。

有一个反对的声音。布鲁克林的民主党众议员、南北战争期间联邦军的两名意大利裔将军之一弗朗西斯·斯皮诺拉（Francis Spinola）明确表示，他反对任何限制"诚实移民"的企图。然而，就连他也同意"将贫民、疯子、白痴、瘸子、小偷以及所有其他来此为非作歹的人拒之门外，这些人塞满了我们的贫民院和监狱"。

49　　国会从未执行福特委员会建议的"移民监管法案"。[①] 不过，众议院和参议院都设立了移民问题常设委员会，从而确保国会对这一问题的持续关注。

随着城堡花园的情况继续恶化，批评的声音越来越高，这把一名委员会成员逼到了绝望的地步。[②]1889 年，埃德蒙·斯蒂芬森（Edmund Stephenson）告诉《纽约太阳报》说："就城堡花园而言，如果把它取消，这个国家会更好。"他感到四面受敌，这是可以理解的。他夹在那些希望更严格限制移民的人、那些希望执法松懈的移民维护者，以及那些伺机欺诈任何走出城堡花园围墙的移民的坏人之间。

1889 年底，财政部部长威廉·温德姆（William Windom）下令再次起草一份关于城堡花园的报告。这份报告也发现城堡花园对移民的检查不够仔细，州和联邦官员在移民管理方面的安排也令人不满。报告建议联邦政府完全接管移民事务。温德姆接受了这个建议，在 1890 年 2 月，他通知城堡花园的委员会，将在 60 天后终止与他们的合同。

---

① Vought, *Bully Pulpit*, 12.
② "Immigration and Crime," *Forum*, December 1889.

　　这个决定是不可避免的。[①] 在城堡花园即将关闭的日子里，一位
名叫约翰·B. 韦伯（John B. Weber）的上校和共和党人来此参观，不
久之后，他将负责监督联邦政府对移民的管理。他发现寄宿公寓的那
些移民掮客们对那些困惑的移民肆意妄为，而这似乎没有受到官员们
的干涉。事情要朝着新的方向发展了。

　　1890 年 4 月 18 日，星期五，最后两艘在城堡花园放下乘客的轮
船是"波希米亚"号和"印第安纳州"号，当天有 465 人登陆。怀恨
在心的委员会成员拒绝让财政部使用城堡花园。他们只好在炮台公园
另一侧的驳船办公室设立一个临时移民站。城堡花园从此关闭业务。

　　财政部部长温德姆决心另起炉灶，通过建立一个完全由联邦政府
控制的新机构来消除对城堡花园的记忆。在宣布终止与城堡花园合作
的两周后，温德姆公开表示，他希望在纽约港的贝德罗岛建一个新的
移民站。

50

　　贝德罗岛也是新立起来的自由女神像的所在地。普利策再一次利
用《纽约世界报》的版面来捍卫自由女神。这份报纸连续几个星期反
对这一决定，警告说这座岛屿将"变成一座巴别塔"。该报甚至找到
了创作自由女神像的雕刻家奥古斯特·巴托尔迪（Auguste Bartholdi），
他称这一决定是"彻头彻尾的亵渎"。

　　作为回应，参众两院的一个联合委员会选择将纽约港的另一个岛
屿作为新移民站的所在地。[②] 国会拨款 7.5 万美元用于改建埃利斯岛，
以建立一个新的移民站。从很多方面来说，这个岛都是一个完美的选
择。作为一个未被充分利用的军火库，它已经掌握在联邦政府手中。

---

①　John B. Weber, *Autobiography of John B. Weber* (Buffalo, NY: J.W. Clement Company, 1924), 88.

②　*Congressional Record*, 51st Congress, 1st Session, Volume 21, 3085–3089.

它的岛屿位置意味着可以远离移民掮客和其他掠夺者，想到曼哈顿或港口泽西一边的铁路只要乘一班渡轮就行了。

要使这个低洼的岛屿能够投入使用，还需要做大量工作。当移民们在驳船办公室接受（主要是以前城堡花园的检查员的）检查时，挖掘一条更深的、通往埃利斯岛的航道的工作已经启动。岛上建造了码头，还有一座两层的木头建筑，将成为主要的接待区。完成这项工程花了近两年的时间。与此同时，关于移民意义的全国性辩论愈演愈烈。

"快点停下来吧！"[1]弗朗西斯·沃克（Francis A. Walker）咆哮道。他指出："考虑到正在涌入美国的快速增长的移民潮，无论是多么乐观的人都会感到恐惧。"沃克可不是普通人。他是美国最受尊敬的经济学家，是米尔顿·弗里德曼（Milton Friedman）和约翰·肯尼斯·加尔布雷斯（John Kenneth Galbraith）在19世纪末的结合体。

沃克是一个出身于几代盎格鲁-撒克逊家族的波士顿人，受过良好的教育，有着令人羡慕的履历，而他的履历反映了19世纪美国的巨大转型。20多岁时，沃克已是美国内战时期的一名联邦将军，他还负责了1870年和1880年的人口普查工作，之后在耶鲁大学教授经济学。在思考移民问题的时候，沃克是麻省理工学院的校长和美国经济学会的主席。

沃克发现新移民"无知、无技能、惰性强，习惯于最恶劣的环境，几乎毫无志向，对光线、空气和房间、衣着和舒适都没有高尚的品味"。他们拉低了这个国家的工资和生活水平。

沃克还看到，美国本土人口的出生率在下降，而移民家庭生育的

---

[1] Francis A. Walker, "Immigration," *Yale Review*, August 1892; Francis A. Walker, "Immigration and Degradation," *Forum*, August 1891.

孩子越来越多。[①]虽然今天大多数社会学家认为出生率会受到社会阶级的影响，会随着收入的增加而下降，沃克却有不同的解释：移民降低了美国的生活水平，土生土长的美国人反对这种情况，拒绝给这个堕落的世界带来更多的孩子。沃克的论点忽略了一个事实，即自19世纪初以来，美国本土人口出生率一直在下降，这似乎与移民没有什么关系。

　　沃克的观点得到了一位出身更为显赫的年轻人的赞同。[②]41岁的亨利·卡伯特·洛奇（Henry Cabot Lodge）已经在学术界站稳了脚跟，获得了哈佛大学政治学的第一个博士学位。尽管他在那之后还会继续写作，尤其是关于盎格鲁-撒克逊文化的辉煌，但吸引他的是政治，而不是学术。19世纪90年代，洛奇先后作为国会议员和参议员就移民问题发出警告。他希望证明，目前的移民表现出"人格明显退化的趋势"。

　　1891年3月，11名意大利移民在新奥尔良被处以私刑，洛奇以此为契机，主张对美国的移民法进行修订。[③]洛奇认为，这次攻击的原因不是反移民情绪，而是"我们对待进入这个国家的移民完全粗心大意"。对洛奇来说，这次私刑是又一个证据，表明美国再也不能"以不加区分、不加选择、不排除危险和不受欢迎分子的方式让移民涌入"。他呼吁采取适当的限制措施，不要将"真心希望成为美国公民的理想移民"拒之门外。

---

① 见 Maurice Fishberg, "Ethnic Factors in Immigration—A Critical View," Proceedings of the National Conference of Charities and Correction, May 1906. 澳大利亚和新西兰主要是盎格鲁-撒克逊人，移民很少，它们的出生率在19世纪末和20世纪初也出现了下降。
② Henry Cabot Lodge, "The Restriction of Immigration," *NAR*, January 1891.
③ Henry Cabot Lodge, "Lynch Law and Unrestricted Immigration," *NAR*, May 1891.

不管移民可能会带来什么好处，都有需要优先考虑的其他因素。洛奇写道："对一个国家来说，比财富和人口更重要的是其国民的素质。"他清楚地表达了上层美国人的态度，他们对镀金时代的奢侈和城市化带来的肮脏和贫穷感到沮丧。和他的好友西奥多·罗斯福一样，洛奇也对赤裸裸的物质主义持批判态度。尽管这种态度仅限于那些靠继承财富生活的人，但它也提醒美国人，公共利益不可能总是通过分类账簿上的数字来计算。

沃克和洛奇抓住了一个更大的全国性问题。[1]1891 年的报纸头条有"从欧洲运来的疯子和白痴"和"世界垃圾场"。亚拉巴马州的国会议员威廉·C. 奥茨（William C. Oates）曾在葛底斯堡战役中率领南方联盟的军队向小圆顶山冲锋，他总结了人们对新移民越来越不欢迎的态度。

> 只要到纽约的桑树街（这座城市的小意大利）挨家挨户参观一下，就会让人意识到，这个国家有成千上万本不应该被允许登陆的人……许多居住在纽约其他街道和其他城市的俄罗斯犹太人并不比刚才提到的意大利人好多少。宾夕法尼亚和其他州的许多采矿城镇和营地充斥着最野蛮、无知的外国劳工，他们像动物一样群居在一起，简直是文明的耻辱。

对移民政策进行重大改革的时机已经成熟。1891 年，当工人们

---

[1] *NYT*, April 30, 1891; *Boston Traveler*, October 24, 1891; "Report of the Select Committee on Immigration and Naturalization," 51st Congress, 2nd Session, Report No. 3472, January 15, 1891; "Regulation of Immigration and to Amend the Naturalization Laws," House Report, 51st Congress, 2nd Session, Report No. 3808.

忙着建造埃利斯岛移民站的实体时，国会正在建立管理那里的法律结构。

1891 年的移民法扩大了 1882 年移民法所列举的不受欢迎移民的种类，其中包括"白痴、精神病患者、乞丐或可能成为公共负担的人，患有令人厌恶或危险疾病的人，被判犯有重罪或其他臭名昭著的罪行或涉及道德败坏的轻罪的人，多配偶者"。①

被排除在外的移民将被遣返回家乡，费用由把他们运过来的轮船公司承担。检查移民的重担将不仅落在美国官员的肩上，还落在轮船公司的肩上，这些公司现在有了经济上的动机，不把那些无法通过美国港口检查的移民带来。自从 100 年前的《外国人与煽动叛乱法》以来，联邦政府第一次制定了驱逐移民的方法。

移民问题现在完全由联邦政府负责了。②根据法律，国会赋予这个新的联邦机构巨大的权力。"检查员或其助手所作有关外国人登陆权的一切决定为最终决定……除非向移民主管提出上诉，而该主管的行动须经财政部长审核。"尽管该条款的措辞似乎无伤大雅，但事实证明它是最具争议的。国会实际上宣布被拒之门外的移民不能到法庭提起上诉。所有上诉都必须通过行政部门进行，最后由财政部部长作出裁决。

① Michael LeMay and Elliot Robert Barkan, *U.S. Immigration and Naturalization Laws and Issues: A Documentary History* (Westport, CT: Greenwood Press, 1999), 66-70; Higham, *Strangers in the Land*, 99-100.

② Hiroshi Motomura, "Immigration Law After a Century of Plenary Power: Phantom Constitutional Norms and Statutory Interpretation," *Yale Law Journal*, December 1990; Lucy E. Salyer, *Laws as Harsh as Tigers: Chinese Immigrants and the Shaping of Modern Immigration Law* (Chapel Hill, NC: University of North Carolina Press, 1995), 26-28. 萨利耶（Salyer）声称这一条款的加入使行政部门成为移民上诉的最终仲裁者，而这源于对华人移民利用法院挑战《排华法案》的不满。虽然这很可能是真的，但仍是猜测。

这种新的移民制度是华盛顿迈出的一大步。①19 世纪的联邦政府非常不活跃。政治权力的中心是控制少数职位的政治党派和司法系统。联邦政府是一个软弱的空壳，它的主要职责是投递邮件，支付内战退伍军人的退休金和抚恤金。联邦政府一半以上的工作人员受雇于邮政部门。

美国经济日益增加的复杂性将改变这一切。在三年之内，国会通过了两条具有里程碑意义的法律，分别是《州际商法》(*Interstate Commerce Act*, 1887) 和《谢尔曼反托拉斯法》(*Sherman Anti-Trust Act*, 1890)，这两条法律为联邦政府管理私营企业奠定了基础。在许多方面，1891 年的移民法值得与这两条具有里程碑意义的法律一起提及。和这两条法律一样，移民法案的颁布是为了解决在许多人看来应该归因于自由市场失败的问题。它几乎立即就创建了一个规模和人力都超过州际商务委员会 (Interstate Commerce Commission) 或司法部反垄断部门的移民服务机构，并赋予其更大的权力。

从 1875 年到 1891 年，国会通过了全面禁止大部分华人移民入境
54 的法律，对不受欢迎的移民进行分类，禁止招聘移民劳工，并创建一个系统来执行这些措施，这个系统在华盛顿有一个由国会委员会监督的中央办公室，在全国各地的港口都设有移民检查站。通过所有这些

---

① 关于联邦政府和行政国家的兴起，请参阅 Stephen Skowronek, *Building a New American State: The Expansion of National Administrative Capacities, 1877-1920* (Cambridge, UK: Cambridge University Press, 1982); *Keith Fitzgerald, The Face of the Nation: Immigration, the State and the National Identity* (Stanford, CA: Stanford University Press, 1996); Morton Keller, *Affairs of State: Public Life in Late Nineteenth Century America* (Cambridge, MA: Harvard University Press, 1977); Morton Keller, *Regulating a New Society: Public Policy and Social Change in America, 1900-1933* (Cambridge, MA: Harvard University Press, 1994); and Gabriel J. Chin, "Regulating Race: Asian Exclusion and the Administrative States," *Harvard Civil Rights-Civil Liberties Law Review* 37 (2002)。

措施，国会控制了移民问题。在这些移民站中，最重要的是埃利斯岛。大政府时代到来了。

城堡花园和埃利斯岛的对比很有启发性。城堡花园由州政府运作，主要是在移民援助协会的要求下创建的，旨在保护和援助新来乍到的移民。而埃利斯岛则由联邦政府运作，是为了应对19世纪末移民类型和性质的明显变化引起的全国骚动而创建的。它存在的理由既不是保护移民，也不是彻底排斥移民，而是对移民进行监管，以便确保只有最适合生存、最有能力和最安全的人获准入境。

城堡花园早已从美国人的记忆中消失了。随着岁月的流逝，这个古老的移民站先是变成了这座城市的水族馆，然后被人遗忘，最后变成了对原来堡垒的历史性重建。从这里，今天的游客可以购买到去埃利斯岛和自由女神像的船票。

1855年至1890年，超过800万移民经过城堡花园。他们的许多后代对这段历史知之甚少，认为他们的祖先是从埃利斯岛进入美国的。

虽然腐败问题困扰着城堡花园，但一位历史学家称它"不仅是一部不朽之作，也是一个伟大的人类表达，可以与19世纪美国历史上的其他光辉成就相提并论"。①

然而，占据这个国家移民故事中心舞台的是埃利斯岛及其不完美的仁爱和服务，而不是城堡花园。

---

① Svejda, "Castle Garden," iii.

第二部分

分清良莠

第三章　一把合适的筛子

没有人怀疑存在这样一个问题［移民］。这是全国各地都在谈论　　57
和猜测的话题，众说纷纭。

——《纽约世界报》，1892 年

埃利斯岛完善了一套分清良莠的体系。……它不像一道堤坝，把好的与不好的都排除在外，而是像一把筛子，筛孔的粗细足以把病人、穷人和罪犯筛除，而把双臂强壮、身体健康、内心强大的移民留下。

——A. J. 迈克劳林医生，1903 年

从"约翰·摩尔"号驳船上下来时，年轻的安妮·摩尔被跳板绊了一跤。这种笨拙是可以原谅的，她实在太紧张了。那是 1892 年的第一个早晨，这个来自爱尔兰科克郡的 15 岁女孩，正从装饰华丽的驳船上被送往埃利斯岛的新移民站。

虽然华盛顿官员已经否决了举行盛大开幕式庆祝活动的想法，但是在记者和政府官员的喧闹声中，仍然可以听到钟声和尖锐的口哨声。在海上度过了 12 天之后，摩尔可能会对这种接待感到震惊。当官员们把她带进移民站时，她可能会有点焦虑。在一片混乱和骚动中，她要

确保自己的两个弟弟——11 岁的安东尼和 7 岁的菲利普——都在自己
58   视线范围之内。

安妮·摩尔不知道自己会作为第一个抵达埃利斯岛的移民而被载
入史册。在简短的检查之后，财政部的一名官员在入境登记册上写下
了她的名字，埃利斯岛的专员约翰·韦伯上校给了她一枚 10 美元的金
币。这种关注让安妮有点受宠若惊，她羞红了脸，问韦伯："先生，这
是给我的吗？"然后，她感谢了他，说这是她见过的最大一笔钱，她
将永远保存，作为对这一时刻的珍贵纪念。

她很快就和她的父亲马特团聚了，是他让孩子们过来的。[①]他们
的目的地是曼哈顿下东区的门罗街，那里到处都是摩尔夫妇这样的移
民。就在离他们家公寓几个街区远的地方，一个名叫阿尔·史密斯
（Al Smith）的 19 岁青年政治家开始崭露头角。

安妮是如何成为埃利斯岛第一位正式移民的，我们不得而知。一
个说法是，官员们把她赶到了一名奥地利男性移民的前面。还有一个
说法是，一位名叫迈克·蒂尔尼（Mike Tierney）的乘客"表现出了凯
尔特人的侠义"，一边大喊"女士优先"，一边抓住那位奥地利人的衣
领，把他从跳板上拉了下来，让年轻的安妮通过。

安妮·摩尔的故事经常被人们提起。她成为埃利斯岛的第一个抵
达者，这纯粹是运气使然，还是官员们有意识的决定，我们无从知晓。

----

① 关于安妮·摩尔的遭遇是有争议的。传说她向西前往得克萨斯州，嫁了人，后来不幸
被一辆有轨电车撞死。最近的研究发现安妮·摩尔实际上从未离开过纽约，而是留在了曼
哈顿下城，三年后嫁给了一个名叫沙耶尔（Schayer）的德裔美国人。她生了 11 个孩子，
只有 5 个活了下来。她于 1924 年死于心脏衰竭，享年 47 岁。系谱学家梅根·斯莫伦亚克
（Megan Smolenyak）是真实的安妮·摩尔故事的发现者，她说："她过着典型的贫苦移民生
活，为了后代而牺牲了自己。"安妮·摩尔的后代有爱尔兰人、德国人、意大利人、犹太人
和斯堪的纳维亚人的姓氏，这是美国大熔炉的见证。*NYT*, September 14, 16, 2006.

如果官员们早就决定挑选出摩尔接受这种特殊待遇，这也不足为奇。毕竟，埃利斯岛的主要目的之一就是让日益焦虑的美国人放心，政府官员在谨慎地筛除不受欢迎的移民。安妮·摩尔面色红润，身后还拖着两个弟弟，这样的形象还是很让人放心的。但倘若在 50 年前，科克郡富余人口的到来并不会引起人们的赞许。

不过，只要看看与她同船的人，就知道实际情况要更加复杂。1891 年 12 月底，安妮、她的两个弟弟和其他 4 名爱尔兰移民在皇后镇的港口登上了"内华达"号，当时船上已经有 117 名乘客，他们是在利物浦上的船。因此，"内华达"号一共载着 124 名乘客驶向纽约港。包括 10 名美国公民在内的 20 名乘客选择了客舱，其余乘客选择了统舱。

"内华达"号上大约三分之一的乘客来自欧洲北部，其中包括 12 名英国人，7 名爱尔兰人，2 名德国人，2 名法国人，14 名瑞典人。和安妮·摩尔同船的乘客绝大多数是俄国犹太人，他们因沙皇日益严厉的措施而逃离。船上有超过 60% 的乘客（包括男人、女人和孩子在内的 77 名乘客）先是从俄国抵达英国，而在"内华达"号进行的是他们前往美国的最后一段旅程。如果说安妮·摩尔那天的特殊待遇是向半个世纪前的老移民致敬的话，那么"内华达"号上的大多数乘客无疑是新移民。

这批移民中的大多数都是二三十岁。年龄最大的是一位来自俄国的 50 岁裁缝，最小的是四个月大的萨拉·阿布拉莫维茨（Sara Abramowitz）。大多数人最终留在了纽约，但有些去了宾夕法尼亚州、马里兰州、明尼苏达州，甚至怀俄明州。大多数人的职业是农民和工人，还有些则是诸如锡匠、赌注登记人、机械师和裁缝这样的熟练工人。

当"内华达"号驶入纽约港时，它并没有直接前往移民站。该岛

59

周围的水域太浅，码头甚至不能容纳最小的跨大西洋船只，这意味着船只必须停靠在曼哈顿，卸下乘客。从那里，他们将登上"约翰·摩尔"号那样的渡船，到埃利斯岛接受正式的入境检查。

并非所有与安妮·摩尔一起来到纽约港的乘客最终都会到达埃利斯岛。船上的 20 名客舱乘客可以直接前往他们在大陆的目的地，无论他们是否是美国公民。要想理解这种差别待遇的根本原因，只要看一下该船的乘客名单就行了。统舱乘客在列出他们的职业时用的是适当的平民头衔，比如工人或农民，而 20 名客舱乘客则被标记为"绅士"或"女士"，这表明他们的社会地位更高贵。

当安妮·摩尔登上埃利斯岛时，还有两艘船——"巴黎城"号和"维多利亚"号——在港口等着下客。截至中午，来自三艘船的约 700 名统舱乘客已登上埃利斯岛。移民官员会不会从"维多利亚"号上选择一位乘客作为受到隆重欢迎的第一个移民呢？这是很值得怀疑的。在"维多利亚"号的 313 名乘客中，有 311 人来自意大利南部的巴勒莫港和那不勒斯港。

韦伯上校指出，虽然移民站第一天仅处理了 700 名移民，但新的设施一天实际可以处理数千名移民。大多数人认为，这种能力永远也达不到。就目前而言，就连《纽约世界报》也对这些新设施感到满意，指出在营运第一天，"一切都运转得很好……在新的条件下，移民的舒适和安全完全符合人们的期望"。

跟着安妮·摩尔进入移民站——比起后来砖砌的移民站，当时的移民站离渡口更近——的移民们要从楼梯走到二楼。医疗检查人员警惕性很高，会在他们爬楼梯时观察他们，以发现跛子和其他残疾人。

到了二楼，移民们就被分成十列，每一列都排在一个职员的办公桌前，该职员的工作是对移民进行盘问，核实乘客名单上的信息，确保应该被排除在外的几种人不会混进来。[1] 二楼有购票处、问讯处、电报柜台、货币兑换处和便餐台。

《哈珀周刊》(*Harper's Weekly*)的一名记者在 1893 年访问埃利斯岛时发现，这里"从很多方面看都让人联想到一座监狱"，有穿着制服的警卫维持秩序。[2] 当检查人员询问移民时，他发现有的"紧张而又有点桀骜不驯"，有的看起来很害怕，有的"很愤怒"，"还有一些人冷漠而迟钝"。期待已久的联邦检查站的启用并没有结束关于移民的争论。这片从纽约港伸出来的五英亩土地现在将成为所有关心移民问题的人关注的焦点。

政客、记者、工会领袖和普通公民现在都带着自己的动机前往埃利斯岛。[3] 基督教妇女禁酒联盟(Women's Christian Temperance Union)很快就对埃利斯岛上酒吧的存在提出了质疑。美国劳工联合会(American Federation of Labor)主席塞缪尔·冈珀斯(Samuel Gompers)希望有更多检查人员来执行合同劳动法，为此他专门来到埃利斯岛，向韦伯上校说明了自己的观点。移民限制主义者来到埃利斯岛，以确保法律得到恰当的执行。移民捍卫者也来到这里，以确保新移民得到公平对待。

移民负责人在他的第一份年度报告中说："现有的移民法是用来筛选移民的——在合适的和不合适的移民之间划一条分界线。"[4] 他补充说："政府的真正意图不是禁止移民，而是要不时地禁止那些由经验

---

[1] *HW*, October 24, 1891.
[2] *HW*, August 26, 1893.
[3] *NYT*, November 7, 1895; Samuel Gompers, *Seventy Years of Life and Labour*, vol. 2 (New York: Augustus M. Kelley Publishers, 1967), 154.
[4] "Annual Report of the Superintendent of Immigration to the Secretary of the Treasury for the Fiscal Year Ended June 30, 1892," 11.

判断在某些重要方面不宜加入美国国籍的人。"

　　事实证明，从安妮·摩尔跌跌撞撞踏上埃利斯岛的那一刻起，这种筛选合适和不合适移民的方法就是一种反复试验。埃利斯岛移民站的设立引发的问题比它解决的问题还要多。一个国家如何管理每天对移民的检查、监管，有时甚至是排斥？移民法是太严格还是太宽松？政府是否应该创造更多被排斥的移民种类？移民检查人员是否应该以更宽容的方式来解释法律？

　　1875 年，最高法院将移民的控制权交给了联邦政府。[①]现在，它将决定这种权力究竟有多大。1889 年，也就是埃利斯岛移民站设立前三年，最高法院审理了中国移民柴禅平（Chae Chan Ping）被拒绝入境的案件。它驳回了柴禅平对美国政府的起诉，认为国会有权制定接收移民的规则，法院应该尊重这种民主意愿的表达。大法官斯蒂芬·菲尔德（Stephen Field）写道："驱逐外国人的权力属于美国政府的主权，是宪法授予的主权权力的一部分。在任何时候行使它的权力不能以任何人的名义被剥夺或限制。"

　　三年后，也就是安妮·摩尔抵达埃利斯岛两个多星期后，最高法院的裁决更进一步。[②]西村伊库（Nishimura Ekiu）是一位 25 岁的日本妇女，她于 1891 年在旧金山登陆。口袋里揣着 22 美元，她声称要去见她已经在美国的丈夫。移民局官员认为她的说法不可信，拒绝让她

① Chae Chan Ping v. United States, 130 U.S. 581 (1889). 又见 Hiroshi Motomura, "Immigration Law After a Century of Plenary Power: Phantom Constitutional Norms and Statutory Interpretation," *Yale Law Journal*, December 1990。

② *Nishimura Ekiu v. U.S.*, 142 U.S. 651 (1892); Hiroshi Motomura, *Americans in Waiting: The Lost Story of Immigration and Citizenship in the United States* (New York: Oxford University Press, 2006), 33–34; Daniel J. Tichenor, *Dividing Lines: The Politics of Immigration Control in America* (Princeton, NJ: Princeton University Press, 2002), 110; "Developments in the Law: Immigration Policy and the Rights of Aliens," *Harvard Law Review*, April 1983.

入境。根据 1891 年的移民法案，这位日本移民被宣布"有可能会成为
公共负担"。西村起诉旧金山的移民官员剥夺了她接受法庭审判的权　　62
利，但最高法院驳回了她的起诉，声称国会赋予官员"唯一且排他"
的权力，可以选择排除或接纳外国人和移民，而不需要诉诸法院。

　　虽然这两个判决与西海岸发生的事件有关，但它们对埃利斯岛接
下来 60 年发生的事情产生了深远的影响。如果移民觉得自己被移民官
员不公平地拒之门外，那么唯一的求助渠道就是行政部门的行政指挥
链，而不是法院。这就是支配美国移民法长达一个多世纪之久的全权
原则，即国会和行政部门在移民问题上拥有独家权力，而移民在联邦
法院挑战这一权力的能力将受到限制。

　　这意味着尚未被批准入境的移民享有的宪法权利更少。进入美国
是一种特权，而不是一种权利。一个主权国家有权划定边界，决定谁
可以或不可以进入。在西村案的判决中，最高法院指出："每一个主权
国家都有权禁止外国人进入其领土，或者是在认为适当的情况和条件
下接纳外国人，这是公认的国际法准则。"国会可以决定什么样的移民
可以进入美国，埃利斯岛等移民站所代表的行政部门有权执行这些法
律。法院在这个问题上几乎没有发言权。

　　约翰·韦伯上校从未想过他的人生道路会把他带到埃利斯岛。韦伯
是来自布法罗的前共和党国会议员，他被本杰明·哈里森（Benjamin
Harrison）总统任命为移民专员，在 1890 年 4 月城堡花园正式关闭后
的第二天走马上任。正如韦伯所承认的那样，这是一个典型的庇护式
任命："我接手移民专员的工作时，对移民事务知之甚少，就像一个从
未见过移民的人一样。"　　　　　　　　　　　　　　　　　　　　63

　　韦伯的父母是来自阿尔萨斯的移民，当时他们是法国的忠实臣民。
19 世纪 30 年代，他们分别来到纽约北部，并在那里结婚。约翰·巴蒂

斯特·韦伯这个名字象征着阿尔萨斯富有争议的历史。虽然他的姓是纯正的德国姓，但他的中间名则证明了法国对这一地区的影响。

韦伯是在南北战争的战火中长大的，他的人生经历与当时许多北方人相似。14 岁时，他自愿成为当地民兵的旗手。几年后战争爆发，这位 18 岁的年轻人自愿参军。他在战争中毫发无伤地幸存了下来，虽然他曾经直接参与战斗。他在军队中迅速晋升，在 21 岁生日之前从列兵晋升为上校。1864 年，他帮助组织并领导了美国有色步兵团第 89 团（89th United States Colored Infantry）。21 岁时，韦伯离开军队，回到纽约的家中，准备积极从政。

之后，他成家立业，成为大地主和杂货商。和许多在内战的战场上幸存下来的联邦士兵一样，韦伯战后一直担任联邦军退伍军人组织共和大军（Grand Army of the Republic）和共和党的地方职位。1870 年，韦伯竞选伊利县治安官，但惜败于民主党人格罗弗·克利夫兰。韦伯后来在第二次竞选中赢得了这个职位，然后继续在众议院任职两届。

1888 年，他帮助一位名叫本杰明·哈里森的内战军官赢得共和党总统候选人提名，作为回报，韦伯被任命为纽约港移民专员，负责埃利斯岛新设施的建设，以及在埃利斯岛开放之前在驳船办公室进行的移民处理工作。他还接到了一项额外的任务。1891 年，财政部长查尔斯·福斯特（Charles Foster）请他担任一个五人委员会的主席，前往欧洲，调查移民问题。这是联邦政府首次试图调查欧洲人移民美国的原因。

美国政府想知道一些具体问题的答案。[1] 为什么欧洲人要来美

---

[1] 以下讨论摘自 "A Report of the Commissioners of Immigration Upon the Causes Which Incite Immigration to the United States," 52nd Congress, 1st Session, Executive Document 235, January 1892。又见 John B. Weber, "Our National Dumping-Ground: A Study of Immigration," *NAR*, April 1892。

国？移民是否"被轮船公司、其他运输公司或他们的代理为提高客运
业务而鼓动或激励"？"罪犯、精神病患者、白痴和其他有缺陷的人、
穷人或可能成为公共负担的人，以及患有令人厌恶的或传染性疾病的
人"在多大程度上被鼓励移民？

64

　　这次出行还有一个额外的目的。[①] 在韦伯启程前往欧洲之前，哈
里森总统把他叫到了自己正在度假的新泽西州开普梅的海边别墅，希
望韦伯了解一下俄裔犹太人的状况。韦伯被安排在伦敦会见委员会的
其他四名成员，并从四名成员中选择一名陪同他前往俄国。韦伯在接
到指示三天后就不得不前往欧洲，而与他素未谋面的其他四名委员已
经在伦敦等着了。

　　一到伦敦，韦伯就选择了沃尔特·肯普斯特（Walter Kempster）
博士作为他的旅伴，让委员会的其他三位成员自由地开展他们自己的
调查。肯普斯特出生在伦敦，小时候就来到了纽约北部。和韦伯一
样，他也是前内战军官，曾在葛底斯堡服役。战争结束后，肯普斯特
成为美国最著名的精神病学家之一，专门研究人类的大脑。在搬到威
斯康星州之前，他在纽约的多家精神病院工作过。1881 年，在对刺
杀詹姆斯·加菲尔德（James A. Garfield）总统的嫌疑人查尔斯·吉托
（Charles Guiteau）的审判中，肯普斯特是控方证人之一。

　　从 1891 年 7 月下旬开始，韦伯和肯普斯特就奔走于欧洲各个城市
之间，从利物浦到巴黎、安特卫普、阿姆斯特丹、柏林、圣彼得堡、
莫斯科、明斯克、威尔纳、比亚韦斯托克、格罗德诺、华沙、克拉科
夫、布达佩斯和维也纳。10 月初，他们在德国不来梅结束了旅程。一

---

① John B. Weber, *Autobiography of John B. Weber* (Buffalo, NY: J.W. Clement Company, 1924), 105.

路之上，韦伯和肯普斯特会见了领事官员，访问了当地社区，并与轮船公司的官员交谈。韦伯忙于公务，几乎没有时间去观光，他说自己勉强挤出一个小时的时间去参观了伦敦塔。

韦伯和肯普斯特在 1892 年 1 月发布了报告，他们的结论是，个人离开欧洲很大程度上是因为"美国优越的生活条件，人们普遍认为，与国内相比，美国提供了更好的改变命运的机会"。大部分欧洲人不是从寻求招揽生意的轮船公司代理人那里得到这些想法的，而是从"那些已经在美国站稳脚跟的亲戚或朋友那里，他们通过从美国寄来的信件和报纸提供了这方面的信息"。

65

许多人认为，新移民是非自愿的，受到了美国企业或轮船公司代理人的帮助或引诱。根据韦伯和肯普斯特的估计，大约 60% 的移民是用预付船票来到美国的。然而，这些船票主要是由在美国的朋友和亲戚购买，然后寄给欧洲的移民。韦伯和肯普斯特所说的是一种连锁移民，即新移民通过信件、剪报和金钱吸引家人和朋友来到新世界。

韦伯指出，美国需要这些移民，因为美国人向来不愿从事繁重的体力劳动。[1] 他说："当外国人进来时，本国人负责经营，外国人负责劳动；外国人负责耕种，本国人负责收割；外国人负责建造铁路，本国人负责经营铁路；外国人负责开挖运河，本国人负责管理船只；外国人负责开采矿藏，本国人负责销售产品。"他指出，移民和自由劳动力之间的联系有助于经济的健康发展，"如果没有了移民，劳动力从哪里来？要知道，只要稍加训练和经验，他们就能变成有用的家政人员"。

---

[1] 《哈珀周刊》的一篇社论也表达了同样的观点，这篇社论问道："还有谁来做这些移民为我们做的工作？在以前的一些场合，我们已经提醒大家注意一个重要的事实，那就是美洲原住民越来越不愿意用双手去做艰苦的工作……有多少印第安人愿意干修建铁路、运河、挖煤，甚至当农场工人这样的脏活累活？" *HW*, September 1, 1894.

韦伯总结道："移民的罪恶在有些方面纯属虚构，在另一些方面则被大大夸大，而且几乎完全可以通过修改现行法律得到补救。"他认为要想执行 1891 年的法律，只需要"在我们的港口进行严格的检查"。当然，在埃利斯岛的历史上，什么是严格的检查将成为每一个移民官员争论的问题。

根据哈里森的指示，韦伯特别关注犹太人的困境。[1] 俄国的局势开始对美国产生影响。玛丽·安汀（Mary Antin）已经移民到美国，并写了一本回忆录，记录了她的家人从俄国到美国的旅程。她写道，在那段黯淡的时期，"每个人都在谈论美国。商人们一边做生意，一边谈论美国……那些在这片著名的土地上有亲戚的人四处阅读他们的信件，以启发那些不幸的人……就连孩子们玩的也是移民游戏……大家都在谈论美国，但几乎没有人知道关于这片神奇土地的真正的事实"。来自俄国的移民人数急剧增加，其中绝大多数是犹太人。从 1890 年到 1891 年，移民人数从 4.1 万增加到 7.3 万。

俄裔犹太人的移民原因根植于 19 世纪末俄国社会的动荡。[2] 许多问题可以追溯到 1881 年，沙皇亚历山大二世开启了俄国相对自由主义的时代，但是就在这一年，他被一群革命者暗杀。犹太人首当其冲承受了俄国人民和新沙皇亚历山大三世的怒火，后者不遗余力地推行反犹太政策。大部分犹太人被迫居住在"栅栏区"（Pale of Settlement），生活变得更加艰难。过去几十年离开栅栏区到城市谋生的犹太人现在正被迫离开。随着限制性法令的增多，犹太人受到越来越多的骚扰。

66

---

① *NYT*, February 15, 1892; Mary Antin, *From Plotzk to Boston* (Boston: W. B. Clarke: 1899), 12.

② Irving Howe, *World of Our Fathers* (New York: Schocken Books, 1976), 5–7.

在俄国受压迫的犹太人那里所看到的一切对韦伯产生了很大的触动。他和肯普斯特目睹了犹太人从莫斯科被驱逐到栅栏区的过程。他们遇到了一位身患瘫痪并且部分失明的老人，他只能躺在自己家里，因为莫斯科的医院拒绝接收他。许多在莫斯科生活了几十年的人突然发现自己失去了生计。韦伯回忆说："我在那里的那段时间，被驱赶出来的犹太人中有银行出纳、职员、通信主管、簿记员，也有业务部门负责人和制造商。"

这两名美国人在明斯克、威尔纳、比亚韦斯托克和格罗德诺等城镇在内的广泛区域旅行。[①] 按照他们的说法，来自俄裔犹太人的故事是"极端悲伤和可怜的……到处都笼罩着阴郁和沮丧"。韦伯接触到了明显而深刻的苦难。他后来回忆说："那些瘦弱的身躯，苍白的面孔，深陷的双颊，那些瞪大眼睛的可怜表情，让人想起一只被猎杀的动物，这样的形象永远萦绕在我的脑海里，挥之不去。"韦伯被他所遇到的噩梦般的犹太人悲剧所困扰，有时他会怀疑自己是不是出现了幻觉。

韦伯和肯普斯特的报告充满了对犹太人生活满怀同情的观察。他们认为，犹太人移民主要是迫于俄国的宗教和种族迫害。他们详细描述了犹太人聚居区的生活，并追溯了使犹太教徒生活困难的法律的历史。德·赫希男爵（Baron de Hirsch）曾利用自己的巨额财产帮助犹太人逃离俄国。在拜访了赫希男爵后，韦伯和肯普斯特承认，俄国犹太移民的情况与其他移民明显不同。

到 19 世纪 90 年代，俄国犹太穷人的人数增加了近 30%。[②] 一些推算数字显示，多达 40% 的犹太人是"空气人"（luftmenschen），即没有

---

① Weber, *Autobiography*, 112-128.

② Howe, *World of Our Fathers* 21; Weber, *Autobiography*, 106.

工作、没有技能和前途的人。他们在犹太聚居区游荡，想方设法生存下去。这似乎证明了移民限制主义者所声称的，即第三方慈善团体支付船票帮助移民来到美国的情况。他们需要帮助，因为很多人都已经沦为穷人。

虽然韦伯和肯普斯特承认确实存在一些穷人移民到美国的情况，"但是调查表明情况并不像主张限制移民的人所认为的那样严重"。俄裔犹太人不能简单地被视为扔到美国土地上的穷人。韦伯和肯普斯特希望美国人把目光放长远一点，不要只看到移民一时的状况。

> 因遭遇意外的不幸或者受迫害而被剥夺其积蓄的人，在逃避不堪忍受的负担时遭到掠夺。如果他在获得立足点之后有能力养活自己和家庭，如果他的亲戚或朋友能够提供这个立足点，根据我们的定义，他就不是一个穷人。

韦伯和肯普斯特的报告是对移民限制论者的尖锐指责。

然而，这个委员会没有发布一份关于欧洲情况的统一报告，而是发布了四份独立的报告。韦伯的其他三位同事也进行了欧洲之旅。贾德森·克罗斯（Judson Cross）的报告与韦伯和肯普斯特的结论最为相似。在谈论意大利移民时，克罗斯也描述了一个连锁移民的过程。意大利移民"不断鼓动其他人离开。每个在美国的意大利人都可以很容易地为朋友找到一个地方，这个过程一直在重复"。与有关这些新移民的一些说法相反，克罗斯发现南部意大利人"冷静、勤奋、节俭，而且爱孩子"。这些意大利人之所以选择离开故土，是因为那里缺少土地，而不是因为政府鼓励他们离开。

著名工会领袖特伦斯·鲍德利（Terrence V. Powderly）的弟弟约瑟

68

夫·鲍德利（Joseph Powderly）是该委员会的劳工代表，因此他的报告
反映了许多本土工人的担忧。他担心来自东欧的工人正涌向宾夕法尼
亚西部，在矿山和工厂与土生土长的工人竞争，从而压低工资和生活
质量。鲍德利认为，除非限制移民，否则土生土长的美国人将被赶出
煤矿，或者"不得不降低生活标准，满足于只有一个房间供他和家人
生活、吃饭和睡觉"。

　　委员会的最后一位成员赫尔曼·J. 舒尔特斯（Herman J. Schulteis）
对韦伯和肯普斯特报告中关于穷人的观点提出了异议。他抱怨说，最
近的移民是在移民援助协会和其他鼓励穷人和罪犯移民的协会的帮助
下来到美国的。他还汇报了意大利银行和劳工代理广泛参与为意大利
移民发放预付船票的情况。至于是否可以信任轮船公司，由他们来筛
选那些根据 1891 年移民法可能不合格的移民，他做出了断然的否定回
答，声称在那不勒斯港口目睹了对移民进行的"虚假检查"。

　　韦伯对俄裔犹太人的困境表示同情，而舒尔特斯则写道，"所谓
的"俄国的迫害只存在于"恐俄者和从未研究过俄国经济状况的人"
脑海中。舒尔特斯赞同俄国的反犹太法令，他写道，这些法令"符合
俄国人民的总体利益"。他指出，虽然犹太人只占俄国人口的 5%，却
掌握着俄国一半的财富。他总结道："在俄国，这是一个臭名昭著的问
题，对希伯来人的社会地位有着重要的影响。"

　　他接受了俄国官员的反犹主义论调，因此很自然地得出这样的结
论：在整个欧洲，"有许多人从事着从欧洲恶政的垂死体系中转移大批
危险的贫困、患病、衰老和犯罪人口的工作，这不仅可以为他们不堪
重负的社会提供一个安全阀，而且还可以用来削弱美国，因为美国的
崛起让他们越来越警惕"。

　　尽管舒尔特斯对犹太人的苦难并不同情，但他从未呼吁禁止移民

或只从理想的种族中选择移民。相反，他的建议包括让美国检查人员在欧洲港口检查和审批移民，对移民征收更多的人头税，结束预付船票的做法，以及授予总统紧急隔离的权力。

这些针锋相对的报告反映了人们对移民问题的各种态度。对于韦伯和肯普斯特来说，新来者逃离贫困和偏见，在新世界寻找机会，在这里他们肯定会被塑造成自力更生的公民。相比之下，鲍德利表达了工人们的担忧，他们渴望自己的工资不被贪婪的企业带来的廉价外国劳动力所影响。舒尔特斯表达了对移民的消极看法，认为新移民就像被丢弃在美国海岸上的欧洲垃圾。随着时间的推移，这种声音在美国变得越来越弱，在欧洲却变得越来越强。

财政部部长得到的不是关于移民的根本原因和性质的最终答案，更多的是一场关于美国人如何应对那些将美国拖入现代世界且没有任何减弱迹象的变化的争论。埃利斯岛创建的初衷是为了"适当筛除"那些不受欢迎的移民，但它很快就会成为这场辩论中的"避雷针"。

第四章　大门口的危险

> 危险就在我们国家的大门口。……我们的强大让我们漫不经心，以慷慨的手，向全世界敞开大门……让人们进入美国并成为美国公民的大门不应该继续无人把守了。
>
> ——参议员亨利·卡伯特·洛奇，1896 年

约翰·韦伯上校义愤填膺，怒不可遏。作为埃利斯岛的长官，他冒着从纽约港吹来的一月寒风，见证了大约 700 名移民乘坐"马西利亚"（Massilia）号轮船来到纽约。让韦伯感到不安的是，许多经过他身边的人显然健康状况不佳。他们不是像安妮·摩尔那样脸颊红润的爱尔兰年轻女孩。这些踩着四周前摩尔踩过的跳板来到埃利斯岛的人身体虚弱，显得病恹恹的。这可不是大多数美国人希望他们未来的邻居所拥有的那种强健体魄。

韦伯对这些以俄裔犹太人为主的移民并不反感。①几个月前，他刚刚目睹了栅栏区受压迫的犹太人的悲惨处境。在美国的港口，他看到了类似的忽视和明显的冷漠，这让他更加愤怒。在如此寒冷的天气

---

① *NYT*, January 31, February 2, 1891.

里，轮船管理人员却迫使这些体弱的乘客搭乘四面透风的驳船穿过港口到达埃利斯岛，这让他很恼火。平时性情温和的韦伯对他所看到的一切感到非常气愤，他给轮船公司写了一封充满怒火的信，指责他们的行为"如果不是犯罪的话，也是不人道的"，并承诺将争取立法，以惩罚轮船公司今后任何"野蛮和不人道"的做法。

在那些从韦伯面前走过的疲惫不堪的难民中，就有梅尔梅（Mermer）一家，包括费尔（Fayer）、她的丈夫艾萨克（Isaac）和五个年幼的孩子。这一家人坚持到了埃利斯岛并通过了检查。很快，他们就要在美国曼哈顿下东区埃塞克斯街 5 号的临时住处开始新生活，而这个住处是由犹太慈善联合会（United Hebrew Charities）提供的。

在他们到达 12 天后，这家人的生活陷入了更大的混乱。市卫生官员强行进入他们位于埃塞克斯街的住处，把正在发烧的费尔拖出了大楼，任由她又踢又叫。为了应对高度传染性斑疹伤寒的暴发，市政府官员迅速而粗暴地采取行动，将费尔和她的儿子平卡斯（Pincus）、女儿克拉拉（Clara）一起隔离。一周后，费尔死了，但她的孩子们都康复了。这种疾病的暴发被认为起源于"马西利亚"号上的移民，并在曼哈顿下城的公寓中蔓延开来。

梅尔梅一家和其他 265 名俄裔犹太人缘何来到美国？他们的到来又如何引发了全国性的恐慌？上述那样的故事在当时广为流传。

1892 年 1 月 1 日，载有 270 名俄裔犹太乘客的"马西利亚"号驶离马赛港。① 自 1891 年春天以来，他们中的许多人就在欧洲大陆上流

---

① 有关"马西利亚"号的探讨源自 "Immigration Investigation, Ellis Island, 1892," 52nd Congress, 1st Session, House Reports, Vol. 12, No. 2090, Series 3053; "Annual Report of the Board of Health of the Health Department of the City of New York for the Year Ending December 31, 1892," City Hall Library, New York City; and Howard Markel, *Quarantine! East European Jewish Immigrants and the New York City Epidemics of 1892* (Baltimore, MD: Johns Hopkins University Press, 1997)。

浪，没有土地，没有国家，被整个欧洲遗弃。他们中的一些人原本是
奥斯曼帝国的臣民，几年前，他们为了更好的机会而移民到了俄国。
在俄国，随着犹太人受到越来越多的镇压，他们发现自己被驱逐了。
他们又来到了君士坦丁堡，希望由此前往巴勒斯坦，但是奥斯曼帝国
当局拒绝让他们通行。他们被困在城里的犹太人聚居区达三个月之久。
1891 年 12 月，奥斯曼官员驱逐了他们，他们前往士麦那。这番周折
已经耗尽了他们仅有的一些积蓄，让他们沦为穷人。在当年为帮助东
欧犹太人而成立的赫希男爵基金的帮助下，他们从士麦那来到马赛，
然后从那里登上了"马西利亚"号前往纽约。

72

　　除了犹太乘客外，"马西利亚"号还载有上等的法国葡萄酒，准
备在纽约出售。这艘船没有直接驶往美国，而是先向东南方向行驶到
了那不勒斯，在那里装载了更多的货物：通心粉、水果，还有 457 名
乘坐三等舱前往美国的意大利人。

　　这艘船在海上航行了三个多星期。据大家所说，这是一次在暴风
雨肆虐的严冬中进行的旅行。为了隔绝冷空气，在整个航程中，船上
的舱口都用木条封住了，乘客们被关在狭小的空间，很少能走到甲板
上伸展四肢，呼吸新鲜空气。

　　考虑到将近一年的长途跋涉所带来的创伤，许多犹太移民死于疾
病也就不足为奇了。例如，23 岁的朱莉娅·霍克（Julia Hoch）在旅途
中饱受子宫出血的折磨，船上的医生给她开了一种治疗方法——"针
对顽固便秘，每天两次灌肠，阴道注射热镇静剂。将麦角提取物溶解
于白兰地加薄荷水中，内服"。

　　在这样的治疗之下，霍克竟然康复了。年轻的艾萨克·霍林斯基
（Isaac Holinsky）就没有那么幸运了。在离开马赛七天后，这个 9 岁的
俄罗斯男孩患上了慢性肾炎。医生让他"饮食以牛奶为主，在肾脏和

胸口部位持续涂抹湿热的亚麻籽膏药"。这种治疗没有起到作用，四天后，艾萨克去世了。根据船上的日志，他的尸体被扔到了海里，"举行了一场正式的海葬"。

当这艘船最终抵达纽约港时，韦伯确保生病的移民立即被送往埃利斯岛医院。除了生病的乘客，官员们还把船上近 70 名其他乘客留了下来，以便进一步检查。官员担心贫穷会让他们成为公共负担。

尽管存在这些担忧，但最终 270 名俄国移民几乎全部被允许登陆，这多亏了韦伯上校满怀同情的决定和犹太人援助协会的干预。对于那些被怀疑不符合检查标准的移民，韦伯接受了犹太慈善联合会的担保，联合会随后将他们安置在了下东区的寄宿公寓。虽然在离开埃利斯岛后，"马西利亚"号上的一些犹太乘客分散到了全国各地，但大多数都去了这个不断扩大的犹太人聚居区。

73

"马西利亚"号的故事本应就此结束。韦伯上校的慈善之举本来不会引起任何人的注意。船上的管理人员对这些生病的犹太旅客的恶劣对待，除了遭遇轻微谴责外，基本上都会被忽视。到了第二天，会有更多船只进入纽约港，带来更多人的故事和更多移民官员的决定。但是，"马西利亚"号不会这么快就消失在这座城市的历史烟云之中。

1892 年 2 月 11 日早晨，纽约市卫生局的首席卫生检查员赛勒斯·埃德森（Cyrus Edson）医生到达办公室时，发现桌子上有四张明信片。它们是犹太慈善联合会的里奥·丹恩（Leo Dann）医生发来的，与丹恩在下东区东第 12 街 42 号的一所寄宿公寓里发现的四例斑疹伤寒病例有关，而这些患病者都是"马西利亚"号上的乘客。

人们常常将斑疹伤寒与伤寒混为一谈，两者有类似的症状，包括高烧、头晕、肌肉疼痛、恶心和红紫色皮疹。[①] 斑疹伤寒是一种快速传

① *NYT*, February 14, 1892.

播的疾病，以前曾经威胁过这座城市。1851 年，将近 1 000 名纽约人死于斑疹伤寒，但自 1887 年以来，只有 5 人死于这种疾病。市政官员急于阻止新的疫情暴发，所以以埃德森和工作人员当天下午就来到了东第 12 街的公寓，在那里，他们发现了 15 个病例，埃德森后来称其为"最可怕的传染性疾病"。

时年 35 岁的埃德森是罗得岛州创始人罗杰·威廉姆斯的直系后裔，也是前纽约市市长的儿子，他很有政治头脑，与坦慕尼协会关系密切。现在，在一个已经对移民感到不安的城市和国家，埃德森负责处理的是一场潜在的公共卫生危机。

人们很快发现，这种疾病可以追溯到"马西利亚"号。在犹太慈善联合会成员的帮助下，埃德森和他的团队开始追踪每一位搭乘"马西利亚"号的乘客，并对他们进行斑疹伤寒检测。由于这艘船上的犹太乘客几乎都住在下东区的八个公寓里，这项任务容易了许多。

夜幕降临时，埃德森的团队已经检查了所有八个公寓的住户，诊断出近 70 例斑疹伤寒，其中包括费尔和她的两个孩子。这些男人、女人和孩子随后被送到东河（East River）的东第 16 街，在那里，他们分六批被强行转移到位于布朗克斯海岸外北兄弟岛（North Brother Island）的隔离医院。这些被俄国、奥斯曼帝国和法国遗弃的可怜人被匆忙地、粗暴地赶进了隔离区，他们一定怀疑自己是否在美国也不受欢迎。

两天之内，所有来自"马西利亚"号的俄裔犹太移民都被找到了。[①]每个有症状的乘客都被送到了北兄弟岛，而那些没有症状的乘客和那些曾经和他们生活在同一个公寓的人则都被集中起来并暂时隔离在艾塞克斯街 5 号和东第 12 街 42 号的两个公寓里，外面有警察驻守，

① *NYT*, February 12, 1892.

禁止任何人进出。卫生官员燃烧悬浮在水中的铁容器中的硫磺，对空置的公寓进行熏蒸，因为蒸汽有助于硫的扩散。然后，房间被通风，并用二氯化汞消毒剂进行擦洗消毒。

与此同时，"马西利亚"号正在驶回马赛的路上。在返航途中，船上的消防员、面包师和几个水手都出现了严重的发烧和精神错乱，而这些都是斑疹伤寒的症状。他们幸存了下来，但尚不清楚他们在登陆后发生了什么。

埃德森的下一个任务是追踪 457 名同样搭乘"马西利亚"号进入美国的意大利人。与几乎全部留在曼哈顿的犹太移民不同，多达 100 名意大利人已经分散到全国各地，有些远在芝加哥、印第安纳州的韦恩堡和得克萨斯州的布莱恩。

新泽西州特伦顿的卫生官员找到了"马西利亚"号上的两名意大利乘客，并把他们用家畜运输车带到埃德森在纽约的办公室接受检查。埃德森对他们的做法感到不满，尽管他更担心的是意大利人被强制，还是潜在的斑疹伤寒携带者被带到纽约，我们不得而知。

然而，最终只有 3 名"马西利亚"号上的意大利乘客被发现患有这种疾病。这些意大利人很幸运，在长达 23 天的旅程中，他们几乎完全与犹太乘客隔离，只有当被渡船转移到埃利斯岛时，才混到一起。

在犹太慈善联合会的帮助下，埃德森和他的工作人员迅速而积极地采取了行动。[①]这位年轻的医生预测说："我丝毫不担心有暴发流行病的危险，情况完全在我们的掌控之中。"除了埃德森的积极行动之外，纽约港的卫生官员威廉·詹金斯（William Jenkins）博士还下令，所有载有俄裔犹太乘客的船只都要被隔离，虽然"马西利亚"号乘客

75

———————————

① *NYT*, February 13, 1892.

身上的斑疹伤寒源自土耳其，而不是俄罗斯。即便如此，在接下来的
几个月里，在隔离点还会出现七个斑疹伤寒病例。

　　尽管如此，埃德森还是无法完全阻止疾病向其他城市居民传播。
"马西利亚"号到达后不到三个星期，一个名叫马克斯·布施（Max
Busch）的木匠在他位于包厘（Bowery）街的公寓中病倒了。他被诊断
出患有斑疹伤寒，随后被送到北兄弟岛。似乎每一天都有更多关于斑
疹伤寒病例的报道，远至罗得岛的普罗维登斯、纽约的纽堡和马里兰
州的巴尔的摩，甚至还有圣路易斯。

　　与此同时，在曼哈顿下东区两个隔离点的"马西利亚"号乘客
中，发现了更多的斑疹伤寒病例。3月6日，埃德森采取了更严厉的
措施，命令将那些公寓里的所有人都转移到北兄弟岛，无论他们是否
表现出疾病症状。在疫情最严重的时候，纽约官员将大约几千人转移
到了隔离医院。那些没有症状的人在被释放前要隔离满21天，这是这
种疾病的潜伏期上限。

　　然后，危机消退了。除了夏季的几例新增病例和12月的一次小
规模的无关疫情之外，到了3月底，疫情已基本得到控制。在拥有近
150万人口的曼哈顿，1892年最终诊断出241例斑疹伤寒病例，死亡
人数为45人。对埃德森来说，这是一个巨大的成功。他自豪地将其与
1881年的上一次大暴发相比，当时有153人死亡。1892年不仅死亡人
数减少，而且几乎所有的死亡都发生在疫情暴发的第一个月。相比之
下，1881年的疫情却持续肆虐了五个多月。

　　报纸称赞埃德森和其团队的大胆领导，而现代的评论家则抱怨这
76 些犹太移民受到了粗暴和不平等的待遇。虽然城市卫生官员对"马西
利亚"号上犹太乘客的处理通常是粗鲁和冷漠的，埃德森和他的工作
人员却从来没有公开指责过犹太人。他们与犹太慈善联合会密切合作，

将注意力尽可能集中在"马西利亚"号乘客和那些可能与他们有接触的人身上。然而，很难将对移民的恐惧与保护公众免受疾病蹂躏的真正关切分开。

虽然从现代医学和社会标准来看，埃德森及其工作人员的做法有些过分，但还是减缓了斑疹伤寒的传播。[①]虽然许多人在不理想的情况下被隔离，但到了 3 月底，不仅疫情大幅缓和，而且"马西利亚"号乘客的死亡率也相对较低。虽然"马西利亚"号上超过一半的犹太乘客感染了斑疹伤寒，但 138 名感染者中只有 13 人死于这种疾病，其余的都在接受治疗后康复。与"马西利亚"号乘客不到 10% 的死亡率相比，城市居民染上斑疹伤寒的死亡率是 33%（27 人死亡），护士、助手和警察染上斑疹伤寒的死亡率是 38%（5 人死亡）。

这种有时冷酷无情的对待不仅限于犹太移民。[②]《纽约时报》的一

_____

[①] "Annual Report of the Board of Health of the Health Department of the City of New York for the Year Ending December 31, 1892," 142, City Hall Library, New York City. 在解释埃德森和其他城市官员的行为时，霍华德·马克尔（Howard Markel）过分强调了本土主义的作用。他抱怨说，隔离令移民蒙上了污名，"他们付出了巨大的代价，公民自由被侵犯。官员们对文化差异不够敏感，没有足够财力或物质资源用于对他们的医疗服务"。在一种更微妙的解释中，舍温·纽兰（Sherwin Nuland）认为，城市卫生官员"采取了他们认为是谨慎的做法，与当时在世界各地的同行中流行的措施相一致"。纽兰接着说，纽约的做法既表明了反移民情绪，也表明"他们真诚地希望保护他们认为自己应该主要对其负责的人民，即他们所在城市的公民"。Sherwin B. Nuland, "Hate in the Time of Cholera," *New Republic*, May 26, 1997. 马克尔还误读了埃德森 1895 年发表的一篇题为"微生物是社会平等者"（*The Microbe as a Social Leveler*）的文章。埃德森在文中指出，由于传染性疾病，穷人和富人、本地人和移民都被联系到了一起。因此，应对传染病需要采取更全面的办法。他写道："因此，富人对穷人的福祉有着直接而巨大的兴趣。"他描述了一种公共卫生社会主义。埃德森确实将俄裔犹太人描述为"贫穷、无知、受蹂躏"，并暗示他们很容易将传染病带到美国。然而，埃德森并没有把俄裔犹太人当作替罪羊，也没有呼吁排斥他们。如果说他有什么要说的话，那就是美国本土出生的人对俄裔犹太人的福祉有着明显的兴趣，无论后者是在俄罗斯还是在曼哈顿下东区。见 Cyrus Edson, "The Microbe as a Social Leveller," *NAR*, October 1895。

[②] *NYT*, February 24, 1892.

篇文章描述了纽约市卫生局的一群人，在"高强度雪茄"的武装下，前往包厘街。他们的目标是为居住在这条街上廉价旅馆的单身男子接种疫苗，其中许多是土生土长的美国人。虽然不完全清楚这些人注射的是何种疫苗，但这篇文章清楚地表明，卫生人员有时会强行进入私人住所，违背本人的意愿进行注射。许多人奋起反抗，一些人设法逃离了糟糕的宿舍，躲过了卫生人员的检查。

从理论上讲，埃利斯岛的设计初衷就是为了防止移民引发这种流行病。1891 年的移民法明确规定，患有"令人厌恶的或传染性疾病"的移民将被排除在外。由于韦伯上校的好意和犹太慈善联合会的工作，"马西利亚"号上的移民得以相对轻松地通过埃利斯岛。"马西利亚"号事件为移民限制主义者提供了推进他们议程的机会。对他们来说，1891 年的法律和埃利斯岛的设施不过是为进一步限制移民而进行的持续斗争的开端。

在安妮·摩尔来到这里仅仅两个月后，在下东区首次发现斑疹伤寒仅仅三周后，国会开始了对埃利斯岛的首次调查。

新罕布什尔州参议员威廉·伊顿·钱德勒（William Eaton Chandler）领导了众议院和参议院的联合调查。① 作为新成立的参议院移民委员会主席，在 19 世纪 90 年代早期，钱德勒是限制移民的主要倡导者。钱德勒是一个老派的新英格兰人，他的家族中有许多定居新英格兰的清教徒。往上追溯十代，就是 1637 年帮助人们定居马萨诸塞州罗克斯伯里的威廉·钱德勒（William Chandler）。他的曾曾曾祖父是新罕布什尔州康科德市的创建者之一。虽然他的父亲是已婚的内森·钱德勒

---

① Leon Burr Richardson, *William E. Chandler: Republican* (New York: Dodd, Mead, 1940), 7–11.

（Nathan Chandler）和仆人所生的私生子，但是参议员钱德勒是一个纯正的新英格兰人。

钱德勒可能是清教徒后裔，但与亨利·卡伯特·洛奇、弗朗西斯·沃克和其他反移民的新英格兰人不同，这位新罕布什尔州共和党人并非出身富贵。他继承的新英格兰遗产是一种价值和骄傲，而不是金钱。威廉的父亲在新罕布什尔州拥有一个养马场和旅店，虽然他们并不贫穷，但他的儿子们并没有被培养成乡绅。

讽刺像钱德勒这样的移民限制者可能很容易，但这位参议员的政治生涯表明他是一个更复杂的人。[①] 虽然钱德勒对涌入美国的新移民持怀疑态度，但他在很多方面都是当时进步的共和党人，他身上集中了这个表达所包含的所有矛盾。

他支持"重建"（Reconstruction）和黑人投票权。他对大公司持怀疑态度，并支持通过立法来规范它们。新兴资本家阶层（特别是铁路公司）的权力、财富和傲慢激怒了这位节俭的新英格兰人。1892 年，他试图在共和党政纲中加入一条，即大企业不是这个国家的主人，而必须要服从法律，但没有成功。他与铁路公司的持续斗争最终导致他在 1900 年失去了参议院的席位。

早在 1892 年的春天，钱德勒就牢牢盯上了移民带来的危险。[②]3 月 5 日早晨，对斑疹伤寒的恐惧仍在纽约人心头挥之不去，钱德勒带领

---

① Richardson, *William E. Chandler*, 439; Carol L. Thompson, "William E. Chandler: A Radical Republican," *Current History* 23 (November 1952); *NYT*, March 7, 1892. 历史学家莫顿·凯勒写道：钱德勒 "警告说托拉斯倾向于破坏竞争、粉碎个人主义，并将社会控制权交到富裕的寡头手中，这表达了一种普遍的态度"。Morton Keller, *Regulating a New Economy: Public Policy and Economic Change in America, 1900–1933* (Cambridge, MA: Harvard University Press, 1990), 25。

② *NYT*, March 6, 1892.

78 他的 15 人委员会来到了埃利斯岛。他对这里的第一印象并不好。这些
国会议员们发现这些建筑"看起来很廉价，虽然舒适，但并不坚固。
分隔房间用的木板又软又有气味，有的地方出现了很大的裂缝，甚至
能够伸过一只手"。

钱德勒的调查持续了三个多月，是对埃利斯岛双管齐下的攻击，
既代表了政治党派之争，也代表了移民限制主义者的担忧。① 当时，众
议院和参议院分别由共和党和民主党控制。1892 年是总统选举年，民
主党人急切地想利用这次听证会严厉批评本杰明·哈里森总统领导的
共和党政府中的财政部官员。

钱德勒的听证会让民主党人得以就他们所认为的埃利斯岛建设过
程中的欺诈和浪费问题展开辩论。虽然国会已经批准了 25 万美元用于
埃利斯岛的建设，但这个工程远远超出了预算，又花了 36.2 万美元才
完成。委员会的结论是，"在埃利斯岛的改建工程中，浪费了大量的公
共资金"，这些建筑"建得很糟糕，使用的是劣质材料，工艺也很差"。

委员会中的共和党人不同意这个观点，他们指出，每个人都同意
城堡花园那一套不好，需要改进。他们提醒人们注意他们的同事所取
得的成就：埃利斯岛的面积扩大了一倍，土地被抬高了，建造了一个
码头，还有一条可通航的航道和供轮渡使用的深水区。然而，共和党
人也承认，这些设施"有点粗糙，像棚屋一样"。

钱德勒大老远把委员会带到纽约，并不仅仅是为了检查会计记
录、看看大楼里使用的佐治亚松木的质量。他对新移民法执行不严感
到担忧。他认为 1891 年的法律只不过是对 1882 年法律的重复，对问题
几乎没有任何影响。"马西利亚"号事件为他提供了证明这一点的机会。

---

① *NYT*, June 30, July 29, 1892.

这场听证会凸显了埃利斯岛历史上反复出现的一个主题：移民法的成文规定和实际执行之间的鸿沟。[①] 虽然钱德勒否认"移民专员及其助手在执行移民法律时有任何故意疏忽或玩忽职守的行为"，但是他指出"有许多不受欢迎的移民被允许进入这个国家，按照对现有法律的合理和适当的解释，他们本应被拒之门外"。

在听证会上，韦伯给人的感觉是过于温和，他并没有否认这一点。[②] 他在自传中写道："我知道这份工作责任重大，并尽量以最公平的方式行事。如果说我有一点倾向性的话，那就是人道主义的一面。"每天都有一大批人涌进埃利斯岛，其中许多人甚至对身为第二代移民的韦伯来说都是陌生的，他担心"反复看到的悲惨场面会使我变得麻木不仁，但相反地，我对每天接触到的这些无助的、可怜的人越来越产生怜悯之心"。

韦伯的宽容让钱德勒感到不安，他认为这位专员手中掌握了太多的权力，使他"不仅容易受到内心过于慷慨的冲动的影响，还会受到强有力的外部压力的影响"。1891 年，在进入纽约港的 47.2 万移民中，只有 1 003 人被拒之门外，约占 0.2%。埃利斯岛的新设施，连同 1891 年的移民法，本应带来更严格的移民管理。钱德勒认为实际情况并非如此，他指出："现在国外有一种感觉，认为移民局只不过是一个人口普查局。"埃利斯岛的作用不仅仅是统计新移民的人数，它还应该像筛子一样，把不受欢迎的移民筛除出去。

---

① 钱德勒听证会的笔录和后续报告，见 "Immigration Investigation, Ellis Island, 1892," 52nd Congress, 1st Session, House Reports, Vol. 12, No. 2090, Series 3053。关于钱德勒对韦伯的更多批评，见 Congressional Record, 52nd Congress, 1st Session, Vol. 23, Part 2, February 15, 1892, 1132。

② John B. Weber, *Autobiography of John B. Weber* (Buffalo, NY: J.W. Clement Company, 1924), 95–96, 99–100.

对钱德勒及其盟友来说，斑疹伤寒的暴发凸显了检查过程中的一个严重漏洞。虽然斑疹伤寒属于"令人厌恶的或传染性疾病"的范畴，但这种疾病的携带者可以通过检查而不被发现，直到入境几天后才出现症状。症状出现之前的斑疹伤寒不是埃利斯岛的医生用肉眼能够发现的。因此，很难因为没能在"马西利亚"号乘客中发现斑疹伤寒而批评韦伯和他的手下。

钱德勒提出的问题是：难道"马西利亚"号的一些乘客没有其他原因要被排除在外吗？委员会发现，经过对"马西利亚"号船上移民的初步检查，有 70 名乘客因被怀疑可能会成为公共负担而被临时扣留，但是在韦伯的命令下，其中的大多数被允许进入这个国家。

钱德勒让韦伯承认埃利斯岛的检查员在移民的卡片上标记了"P. O."（paid own passage 的首字母缩略词，意为"自费船票"）和"P. P."（prepaid 的简写，意为"预付船票"）。"马西利亚"号的许多乘客都被标记为后者，因为赫希男爵基金会为他们支付船票费用。这似乎证明了限制主义者长期以来的观点，即新移民与旧移民不同，他们来美国时得到了帮助，因此素质较差，最终更有可能成为国家或私人慈善机构的援助对象。

钱德勒认为，对每一个预付船票的移民都应该举行听证会，让他们证明自己有资格入境。韦伯对自己行为的解释重复了他在几周前发表的报告中有关穷人的立场。他告诉委员会说，这些犹太移民"在开始他们的旅程时拥有足够的资金，但是在流浪过程中，这些钱被用光了，而他们所经历的磨难让他们很容易患病"。在韦伯看来，这些人之所以成为穷人，是因为环境，而非素质。

犹太慈善联合会的介入影响了韦伯的决定。该慈善机构为那些被认为是穷人的移民签署担保声明，承诺他们不会成为公共负担。韦伯承认，他不知道这些担保能否在法律上得到执行。对钱德勒来说，这是情感压倒"法律所规定的正确做法"的又一个例子。

在这一点上，钱德勒肯定是正确的。移民法中没有关于为可疑移民提供担保的规定。这就提出了可能的反向歧视问题。一位国会议员提出：为什么只有犹太移民在有担保的情况下才能进入美国？此前，夏天的犹太人栅栏区之旅让韦伯对犹太人的苦难变得更加敏感，甚至受到了心理创伤，他回答说，犹太人的困境是不同的。他解释道："来自俄国的犹太移民之所以要依靠援助，是因为特殊的境况使他们实际上陷入了赤贫状态。"

81

钱德勒委员会得出的结论是，不可能知道"马西利亚"号上有多少人被援助的犹太移民感染了斑疹伤寒。然而，该委员会认为，"如果现行法律的意见得到贯彻执行，斑疹伤寒就不会传入纽约"。

犹太慈善联合会因为给犹太移民提供担保而受到这样的批评，这是颇具讽刺意味的。如果没有他们，斑疹伤寒的传播肯定会更加严重。联合会的工作人员立即向埃德森的办公室通报了斑疹伤寒的暴发。此外，大多数移民都住在这个慈善机构经营的寄宿公寓里，这使疫情的控制变得更加容易。事实上，埃德森赞扬了赫希男爵基金会和犹太慈善联合会的帮助。

但这并没有缓解钱德勒及其支持者的担忧。当韦伯的助手詹姆斯·奥贝恩（James O'Beirne）的行为被公开后，他们有了更加强有力的攻击武器。当韦伯不在埃利斯岛上时，由奥贝恩担任代理专员。奥贝恩曾经提出了一项要求，要求每一个移民拥有 10 美元，否则将作为穷人被拒之门外。按照这个要求，他扣留了大约 300 名移民，但韦伯回去后把他们释放了。

钱德勒认为，这件事凸显了整个过程的随意性。他对韦伯说：

"我们想知道的是，移民在奥贝恩上校手里的情况比在你手里是更好还是更坏。"在钱德勒看来，这一事件、"马西利亚"号事件和犹太慈善组织的活动表明了一点，那就是移民是否会被拒之门外，"并不取决于法律规定，而在很大程度上取决于做出决定的人的个人情感或判断"。

在韦伯的大部分证词中，他都采取了防守的姿态。如果他选择更加好斗，他就可以反驳说，国会没有提供确定谁可能会成为公共负担的方法。这类问题的决定权落在了移民官员的身上。现代官僚政府几乎是从零开始建立起来的。国会通过制定法律创建了这个国家的行政部门，但为其部门的运作制定详细规定的是各个部门的官员。国会可以制定新的法律或通过公开听证会表达不满，但联邦机构的日常运作不在国会的掌控之中。

考虑到移民官员拥有如此广泛的自由裁量权，钱德勒及其盟友把注意力集中在了一个问题上，他们认为这个问题反映了埃利斯岛移民政策的反复无常。如果一个移民选择上诉，需要四个人（检查员、专员、华盛顿的移民局局长和财政部部长）的决定才能将其拒之门外。然而，要想接收一位移民，只有一个人（通常是检查人员）的决定就够了。

委员会的另一名成员、后来被任命为移民局局长的众议员赫尔曼·斯顿普（Herman Stump）也持这种观点。他认为，移民拥有上诉权的保护，却没有人代表广大希望加强移民控制的美国人的声音。他质问说："只有一个过度劳累的检查员保卫着人们，防止非法移民进入。是否让一个移民入境，现在只有检查员一个人说了算，为什么不赋予人民一些权利，让他们也能参与决定应该接收什么样的移民呢？"

为此，钱德勒和斯顿普建议成立一个特别调查委员会，由三到四名检查员组成，他们将对所有不能排除合理怀疑的移民进行审查。任何可疑的移民都需要获得多数投票才能被接收。至于为什么这将导致更加严格的限制，钱德勒指出，三个人会比一个人更不容易心软。

接下来的问题是什么导致了斑疹伤寒的暴发。[①]普通大众，甚至许多医生都对它的起源感到困惑。它是通过空气传播的吗？还是由不良饮食引起的？当时，微生物理论还没有被广泛理解，直到20世纪初，医生们才发现斑疹伤寒是由常见的体虱传播的。导致斑疹伤寒在"马西利亚"号乘客中暴发的原因，很可能是君士坦丁堡犹太人聚居区过于拥挤的居住条件。

《纽约时报》声称，斑疹伤寒"是由污秽、拥挤、贫困和忽视基本卫生要求而造成的。纽约这种热病是从来自欧洲的轮船那拥挤的统舱传进来的"。[②]移民有责任，因为他们的"生活习惯和条件会导致致命的传染病"。因此，这篇社论总结道："这种可怕的疾病使所有明智的公民不得不注意到无限制移民的罪恶……应该对他们（患病的移民）关上国门。"

钱德勒委员会的成员们不断将这种疾病与移民和污秽联系到一起。众议员斯顿普问埃德森博士："一个肮脏的人会引起斑疹伤寒吗？是肮脏的人还是肮脏的环境导致了斑疹伤寒？"埃德森虽然承认这需要"大量肮脏的人"，但他指出环境因素是主要原因。斯顿普直截了当地问埃德森："一个肮脏的人在户外是否永远不会得斑疹伤寒？"埃德森回答说："永远不会。"

纽约港的卫生官员威廉·詹金斯也表达了斯顿普的担忧。他承

---

① Markel, *Quarantine!* 49.

② *NYT*, February 13, 1892. 又见 Amy L. Fairchild, *Science at the Borders: Immigrant Medical Inspection and the Shaping of the Modern Industrial Labor Force* (Baltimore, MD: Johns Hopkins University Press, 2003), 42-43。

认，虽然他不能准确地指出这种疾病是如何发展的，但是他认为"这些犹太乘客都是营养不良的人，从后来的证词中我看到他们非常不爱干净"。詹金斯还指责犹太人食物的准备过程使情况变得更糟。

在当时，人们普遍把犹太移民和污秽联系起来。[1] 在 1888 年的一次国会听证会上，纽约犹太移民保护协会的负责人被问及犹太人的个人习惯：他们是"善良、干净、整洁的人，还是恰恰相反？"斯塔顿岛附近的斯温伯恩岛曾经是外来船只的隔离岛。1892 年，一名驻扎在这里的医生这样评价他看到的移民状况："他们大多是俄国的波兰犹太人，肮脏得难以形容，身上经常布满虱虫。他们看起来更像动物，而不是人类，似乎根本没有个人清洁的意愿。"

埃德森并不认同这些刻板印象。[2] 他向《北美评论》的读者保证说："没有理由惊慌，更不要恐慌，但是有充分的理由进行仔细、彻底和科学的监督和警惕。"虽然不受限制的移民是一种危险，但埃德森认为没有必要阻止俄裔犹太人移民。然而，他对形势并不完全乐观，他警告说，美国"应该对所有俄国人和俄国商品保持怀疑态度，并予以相应对待"。

参议员钱德勒领导的委员会的最终报告就体现了这种矛盾心理。它不仅对在埃利斯岛花了这么多钱表示失望，而且还表示"这笔费用肯定会让人们有这样一种期待，即在那里进行的检查应该比在其他入境港口进行的检查更加彻底和有效"。埃利斯岛作为移民站还不到一年，国会就宣布它是一个令人失望的失败。

84

---

[1] "Select Committee of the House of Representatives to Inquire into the Alleged Violation of the Laws Prohibiting the Importation of Contract Laborers, Paupers, Convicts, and Other Classes," 1888; Julia H. Twells, "The Burden of Indiscriminate Immigration," *American Journal of Politics*, December 1894.

[2] Cyrus Edson, "Typhus Fever," *NAR*, April 1892.

尽管该委员会似乎受到了限制主义担忧的驱使，但该报告并未建议完全终止移民，甚至不建议通过更严格的移民法。它呼吁的是更严格的管理，以便更好地筛选入境移民，将被拒绝移民的比例提高到0.2% 以上。

钱德勒试图把自己置于移民辩论的中间立场。[①] 他的一边是激进作家、单一税的支持者亨利·乔治（Henry George），认为"对于来自欧洲的白人移民，如果没有疾病，也不是长期的穷人或罪犯，不应该有任何限制"；另一边则是一位来自新泽西的匿名市民，认为"应该立即完全停止移民，在已经到达这里的人完全美国化之前，接收更多的新移民是危险的，而这个美国化的过程需要多年的时间才能完成"。

在这两个极端之间，钱德勒反对扩大被排除范畴的数量，但主张更严格地执行现有的法律。他相信包括他本人在内的委员会成员都不会认为，"美国现在已经到了拒绝接纳任何能成为优秀的、有价值的社会成员的个人或家庭成为美国公民的时候"。

一位政治学家在 1892 年指出，这场辩论的两个极端"都被大多数有思想的人认为是不令人满意的。[②] 人们认为，所呼吁的行动既不是排斥所有人，也不是接纳所有人，而是采取中间路线，通过一些区别对待的措施限制移民"。《哈珀周刊》也采取了类似的立场，认为虽然"近些年来到我们这里的许多移民都无法令人满意……我们依然认为，这些不受欢迎的移民涌入所带来的恶果和危险被过分夸大了"。在接下来的 30 年里，美国人将试图找到完全限制和完全开放之间的平衡点。　85

---

① 　William E. Chandler, "Methods of Restricting Immigration," *Forum*, March 1892; 威廉·钱德勒于 1890 年写的一封信，收信人不详，Book 82, WC。

② 　John Hawks Noble, "The Present State of the Immigration Question," *Political Science Quarterly*, June 1892; *HW*, September 1, 1894.

对钱德勒来说，这条中间道路需要让轮船公司承担更多责任，在前往美国之前排除不适合的移民。他的委员会呼吁成立特别调查委员会，由四名检查员组成，评估所有可疑的移民。最后一个主要建议是废除对被认为有可能成为公共负担的移民的担保制度。

报纸《美国希伯来人》（*American Hebrew*）抨击了钱德勒的提议，这不足为奇。[①] 这份报纸认为，如果钱德勒认为埃利斯岛官员掌握了太多的权力，废除担保"肯定会让带有偏见的官员获得排斥所有移民的绝对权力"。这篇社论担心："移民专员将因此被赋予一定程度的绝对和专制权力，其他任何官员都不拥有这种权力，宪法也从未考虑过让任何行政机构在没有法律指导或司法审查的情况下拥有这种权力。"尽管这家报纸的编辑夸大了钱德勒提议的范围，但他们正确地指出，联邦官僚机构正在获得越来越多的权力，而这可能会带来不幸的结果。

虽然国会进行了调查，并引起了广泛的关注，但钱德勒委员会的建议暂时毫无效果。然而，1892 年晚些时候又出现了另一场危机，差点将限制主义议程重新推到前台。

从土耳其到俄罗斯到德国到法国再到英国，一场全球性的霍乱疫情正威胁着美国。[②] 一些人希望哈里森总统下令暂时停止移民，以阻止

---

① *AH*, March 4, 1892.

② 霍华德·马克尔称本杰明·哈里森是反犹的限制主义者，声称他在 1892 年的连任竞选纲领中"强烈呼吁限制俄裔希伯来人移民"。事实并非如此，实际上，共和党的政纲抗议"发生在俄国的针对犹太人的迫害"。这份政纲确实呼吁"制定更严格的法律法规，限制罪犯、贫民和合同移民"，这一信念与管制"不受欢迎"移民的普遍观点一致。马克尔还声称，哈里森"长期以来一直支持'限制俄裔希伯来人移民'，并在他最后两次年度讲话中强调了这一点"。这一指控也是错误的。在他 1891 年致国会的年度讲话中，哈里森讨论了他的政府向俄国沙皇提出的抗议，"因为现在俄国对犹太人采取了严厉的措施"。哈里森还派约翰·韦伯前往犹太人定居点实地调查反犹太主义的兴起。哈里森显然不仅关心俄国犹太人的困境，也关心犹太人移民可能对美国产生的影响。他写道："这些移民到美国的人——许多其他国家对他们关闭了大门——正在大幅增加，这可能会使他们很难在这里（转下页）

霍乱进入美国。但拥有这种权力的是国会，而不是总统。哈里森总统有权宣布对所有来自欧洲的船只实行为期 20 天的严格检疫，但是有人抱怨总统甚至连这种有限的权力也没有。[①] 尽管如此，哈里森还是在 9 月 1 日下令实行隔离，地方当局执行了该命令。

如果说斑疹伤寒让纽约人感到恐惧，那么霍乱可能引发的灾难几乎在全国范围内引发了恐慌，尤其是在人口密集的城市。霍乱是一种可怕的疾病，患者会因腹泻而严重脱水。纽约人曾经深受其害，在 1849 年最严重的一次疫情中，纽约有超过 5 000 人死亡。上一次大暴发是在 1866 年，超过 1 100 人死亡。

在 1892 年的秋天，在大西洋开往纽约的轮船上就出现了霍乱患者。这些船只中的大多数立即被隔离。几天之内，斯温伯恩岛和霍夫曼岛的隔离医院就挤满了霍乱患者和疑似患者。在隔离期间，其他乘客要留在船上。

与此同时，这个城市里也开始出现霍乱患者。9 月 6 日，八年前从爱尔兰来到美国的查尔斯·麦卡沃伊（Charles McAvoy）就死于这种疾病。到 9 月底，纽约又新增了 9 个病例，另有 7 人死亡。除了一对移民夫妇的女婴之外，所有受害者都是移民。然而奇怪的是，除了一

（接上页）找到住房和工作，并严重影响劳动力市场。"从哈里森的言辞中很难看出他是一个反犹分子。他说："犹太人从来不是乞丐，他们一直遵纪守法，在严厉的、压迫性的限制之下艰难地生活着。同样真实的是，犹太人比任何一个种族、教派或阶级都更关心自己。但是，这么多的犹太人突然移民，在此过程中，他们往往会丧失微薄的积蓄，精神和勇气都会受到打击，这对他们和我们都没有好处。"在霍乱和斑疹伤寒暴发之后，哈里森在 1892 年致国会的年度报告中确实提出："对于进入我们的国家并享有公民权的人应该有更多限制，采取更谨慎的态度。我认为，我们有权利也有义务保护我们自己的人民，特别是我们的劳动人民，不仅要把邪恶者、无知者、扰乱治安者、穷人和合同工拒之门外，而且要通过进一步的限制来遏制汹涌而来的移民潮。"

① *NYT*, September 2, 1892.

个例外，所有这些受害者都已经在这个国家生活了两年多，没有一个人与新到的移民有关联。

尽管如此，这种疾病的主要受害者还是那些乘轮船过来的被隔离的移民。[①]44 人在纽约的检疫站死于霍乱，其中很多是俄裔犹太人，另外还有 76 人在海上死于霍乱。随着欧洲霍乱恐慌的消退，隔离措施似乎帮助这座城市避开了最严重的疫情。隔离那些欧洲移民似乎达到了目的，但也付出了代价。在拥挤的条件下，那些被隔离的人得到的医疗条件很差。许多被隔离的人是犹太人，他们被禁止遵守犹太人的饮食规定。更糟糕的是，与犹太人的埋葬习俗不同，许多犹太受害者被火化了。

隔离政策一直持续到 1893 年 2 月。[②]结果，在 1892 年末和 1893 年初，来自欧洲的移民急剧减少。轮船公司不能忍受他们的船只被隔离 20 天，因为这样会严重影响他们的利润。联邦政府也感到财政拮据，因为移民局本可以对每个移民征收 50 美分的人头税，由轮船公司支付。由于移民如此之少，国库已经枯竭。面对削减成本的措施，韦伯上校提出辞职。一些人担心隔离会影响即将到来的 1893 年芝加哥世界博览会，
《纽约时报》将这次隔离称为"一出滑稽歌剧和拖延的愚人节游戏"。

霍乱恐慌为钱德勒提供了一个机会，他提出了一个更严格的移民法案，这是他在 1892 年初的斑疹伤寒恐慌后没有做的。1893 年 1 月，他在参议院提出了一项法案，要求暂停所有移民一年，这将给国会更多时间起草一项更永久性的限制移民的法案。

---

① Markel, *Quarantine!* 120–121, 130.

② Richardson, *William E. Chandler*, 417; Thomas M. Pitkin, *Keepers of the Gate: A History of Ellis Island* (New York: New York University Press, 1975), 20; John Higham, *Strangers in the Land: Patterns of American Nativism, 1860–1925* (New Brunswick, NJ: Rutgers University Press, 1955), 100; *NYT*, November 7, 1892.

韦伯称钱德勒的法案"在我们的人民中造成了无谓的恐慌"。①
《国家》杂志称其是"中世纪式的对无法采取科学措施预防霍乱的坦
白"。有人指出，即使暂停移民，疾病仍可能会通过抵达的客舱乘客
（如游客和商人）以及抵达港口的进口货物传播。

尽管两种与移民有关的致命传染病的暴发带来了恐惧，但对国家
政策的影响可能与预期完全相反。几乎没有国会议员愿意和钱德勒一
起呼吁哪怕是暂时停止移民。公众舆论尽管担心移民问题，但也不愿
意抛弃美国传统的移民观念。钱德勒的法案毫无进展。

国会在 1893 年初通过了《国家检疫法案》，加强了联邦政府在移
民问题上的作用，并制定了管理公共卫生的新规则。② 为了安抚那些移
民限制论者，该法案正式赋予总统在疫情发生时暂停移民的权力，而
哈里森或之后的任何一位总统都从未使用过这项权力。

美国确实在 1893 年通过了一项移民法案。③ 这项法案没有暂停移
民，试图将无政府主义者和不会用本国语言阅读和写作的人纳入排除
类别的尝试也未能进入法案的最终草案。《排华法案》中规定的近乎绝

---

① 　W. E. Chandler, "Shall Immigration Be Suspended?" *NAR*, January 1893; Richardson,
William E. Chandler, 38; Weber, *Autobiography*, 133; Arthur Cassot, "Should We Restrict
Immigration?" *American Journal of Politics*, September 1893.

② 　Markel, *Quarantine!* 173–182; Edwin Maxey, "Federal Quarantine Laws," *Political Science
Quarterly* 23, no. 4 (December 1908).

③ 　William C. Van Vleck, *The Administrative Control of Aliens: A Study in Administrative
Law and Procedure* (New York: Da Capo Press, 1971 [1932]), 8–9; Richard H. Sylvester, "The
Immigration Question in Congress," *American Journal of Politics*, June 1893; Pitkin, *Keepers of
the Gate*, 20–21.《政治科学季刊》（*Political Science Quarterly*）上的一篇文章对此表示赞
同，指出尽管有些人提议扩大"参照对中国人采取的政策，让种族成为适应性的检验标
准"，但这样的政策将在政治上不受欢迎，会引发外交问题，而且"与美国是全人类被压迫
者的避风港这一观念相抵触"。我们需要的是一个"不那么笨拙和冒犯性的法律"。Noble,
"The Present State of the Immigration Question," *Political Science Quarterly*, June 1892.

对的种族排斥模式不会适用于欧洲白人移民。一位记者写道："除非是
在某种非常紧急的情况下，否则是不能考虑将某个种族全部拒之门外
88 的。政府最好放弃对华人移民的政策，而不是冒险延长它。"

最终出台的是一系列行政改革，加强了对现有法律的执行，以清
除不受欢迎的人——正如钱德勒在 1892 年听证会后的报告中提出的那
样。担保制度得以延续，但受到了更严格的审查。现在只能在华盛顿
的移民局局长的授权下提供担保。

新法案在每个检查站都设立了特别调查委员会，处理所有入境资
格不明确的移民。出现在这些委员会面前的移民需要获得委员会的多
数投票，才能获准入境。此外，任何持不同意见的委员会成员都有权
就入境决定向移民专员提出上诉。

该法案要求轮船公司向入境口岸的移民官员提供更详细的乘客清
单。1892 年 1 月，当安妮·摩尔入境美国时，她的乘客清单上列出了
乘客的名字和对 8 个基本问题的回答。现在，除了回答基本的问题，
即姓名、年龄、性别和职业，每个移民还必须回答总共 19 个问题。其
中包括：

"船票是谁付的？"

"是否进过监狱、济贫院，或者得到过慈善机构的援助？"

"是否有多个配偶？"

"是否有要在美国工作的合同，无论是明示的还是暗示的？"

轮船管理人员还必须在乘客清单上记录移民的精神和身体状况，
并列出任何缺陷。

新的乘客清单将使轮船公司能够更好地筛选移民。[1] 这些详细的

---

[1] Joseph H. Senner, "How We Restrict Immigration," *NAR*, April 1894; Pitkin, *Keepers of the Gate*, 20-22.

问题使他们能够对移民进行更彻底的盘问。当移民抵达埃利斯岛时，检查人员会问他们与乘客清单上相同的问题，而对这些问题的回答就在检查人员面前。如果他们此时的回答与乘客清单上的信息不一致，或者检查人员认为回答有问题，移民就会被送到特别调查委员会接受听证。在新法案实施不到 10 个月的时间里，委员会听取了 7 367 名移民的案件，其中 1 653 人被拒之门外。

　　然而，这些特别调查委员会并不是法庭。[1] 它们是行政部门内的行政听证，因此不受法庭传统规则的约束。在这些委员会面前出现的移民并没有得到《权利法案》的保护。听证会不向公众开放，移民也不允许带律师。虽然上诉是一种选择，但移民在他们的案件被送往华盛顿时没有资格获得保释。委员会的听证可以依靠非正式证据，如信件、电报、电话交谈、剪报和传闻。委员会确实曾试图使用宣誓证词和证人，但批评人士很快就抱怨说它像"星室法庭"一样专断。

　　对移民进行长时间的盘问，再加上特别调查委员会，意味着埃利斯岛的官员现在有了更多工具来排除移民。美国官员现在已经成功地为移民设置了一条从欧洲港口一直延伸到纽约港的障碍。

　　对健康问题的担忧助长了对移民的恐惧。[2] 因此，埃利斯岛的大量工作落在了海事医务署（Marine-Hospital Service，1912 年更名为公共卫生署）的医务人员身上。虽然埃利斯岛和其他检查站的医务人员也属于财政部，但他们并不属于移民局。埃利斯岛的公务员职位并不很吸引人，也不一定能吸引到全国最好的医生，但海事医务署努力追求专业性。这项服务是按照军事路线组织的，医生们身着军装，这让许

---

[1]　Van Vleck, *Administrative Control of Aliens*, 46–53, 214; Pitkin, *Keepers of the Gate*, 24.

[2]　Fitzhugh Mullan, *Plagues and Politics: The Story of the United States Public Health Service* (New York: Basic Books, 1989), 40–48.

多移民感到害怕，因为他们是在害怕军人的环境中长大的。让埃利斯岛的文化冲突更加严重的是，许多医生是在南方出生的。埃利斯岛的医务人员一直很少，1892 年只有 6 人，1915 年增加到了 25 人。

虽然人手不足，埃利斯岛的医生却要去面对 170 多种不同的疾病。许多都是相对较轻的，从割伤到烧伤到扭伤脚踝，从皮疹到神秘的瘙痒。有些人因为长粉刺或疣而被扣留。在儿童中发现了麻疹、水痘和白喉。疾病种类的广泛程度表明了医疗检查的彻底性和侵入性。埃利斯岛的医生们发现了淋病、梅毒、乳腺脓肿、外阴溃疡和卵巢肿瘤。1899 年，一个可怜的家伙甚至因为手淫而被遣返。对那些被他们视为"白痴"、精神失常或仅仅是抑郁的移民，医生会标记为需要进一步检查和治疗。

毫不奇怪，这里的医生也见证了不少死亡。1893 年至 1899 年间，有 244 个不幸的人在埃利斯岛和纽约的其他移民医疗设施中去世。与此同时，许多来纽约港寻求美国新生活的年轻女性怀着身孕。1897 年，埃利斯岛上出生了 7 个婴儿。

埃利斯岛的医生扮演着双重角色。一方面，他们要尽其所能地治病救人；另一方面，他们也要发现那些患有可能令人厌恶或传染性疾病的移民，从而将他们拒之门外。1893 年到 1899 年之间是一个相对缓慢的移民时期，纽约港的移民服务机构在那里相当简陋和拥挤的医院中治疗了近 9 000 人。在那些年里，医务人员证明有 1 200 多名移民应该被拒绝入境，尽管做出最终决定的是移民官员。事实上，医生拒绝参与特别调查委员会。

移民官员们最担心的疾病有两个，一个是头癣，这是一种轻微的传染性头皮真菌疾病；另一个是一种眼部传染性疾病，医生最初将其归类为结膜炎，后来又将其归类为沙眼。1902 年，移民总专员特伦斯·鲍德利指出："在移民浪潮开始从南欧和东方国家涌向我们之前，这些疾病在美国并不是很流行。"鲍德利认为，当局需要将患有这些疾病的移民排除在外，因为"将来如果我们要把国人丧失了头发和视力的原因追溯到头癣和沙眼上，我们应该自责"。多数因疾病而被拒之门外的人患的是这两种疾病。

　　随着时间的推移，检查方法不断改进，移民官员有了更多的工具来检查和筛除移民。公共卫生官员有责任治病救人，但他们也是移民进入美国的大门所必经的、不断扩大的障碍的一部分。

　　不管有没有新的法律，钱德勒参议员都不用再担心约翰·韦伯上校了。虽然钱德勒可能对他的共和党同僚本杰明·哈里森总统在1892年的选举中输给民主党人格罗弗·克利夫兰感到难过，但这也意味着韦伯将很快丢掉他在埃利斯岛的工作。他的职位将由德语报纸《纽约州报》（*New Yorker Staats-Zeitung*）的编辑约瑟夫·森纳（Joseph Senner）来接任。

　　好消息是，到了1893年中期，斑疹伤寒的流行得到了控制，霍乱恐慌也过去了。坏消息是，国民经济此时陷入了严重的萧条，这是20世纪30年代大萧条之前最严重的一次经济衰退。

　　1892年的流行病恐慌使来到纽约的移民人数减少了一半。[①] 现在经济萧条使人数进一步减少，这种下降趋势一直持续到19世纪90年代中期。由于许多潜在移民留在了欧洲，越来越多已经在美国的外国人决定收拾行李返回他们的祖国。报纸上开始出现这样的标题："回国的人比过来的人还要多"和"许多人离开了这个国家"。森纳将这种趋

---

① *NYT*, January 6, July 21, 1894; Joseph Senner, "The Immigration Question," *Annals of the American Academy of Political and Social Science*, July 1897.

势归因于移民法的严格执行，而不是经济不景气。他赞许地宣称"大量移民在今后几乎是不可能的了"，他在埃利斯岛的继任者一定会觉得这一说法很好笑。

　　尽管 19 世纪 90 年代进入美国的移民人数比前 10 年减少了 100 多万，但这种减少掩盖了一个更深、更持久的趋势。在 19 世纪 80 年代，大约有 380 万来自北欧和西欧的移民进入美国，而来自南欧和东欧的移民只有 95.6 万。到 19 世纪 90 年代，虽然移民数量在总体上有所下降，但南欧和东欧移民的数量仍比北欧和西欧移民多出了 190 万至 160 万。到了 20 世纪的头 10 年，来自东欧和南欧的移民与来自北欧和西欧的移民之比为 3∶1。

　　在 19 世纪 80 年代，排在前三的移民原籍国分别是德国、英国和爱尔兰。[1] 到了 20 世纪，排在前三的国家则变成了意大利、俄国和奥匈帝国。1884 年，13% 的移民来自意大利、奥匈帝国和俄罗斯−波兰。在 1891 年，这个数字变成了 39%，而到了 1898 年，有 60% 的美国移民来自这些地区。

　　大多数美国人意识到了这些变化。[2]1892 年，在大萧条暴发之前，《纽约时报》指出："不良移民占移民总人口的比例越来越大。美国人一致认为，来自意大利的大部分移民，以及来自俄国及其附属国家的几乎全部移民都对美国弊大于利。"仅仅几个月后，这家报纸就重复了关于这些新移民的说法。

---

[1]　Daniel J. Tichenor, *Dividing Lines: The Politics of Immigration Control in America* (Princeton, NJ: Princeton University Press, 2002), 79; *HW*, January 8, 1898.

[2]　*YT*, March 6, August 29, 1892; Noble, "The Present State of the Immigration Question"; Henry Cabot Lodge, "Lynch Law and Unrestricted Immigration," *NAR*, May 1891; John Chetwood Jr., "Immigration, Hard Times, and the Veto," *Arena*, December 1897.

　　这些日子，纽约人如果去驳船办公室看一下，就会明白现在来美国安家的都是些什么样的人。他只要看一眼就知道，这些人是最不受欢迎的。无知和肮脏是当今一般移民的主要特征……很明显，如果无知的俄裔犹太人和匈牙利人没有在美国得到庇护，美国的境况会更好。

　　亨利·卡伯特·洛奇很好地表达了这种观点。他哀叹说："那些已经在美国扎下根来并且在语言和血缘方面存在联系的种族的移民人数减少了，而那些对他们来说完全陌生的种族的移民人数正在增加。"

　　埃利斯岛的高级官员也持这种观点。[①]尽管韦伯上校同情新移民，但他的前助手却并非如此。詹姆斯·奥贝恩离任后，公开呼吁所有美国人前往埃利斯岛朝圣，因为一旦到了那里，普通美国人就会"充分认识到目前和即将发生的危险，在我看来，移民问题带来的这些危险会威胁到共和国未来的稳定"。

　　如果说"马西利亚"号事件引发了对俄裔犹太人的恐惧，不久之后，同样在这艘船上的另一个新移民群体同样会引起人们的恐惧。[②]如果说肮脏和疾病是被与犹太移民联系起来的负面特征，那么犯罪和暴力则是被与意大利移民联系起来的不良特征。

　　1893年5月，《纽约时报》讨论了埃利斯岛九名意大利移民被拒之门外的问题。这九名意大利移民承认，自己在意大利曾因一些轻罪

93

① James R. O'Beirne, "The Problem of Immigration: Its Dangers to the Future of the United States," *Independent*, November 2, 1893.
② Noble, "The Present State of the Immigration Question." 关于1891年对意大利人的私刑，见 Richard Gambino, *Vendetta* (New York: Doubleday, 1977); Jerre Mangione and Ben Morreale, *La Storia: Five Centuries of the Italian American Experience* (New York: Harper Perennial, 1993), 204-213; Lodge, "Lynch Law and Unrestricted Immigration."

入狱，如与亲戚吵架、向妇女扔石头、携带武器等。这篇文章将意大利描述为"复仇、黑手党和土匪的土地"，而南部的意大利人则是"亡命之徒和杀人凶手"，他们"在美国继续他们的宿怨和血腥争斗"。

如果你认为这些罪行看起来很轻微，埃利斯岛的办事员阿瑟·埃尔多夫（Arthur Erdofy）希望读者们打消这样的想法。[①]他解释说："在这个阶层的人当中，争吵这个词的意思要比我们通常所理解的更为严重。它意味着动用刀枪。所谓的'殴打妇女但没有造成伤害'和'用棍子打人但没有造成伤害'，这样的说法都是胡扯。如果从字里行间揣摩，我们可以把争吵理解成用刀枪伤人。"

随着被拒之门外的意大利移民的增加，意大利人发起了反击，而这激怒了公众，强化了对意大利人的负面刻板印象。[②]托马斯·弗林（Thomas Flynn）是埃利斯岛的一名官员，也是一名民主党市议员的儿子。一天晚上，他在曼哈顿下城自己家的门口遭到袭击。他的头部被一块大石头击中，据说动手的是一个意大利移民。至于《纽约时报》是怎么知道袭击者是"复仇心切的意大利人"的，我们不得而知。正如《纽约时报》尽职尽责报道的那样，也许是因为这些人丢下了一袋豆子和通心粉。此前不久，另一名官员在炮台公园遭到一群意大利人的袭击，他们朝他扔了一块石头，没打中他的头，却把他嘴里抽的雪茄砸了下来。

意大利人的愤怒很快蔓延出了埃利斯岛。[③]对不受欢迎的意大利

---

① *NYT*, May 18, 1893.

② *NYT*, May 21, 1894.

③ *NYT*, April 5, 1896; Pitkin, *Keepers of the Gate*, 24–26. 想更多地了解这段时期的意大利移民，见 J. H. Senner, "Immigration to Italy," *NAR*, June 1896 and Prescott F. Hall, "Italian Immigration," *NAR*, August 1896。

移民的更多关注意味着更多被扣留者将被拒绝入境，也意味着岛上会变得更加拥挤。1896 年 4 月的一个晚上，有 800 名移民被扣留。那年春天，移民被排斥的比率为 8% 至 10%，远高于正常水平。在一周之内有400 名意大利人被遣返。无论对埃利斯岛还是对意大利移民来说，这种压力都太大了。一天下午，被关在外面临时拘留所里的意大利移民发起了一场小规模暴动。《纽约论坛报》的一名记者将这些被扣留者描述为"一群看起来很孤独的人……他们焦躁、沮丧、堕落、身无分文"。

对意大利移民的恐惧不仅局限于纽约或埃利斯岛。[①]《波士顿环球报》（Boston Globe）问了七位知名人士这样的问题："意大利人会构成威胁吗？他们是会给我们带来好处还是危险？"最短的答复来自意大利领事馆的一位代表，他抱怨道："我无法回答你提出的这类问题，因为我无法接受其中的含意，即我的同胞与任何其他阶层或种族相比都处于不利地位。"波士顿意大利语报纸的编辑朱塞佩·德马科（Guiseppe De Marc）也有类似的反应："对于一个热爱自己国家的意大利人来说，讨论这样一个问题是相当困难的。"

94

尽管这个问题的语气很不礼貌，但得到的大多数回答都是肯定的，虽然有点居高临下。"上帝一位论派"的牧师克里斯托弗·艾略特（Christopher Eliot）将意大利移民比作"未经管教的孩子"，但他认为，只要土生土长的美国人对他们进行同化和训练，并"帮助他们不受自己的无知和经验不足的影响"，意大利人"并没有大多数人想象的那么可怕"。

波士顿中央工会（Central Labor Union）主席约翰·F. 奥沙利文（John F. O'Sullivan）反对"任何进一步限制移民的尝试，除非是针对合

---

① *BG*, April 26, 1896.

同劳工、罪犯（政治犯罪除外）、穷人或那些可能成为公共负担的人"。很自然地，奥沙利文认为所有意大利人都需要学会支持工会的工作。

然而，有两个回应者显然对意大利移民没有那么同情。普雷斯科特·霍尔（Prescott Hall）和 G. 洛林·布里格斯（G. Loring Briggs）利用这场争论推动了一项针对所有移民的识字法案。两人都隶属于波士顿的一个新组织，这个组织致力于遏制移民潮。他们都极力否认对意大利人有任何偏见。布里格斯写道："如果有人仅仅因为意大利人是意大利人，就声称意大利移民必然对这个国家构成威胁，那他就会被狭隘的偏见所支配，这肯定不是真正的美国人应该做的。"然而，布里格斯和霍尔都指出，大多数意大利移民是文盲，因此不适合成为美国公民。

19 世纪 90 年代，关于犹太移民和意大利移民是否适合被接收的争论一直在继续。埃利斯岛工作人员的党派关系可能会发生改变，但是关于移民问题的辩论却一直在继续，人们总是渴望有一个合适的筛子，能将移民整齐划一地分类，分清善恶、区分好坏。

在这场辩论中，像普雷斯科特·霍尔这样的波士顿人将继续游说各方对移民实行更严格的监管。对他们来说，移民问题就是个人问题。

第五章　名门望族

让我们欢迎每一位身心健康、智力健全的移民，让我们保护国家　95
不受那些可能会降低我们健康和智力平均水平的人的伤害。

——普雷斯科特·霍尔，1907 年

清教徒传统已经成为历史，盎格鲁撒克逊传统就是一个笑话，一
个更新、更好的美国就在这里。

——詹姆斯·迈克尔·科里（James Michael Curley），1916 年

波士顿被称为"宇宙的中心"和"美国的雅典"，直到 19 世纪
中期，一直是美国最重要的城市。至少在大多数波士顿人看来是这
样。这里就是约翰·温斯洛普（John Winthrop）的"山巅之城"，它
后来成为独立战争的摇篮和美国民主的孵化器。到了 19 世纪，清教
徒对完美的追求演变成了更加世俗化的改革，如威廉·劳埃德·加里
森（William Lloyd Garrison）发起的废奴运动，以及多萝西娅·迪克斯
（Dorothea Dix）和茱莉亚·沃德·豪（Julia Ward Howe）分别为精神病
患者和盲人所做的努力。

波士顿塑造和培育了最早的真正的美国本土文学和文化，霍桑、

爱默生、朗费罗、梭罗和惠蒂尔都来自波士顿。波士顿的历史学家帕克曼（Parkman）、亚当斯和班克罗夫特（Bancroft）撰写了最早的美国历史。波士顿的杂志《大西洋月刊》和《北美评论》塑造了这个国家的精英的观点。此外，还有位于河对岸坎布里奇的哈佛大学。

波士顿的地位曾经长期处于英美文化的顶峰。[①]然而到了19世纪末，这种文化的基础似乎在摇摇欲坠。1880年的人口普查显示，63%的波士顿人要么是移民，要么是移民的后代。到了1877年，天主教徒占新英格兰出生人口的四分之三以上。爱尔兰天主教徒已经掌管了该市的警察和消防部门。天主教徒家长越来越多地放弃公立学校而选择教区学校。1884年，波士顿人选出了该市首位爱尔兰裔天主教徒市长休·奥布莱恩（Hugh O'Brien）。到了1890年，马萨诸塞州68个城镇的公职人员是爱尔兰裔。

许多要求限制移民的浪潮都起源于新英格兰，这并不奇怪。[②]弗朗西斯·沃克、亨利·卡伯特·洛奇和威廉·钱德勒都是新英格兰人后裔。在讨论19世纪90年代来自意大利、匈牙利、奥地利和俄国的"大批农民"时，沃克表达了新英格兰盎格鲁-撒克逊人特有的沮丧、蔑视和强烈的悲观情绪：

> 这些人背后没有可以让人欢欣鼓舞的历史。他们没有遗传的、可以帮助他们更好地与老移民相处的本能和倾向。他们是来自失败种族的失败者，代表着生存斗争中最糟糕的失败。有几个

---

① Barbara Miller Solomon, *Ancestors and Immigrants: A Changing New England Tradition* (New York: Wiley, 1956), 48, 101; Linda Gordon, *Woman's Body, Woman's Right: Birth Control in America*, rev. ed. (New York: Penguin Books, 1990), 135.

② Francis A. Walker, "Restriction of Immigration," *Atlantic*, June 1896.

世纪的历史对他们不利，正如有几个世纪的历史站在老移民一边。

托马斯·贝利·奥尔德里奇（Thomas Bailey Aldrich）1895 年的诗歌《无人防守的大门》（*The Unguarded Gates*）或许是对这种充满不安全感的新英格兰心态的最佳表达。[1]奥尔德里奇是土生土长的新罕布什尔州人，曾任《大西洋月刊》编辑，他更像威廉·钱德勒，而不是亨利·卡伯特·洛奇，尽管他在捍卫波士顿贵族传统方面无人能及。奥尔德里奇形容他的这首诗是"厌世的"：

> 我们的大门敞开，无人看守，
> 各色人等蜂拥而至……
> 他们离开旧世界的贫穷和藐视，
> 带来未知的神灵与仪式。
> 他们如狼似虎，在这里伸展自己的利爪。
> 大街小巷，到处都是吵闹的、奇怪的口音，
> 对我们构成了前所未有的威胁，
> 只有巴别塔曾经听到过如此杂乱的声音！

97

在这首诗的结尾，奥尔德里奇援引了人们熟知的蛮族人入侵和罗马灭亡的历史典故。

然而，并非所有来自波士顿的声音都反对移民。[2]1896 年 7 月 4

---

① Solomon, *Ancestors and Immigrants*, 88; Thomas Bailey Aldrich, "The Unguarded Gates," *Atlantic*, March 1895. 今天，这首诗在支持限制移民的人中仍然很受欢迎。见 http://www.vdare.com/fulford/unguarded.htm。

② *BH*, July 5, 1896.

日，国会议员约翰·菲茨杰拉德（John F. Fitzgerald）在具有历史意义的法尼尔厅（Faneuil Hall）发表了一场长达一个小时的振奋人心的演讲。怀着满腔的传统爱国主义激情，这位33岁的第二代爱尔兰裔美国人为"每片土地上被蹂躏和压迫的人们"辩护，他们来到美国，"以自己的方式在这片土地上创造属于自己的幸福"。在菲茨杰拉德看来，美国的强大和经济实力与移民紧密相连，他为外来移民辩护，反对任何针对移民的新限制，包括识字测试。

随着菲茨杰拉德家族和其他爱尔兰天主教徒在波士顿的崛起，名门望族看到自己的权力和影响力在减弱。[①]波士顿很久以前就把它在贸易上的主导地位让给了纽约，随后还将把文化和交流中心的地位一并转让。一位历史学家写道："由于名门望族不再是公共利益无可争议的仲裁者，他们对新来者的美国化变得不那么自信了。"作为总统的孙子和曾孙，亨利·亚当斯（Henry Adams）建议他的弟弟开始为他们自己写墓志铭，因为他越是目睹"这个新社会的形成，就越感到自己无能为力"。名门望族的思想观点越来越不受重视，尤其是在移民问题上。弗朗西斯·沃克指出：

> 就我本人而言，尽管我强烈地感受到移民现状的弊病，但我对通过法律及早纠正这些弊病几乎不怀希望。有一两次，当我被要求在公众面前就这个主题发表演讲时，我看到人们更多诉诸感情，而不是诉诸理智。在这场争论中，那些支持我们迄今为止所实行的自由准入制度的人享有极大的优势。即使面对最明显的利

---

① Solomon, *Ancestors and Immigrants*, 23, 57; Francis Walker, "Immigration," *Yale Review*, August 1892. 亨利的弟弟小查尔斯·弗朗西斯·亚当斯（Charles Francis Adams Jr.）认为移民问题"太大、太复杂，难以处理"。Solomon, *Ancestors and Immigrants*, 32.

益权衡，甚至国家安全的考虑，美国人对任何限制或排斥移民的
方案表现出强烈的、本能的厌恶。

　　在这个问题上，沃克和亚当斯一样，似乎已经承认失败。然而，
新一代波士顿人选择不放弃斗争。

　　1894 年，年仅 25 岁的普雷斯科特·法恩斯沃思·霍尔与他的
朋友查尔斯·沃伦（Charles Warren）和罗伯特·沃德（Robert DeC.
Ward）一起，在波士顿成立了移民限制联盟（Immigration Restriction
League，简称 IRL）。[①] 他们三人都是哈佛 1889 届的毕业生，都拥有无
可挑剔的名门身份。沃伦来自波士顿一个著名的殖民家族。沃德的母
亲出身于波士顿名门望族索顿斯托尔（Saltonstall）家族，他的父亲是
一位富有的波士顿商人。霍尔的父亲也是富有的商人。沃伦和霍尔都
是律师，而沃德刚刚开始在哈佛大学担任气候学教授。

　　骄傲和不安全感刺激着这三个年轻的波士顿人，他们身上既有
对盎格鲁–撒克逊传统的自豪感，也有因为名门影响力日益丧失而产
生的不安全感。驱动移民限制联盟成员的是这样一种恐惧：由盎格
鲁–撒克逊移民利用盎格鲁–撒克逊法律和制度建立起来的美国民主，
可能会随着新的外来移民的大量涌入而消亡。

　　普雷斯科特·霍尔后来成为盎格鲁–撒克逊传统最热情、最积极
的守护者之一，他最清楚地表达了这种恐惧。[②] 他问道："使我们这个

①　沃伦后来成为一名著名的宪法律师。哈佛大学"查尔斯·沃伦美国历史研究中心"就
以他的名字命名，由他已故妻子的捐赠基金资助。沃伦在哈佛大学网站上的简历中并没有
提到他在建立移民限制联盟的过程中所扮演的角色，这虽然令人失望，但并不难理解。见
http://www.fas.harvard.edu/~cwc/historycwbio.html。

②　Prescott F. Hall, "The Future of American Ideals," *NAR*, January 1912. 想要更多地了解关于
"盎格鲁–撒克逊情结"以及盎格鲁–撒克逊和条顿文化的理论，见 Solomon, *Ancestors and
Immigrants*, 59–81 以及 Henry Cabot Lodge, "The Restriction of Immigration," *Our Day*, May 1896。

国家变得伟大的种族正在消失，它所珍视的理想和制度也将消失。真的存在这样一种危险吗？"对霍尔来说，这些警告信号是不祥的。几十年来的爱尔兰和德国移民给这个国家的结构带来了巨大的变化，"在许多地方，欧洲大陆式星期日的游戏、运动、戏剧、音乐表演和开放的酒吧正在取代清教徒的安息日"。

移民限制联盟提出了有关美国社会和民主的具体问题。美国之所以伟大，是因为一波接一波来美国寻找机会的移民的辛勤劳动吗？或者，正如霍尔和他的同事们所说，美国的伟大是盎格鲁-撒克逊移民的副产品？

在此后的25年里，霍尔一直是移民限制联盟的幕后推手，他看上去更像一个真诚恳切的乡村牧师，而不是一个慷慨激昂的活动家。[①] 霍尔的外表并不讨人喜欢，他很难把大衣穿好。他温和的外表、柔软细长的五官与多愁善感的性格相匹配。霍尔的妻子说他"生来就很有爱心，也很可爱，他对那些道貌岸然的道学家恨之入骨"。

99

根据一份描述，霍尔是一个"枯瘦如柴、眼窝深陷的人"，他一生的大部分时间都饱受失眠和疾病的折磨。当他出生时，他的母亲已经45岁了，而她一生中的大部分时间都伴随疾病。霍尔从小在精心呵护中长大。霍尔的妻子后来描述说，她的丈夫在还是个孩子的时候，"就长成了一株娇弱的温室植物，因为他从来不被允许打闹、攀爬，也不像其他男孩那样鲁莽"。一位历史学家将霍尔描述为"一个情绪不稳定的新英格兰人，爱沉思，容易抑郁"。

霍尔所遭受的抑郁对于他所处的时代和社会阶层来说并不罕见。[②]

[①] *Immigration and Other Interests of Prescott Farnsworth Hall*, compiled by Mrs. Prescott F. Hall (New York: Knickerbocker Press, 1922), 119–123.

[②] T. J. Jackson Lears, No Place of Grace: Antimodernism and the Transformation of American Culture, 1880–1920 (New York: Pantheon Books, 1981), 47–58.

在 19 世纪末的美国，在百忧解问世之前，医生将其诊断为当时被称为神经衰弱的流行病。许多同时代社会评论家和医生注意到，北方城市的中产阶级中普遍存在"神经衰弱"这一现象，他们似乎越来越受到自我怀疑、意志麻痹、失眠和其他神经症的困扰。

这些新英格兰人的不安和忧郁是随着他们在绝对人数、政治权力和文化影响力等方面的衰落而产生的。到了 19 世纪末，波士顿的名门阶层开始衰落。在本地出生的新教徒中，离婚率和自杀率上升，出生率下降，尤其是与爱尔兰天主教徒组成的大家庭相比，这些都加剧了他们的失落感和悲观情绪。来自东欧和南欧的新移民给名门阶层的心理带来了双重打击，加剧了他们因为影响力输给爱尔兰人而产生的阴郁和不安。

弗朗西斯·沃克为这一现象提供了思想上的解释，他将新教徒出生率的下降归咎于移民以及他们给美国带来的所谓的堕落环境。普雷斯科特·霍尔认为这只是限制移民的一个借口（霍尔和他的妻子没有孩子）。在 20 世纪初，根正苗红的美国人看到了严重的后果：土生土长的白人女性出生率下降，人数越来越少的盎格鲁-撒克逊后裔似乎越来越柔弱，在这方面，神经衰弱症的流行就是明证。

作为回应，纽约州州长西奥多·罗斯福（Theodore Roosevelt）在 1899 年开始倡导他所谓的"奋斗的生活"。[①] 罗斯福的父亲一方是纽约一个古老的荷兰家族，但他也向波士顿的名门和其他土生土长的美国人传达了一个信息。他警告说："如果我们袖手旁观，如果我们仅仅追

100

---

① Theodore Roosevelt, "The Strenuous Life," speech delivered to Chicago's Hamilton Club, April 10, 1899; Theodore Roosevelt, "Twisted Eugenics," *Outlook*, January 3, 1914. 在担任总统期间，罗斯福开始谈论"种族自杀"，这是进步派学者爱德华·A. 罗斯（Edward A. Ross）创造的术语。总统是六个孩子的父亲，他在全国母亲大会上发表了一个著名的演讲，反对控制生育，支持大家庭。见 Theodore Roosevelt, "On American Motherhood," speech delivered to the National Congress of Mothers, March 13, 1905。

求浮华的、懒惰的安逸和不光彩的宁静，如果我们在激烈的竞争中退缩，而不是冒着丧失生命和所珍视的一切的危险去赢得胜利，更勇敢、更强大的民族将超越我们，为自己赢得统治世界的权力。"这番话既适用于一个开始在世界上扩大其影响的国家，也适用于警告盎格鲁-撒克逊人将有可能被更有活力的移民群体所取代。罗斯福在1914年预测说："未来的新英格兰将属于，也应该属于昨天和今天移民的后代，因为清教徒的后代缺乏生存的勇气。"

虽然有各种问题，普雷斯科特·霍尔体现了一种不同形式的奋斗的生活。由于健康状况不佳，心情忧郁，霍尔用他的笔作斗争，纠缠政府官员和新闻记者，从未停止寻求限制不受欢迎的移民群体。霍尔并没有完全退缩或逃亡，而是继续进行他不完美的战斗。随着岁月的流逝，霍尔发现历史逐渐抛弃了他。随着他年轻时对美国移民理想的那点同情丧失殆尽，他变得越来越痛苦。

然而，霍尔毕生反对移民的斗争存在一个简单的反讽。移民限制联盟是盎格鲁-撒克逊价值观的捍卫者，在这种价值观中，民主是最重要的，但其成员却选择回避民主政治和组织。在他们看来，人民不能被信任。正如沃克所认为的那样，他们太容易受感情的影响而不敢面对限制移民的艰巨任务。

事实上，霍尔代表了新英格兰联邦党人传统的最后一搏。[1] 他反对抽象的普遍性，支持他所谓的"北欧具体性"。在他看来，美国的开国元勋们利用《独立宣言》中的普遍主义理想建立了一种贵族制度。到了20世纪初，霍尔看到了这种理想的破灭。为了补救这一问题，他

---

① Prescott F. Hall, "Representation Without Taxation," unpublished manuscript, in *Immigration and Other Interests of Prescott Farnsworth Hall*.

主张将投票权仅限于那些缴纳一定税额、拥有一定教育水平或拥有一定规模企业的美国人。

移民限制联盟没有采取政治手段，而是选择了精英路线，这并不奇怪。[①] 作为现代智库的先驱，移民限制联盟专注于社会科学研究，并将研究成果以小册子的形式发表，分发给记者、政治家、商人和其他社会领袖。从 1894 年至 1897 年，随着对斑疹伤寒和霍乱的恐慌，以及对埃利斯岛的持续争论，联盟印制了大约 14 万份小册子，其中一本小册子的标题是《移民对美国的影响以及进一步限制移民的理由》。移民限制联盟吹嘘说，全国有 500 多家报纸收到了它的小册子，一些报纸甚至将小册子的部分或全部内容作为社论转载。

101

然而，这个组织永远不会走群众运动的路线。在成立两年之后，它的成员总数只有 670 人，而联盟的会议也很少有超过 12 个成员参加。毫无疑问，由于成员太少，霍尔在 1899 年向联邦委员会作证时试图回避这个问题。他声称，有 5 000 名非成员收到了联盟的材料，"事实上他们可以被视为联盟的成员"，虽然他们不缴纳会费。

移民限制联盟的力量不在于其成员的数量，而在于质量。其成员囊括了波士顿上流阶层的所有名人。随着时间的推移，国内其他知名人物也陆续加入了该组织，其中包括小说家、西奥多·罗斯福的密友欧文·威斯特（Owen Wister）和出版商亨利·霍尔特（Henry Holt）。学术界也为这个团体增添了智慧的光彩，尤其是哈佛大学校长 A. 劳伦斯·洛厄尔（A.Lawrence Lowell），鲍登学院（Bowdoin College）、佐治亚理工学院和斯坦福大学的校长，以及威斯康星大学的约翰·R. 康芒

① Morris M. Sherman, "Immigration Restriction, 1890-1921, and the Immigration Restriction League," (Cambridge, MA: Harvard College, 1957).

斯（John R. Commons）和爱德华·A. 罗斯（Edward A. Ross）教授。

移民限制联盟与亨利·卡伯特·洛奇密切合作，后者于 1893 年进入美国参议院，在那之后不久将接替参议员威廉·钱德勒担任移民委员会主席。[①] 联盟为舆论制造者和立法者提供专门的知识，给限制移民的运动披上了一层知识和体面的外衣。《利平科特月刊杂志》（*Lippincott's Monthly Magazine*）告诉读者，他们不是"提出移民这一至关重要的问题并呼吁停止移民的危言耸听者，而是敲响警钟的社会科学研究者"。

参议员钱德勒与移民限制联盟并无关联，但是人们很容易将其与像他那样的本土主义者组成的组织联系起来。然而，反移民情绪很容易与更加自由主义的理想共存。许多与联盟有联系的波士顿家族在两代人之前就是坚定的废奴主义者。在 19 世纪末，美国卷入了菲律宾的游击战，许多与联盟有关的人都成了美国帝国主义的有力反对者，如沃德、约瑟夫·李（Joseph Lee）和小罗伯特·特里特·潘恩（Robert Treat Paine Jr.）。

移民限制联盟的成立是 19 世纪 90 年代全国改革浪潮的一部分。这一时期，各种组织纷纷成立，以推动禁酒、禁止卖淫、保护环境和消费者。移民监管与其说是一种反常行为，不如说是一场全国性运动的一部分。这场运动背弃了自由放任的政府哲学，试图改变美国社会，控制 19 世纪末席卷美国的社会变革。移民限制联盟有两位杰出的名门贵族成员，他们更出名的是对其他进步主义改革的支持。约瑟夫·李被誉为"美国游乐场之父"，罗伯特·伍兹（Robert Woods）则是波士

---

① Daniel J. Tichenor, *Dividing Lines: The Politics of Immigration Control in America* (Princeton, NJ: Princeton University Press, 2002), 77, 85.

顿定居救助者之家运动（settlement house movement）的领导者。

这些波士顿商人精英的后代和受益者现在集体背弃了资本主义。[1] 根据一位历史学家的说法，移民限制联盟的年轻创始人现在"蔑视工业暴利行为"。经济学家弗朗西斯·沃克是一位富有的制造商之子，但是他率先批评了大企业的过度行为。移民限制论者对靠移民贸易赚钱的轮船公司和铁路公司发动抨击。一位反移民作家问道："为什么美国人民要因为那些与移民勾结的轮船公司的自私和不爱国的贪婪而遭受这样的痛苦呢？"这很能代表波士顿名门贵族的态度。

移民限制联盟的章程阐述了其主要宗旨："倡导并努力更明智地限制或更严格地管理移民……本联盟的目标不是提倡排斥具有适合成为公民的品质及标准的劳工或其他移民。"联盟的早期主张明显没有种族偏见，正如沃德所说的那样，联盟不认为移民应该"基于种族、宗教或信仰"而被排斥。然而，他们对现行的移民法并不满意。虽然埃利斯岛开放了，可排除的移民类别也扩大了，但联盟认为移民的素质正在下降。它要求彻底改变美国的移民法。然而，联盟并没有呼吁停止移民，也没有呼吁将某个特定种族或国籍的移民排除在外。

移民限制联盟的主张包括：将每个移民的人头税从 1 美元提高到至少 10 美元，甚至可以高达 50 美元；领事馆为每一位移民开具证明，表明其品格和优点；每个移民都要会用自己的语言阅读和写作。[2] 然而，联盟认为用英语进行识字测试是不公平的。

[1] Solomon, *Ancestors and Immigrants*, 73, 107, 114, 120; Julia H. Twells, "The Burden of Indiscriminate Immigration," *American Journal of Politics*, December 1894.

[2] "Constitution of the Immigration Restriction League," August 22, 1894, IRL.

作为还不到 30 岁的年轻人，没有担任过任何政治职务，除了哈佛大学的学位，尚未做出任何成就，但普雷斯科特·霍尔依然赢得了报纸和政府官员的大量关注和尊重。[①] 就在移民限制联盟成立几个月后，他收到了移民主管赫尔曼·斯顿普的书面保证，说他"决心将移民限制在最理想的阶层。你可以从大量被扣留接受特别检查的人身上看到这一点"。

像许多其他对移民问题感兴趣的美国人一样，普雷斯科特·霍尔和移民限制联盟的其他成员将埃利斯岛视为辩论的焦点。[②] 在 1895 年和 1896 年，这些年轻的改革家们至少三次被允许访问埃利斯岛，在那里，他们几乎被全权委托进行他们自己的非官方调查。1895 年 4 月，霍尔参观了埃利斯岛，他认为这里的运作比前几年有了很大的改善，尽管在参观期间，他仍然看到了太多文盲、不熟练的工人，特别是意大利人。霍尔告诉《波士顿先驱报》："从我在埃利斯岛看到的意大利人来判断，总的来说，不识字和不受欢迎之间有密切的联系。"

1895 年 12 月中旬，查尔斯·沃伦和小罗伯特·特里特·潘恩带着英文和其他语言的小册子来到了埃利斯岛。[③] 一到那里，他们就获得了非同寻常的许可，把小册子分发给那些已经告诉官员自己识字的移民。据沃伦和潘恩称，在那些自称识字的人中，有 9% 到 10% 的人在撒谎。在三天的时间里，这两个人检查了来自六艘不同船只的移民，其中大多数来自奥匈帝国和俄国。他们调查的所有德国人和波希米亚

---

① *NYT*, December 12, 1894.

② *BH*, April 5, 1895.

③ "Immigration Restriction League, Annual Report of the Executive Committee for 1895," January 13, 1896, and "IRL Annual Report of the Executive Committee for 1896," January 11, 1897, File 1138, IRL; *Brookline Chronicle*, January 18, 1895; *Boston Journal*, January 25, 1896.

人都能读会写。然而，48%的俄国人、37%的匈牙利人、62%的加利　　104
西亚人和45%的克罗地亚人不识字。虽然他们被授予不同寻常的调查
权限，但是移民限制联盟认为这次调查是失败的，因为在调查期间没
有一个意大利移民通过埃利斯岛。如果没有对涌入这个国家的大批文
盲和无技能的意大利人进行评估，任何调查都是不完整的。

　　因此，1896年4月，在意大利移民的一场小规模骚乱之后，移
民限制联盟的成员再次来到埃利斯岛。[①]这一次，普雷斯科特·霍尔、
罗伯特·沃德和乔治·洛林·布里格斯是应移民专员森纳的邀请而来。
三人在岛上停留了几天。三位年轻的上流精英紧紧地拿着他们的小册
子，也带着他们的偏见，在一群晕头转向、脏兮兮的移民中间走来走
去，这样的一幕一定很值得一看。我们不知道这些移民对这些把小册
子塞到他们面前、穿着讲究的年轻人有何感受，但我们知道霍尔对这
些移民的看法。

　　在1896年4月的调查中，移民限制联盟调查了埃利斯岛的3 174
名意大利移民，发现其中68%是文盲。[②]然而，令他们沮丧的是，只
有197名意大利人被拒之门外。在短短几天内，埃利斯岛的官员就允
许近2 000名意大利文盲入境。他们发现，在埃利斯岛调查期间，来
自西欧和北欧的移民只有4.5%是文盲，而来自南欧和东欧的移民则有
近48%的人是文盲。在波士顿的这些上流精英看来，这一令人担忧的
趋势威胁到了美国的道德和知识水平。

---

① *YT*, April 21, 1896.

② "Immigration: Its Effects upon the United States, Reasons for Further Restriction."
Publication of the Immigration Restriction League, No. 16, February 13, 1897, IRL. 诚然，很多
意大利人都是文盲，这在很大程度上是本国学习条件差造成的。但在移民的高峰时期，意
大利的文盲率大幅下降，从1872年的近69%下降到了1922年的23%。Antonio Stella,
Some Aspects of Italian Immigration to the United States (New York, Arno Press, 1975), 53.

令人惊讶的是，调查结束后，移民限制联盟的成员对现行法律的执行非常满意，这可能是由于埃利斯岛官员给予他们的极大尊重。[①] 但是，他们认为现行的移民法在排斥不受欢迎的人方面存在"根本缺陷"。只有极少数移民实际上被禁止入境或遣返。在新移民法出台后不久的 1892 年和 1893 年，其比例约为 0.5%。随着 1893 年移民法规定的特别调查委员会的设立，这一比例在 1894 年至 1895 年间翻了一番，达到约 1%。为了纠正这种情况，移民限制联盟继续要求进行识字测试。

这样的测试将把理想的移民与不理想的移民区分开来，使这个国家忠于其欢迎移民的历史，并使排斥基于个人特征，而不是种族、宗教或国籍。[②] 尽管从理论上讲，识字测试是中立于种族和民族的，但限制主义者相信它会对不同地区的移民产生截然不同的影响，这种认识是正确的。亨利·卡伯特·洛奇利用联盟的工作在参议院推动识字测试，并明确表示测试将主要影响来自东欧和南欧的移民。

并非所有的限制主义者都热衷于识字测试。[③] 弗朗西斯·沃克在 1897 年 1 月去世，当时国会还没有采纳这个想法，但是他基于自己作为经济学家的怀疑主义，早早就指出："那些无政府主义者、罪犯和习惯性醉鬼可能会很轻松地通过识字测试，但是这并不意味着他们可以成为自力更生、遵纪守法的好公民。"

最终，参众两院都在 1897 年初通过了一项识字测试法案。测试内容将包括用移民的母语翻译的大约 25 个美国宪法中的词语。然而，约

---

① "Immigration Restriction League, Annual Report of the Executive Committee for 1895," January 13, 1896, File 1138, IRL; Prescott F. Hall, "Immigration and the Educational Test," *NAR*, October 1897.

② Henry Cabot Lodge, "The Restriction of Immigration," *Our Day*, May 1896.

③ Francis A. Walker, "Immigration," *Yale Review*, August 1892.

瑟夫·森纳和赫尔曼·斯顿普都敦促格罗弗·克利夫兰总统否决这条法案。早在 1893 年，斯顿普还曾是钱德勒参议员调查埃利斯岛的盟友，并对新移民持高度批判的态度。现在，在移民局工作了四年之后，他改变了自己的看法。

在写给财政部部长的信中，斯顿普同意公众要求更严格的移民限制。[①]然而，他认为，任何这样的法律"都应该结合对不幸者的同情，他们在逆境中被迫离开家园，到一个未知的国家寻求庇护"。斯顿普提出了一个人们非常熟悉的论点，他说，美国需要非熟练劳动力来"修建铁路、公路和下水道，并开荒种地"，从而把土生土长的美国人从他们厌恶的工作中解放出来，"从事更高级、薪酬更高的行业和职业"。

这样的说法说服了克利夫兰，他作为总统所采取的最后行动之一就是否决了识字法案。国会无法推翻这一否决。克利夫兰的否决意见书是对传统移民观点的辩护。他说："据说近期移民的质量不理想。但在最近的记忆之中，同样的事情也发生在另一批移民身上，今天他们和他们的后代已经成为我们最好的公民。"克利夫兰宁愿"接纳成千上万这样的移民，他们虽然不会读书写字，但来到我们中间只为了寻找一个家和工作的机会，也不愿意接纳那些不守规矩的煽动者和与政府为敌的人，他们虽然会读书写字，但是喜欢用煽动性的言论煽动文盲和安分守己者的不满和骚动"。

在此后很多年的时间里，移民限制论者一边批判克利夫兰这一否决令背信弃义，一边不忘吹嘘自己差点将共和国从成千上万不受欢迎

106

---

① 1897 年 2 月 20 日，赫尔曼·斯顿普写给约翰·卡莱尔（John Carlisle）的信，Grover Cleveland Papers, LOC。

的文盲手中拯救出来。①在长达20年的时间里，移民限制联盟继续为
出台识字测试法案而战，出版小册子，游说报纸编辑和民选官员。

　　当这些波士顿人试图从精英层面对辩论施加影响时，一个有着
截然不同想法的新英格兰人成为19世纪90年代末埃利斯岛负责移民
政策的人中最有权势的一个。多年来，爱德华·麦克斯威尼（Edward
McSweeney）一直在默默无闻地工作，直到丑闻迫使他的名字登上报
纸，并再次引发人们对埃利斯岛执行国家移民法的能力的怀疑。

---

① President Grover Cleveland's Veto Message of the Educational Test Bill, March 2, 1897,
reprinted by the National Liberal Immigration League, File 1125, Folder 4, IRL. 多年后，西奥
多·罗斯福告诉麦迪逊·格兰特，伦纳德·伍德将军告诉他，克利夫兰后悔否决了识字法
案，这证实了许多限制主义者的看法。但没有确切的证据表明克利夫兰曾经对他的否决表
示过后悔。1915年11月15日，麦迪逊·格兰特写给西奥多·罗斯福的信，TR。

第六章　个人恩怨

理解我的人并不多。

———特伦斯·V. 鲍德利

107

麦克斯威尼被他的动机、怨恨和对卓越的过分渴望所支配……他现在被一群奴颜婢膝的谄媚者所包围。

———罗曼·多布勒（Roman Dobler），埃利斯岛检查人员，1900 年

1897 年 6 月 15 日凌晨，埃利斯岛主楼的东北塔楼发生了火灾。[①]火灾发生的位置消防水管很难到达。这座主要用佐治亚松木建造的建筑很快就被烧毁，不到半小时，屋顶就塌了。可以追溯到城堡花园时代的移民档案被全部烧毁，而这些档案是被保存在半埋于地下的石头和混凝土弹药箱中的，因为这里曾经是一个弹药库。大火迅速蔓延到岛上的其他建筑，火光照亮了夜空。后来官方对火灾原因的调查未能解开谜团。然而，埃利斯岛的医生维克多·萨福德（Victor Safford）

---

① Victor Safford, *Immigration Problems: Personal Experiences of an Official* (New York: Dodd, Mead, and Company, 1925), 199–200.

认为这是一场人为纵火，纵火者可能是一个心怀不满的守夜人，而他早就应该被宣布为精神病患者。

不管原因是什么，这场大火驱逐了被扣留在岛上的近 200 名移民，其中大多数是意大利人，但也有几个身着彩色长袍、头戴珠帽的印度教徒，他们原本作为一个巡回展览的一部分来到这里。此外，当时这里还有 31 名工作人员，包括警卫、一名药剂师、一名厨师、两名医生和三名护士。

对一些人来说，这是对原有建筑脆弱本质的提醒。[①]《哈珀周刊》称，这些建筑是"丑陋的纪念碑""简陋的谷仓和建筑垃圾堆"。《纽约世界报》（New York World）指责政府把"一大堆松香浸泡过的木材搭建起来，仿佛专门设计用来燃烧的"。移民专员约瑟夫·森纳谴责这些建筑是火灾隐患，并表示多年来他一直被火灾的恐惧所困扰。他告诉《纽约时报》："在过去的四年里，我每天离开这个岛时，都会对这些建筑进行一次告别，因为我担心第二天再回来时，它们都已经化为灰烬。"一语成谶，他的预言终于实现了。

幸运的是，没有人在这场火灾中受伤，但官员们要面对一个更大的问题。据估计，已有 7 000 名移民正在乘船从大西洋前往纽约，其中 600 多人将在大火发生后的第二天抵达。埃利斯岛上的大火还没有完全熄灭，移民官员就在曼哈顿最南端炮台公园的码头上设立了一个临时检查点。火灾次日，55 名移民被扣留接受进一步的检查。

官员们随后搬进了炮台公园东南区的旧驳船办公室，在城堡花

---

① Thomas M. Pitkin, *Keepers of the Gate: A History of Ellis Island* (New York: New York University Press, 1975), 26; *NYT*, June 17, 1897; *NYW*, June 16, 1897; *HW*, February 26, 1898.

园关闭后，这里曾是临时设施。① 这是一座华丽的威尼斯文艺复兴风格的灰色石头建筑，细长的塔楼俯瞰着港口，在未来两年半的时间里，它将再次作为这个国家的主要移民站。移民局租了"纳拉甘西特"（Narragansett）号，这艘轮船此时停泊在岛上，作为多达800名尚未通过驳船办公室检查的移民的临时浮动宿舍。

当人们开始讨论重建埃利斯岛上的设施时，很明显，新的设施必须用石头和钢铁建造，而不是木头。尽管如此，一家北方的报纸却煞有介事地表示，新的木制建筑也不是一个坏主意。报纸的编辑告诉读者，岛上偶尔发生一场火灾，就会杀死移民带来的病菌。

火灾和迁入驳船办公室引起的混乱使得纽约的移民局感到棘手。新当选的总统威廉·麦金利开始让共和党人取代民主党人在移民局的职位。菲奇（Fitchie）曾是一名忠诚的布鲁克林共和党官员，但他当时已经62岁，又没有移民方面的经验，很难指望他能在困难时期成为一位强有力的领导人。

美国正在努力走出历史上最严重的经济萧条。随着新世纪的到来，移民将再次增加。在没有埃利斯岛的情况下，监管大批移民的工作依然不得不继续下去。更糟糕的是，在接下来的四年里，移民局陷入了官僚主义的狭隘和个人恩怨的泥潭，这充分暴露了庇护政治的局限性。

30岁的爱德华·麦克斯威尼是埃利斯岛的二把手，他长得像一只牛头犬，子弹形状的脑袋上顶着稀疏的黑发。在维克多·萨福德的记忆中，他的这位终生挚友是一个生龙活虎的人。

麦克斯威尼在马萨诸塞州的马尔伯勒长大，这里位于波士顿以西

_____

① *NYT*, June 19, 1897.

大约 30 英里。他小时候辍学，到一家鞋厂工作。虽然他早期的传记里
有狄更斯小说中描写的那种苦差事和剥削情节，但麦克斯威尼更像小
霍雷肖·阿尔杰笔下的人物，而不是狄更斯笔下的奥利弗·特威斯特。

　　19 岁时，他已经参与建立了鞋楦工保护联盟（Lasters' Protective
Union），并在两年后成为联盟的主席。劳工工作导向了政治工作，麦
克斯威尼成为马萨诸塞州民主党的活跃分子。在格罗弗·克利夫兰成
功竞选总统的过程中，他曾经帮助克利夫兰获得劳工的支持，作为回
报，1893 年他被任命为埃利斯岛的助理专员。作为一个出身卑微、在
19 世纪末期美国的工业和政治丛林中一路攀爬的人，麦克斯威尼雷厉
风行、脾气火爆。[1] 提到一位大部分时间都在埃利斯岛向天主教徒传教
的新教传教士时，他对纽约的迈克尔·科里根（Michael Corrigan）大
主教说，如果"这样做有什么好处，我倒很想让他好好交代一下"。当
一个移民试图用五美元贿赂他时，他火冒三丈，给了那人一记耳光。
110 除了这些情感的暴发，他还展现出了被广泛认可的能力和精明。麦金
利成为总统之后，身为民主党人的麦克斯威尼不仅保住了他的职位，
还成功成为埃利斯岛事实上的一把手。总之，他是一个生存能力很强
的人。

　　麦克斯威尼之所以能留在共和党政府，很大程度上要归功于新的
公务员制度。[2] 庇护制度是政治的命脉，为联邦官僚机构提供了工作人
员，但它也导致了腐败和对无能的容忍。为了解决日益复杂的社会问
题，需要一支更加专业的联邦雇员队伍。1896 年，克利夫兰总统将移
民局的工作人员置于公务员就业保障之下。现有联邦工作人员不被强

---

① 1900 年 1 月 12 日，爱德华·麦克斯威尼写给大主教迈克尔·科里根的信，ANY；
1900 年 6 月 11 日，尤（A. J. You）致特伦斯·鲍德利的信，Box 137, TVP。
② Pitkin, Keepers of the Gate, 29.

制要求参加公务员考试，也能够保住他们的工作。这意味着许多因为庇护关系而被提携上来的工作人员依然能够留任，这一次还有公务员就业保障政策的保护。麦克斯威尼保住了他的职位，虽然他的薪水减少了。

与此同时，麦金利政府正在物色一个来管理华盛顿移民局的人。[1]总统最终选定了特伦斯·V.鲍德利，他是19世纪晚期最著名的美国人之一。鲍德利曾经是劳工骑士团（Knights of Labor）[2]的团长（Grand Master Workman），这么一个花哨的头衔很符合该组织的乌托邦性质。他帮助建立了这个国家第一个主要的全国性工会，并在此过程中成名，"从咀嚼烟草的包装盒到男士服饰的商业名片，到处都可以看到他的面孔和名字"。他的肖像被很多人挂在家中，亚拉巴马州伯明翰郊外的一个小镇以他的名字命名。此外，他还担任过宾夕法尼亚州斯克兰顿市的市长。

从表面上看，麦克斯威尼和鲍德利有许多相似之处。两人都是爱尔兰天主教移民的后代，都在大家庭中长大，前者兄弟姊妹8人，后者兄弟姊妹12人。他们的职业生涯都始于劳工运动，但他们性格保守，反对社会主义。工会是他们进入党派政治的途径。他们的背景使他们对移民问题产生了兴趣。

然而，他们之间的差异超过了相似之处。麦克斯威尼是民主党人，而鲍德利是共和党人，后者比即将成为其对手的前者年长16岁。

---

[1]　Robert E. Weir, *Knights Unhorsed: Internal Conflict in a Gilded Age Social Movement* (Detroit: Wayne State University Press, 2000), 16; Craig Phelan, *Grand Master Workman: Terence Powderly and the Knights of Labor* (Westport, CT: Greenwood Press, 2000), 1-2.

[2]　劳工骑士团是1869年由尤利亚·斯蒂芬等7个裁缝工会会员在费城建立的美国工人组织。——译者注

麦克斯威尼游刃有余地玩弄政治游戏，结交社会各个阶层中最有影响力的人，而鲍德利却有一种本事，无论走到哪里，都会激怒下属和上司。麦克斯威尼处事圆滑，而鲍德利却显得喜怒无常、粗暴无礼。麦克斯威尼一生都与劳工和天主教会保持着紧密的联系，而鲍德利和两者都很疏远。虽然两人都支持现行的移民法，但麦克斯威尼对移民持同情态度，而鲍德利的观点则显然更为消极。

麦克斯威尼似乎为政治而生，但鲍德利却像选错了行。[1]他身材瘦削，几乎有些虚弱，留着长而下垂的胡子，拥有淡蓝色的眼睛，按照一位同时代记者的说法，鲍德利那副表情会让人误以为他是"诗人、划平底船的人、哲学家和情场失意的英雄"。至少从外表上看，他不是一个典型的工会主义者，从他的外貌可以看出他性格上的其他缺陷：优柔寡断、喜怒无常、脸皮薄、爱发牢骚。

一位历史学家将他描述为"一个自负、固执、倔强、难以相处的人"，即使是站在"100年后的安全距离"之外，人们依然很难喜欢他。[2]他喜欢和人争吵，无论是友人还是敌人。当回顾自己作为劳工骑士团团长的日子时，他写道："我不会忘记，我曾受到我为之工作的人和我所反对的人多少毫无节制的谴责、非难和辱骂。"到了19世纪90年代初，劳工骑士团因内部纷争而走向衰落，鲍德利正在寻找其他机会。他后来声称，当离开劳工骑士团时，他"身体和精神都垮掉了"，医生说他只剩下几个月的生命。

<hr/>

[1] Phelan, Grand Master Workman, 47.
[2] Weir, *Knights Unhorsed*, 15; Vincent J. Falzone, *Terence V. Powderly: Middle-Class Reformer* (Washington, DC: University Press of America, 1978), 174; Terence V. Powderly, *The Path I Trod: The Autobiography of Terence V. Powderly* (New York: AMS Press, 1968; original edition: Columbia University Press, 1940), 287; 1910年2月6日，特伦斯·鲍德利致威廉·斯凯夫（William Scaife）的信，Box 153, TVP。

　　鲍德利最终活了下来，并在 1896 年支持俄亥俄州的共和党州长威廉·麦金利竞选总统。他成为麦金利在劳工问题上的主要顾问。移民局的职位是对他的奖赏。

　　在他的职业生涯中，鲍德利树敌众多，他很快就将这种可疑的技能运用到了新工作中。这些政敌中的一些人向参议院施加压力，阻止鲍德利的任命，迫使麦金利做出休会任命。就连劳工骑士团的官方报纸也公开反对这位前任领导者。他们中的许多人不信任鲍德利的共和党朋友，并批评鲍德利为了与麦金利的观点保持一致而放弃了对金本位制的反对。

112

　　另一位批评者是美国劳工联合会的主席塞缪尔·冈珀斯，他称选择鲍德利是"对劳工的侮辱"。[①] 冈珀斯领导下的美国劳工联合会取代了劳工骑士团，成为美国最重要的工会组织。多年来，两人不断发生冲突。

　　然而，鲍德利进行了反击，麦金利继续支持他。[②] 鲍德利甚至还争取到了很快就成为其下属的爱德华·麦克斯威尼的支持，让他说服冈珀斯不要反对鲍德利的任命。冈珀斯没有让步，他告诉麦克斯威尼，他之所以反对鲍德利是因为他臭名远扬，"一直在搞破坏，利用自己的职位追求不正当的目的"。虽然没有得到冈珀斯的支持，鲍德利最终还是在 1898 年 3 月获得了参议院的批准。

　　鲍德利的哥哥约瑟夫曾在 1891 年和约翰·韦伯一起去欧洲调查移民情况。[③] 对他们兄弟俩来说，移民问题就是个人问题。特伦斯指责新

①　Falzone, *Terence V. Powderly*, 175.
②　1901 年 11 月 22 日，爱德华·麦克斯威尼给塞缪尔·冈珀斯的信，SG。
③　1898 年 3 月 1 日鲍德利写给罗伊·怀特（Roy W. White）的信，Box 128, TVP；T. V. Powderly, "A Menacing Irruption," *NAR*, August 1888.

移民来到美国是为了"与美国工人争饭碗"。几年前他去过城堡花园，看到了他所谓的"公司代理人"等着移民到来。鲍德利认出了其中一名男子，后者随后安排了一些新移民前往宾夕法尼亚州，在那里，移民取代了土生土长的工人，其中许多人鲍德利都认识。

鲍德利并没有改变自己的观点。[1] 他继续称这些新移民为"半野蛮人"。考虑到他本人的背景，他对移民的这种看法有些讽刺色彩。正如他的众多批评者之一指出的那样，如果鲍德利希望实施的法律被用于他的爱尔兰移民父母，可能他"还在爱尔兰的沼泽地里搬运草皮，而不是凭借他在美国人中享有的有影响力的地位来告诫后来者离开"。他的父亲年轻时曾在爱尔兰被逮捕，罪名是非法闯入一位绅士的庄园，用枪打死了一只兔子。由于这一罪行，老鲍德利在监狱里被关了三个星期，如果是现在，仅这一事实就足以使他无法进入美国。

鲍德利现在负责执行美国的移民法。他必须处理的最大问题之一是纽约日益恶化的局势。埃利斯岛上建设新设施的工作仍在进行，移民官员被迫在驳船办公室这一更为狭窄的空间开展工作。在大萧条期间，移民数量减少了一半，但现在经济好转吸引了更多的移民来到美国。更多的移民通过驳船办公室有限的设施进入美国，这带来了麻烦。

这一麻烦将导致鲍德利和爱德华·麦克斯威尼之间的裂痕日益加深。[2] 很难准确地指出问题是从什么时候开始出现的。在上任之初，鲍德利就得知纽约的移民站存在问题。他写道："虐待抵达的外国人，对轮船公司强征费用，以及无礼对待那些前来接亲友的人，诸如此类的

---

[1] Edward McGlynn, "The New Know-Nothingness and the Old," *NAR*, August 1887; Powderly, *The Path I Trod*, 5.
[2] Powderly, *The Path I Trod*, 299; 1898 年 6 月 6 日，爱德华·麦克斯威尼给鲍德利的信，Box 133, TVP。

事情都经常发生。"麦克斯威尼急于讨好他的新上司，他告诉鲍德利，他可以看到"前面有一些障碍"，并提出可以帮忙"绕过这些障碍"。他隐晦地警告鲍德利，驳船办公室是"一个特殊的机构，一些特殊的做法和先例已经流行开来"。

1899 年 3 月，鲍德利突然造访驳船办事处。[①] 他带了一名速记员，在这里有了自己的专用办公室，一待就是几天，为的是调查和走访驳船办公室的员工。鲍德利很快发现，麦克斯威尼才是移民站真正的站长，而名义上的站长费奇"虽然已经任职两年，但几乎不为该站大多数员工所知"。鲍德利发现了一些小的违规行为，但决定不再采取进一步的行动。尽管如此，麦克斯威尼还是认为鲍德利的调查是对他个人的侮辱。

鲍德利在移民问题上的观点——以及他对这些目标的热切追求——也加剧了两者之间日益加深的分歧。鲍德利当时正忙着整顿从纽约到加州再到加拿大边境的全国移民执法机构。值得赞扬的是，他并不仅仅是一个政治黑客。鲍德利决心更加严格地执行针对合同劳工和中国移民的法律——这两类人都让本土劳工感到烦恼。鲍德利自豪地指出，在 1899 年，有 741 名非法合同工被排除在外，几乎是前一年的两倍。

然而，他对合同劳工法的严格执行遭到了财政部意料之中的反对。鲍德利对廉价移民劳动力的抱怨并没有让他那些亲商的共和党上司感到高兴。1899 年，一大群克罗地亚移民抵达巴尔的摩，他们因被怀疑是合同劳工而遭扣留。当他们向华盛顿上诉时，鲍德利下令将他们遣返。他声称，这些人将前往芝加哥的一个地址，而那里有一个臭

114

---

① 1902 年 2 月 15 日鲍德利的备忘录，Box 156, TVP; *NYT*, March 10, 1899。

名昭著的人。

鲍德利的裁决揭示了合同劳工法的弱点。到了 1899 年，大多数雇主都小心翼翼地不与外来移民签订任何合同，而外来移民自己也小心翼翼地不告诉移民官员他们来美国是为了从事某种特定的工作。鲍德利承认，本案的证据"并不足以在刑事法庭上定罪"。然而，由于在内心深处认为这些人违反了法律，他还是下令将他们驱逐。

鲍德利的上司、财政部部长莱曼·盖奇（Lyman Gage）并没有接受这样的推理，他推翻了鲍德利的裁决，允许这些克罗地亚人前往芝加哥。盖奇认为，没有证据的怀疑并不能成为将移民拒之门外的充分理由。鲍德利似乎无法抑制自己对这一决定的愤怒，他告诉德语版《纽约州报》，盖奇"对（本地出生的）劳工毫无同情"。他后来抱怨说自己的话被断章取义了，但这句话既表达了鲍德利的愤怒，也表明他一直无法管住自己的嘴巴。

这种不明智的行为导致他在财政部几乎没有朋友。[1]鲍德利不仅要与纽约的下属斗争，还要与华盛顿的上司斗争。鲍德利与 1899 年初上任的财政部助理部长霍勒斯·泰勒（Horace Taylor）尤其不和，泰勒经常称鲍德利为"劳工怪人"。在即将到来的官僚斗争中，麦克斯威尼和泰勒对鲍德利的共同反感使他们成为亲密的盟友。

关于克罗地亚劳工的最终裁决激起了鲍德利的怀疑，他觉得他的同事们对执行合同劳工法不感兴趣。[2]1900 年 4 月，菲奇和麦克斯威尼在驳船办公室实施了一项小改革，他的怀疑似乎得到了证实。自从国会在 1885 年通过了合同劳工法，就有了一个独立的检查小组，他们只

---

[1] Falzone, *Terence V. Powderly*, 175–182, 188.

[2] 1902 年 2 月 15 日鲍德利的备忘录，Box 156, TVP; Pitkin, *Keepers of the Gate*, 28。

处理可疑的移民合同劳工。19 世纪 90 年代末，为了提高效率，菲奇和麦克斯威尼决定将合同劳工检查员和常规检查员合并到一起。财政部助理部长泰勒没有征求鲍德利的意见就批准了这个计划，而鲍德利强烈反对这个计划。尽管这似乎是一项理性的行政改革，但根据鲍德利的说法，它的结果是将纽约因违反合同劳工法而被排斥在外的移民数量减少了近 90%。

　　鲍德利的处境很尴尬。他是一个反对廉价移民劳工的工会主义者，但他为一个亲商的共和党政府工作。更糟糕的是，他还在劳工运动中疏远了许多人。认识到这一情况后，他努力维持麦金利总统对自己的好感，因为如果没有麦金利的支持，他可能会失业。

　　也许正是这种不安全感导致了鲍德利在 1898 年康涅狄格州的州长竞选中请求麦克斯威尼的帮助。[①]麦金利的私人秘书约翰·艾迪生·波特（John Addison Porter）是共和党州长候选人。鲍德利想让菲奇请麦克斯威尼"跑一趟，让他的一些民主党朋友加入党团会议，帮一帮我们的朋友"。没有证据表明麦克斯威尼同意了这一请求，波特在竞选州长时失败了。

　　就在鲍德利提出请求的几个月前，长期担任纽约州共和党负责人的参议员托马斯·C. 普拉特（Thomas C. Platt）曾经抱怨麦克斯威尼的"极端党派行为"。[②]他质问托马斯·菲奇："难道就没有办法让一个优秀的共和党人取而代之吗？"普拉特之所以生气，与其说是因为麦克斯威尼是民主党人，还不如说是因为他在 1897 年曾凭借赛斯·洛（Seth Low）改革后的公民联盟（Citizens' Union）竞选纽约警长。麦克

115

---

① 1898 年 8 月 3 日鲍德利给托马斯·菲奇的信，TR。
② 1898 年 2 月 17 日，参议员 T. C. 普拉特给托马斯·菲奇的信，TR。

斯威尼试图通过支持赛斯·洛来证明他对共和党的诚意，但公民联盟由反对普拉特的改革派共和党人组成。

虽然普拉特一再反对，麦克斯威尼仍然得以留任。[1]也许菲奇意识到，没有麦克斯威尼的管理才能，纽约的移民工作就无法开展。还有另一种可能的解释。几年后，当麦克斯威尼和鲍德利之间的恩怨暴发为公开的斗争时，鲍德利指控麦克斯威尼拖延移民在埃利斯岛的停留时间，"目的是增加赫斯先生的收入，因为赫斯先生与埃利斯岛签订了为移民提供食物的合同"。而查尔斯·赫斯（Charles Hess）碰巧也是普拉特参议员领导的共和党团队的忠实成员。鲍德利声称，麦克斯威尼曾告诉他："我可以相信普拉特参议员会为我做正确的事情。"因此，麦克斯威尼与普拉特达成和解的可能性还是有的，因为普拉特对庇护比党派之争更感兴趣。

对麦克斯威尼涉嫌不道德行为的指控是驳船办公室更大问题的一部分。埃利斯岛在移民和那些在海滨徘徊伺机欺诈新移民的人之间设置了纽约港这个缓冲区，而这是驳船办公室却无法提供的。麦克斯威尼自己解释说，城堡花园曾经存在的所有问题都在驳船办公室死灰复燃了。

对驳船办公室的投诉越来越多。[2]人们用"没精打采""不可原谅的傲慢"和"效率低下"这样的字眼来形容这里的员工。维克多·萨福德提到过一个留着浓密胡子的工作人员，他是一位德国移民，他的唯一职责似乎就是戴着海军帽，穿着带铜扣的双排扣大衣，盛气凌人地走来走去。这个人显然是出于政治考虑而被任命的，而萨福德永远

---

[1] 1901 年，鲍德利给威廉·麦金利的信，Series 2, TVP。
[2] Alvan F. Sanborn, "The New York Immigration Service," *Independent*, August 10, 1899; Safford, *Immigration Problems*, 86.

也弄不清楚这个人是干什么的。

到了 1899 年底，驳船办事处存在严重问题的消息传到了华盛顿，财政部部长盖奇任命了一个委员会进行调查，由费城移民专员约翰·罗杰斯（John Rodgers）和华盛顿移民专员理查德·K. 坎贝尔（Richard K. Campbell）领导。1900 年初，罗杰斯和坎贝尔在曼哈顿下城举行了两个月的听证会，收集了超过 2 000 页的证词。

就像鲍德利早先发现的那样，坎贝尔和罗杰斯的报告得出结论，认为麦克斯威尼才是驳船办公室的实权人物。[①] 它详细列出了"明显的、不可原谅的"残忍、腐败和关于虐待移民的指控。报告的结论是，麦克斯威尼"纵容登记部门检查方法中的极端残忍和不当行为"，并建议解雇驳船办公室的 12 名员工，其中包括麦克斯威尼。

一种腐败发生在登陆处。当船只抵达码头时，美国公民会与移民分开并获准通过。据说这个部门的助理阿尔伯特·旺克（Albert Wank）会收受现金让移民通过，从而逃避检查。一名法国轮船公司的职员证实，移民通常付给旺克一美元或两美元就可以离开接受检查的队伍。那些不行贿的移民通常会经过负责登记处入口的看门人埃米尔·奥斯皮茨（Emil Auspitz）。奥斯皮茨被指控粗暴对待移民，满口脏话。

最严重的指控针对的是登记处的负责人约翰·莱德希尔格（John Lederhilger），他是麦克斯威尼最亲密的盟友之一。[②] 坎贝尔和罗杰斯总结道："莱德希尔格先生对下属傲慢、专横、残忍，对那些他不能合法

117

---

① 所有提及该报告的内容都来自坎贝尔和罗杰斯 1900 年 6 月 2 日致财政部部长的报告，Boxes 157-158, TVP。

② 对莱德希尔格的指控，见坎贝尔和罗杰斯 1900 年 6 月 2 日致财政部部长的报告，TVP，又见 1900 年 9 月 10 日托马斯·菲奇给约翰·莱德希尔格的信，File 52727-4, INS。

操控的人，总是心怀嫉妒和怨恨。"更具体地说，有证人指控他是一个痴迷于年轻女性移民性经验的色鬼。驳船办公室的一名工作人员告诉调查委员会："每一个漂亮的年轻女性都被置于他们所谓的第三阶段。"据目击者称，莱德希尔格经常对年轻女性使用不雅语言，都怪"他根本管不住自己，因为他生性粗俗"。

驳船办公室的一名翻译作证说，莱德希尔格有询问女性性行为的习惯。有时，翻译这些问题的口译员不得不净化他的语言。另一名翻译抱怨说，莱德希尔格对法国女孩的询问十分淫秽。翻译多次拒绝为他翻译，因为他想问诸如"谁在船上把她睡了"那样的问题。

报告还指责莱德希尔格要为一名意大利女子的自杀负责，这名女子"被当作老鸨关押起来并接受检查，遭受了各种屈辱和痛苦"。如果他认为一个女人可能是妓女，就会更加肆无忌惮地加以骚扰。据称，他有一次指着一个女人的胸部说："把裙子解开，看看里面里有没有藏东西。"另一名证人称，他看到莱德希尔格和其他工作人员掀开女性的衣服，"把手伸进她们的胸部，并以其他各种不当的方式动手动脚"。

财政部官员将这份报告搁置了两个月。[1] 与此同时，鲍德利起草了对包括麦克斯威尼在内的13人的正式指控。然而，他的上司撤销了他的指控，导致鲍德利指控麦克斯威尼在财政部的朋友祖护他。到了9月，麦克斯威尼自信地写信给迈克尔·科里根大主教，说尽管一些不道德的人试图破坏他的工作，但他在财政部的上司们已经挫败了这个阴谋。

118

---

[1]   1900年9月10日爱德华·麦克斯威尼致大主教迈克尔·科里根的信，Roll 19, G-17-G20, ANY。

　　这份报告当然对鲍德利有利。[①]罗杰斯和坎贝尔都是鲍德利的盟友，大多数证人都是鲍德利在驳船办公室的朋友。麦克斯威尼是该报告的主要目标，他称该调查是"一场迫害，我是其潜在受害者"。而菲奇则说它"在罪恶中孕育，在罪恶中诞生"。然而，很难相信这份大规模报告中的所有指控和证词都是为了陷害麦克斯威尼而捏造的。

　　爱德华·斯坦纳（Edward Steiner）是格林内尔学院的教授，也是来自奥匈帝国的移民，曾多次乘坐统舱横渡大西洋，为他探讨移民问题的专著收集素材。他指出："粗暴、咒骂、恐吓和温和的勒索司空见惯。"[②]有一次，一名检查员走近斯坦纳，暗示他可能很难通过检查。这位检查员暗示说，一点钱就可以解决这个问题。一名捷克女孩哭着告诉斯坦纳，一名检查员向他承诺，如果她同意稍后在酒店与他见面，就会让她通过检查。"我看起来像那样的人吗？"她尴尬地问斯坦纳。一个不可避免的结论是，即使考虑到鲍德利和麦克斯威尼之间的个人恩怨，驳船办公室依然容忍了许多轻微的腐败和虐待行为。

　　虽然财政部试图掩盖这份报告，但部分内容还是被泄露给了媒体。现在指控已经公开，华盛顿需要采取行动了。官员们解雇了驳船办公室的一些小职员、门卫和信使，指控他们收受贿赂和粗暴对待移民。这是一个典型的为保护高层而制造替罪羊的案例。其中一个被解雇的工作人员是 55 岁的黑人信使乔丹·R. 斯图尔特（Jordan R. Stewart），他成了这一事件的悲情脚注。除了受贿，菲奇还指控斯图尔特在工作时多次醉酒。

　　斯图尔特出生在一个奴隶家庭，曾在南北战争中担任美国有色步

---

① *NYT*, June 6, 1900.

② Edward A. Steiner, *On the Trail of the Immigrant* (New York: Fleming H. Revell Company, 1906), 79–80.

兵第 73 团的中尉。①在重建时期，他曾经在路易斯安那州立法机构担任滕萨斯教区（Tensas Parish）的代表。此外，他还当过商人、副警长和新奥尔良海关的守夜人。到了 19 世纪 90 年代，随着南方针对黑人的暴力事件增多，斯图尔特来到了纽约市。毫无疑问，他利用自己在共和党的政治关系，在纽约的移民机构谋得了一个职位。现在他失业了。

当斯图尔特这样的人背黑锅时，麦克斯威尼和他的盟友（包括约翰·莱德希尔格）则躲过一劫，保住了自己的工作。②鲍德利和他利用移民局为麦金利和共和党服务的企图都被挫败了。坎贝尔和罗杰斯的调查刚结束，鲍德利就写信给他的盟友说，只要他能在不受上级干涉的情况下控制移民局，他就可以"在许多可疑的地方为共和党的成功铺平道路，而且在做到这一点的同时不会削弱移民局的作用"。他向麦金利保证，只要允许他自由行事，他就能严格执行移民法，为总统赢得更多劳工的支持，因为鲍德利的移民局将在合同劳工的问题上照顾他们的利益。

鲍德利想帮助美国工人和麦金利，但他认为私敌总是处处设置障

---

① 1900 年 9 月 10 日，托马斯·菲奇给 J. 罗斯·斯图尔特的信，File 51841/119, INS; *NYT*, October 5, 1900; Eric Foner, *Freedom's Lawmakers: A Directory of Black Officeholders during Reconstruction* (New York: Oxford University Press, 1993), 204.《纽约时报》称斯图尔特为"J. 罗斯·斯图尔特"，并声称他曾是佐治亚州的议员。然而，可以确定的是，驳船办公室解雇的人是乔丹·R. 斯图尔特，他来自路易斯安那州。斯图尔特还是 P. B. S. 平彻贝克（P. B. S. Pinchback）的朋友，后者是美国历史上第一位黑人州长，曾担任路易斯安那州州长一个月。19 世纪 90 年代，平彻贝克也生活在纽约市。纽约第 25 选区的共和党有色人领袖乔治·麦肯齐（George McKenzie）与斯图尔特相识已有 40 年，他曾写信给财政部，抗议对他朋友的指控，称他是"叛乱战争中勇敢的战士"。麦肯齐不相信对斯图尔特的指控，因为这些指控来自"一群阴谋者，他们试图损害专员托马斯·菲奇专员的名誉"。1900 年 9 月 19 日，乔治·麦肯齐给 H. A. 泰勒的信，File 51841/119, INS。
② 1900 年 5 月 16 日特伦斯·鲍德利致 A. J. 尤的信，Letterbox 73；特伦斯·鲍德利致威廉·麦金利总统的信，日期不详，Box 156, TVP。

碍。①他认为，原因在于移民局全是民主党人，而财政部则充斥着反劳工者。1900年麦金利竞选连任时，鲍德利坚信麦克斯威尼和他的盟友们在为威廉·詹宁斯·布赖恩（William Jennings Bryan）的胜利而努力。

鲍德利的一些朋友甚至到了近乎偏执的地步。②"剥羊皮"詹姆斯·菲茨哈里斯（James "Skin the Goat" Fitzharris）和约瑟夫·米莱（Joseph Mullet）于1900年5月从爱尔兰的皇后镇来到纽约。他们曾是一个名为"无敌者"（Invincibles）的爱尔兰共和主义组织的成员，该组织于1882年在都柏林凤凰公园对卡文迪许勋爵（Lord Cavendish）和托马斯·亨利·伯克（Thomas Henry Burke）实施了臭名昭著的谋杀。在监狱服刑18年后，这两个人重获自由，并来到了美国。60岁的菲茨哈里斯穿着整洁的蓝色哔叽套装，围着绿色围巾，别针上有爱尔兰英雄罗伯特·埃米特（Robert Emmett）的头像，而年轻的米莱是个驼背，他们很快就被扣留了。他们的案件显然符合1891年禁止罪犯入境的法律，唯一的问题是他们的罪行是否具有政治性质。

鲍德利的盟友A. J. 尤（A. J. You）认为这两个人被扣留完全是麦克斯威尼从中作梗。③他忧心忡忡地对鲍德利说："你可以很容易看到，如果我们扣留并调查这两个人，爱尔兰人民将会发出怎样的警报。你也可以很容易看到麦克斯威尼不顾专员的意见颁布这一命令时的险恶用心。对爱尔兰移民或外国人的扣留很容易就会变成针对我们的问题，尤其是针对你作为移民局负责人的问题。" 120

---

① 1900年6月19日，特伦斯·鲍德利给T. F. 李（T. F. Lee）的信，Box 152, TVP。
② 见File 51841-97, INS。菲茨哈里斯拥有历史上最有名的绰号之一，这个绰号显然源于他杀死自己养在后院的一只山羊并剥了它的皮来卖钱的行为。詹姆斯·乔伊斯无疑是被这个不寻常的绰号所吸引，在他的小说《尤利西斯》中让菲茨哈里斯获得了不朽。
③ 1900年5月24日A. J. 尤致特伦斯·鲍德利的信，Box 137, TVP。

当财政部最终确定这两个人的罪行不是出于政治动机时，"剥山羊"和米莱被遣返爱尔兰，但在此之前，他们在扣留中度过了很不愉快的一个月。米莱给菲奇专员写信抱怨他们受到的待遇，称这一个月的扣留比在英国监狱的 18 年还要糟糕。在英国监狱里，至少爱尔兰人可以同其他囚犯分开，受到的是政治犯的待遇，但是在纽约，他们被迫"与欧洲的渣滓混在一起"。

由于新的公务员制度，麦克斯威尼这位民主党人在共和党政府下保住了自己的职位。他知道，他的公务员职位随时可能被撤除，所以他想方设法讨好纽约的共和党人。

鲍德利做出了可能是最精明的评价，他指出，众所周知，麦克斯威尼一直是"一个老谋深算的人"。[1] 无论如何，麦克斯威尼证明了自己是一个完美的幸存者和政治操纵者。鲍德利本可以从他身上学到一些东西。

1900 年 12 月中旬，也就是埃利斯岛的第一个移民站被大火摧毁的两年半后，新的设施终于完工并开始营业。[2]12 月 17 日，菲奇、麦克斯威尼和全体工作人员迎来了第一批来到埃利斯岛的统舱移民。"德皇威廉二世"（Kaiser Wilhelm II）号带来了 654 名移民，他们是第一天经过埃利斯岛的 2 252 名移民中的第一批。1892 年 1 月那样的盛况和场面没有重现。唯一的庆祝活动是朋友们送给托马斯·菲奇表达好运的马蹄形鲜花。第一个下船的移民是一位名叫卡米娜·迪·西莫娜（Carmina di Simona）的年轻的红发意大利女孩，她笑着从船上走下来，"她太胖了，横向发展几乎超过了纵向发展"。卡米娜没有受到安妮·摩

① 特伦斯·V. 鲍德利致威廉·麦金利的信，日期不详，Series 2, TVP。
② *NYW*, December 18, 1900; *Leslie's Illustrated Weekly Newspaper*, January 5, 1901.

尔那样的待遇，她没有收到 10 美元的金币，也没能登上报纸的头版。
美国人可能对这些新设施感到高兴，但他们似乎不太愿意为新移民而
庆祝了。

官员称，新的大楼一天可以接待 7 000 多名移民。它不是当时公
共建筑流行的学院派、新古典主义白色大理石风格，而是一个钢框架
的红砖结构。四座 100 英尺高、镀铜的球茎形塔楼耸立在每个角落，
隐约呈现出一种拜占庭风格。许多窗户的顶部都有巨大的拱形结构，
上面有老鹰和盾牌的图案。这里有新的办公室、餐饮设施、特别调查
委员会的听证室、淋浴房和一个用于娱乐的屋顶平台。

主楼的中心设施是二楼的登记处。① 这个宽敞的空间长 200 英尺，
宽 100 英尺，天花板高达 56 英尺，由铁栏杆划分成狭窄的通道，移民
会从这里走到持有船上乘客清单的登记员面前。与以前简陋的木头建
筑不同，所有的新建筑都是防火的。甚至像医院和发电厂这样的附属
建筑也呈现出一种冷漠的庄严。

埃利斯岛现在由一系列宏伟壮观的建筑组成，向移民们宣示他们
所移居的国家的伟大。② 检查工作将再次被隔离起来，远离驳船办事室
的喧闹、干扰和那些伺机敲诈新移民的人。《纽约时报》欢呼说："一
群外国人每天围在这里，吵闹不休，或者用各种各样的语言咒骂警卫
和门卫，让人苦不堪言，这些都将成为过去。"

然而，华丽的新建筑并没有提高检查质量，没有减少腐败，没有
抑制对移民的粗暴对待，也没有平息麦克斯威尼和鲍德利阵营之间日
益激烈的内讧。华盛顿创建了埃利斯岛，并由一个移民服务机构来管

---

① Pitkin, Keepers of the Gate, 33; Architectural Record, December 1902.

② *NYT*, December 3, 1900.

理它。然而，那些在这个新生的官僚机构工作的人仍然深陷政治庇护的泥潭，而这种人情任命曾经是较早一个历史时期的典型特征。需要一个更强大的联邦政府来处理现代工业和城市化社会的问题，但也需要一支更专业的雇员队伍来管理这个政府。世纪之交的埃利斯岛就体现了传统政治庇护与政府要监管一个日益复杂的社会的更高要求之间的冲突。

在华盛顿，鲍德利定期收到忠于他的埃利斯岛官员的最新消息。[①]其中一人称麦克斯威尼为"双重人格……他心胸狭隘，热衷于党派之争，心术不正，太可怕了"。鲍德利自己也称他的对手为"麦克猪"。他的朋友们截获了麦克斯威尼写给他在财政部的盟友的信件，这些信件被忠实地复制并寄给了鲍德利。

麦克斯威尼不甘示弱，也招募了鲍德利的秘书来监视鲍德利并报告他的行动。鲍德利发现了这一点，将秘书解雇。鲍德利在埃利斯岛的盟友指控麦克斯威尼骚扰，而麦克斯威尼则在他在财政部的上司面前充当殉道者。他向助理财政部部长泰勒抱怨道："我可以自由地承认，日复一日地和那些想要割你喉咙的人打交道是相当困难的。"

当鲍德利没有陷入与麦克斯威尼的斗争时，他继续思考检查过程的影响。[②]虽然鲍德利是一个著名的限制主义者，但是他的观点受到了政治现实的影响。他给麦金利写信说："通过埃利斯岛的意大利、匈牙利、波兰和东方移民应该得到善待，这些移民最终会成为公民，他们在同胞中的影响将在未来的政治中发挥重要作用。"鲍德利担心，当未来的共和党政客向这些新美国人要选票时，他们会问："当我经过埃利

---

① 1900 年 9 月 20 日给鲍德利的信，TVP。关于被截获的麦克斯威尼的信件，见 Box 125, Series 2, TVP。

② 鲍德利致威廉·麦金利的信，日期不详，Series 2, TVP。

斯岛时，执政党就是这个党吗？"

鲍德利明白，虽然埃利斯岛象征着本土美国人对移民法的警惕，但它也正在成为第一代美国人的象征。对移民进行更严格管理的呼吁必须与对新移民群体的关心相互平衡。

埃利斯岛的新建筑是这个国家决心在新世纪获得更大权力和荣耀的证明。主楼给移民留下的印象是，美国是一片广袤而神奇的土地。联邦政府和美国国家的权力立即给移民留下了不可磨灭的印象。就是这个政府很快就会迫使一些进入埃利斯岛的人或他们的孩子在第一次世界大战中作为士兵返回欧洲。在许多年后，同一个政府将为这些老年移民提供社会保障。就像每个移民在他们生命中这个最重要的时刻都会感受到联邦政府的力量一样，本土美国人在自己的生活中体验到国家的存在也只是时间问题。埃利斯岛的移民只是走在了潮流的前面。

美国政府应该给美国人民提供一个合适的建筑来执行法律，它应该给移民提供一个既欢迎他们又让他们感到敬畏的建筑。然而不幸的是，新的建筑外表无法掩盖内部发生的混乱和腐败。

到了 1901 年夏天，鲍德利的线人、检查员罗曼·多布勒谈到了弥漫在埃利斯岛上的"好战精神"。[①] 为了证明这一点，他讲了一个名叫海伦·泰勒（Helen Taylor）的 26 岁女护士长的故事。她曾与一个名叫奥古斯都·泰斯（Augustus Theiss）的检查官发生过争执，后者是麦克斯威尼的盟友。泰斯允许一个移民入境，但在此前，泰勒小姐已经标记，这个移民的全家人都需要接受专门的检查，包括妻子和两个女儿。愤怒的泰勒"狠狠地扇了矮胖的泰斯一巴掌"。她问他："你的意思是说我在撒谎吗？"

123

---

① 1901 年 8 月 16 日，罗曼·多布勒（Roman Dobler）写给鲍德利的信，TVP。

从华盛顿到纽约，人们的怒火已经达到了沸点。丑闻、口角和鸡毛蒜皮的小冲突比比皆是。像亨利·卡伯特·洛奇这样的美国人担心美国的门户会有危险，想要一扇大门来防范不合适的移民。在 20 世纪初，美国人还在质疑，不仅仅是谁从这些门户进入的问题，还有谁在守卫这些大门的问题。

一个躁动不安的国家——更重要的是，一个躁动不安的新总统——将试图纠正这种不愉快的局面。

第三部分

改革与管控

第七章　大扫除

在我看来，在这里，心理和身体上的劣势反而会成为最大的优势。

——罗曼·多布勒，埃利斯岛检查员，1900 年

　　埃利斯岛有很多乘人之危、趁火打劫的坏人，他们把移民作为敲诈勒索的对象，人们开始把这里视为美国的地狱。

——弗兰克·萨金特，移民总专员，1903 年

　　里昂·乔尔戈什（Leon Czolgosz）——对于土生土长的美国人来说，要想流畅地说出这个名字并非易事。[①]《美国医学会杂志》很有权威地告知其博学的读者，这个在 1901 年 9 月 6 日向威廉·麦金利总统开了两枪的人，"有着一个不可能被误认为是美国人的名字"。

　　更糟糕的是，媒体报道说乔尔戈什是一名无政府主义者。对于许多已经被来自异国的大量移民所困扰的美国人来说，这次刺杀事件强化了外国人、犯罪和激进主义之间的联系。

---

① Eric Rauchway, *Murdering McKinley: The Making of Theodore Roosevelt's America* (New York: Hill and Wang, 2003), 60.

　　但这里有一个问题：里昂·乔尔戈什的确是一名美国公民。他出生在密歇根州，父母是逃离了普鲁士的波兰天主教徒。尽管存在这样的不利事实，麦金利的遇刺依然再次激起了美国人对移民的恐惧。然而，国会对这一悲剧反应迟缓，等了近两年才将无政府主义者列入应该被拒之门外的移民名单。在此期间，国会还将妓女、癫痫患者和职业乞丐添加进了这一名单。

128

　　西奥多·罗斯福对无政府主义者没有好感，称他们为叛国罪犯，"宁愿要混乱也不愿要哪怕是最有益的社会秩序"，认为他们的哲学"像扒窃或殴打妻子一样，根本就不是'社会不满'的表达"。[1] 然而，对罗斯福来说，威廉·麦金利的悲剧却让他实现了自己的抱负，他现在得以入主白宫。在短短三年的时间里，罗斯福实现了从战争英雄到州长，再到副总统和总统的华丽转身。

　　结束麦金利生命的子弹也使 19 世纪的美国走向了终点。[2] 罗斯福似乎在各个方面都与他的前任们不同。他以对待生活中其他一切事物的那种活力和精力来对待总统职位。他有一颗不安而好奇的心。他的演讲充满活力，几乎没有前任们华丽但软弱的辞藻。相反，他说的是行动的语言，敦促美国人过勤奋的生活。他在 1894 年写道："我们美国人有许多严重的问题要解决，有许多威胁着我们的邪恶要对抗，有许多事情要做，如果正如我们希望和相信的那样，我们拥有智慧、力量、勇气和美德去做这些事情。"到了 1901 年，罗斯福发现还有很多事情要做。

　　在过去 10 年左右的时间里，为了在国内外建立一个强大的政府，

---

[1] President Theodore Roosevelt, "First Annual Message to Congress," December 3, 1901.

[2] Theodore Roosevelt, "True Americanism," *Forum*, April 1894.

各种准备都已经到位。①罗斯福想利用这个政府来解决问题和打击邪恶势力。他在自传中写道："我丝毫不关心权力的形式和展示，我真正关心的是权力的实质和用途。"

人们常把罗斯福与取缔垄断和自然资源保护联系在一起，但他对移民问题同样感兴趣。如果说华盛顿是美国之父，林肯是联邦的救星，那么西奥多·罗斯福就是现代美国的哲学家。他认为移民是美国身份问题的核心。

罗斯福对这个问题并不陌生。②早在 1887 年，他在德尔莫尼科餐厅（Delmonico's）的宴会上，就对纽约精英中的精英发表了一场言辞激烈的政治演讲，猛烈抨击格罗弗·克利夫兰州长允许"乞丐和疯子"进入城堡花园。1897 年，时任纽约警察局长的罗斯福对一家当地报纸说他反对限制移民表示震惊，他让这家报纸迅速纠正了这个错误。后来，当克利夫兰总统否决了对移民的识字测试法案时，罗斯福"对克利夫兰以这一行动结束自己的总统生涯感到一种病态的满足，因为他这样做是在给这个国家造成尽可能多的伤害"。

罗斯福担心不受限制的移民所带来的负面影响。③这位出身高贵的年轻人批评那些寻求廉价移民劳动力的商人，称他们"犯了极其可鄙的叛国罪"。他指出，虽然短期内他们可能会从移民中受益，"他们的子孙后代可能要为他们的自私和贪婪付出沉重的代价，因为我们引

129

① Theodore Roosevelt, *An Autobiography* (New York: Scribner's, 1913), 357; Robert Watchorn, *The Autobiography of Robert Watchorn* (Oklahoma City, OK: Robert Watchorn Charities, 1959), 145.
② Edmund Morris, *The Rise of Theodore Roosevelt* (New York: Ballantine Books, 1979), 376; 西奥多·罗斯福于 1897 年 1 月 27 日和 1897 年 3 月 19 日分别写给亨利·卡伯特·洛奇的信，见 Henry Cabot Lodge and Charles F. Redmond, eds., *Selections from the Correspondence of Theodore Roosevelt and Henry Cabot Lodge, 1884-1918*, vol. 1 (New York: Da Capo Press, 1971)。
③ Theodore Roosevelt, "The Immigration Problem," *Harvard Monthly*, December 1888.

进的那些野蛮人的后代会成长为这片土地上的一股力量，他们摆脱了旧世界的束缚，却没有学到在新世界自我约束和自治的能力"。为了保护工人的工资和美国自治政府的未来，罗斯福希望立法允许"真正优秀的移民"进入，并淘汰"非常不健康的因素"。

罗斯福从未忘记移民与民族性格之间的联系。[1]他提出了"真正的美国精神"的定义，从而给美国身份下了一个虽然有些模糊但令人振奋的定义，并为美国例外论辩护。罗斯福治下的美国在接收欧洲移民的同时，也需要将他们美国化。罗斯福写道："我们欢迎可以成为美国人的德国人或爱尔兰人。我们不需要继续我行我素的德国人或爱尔兰人……我们只要美国人，只要他们是美国人，我们就不在乎他们的出身是本国人、爱尔兰人还是德国人。"罗斯福指出，"涌入我们海岸的移民大潮带来了许多好人和坏人"，因此国家需要更加严格地管理移民。

罗斯福是个十分罕见的人：他出身高贵，拥有信托基金，通晓历史和文学，但好奇心驱使他亲自去体验社会。罗斯福从他的朋友雅各布·里斯（Jacob Riis）那里得到了教育，后者带着他穿越了曼哈顿下城拥挤的贫民窟。里斯的著作《另一半人怎样生活》（*How the Other Half Lives*）就讲述了这些贫民窟的状况。为了深入了解情况，时任纽约警察局长的罗斯福于1896年搭乘渡轮前往埃利斯岛，亲眼见证了移民被筛选的过程。以他特有的热情，他在那些旧设施周围认真走访，仔细地观察检查员和被检查的人。

130

一位名叫罗伯特·沃乔恩（Robert Watchorn）的年轻检查员记住了罗斯福的来访，而罗斯福也记住了沃乔恩，并在10年后任命他为埃利斯岛的专员。[2]根据沃乔恩的回忆，他在一个特别调查委员会上见到了罗

---

① Roosevelt, "True Americanism."

② Watchorn, *Autobiography*, 145–147.

斯福，接受调查的是一个"强壮的年轻瑞典偷渡者"。这位未来的总统全神贯注地关注着整个过程，"他可能感到很遗憾，自己无力立即决定这件事"。这个偷渡者虽然是非法进入美国的，他没有钱，没有家人在美国，也没有地方可以去，但对罗斯福来说，他是正确的移民类型。罗斯福对委员会允许偷渡者留下的决定表示赞赏，他告诉沃乔恩："我喜欢那个年轻人的长相，我们国家需要大量这样优良的、有活力的、健康的新鲜血液。"

威廉·麦金利似乎对移民问题不感兴趣。[①] 在他的第一次总统竞选中，他支持对移民进行文化水平测试，并谈到了防止廉价劳动力输入的必要性。竞选结束后，麦金利对移民问题只字不提，也不关心埃利斯岛和驳船办公室发生的事情，任由那里的麻烦变得越来越糟糕。在四年多的任期内，麦金利认为在移民问题上保持沉默是最好的政策。

罗斯福则完全不同，至少看起来是这样。麦金利的背景和立场都是实实在在的美国中产阶级，罗斯福是美国城市上流社会的一员，他是一位从哈佛大学毕业的纽约人，还是一位政治家和学者，已经拥有多卷历史著作。麦金利是最后一位参加过内战的总统，而42岁的罗斯福则是美国最年轻的总统。

在历史记忆中，罗斯福是一个大言不惭、直言不讳的改革家，但现实情况要复杂得多。这位一心想着海外扩张的野蛮骑士也以其低调的外交著称。与饱受诟病的继任者威廉·霍华德·塔夫脱（William Howard Taft）相比，他的反垄断记录相形见绌。从他对1902年矿工罢工的处理，到他对肉类检验法案的指导，再到他与共和党保守派的关

① Hans Vought, *The Bully Pulpit and the Melting Pot: American Presidents and the Immigrant, 1897-1933* (Macon, GA: Mercer University Press, 2004), 22-23; Daniel J. Tichenor, *Dividing Lines: The Politics of Immigration Control in America* (Princeton, NJ: Princeton University Press, 2002), 73-75.

系，与其说罗斯福是一个锐意进取的改革者，不如说他是一个灵活的
调和主义者。这一点在他对移民问题的处理上表现得最为明显。在某
些方面，罗斯福和麦金利并没有太大的不同。

上任还不到一个月，罗斯福就开始忙于国事。不出所料，这位新
总统插手了许多事情。他有很多事情要考虑——任命、法案、政治。

罗斯福特别关注的一个领域是移民局。通过在纽约的朋友，他
已经了解了埃利斯岛的情况。就职三周后，他向密友尼古拉斯·默
里·巴特勒（Nicholas Murray Butler）透露，他"比其他任何人都更渴
望把这个地方管理好"。

随着新老板上台，人们很快就开始思考自己在新秩序下的命运。
对麦金利总统的智囊、共和党建制派领袖马克·汉纳（Mark Hanna）
来说，罗斯福升任总统并不是什么好消息。据说他曾经以不太乐观的
语气说过："那个该死的牛仔成了美国的总统。"其他共和党人也不确
定如何看待罗斯福这个出了名难以捉摸的人。

从事移民相关工作的人也有类似的想法。对鲍德利来说，麦金利
之死是一个巨大的打击。麦金利是他最大的支持者，而且越来越成为
他唯一的支持者，成为他近乎英雄般崇拜的对象。而他与罗斯福之间
却没有这种关系。虽然罗斯福曾称赞过鲍德利所写的一篇反移民文章，
但那几乎是 15 年前的事了。鲍德利担心罗斯福还记得他在 1886 年曾
经支持过亨利·乔治（Henry George），当时乔治和罗斯福都参加了纽
约市市长的竞选，但最终两人都未能成功。

虽然要给新老板留下好印象，但鲍德利没有表现出任何做出调整
的迹象。① 就在罗斯福入主白宫之际，鲍德利还试图驱逐 16 名从特兰

---

① 鲍德利 1901 年 10 月 4 日写给托马斯·菲奇的信，1901 年 10 月 9 日代理部长 O. L.
斯波尔丁（O. L. Spaulding）写给托马斯·菲奇的信，Box 123, TVP。

西瓦尼亚前往俄亥俄州哈伯德的移民。他们被控违反了劳动合同法，在埃利斯岛被扣留了两周，但鲍德利的财政部上司找不到进一步扣留他们的理由，于是不顾鲍德利的强烈反对将他们释放。毫无疑问，鲍德利的担忧再次得到证实，那就是他的老板对保护美国工人免受廉价移民劳工的侵害毫无兴趣。另一方面，这也证实了财政部官员的看法，即鲍德利顽固得令人难以忍受，他不善于团队合作。

　　爱德华·麦克斯威尼则有更多理由对这位新总统感到乐观。[①]虽然麦克斯威尼是一名民主党人，但他在 1897 年曾经通过支持赛斯·洛的改革法案而竞选纽约市政府的公职，这帮助他获得了一些纽约知名人士的好感，而这些人恰好是罗斯福的好友。他的新朋友包括即将上任的哥伦比亚大学校长尼古拉斯·默里·巴特勒和改革家雅各布·里斯。当纽约州共和党参议员托马斯·普拉特试图让麦金利撤除麦克斯威尼的职务时，他的新朋友们给华盛顿写了一封信赞扬麦克斯威尼。签名者之一就是西奥多·罗斯福。尽管罗斯福从未见过麦克斯威尼，但在巴特勒的推荐下，罗斯福在这封信上签了名。

　　对普雷斯科特·霍尔来说，罗斯福升任总统一定像是天赐良机。虽然新总统是纽约人，但他与波士顿的名门望族有着密切的联系。罗斯福毕业于哈佛大学，是亨利·卡伯特·洛奇的密友。总统的第一任妻子爱丽丝也来自波士顿的豪门。

　　乍一看，罗斯福在移民问题上的观点似乎与霍尔和其他限制主义者相一致。[②]新总统已经公开谴责不受限制的移民，并严厉批评大企业在促进移民方面发挥的作用。在 1892 年的霍乱恐慌期间，罗斯福告

132

①　1902 年 3 月 26 日爱德华·麦斯威尼写给西奥多·罗斯福的信，Series 1, TR。
②　Tichenor, *Dividing Lines*, 122; Barbara Miller Solomon, *Ancestors and Immigrants: A Changing New England Tradition* (New York: Wiley, 1956), 196; Vought, *Bully Pulpit*, 33.

诉洛奇，他希望这场危机会导致"对大多数移民的永久隔离"。由于背景、圈子和性格，罗斯福对新移民持有明显的怀疑态度。

然而，移民捍卫者也有理由保持乐观。[1] 罗斯福担任纽约警察局长时，曾指派一群犹太警察保护一名在城里发表演讲的反犹太德国传教士。他对移民监管的呼吁总是伴随着对无知主义的强烈谴责和对体面对待移民的呼吁。罗斯福本人是荷兰人、英国人、法国人、威尔士人、德国人和苏格兰人的混血儿，他对美国有一种乐观的态度，而他的许多朋友却不这么认为。罗斯福曾写信给以忧郁著称的出身上流社会的历史学家弗朗西斯·帕克曼（Francis Parkman）说："我坚信，在我们这片土地的尽头，未来会以某种方式让事情变得正确。"

不管他的真实想法是什么，罗斯福首先必须清理移民管理部门的烂摊子。[2] 上任一个月后，他会见了鲍德利。虽然鲍德利愿意辞职，但总统表示，他无意将他撤职。会见结束后，罗斯福给巴特勒写信说："我们的人一致认为鲍德利是个好人。"对鲍德利来说，更好的消息是，罗斯福告诉他："我见过的每一个对埃利斯岛有所了解的好人都认为麦克斯威尼是腐败的。"

鲍德利满怀信心地离开了，他相信自己会被留任，也许他会战胜他在埃利斯岛和财政部的敌人。[3] 虽然在接下来的几个月里，有传言说鲍德利可能会丢掉工作，这位劳工老将仍然紧紧抓住总统本人对他的保证，就像溺水之人紧紧抓住救生圈一样。他后来回忆说："根据我对

[1] Roosevelt, *An Autobiography*, 186–187; Tichenor, *Dividing Lines*, 33. 关于罗斯福的家庭背景，见 Morris, *Rise of Theodore Roosevelt*, 36–37。

[2] Elting E. Morison, ed., *The Letters of Theodore Roosevelt*, vol. 3 (Cambridge, MA: Harvard University Press, 1951), 170–171.

[3] 1904 年 10 月 25 日鲍德利写给约翰·帕森斯（John Parsons）的信，Box 139, TVP。

罗斯福先生的了解，这个简单的声明就相当于其他人的誓言。"

不管罗斯福对鲍德利有什么样的情感，他对埃利斯岛名义上的一把手托马斯·菲奇都毫无同情。尼古拉斯·默里·巴特勒称菲奇为"意志薄弱的老人"，罗斯福则认为他"十分无能"。虽然罗斯福本人并不认识菲奇，但他肯定知道他这类人。他的整个政治生涯都在与纽约的共和党机器作斗争，而菲奇就是其中一员。虽然菲奇个人没有腐败，但他是一个随波逐流的人，浪费了赋予他的权力。

几个月过去了，一切如旧。直到 1902 年 4 月，也就是罗斯福就职七个多月后，菲奇、麦克斯威尼和鲍德利仍然各居其位。为什么罗斯福会拖延呢？第一，与他气势汹汹的形象相反，罗斯福是一个深思熟虑的政治家。第二，罗斯福找不到人来管理埃利斯岛。他把标准定得有点高，在写给巴特勒的信中，他说："至于菲奇的继任者，我只想找到全国最好的人选。"

还有第三个原因。虽然罗斯福本人向鲍德利做出了保证，而且最初对麦克斯威尼的印象也很不好，但对于移民局这场旷日持久的争斗中究竟孰是孰非，他仍然犹豫不决。他对这两人的看法可能每周都在改变，而这取决于他上一次与谁交谈。

134

虽然有人指控说埃利斯岛上到处都是滥用职权和腐败的现象，麦克斯威尼仍因其管理能力而受到高度评价，甚至连他的敌人也不得不承认这一点。① 就连鲍德利本人也认为没有人"像麦克斯威尼先生那样，对纽约港的移民管理有如此透彻的了解"。为了更好地应对意大利

---

① 特伦斯·鲍德利致威廉·麦金利总统的信，日期不详，TVP；"Reports of the Industrial Commission on Immigration," vol. 15, 1901, 72, 170; 尼古拉斯·巴特勒（Nicholas Butler）在 1901 年 10 月 12 日写给西奥多·罗斯福的信，NMB。

移民的浪潮，麦克斯威尼努力学习意大利语。在移民问题上，他已成为全国首屈一指的权威，他撰写文章，并在学术界发表演讲。巴特勒告诉罗斯福，麦克斯威尼是"整个移民署最有能力的人"。

被称为"神奇的尼古拉斯"的巴特勒是麦克斯威尼最强有力的辩护者之一。[1]他和罗斯福之间的关系非常亲密（虽然他们后来发生了激烈的争吵），并鼓励罗斯福调查鲍德利，让麦克斯威尼继续留任。他给罗斯福写信说："我不相信关于麦克斯威尼的谣言，我相信由你发起的调查会证实这种看法。"此外，他还在 1898 年给罗斯福寄去了一封鲍德利写的信，在这封信中，鲍德利请求麦克斯威尼帮助他竞选康涅狄格州州长。他对罗斯福说："这大概是我们通常遇到的政治道德的最低分了。"总统似乎对这封信很反感，因为它玷污了鲍德利在他心目中的形象。

雅各布·里斯称鲍德利是"一个应该被切除的肉瘤"，并称赞麦克斯威尼"廉洁而正直"。[2]甚至亨利·卡伯特·洛奇也支持麦克斯威尼。波士顿的上流共和党人和爱尔兰天主教民主党人的联盟是一个奇怪的组合，但是马萨诸塞州的共和党人担心，解雇麦克斯威尼可能会伤害该州爱尔兰选民中的共和党人。罗斯福向洛奇埋怨说："麦克斯威尼不遗余力地动员了各种各样的影响，包括政治上的，慈善上的，宗教上的，尤其是天主教的。"

罗斯福在写给朋友的信中说，他在埃利斯岛真正想要的是一个他可以信任的人，"而不是那种在听了所有的证据之后，我都怀疑是否应该对他产生怀疑的人"。[3]罗斯福一直听到的说法是，这个检查点的管

---

[1]　尼古拉斯·默里·巴特勒在 1901 年 10 月 7 日写给西奥多·罗斯福的信，NMB。

[2]　雅各布·里斯 1902 年 3 月 17 日写给罗斯福的信，Series 1, TR。

[3]　Morison, ed., *Letters*, vol. 3, 221, 250.

理很有问题，这"要么是因为麦克斯威尼十分无能，要么就是他在这些问题上比其他任何人都负有更大的责任"。虽然朋友们对麦克斯威尼褒奖有加，罗斯福还是越来越倾向后一种说法。

最终，在 1902 年的春天，罗斯福做出了唯一合理的决定：他要来一场大换血。[1] 他把菲奇和麦克斯威尼叫到华盛顿，告知他们将被替换。菲奇请求罗斯福重新考虑一下，建议他派一个委员会去埃利斯岛，这样他们就可以看到这些指控是没有根据的。总统的态度很坚决，他想要来一场大扫除。

虽然罗斯福早些时候曾向鲍德利做出承诺，但他也认为这位老劳工领袖将不得不离开华盛顿的职位。愤愤不平的鲍德利在写给他忠诚盟友罗伯特·沃乔恩的信中说："一切都结束了，我只好离开。"鲍德利确信，他写信请求麦克斯威尼在康涅狄格的政治竞选中帮助自己，这是他被撤职的主要原因。

鲍德利求见总统。[2] 被解雇已经让他倍感羞辱，而更让他难堪的是，"在公众面前，竟然被和麦克斯威尼这样的骗子相提并论"。罗斯福告诉他，他要将所有把移民局的问题带入公众视野的人全部开除。另一位共和党人、火车司机兄弟会的前领导人弗兰克·萨金特将取代鲍德利。

这些年来，鲍德利树敌众多，害得他一败涂地。[3] 其中一位是大主教迈克尔·科里根，他曾亲自向总统抗议过鲍德利的行为。天主教会一直担心劳工骑士团是一个秘密组织，有自己的仪式和誓言，可能

---

[1]　*NYT*, March 24, 1902.

[2]　1902 年 3 月 22 日特伦斯·鲍德利写给罗伯特·沃乔恩的信，Letterbook 79, Box 153, TVP。

[3]　Powderly, 381–382.

与天主教教义相冲突。虽然鲍德利是天主教徒，但这些担忧导致了他与宾夕法尼亚州当地主教的多次争吵，以及与教会的疏远。

麦克斯威尼利用了他这位爱尔兰天主教同胞的困难。他经常去做礼拜，年轻时曾是马尔伯勒天主教学园辩论社的社长。他很快与财政部的法务官莫里斯·奥康奈尔（Maurice O'Connell）结盟，后者在麦克斯威尼去纽约的时候，特意拜访了他。两人都是哥伦布骑士团的成员，奥康奈尔对麦克斯威尼很有帮助，帮他压住了坎贝尔和罗杰斯的报告，并挫败了鲍德利阻止合同劳工进入美国的企图。

此外，麦克斯威尼还找到了一个更重要的盟友，那就是科里根大主教。早在城堡花园时代，天主教会就对纽约的移民待遇问题很感兴趣。麦克斯威尼向大主教汇报了天主教移民进入埃利斯岛的最新情况。其中一个问题是新教传教士的存在，他们试图让毫无戒心的移民改变信仰。例如，美国福音传单协会在埃利斯岛向意大利天主教徒散发意大利语的小册子，还向犹太移民散题为"拿撒勒的耶稣是真正的弥赛亚"的意第绪语小册子。面向意大利移民的新教传教活动在格林威治村和小意大利随处可见。对大主教来说，让麦克斯威尼监视这些新教传教士非常有益。

所有这些幕后的勾心斗角现在都结束了，罗斯福需要找到一个人来承担埃利斯岛的职责。经过长时间的寻找，他终于物色到了一个符合他严格标准的人。威廉·威廉姆斯（William Williams）是一名39岁的华尔街律师，一个有改革倾向的忠诚的共和党人。他毕业于耶鲁大学，曾在美西战争期间担任军队的军需官。他加入了一些"正确的"俱乐部，包括这位单身律师所在的大学俱乐部。

作为康涅狄格州新伦敦市一位商人的儿子，威廉姆斯来自一个与早期美国历史密切相关的家庭。① 在母亲这一边，他是著名传教士乔纳森·爱德华兹（Jonathan Edwards）的曾曾曾孙。在父亲这一边，他的祖上是罗伯特·威廉姆斯（Robert Williams），一个曾经帮助建立马萨诸塞州迪尔菲尔德（Deerfield）的清教徒定居者。此外，他还是来自康涅狄格州的《独立宣言》签署人威廉·威廉姆斯的直系后裔。当这位威廉·威廉姆斯不情愿地来到埃利斯岛时，英国殖民者的历史沉重地压在他的肩上。

威廉姆斯和罗斯福之前没有见过面，但威廉姆斯得到了强有力的推荐。为了打动罗斯福，他的一位朋友诉诸这位总统关于男子气概和公共服务的观念，他是这样称赞威廉姆斯的："无论是论诚实，还是论为国效力的意愿，都很少有人能够比得上他……虽然要付出巨大的个人牺牲，但是他将把这一职务当作一项最庄严的使命来接受。"最合罗斯福心意的就是这样的人：出身富贵，但愿意为公共利益而做出牺牲，既有良好的教养，也有过为公共服务的经历。

在菲奇、麦克斯威尼和鲍德利被告知他们遭解雇后，威廉姆斯收到了罗斯福发来的一封电报，邀请他到白宫共进午餐。威廉姆斯吃了一惊。他不仅不认识总统，而且也没有积极谋求任何政治职位。作为一个深居简出、有独立收入的人，他喜欢自己的法律工作，除此之外没有什么野心，但是罗斯福会说服他的。

午饭时，他让威廉姆斯坐在他的右边，喋喋不休地讲了半个小

137

---

① 在 1704 年的迪尔菲尔德印第安人突袭中，罗伯特·威廉姆斯的孙子约翰被印第安人绑架，并被关押了两年。约翰·威廉姆斯关于他的经历的书启发了詹姆斯·费尼莫尔·库珀的《最后的莫希干人》。罗伯特·威廉姆斯的其他直系后裔包括路易莎·梅·奥尔科特（Louisa May Alcott）、飞机的发明者莱特兄弟、威廉姆斯学院的创始人伊弗雷姆·威廉姆斯（Ephraim Williams）、乔治·B. 麦克莱伦（George B. McClellan）将军和伊莱·惠特尼（Eli Whitney）。

时。① 这是典型的罗斯福风格，但他并没能完全说服威廉姆斯。总统希望他立即接受任命，但威廉姆斯想回纽约好好考虑一下。当威廉姆斯问罗斯福为什么他应该接受这份工作时，罗斯福回答说，这是"我能提供的最有趣的一份工作"。移民受到了不当的待遇，需要采取一些措施来解决这一问题。回到纽约后，威廉姆斯仔细研读了移民法，最终接受了总统的任命。4月底，他将到埃利斯岛的新办公室走马上任。

罗斯福已经选好了麦克斯威尼的继任者。约瑟夫·默里（Joseph Murray）被称为"罗斯福的伯乐"。这一说法的真实性和说哥伦布发现了美洲一样。这位老一辈政客所做的唯一一件事，就是为已经深深烙在罗斯福灵魂深处的雄心壮志提供了一点推动力。默里在很小的时候就从爱尔兰来到美国，在内战期间曾在联邦军中担任鼓手。1881年，他提名23岁的罗斯福进入纽约议会。

虽然他们出身不同，罗斯福始终对出身低微的默里颇有好感。② 现在是总统做出回报的时候了。这并不是说默里没有得到足够的补偿。一位历史学家指出，默里"在挑选赢家方面的好运，让他得以担任一些超出其能力范围的职务"，其中包括一系列政治上投桃报李式的工作，比如19世纪80年代在城堡花园经营食品柜台。

罗斯福对默里一直心存感激，在他的自传中称赞他"像我所见过的任何人一样无畏和忠诚，在任何需要勇气、正直和诚信的职位上，他都是值得信赖的人"。③ 罗斯福指出，他与这位爱尔兰天主教政治家

① 1902年3月27日，爱德华·范因根（Edward Van Ingen）写给西奥多·罗斯福的信，Series 1, Reel 25, TR。

② John Morton Blum, *The Republican Roosevelt* (Cambridge, MA: Harvard University Press, 1954), 12–13.

③ Roosevelt, 57–63.

的友谊帮助他加深了对其他种族和宗教团体的了解。两人唯一的分歧是公务员制度改革，罗斯福是这项改革的支持者，而默里肯定不是。此时，罗斯福对默里的忠诚将迫使他违背他所坚定拥护的公务员制度。　138

　　罗斯福不仅不顾公务员制度的保护，赶走了麦克斯威尼，还绕过公务员制度的规定，把默里推上了这个位置。罗斯福担心默里之前在充满政治交换的城堡花园的经历可能会带来问题。在任命默里之前，罗斯福问他是否曾被调查过。总统得到了令他满意的答复，于是就将提名推进了下去。

　　威廉·威廉姆斯很快就发现，虽然罗斯福有正直无私的人设，但他在玩弄投桃报李的政治游戏方面，表现得几乎和两人都鄙视的坦慕尼协会（Tammany Hall）的那些政客们一样出色。威廉姆斯上任后不久，罗斯福就派了一个叫马库斯·布劳恩（Marcus Braun）的人去见他，说要在埃利斯岛上谋取差事。布劳恩是纽约一个由匈牙利人组成的小型共和党政治俱乐部的领导人。虽然生于匈牙利，但他是一个典型的美国人，一个少数族裔政治企业家。他利用自己的种族优势，通过向政客兜售真实或想象的少数族裔的宝贵选票而为自己和几个朋友谋取差事。即使是像布劳恩这样的边缘人物也能将选票转化为权力和威望。

　　威廉姆斯告诉罗斯福，他可以雇佣布劳恩的一名手下做工人，报酬是每天两美元，但根据公务员制度，他无法任命布劳恩的另一名手下做一份年薪为 1 800 美元的工作。[①] 如果这个人没能通过公务员考试，威廉姆斯可以为他安排一份薪水较低的工作。布劳恩提出自己想要一份埃利斯岛检查员的工作，而威廉姆斯认为布劳恩不具备从事这

————————

① 1902 年 8 月 8 日威廉·威廉姆斯写给西奥多·罗斯福的信，Series 1, TR。

份工作的资格。尽管如此，布劳恩还是被任命为埃利斯岛的一名特别检查员，罗斯福后来会为此而后悔。

　　默里和布劳恩的例子表明，罗斯福并没有因为其改革者的形象而放弃投桃报李的政治游戏。[①] 违反法律并不会让他感到不安。几年后，律师詹姆斯·谢菲尔德（James Sheffield）写信给威廉姆斯，信中这样说：

　　　　像罗斯福这样的人的非凡之处在于，他最终会得出一个结论：他所做的任何事情都是正确的，因为是他做的。他可以为了一个完全不称职的人而打破公务员制度，因为他的动机是为朋友帮忙，所以没有人可以因此而批评他……奇怪的是，这个国家仍然相信罗斯福是正直的，虽然有充分的证据表明，他经常利用他所谴责的人和做法。

139

　　特伦斯·鲍德利也发现了这一点，他注意到，虽然从 5 月 1 日起，麦克斯威尼就被解雇了，但他获得了额外的 30 天带薪假，在此期间默里开始工作。由于两个人不能拿同一份工作的薪水，于是鲍德利被命令任命默里为移民检查员，为期 30 天，每天工资 10 美元。任期还剩几周的跛脚鸭鲍德利拒绝服从罗斯福的命令，以此表达他对罗斯福的不满。虽然如此，鲍德利在财政部的上司还是推进了这个临时任命。

　　默里取代了麦克斯威尼，但并没有被强制参加法律所要求的公务员考试。[②] 公务员制度委员会无疑受到了总统的影响，认为埃利斯岛

---

① 1915 年 4 月 29 日詹姆斯·谢菲尔德写给威廉·威廉姆斯的信，Williams Papers, WW-NYPL。
② 1902 年 3 月 22 日特伦斯·鲍德利写给罗伯特·沃乔恩的信，Letterbook 79, Box 153, TVP。

的混乱赋予这一任命更大的自由裁量权。默里一上任，就立即受到了针对普通公务员的保护。愤怒的鲍德利清楚地看到了这种情况的讽刺意味，在写给罗伯特·沃乔恩的信中，他说："看看这是怎么样的双标呀！因为我写的那样一封信而将我解雇，然后为了给朋友腾出位置，他自己却随意违反公务员法。"在这个问题上，默里关于公务员制度改革的观点赢得了胜利，但罗斯福的道德灵活性很快就会与他指定的新任移民专员的改革思想发生冲突。

罗斯福希望威廉·威廉姆斯能够重振埃利斯岛，结束对移民的虐待，结束这里的腐败现象，并严格执行法律。他不用担心来自华盛顿的干预。在移民问题上，取代了鲍德利的移民总专员弗兰克·萨金特与他观点一致。虽然是上下级关系，但是这位前工会成员非常尊重这位前华尔街律师。威廉·威廉姆斯立刻马不停蹄地投入工作。

1902 年是自 1881 年以来移民人数最多的一年。在威廉姆斯上任的第一周，就有超过 25 000 名移民来到这里。岛上可容纳 1 300 人的卧室被挤得水泄不通。

140

威廉姆斯确保什么都逃不过他的眼睛。[1] 在他上任两个月后撰写的第一份年度报告中，威廉姆斯谈到了他在埃利斯岛发现的执法松懈和腐败行为。检查过程有很大程度的随意性。威廉姆斯指责检查员对移民的"扣留"不是基于实际的检查，而是基于船上乘客名单上的信息。威廉姆斯写道："事实上，大多数重点关注的人都身强力壮、身家丰厚，这并非没有好处。"他其实是在含蓄地暗示这是一种敲诈勒索。

由于对埃利斯岛员工的懒散、腐败和缺乏专业精神感到愤怒，威廉姆斯继续淘汰那些给这个地方带来坏名声的员工。9 月底，他解雇

---

[1]　"Annual Report of the Commissioner-General of Immigration," 1902, 56.

了被指控的连环猥亵犯约翰·莱德希尔格。到年底，坎贝尔和罗杰斯报告中提到的每一个人都被解雇。

　　其他人也感受到了威廉姆斯的愤怒。[①]叙利亚语翻译埃米尔·沙姆查姆（Emile Schamcham）因试图与一名移民女孩约会而被解雇。当这个女孩在埃利斯岛等一个朋友来见她时，沙姆查姆塞给她一张纸条，上面写着他公寓的地址。威廉姆斯的另一个目标是一位名叫詹姆斯·弗雷泽（James Fraser）的职员，他因酗酒而连续四天擅离职守——显然这已经不是第一次了。他告诉威廉姆斯，他在内战期间染上了一种疾病，迫使他使用酒精作为兴奋剂。对于新的领导班子来说，这样的借口是不能容忍的。弗雷泽被解雇了。装病逃差也不再被容忍，并且再也不能在公务员制度或政治赞助人的保护下寻求庇护。参议员普拉特要求埃利斯岛的这位新老板将塞缪尔·萨姆森（Samuel Samsom）从门卫提升为检查员，威廉姆斯直率地回复："无论是从性格还是从能力来看，萨姆森都不适合承担一个比现在高出很多的职务。"

　　对移民的虐待也不再被容忍。[②]走马上任六周后，威廉姆斯在埃利斯岛的主楼上张贴了以下通知：

　　　　移民必须得到友好和体贴的对待。任何违反本通知条款的政府职员都将被解雇。其他任何这样做的人都将被立即要求离开埃利斯岛。我们诚挚地要求，任何违反本条例的行为，无论是在埃利斯岛，还是在移民离开驳船办公室之前，对移民任何形式的不当待遇，都应当立即提请专员注意。

---

① 1902 年 5 月 26 日威廉·威廉姆斯写给参议员托马斯·普拉特的信，WW–NYPL。
② 1903 年 5 月 26 日威廉·威廉姆斯写给斯帕克林（N. J. Sparkling）的信；1903 年 11 月 3 日，威廉姆斯写给埃利斯岛门卫约翰·贝尔的信，WW–NYPL。

威廉姆斯非常认真地执行他的指令。他在给一名员工的信中写道:"今天下午,我听到你对两名移民说话时态度粗暴,很不友善,我对此非常不满。下不为例。"威廉姆斯将一名名叫约翰·贝尔(John Bell)的门卫停薪停职两周,因为他对一名移民使用了"粗俗和侮辱性的语言"。

威廉姆斯会关注移民问题的每一个方面。他一直密切关注着轮船公司,担心他们在欧洲港口的移民检查过程中做得不够好。在走马上任的第五天,他给法国的轮船公司写了一封信,抱怨虽然该公司的乘客名单上说每一个移民的身体状况都很好,但埃利斯岛的医生却发现其中一些人患有各种疾病,比如疝气、失明和畸形足。一个移民只有一条腿,一个移民一条腿比另一条短,还有一个移民是驼背。威廉姆斯对轮船公司处以罚款,因为他们没有对移民进行适当的检查。在1902年5月到1903年5月之间,威廉姆斯从轮船公司收取了6 560美元的罚款。

接下来,威廉姆斯将矛头对准了埃利斯岛的传教士,他认为他们是伪装的掮客,引诱不知情的移民住进自己的公寓,并趁机欺诈他们。他禁止了一名德国路德派牧师,一名管理斯堪的纳维亚移民之家(Home for Scandinavian Emigrants)的人,以及奥匈协会(Austro-Hungarian Society)的一些成员,理由是他们欺骗移民,并经营不卫生、不安全的公寓。

为了保护移民免受骗子之害,威廉姆斯在埃利斯岛设置了一些特许经营窗口,提供货币兑换、行李转运和食品服务。[①]纽约的共和党领

---

① 1902年4月3日赫伯特·帕森斯写给威廉·威廉姆斯的信,WW-NYPL; "Annual Report of the Commissioner-General of Immigration," 1902, 56。

袖赫伯特·帕森斯（Herbert Parsons）就食品特许权问题向威廉姆斯发
出了警告。虽然合同是以施瓦布公司（Schwab & Co.）的名义签订的，
但实际上是由查尔斯·赫斯经营的，他是当地一位共和党领袖，与普
拉特集团有关联。根据帕森斯的说法，赫斯是"这个城市最无耻的恶
棍之一"。麦克斯威尼曾庇护赫斯，但这一情况将会改变。威廉姆斯
说："我亲眼目睹了这样一个事实：移民们经常没有刀、叉或勺子用来
吃饭，我看到他们用手指从汤碗里捞煮熟的牛肉。"

142

　　新的标书被发出，提供食品、行李转运和货币兑换服务的特许权
合同被重新签订。[①]虽然埃利斯岛的开放和移民法规的联邦化本应消除
城堡花园曾经存在的那种腐败，但这些特许权的现状表明，情况几乎
没有改变。负责经营行李转运服务的人从城堡花园时期就开始享有这
种特许经营权，而货币兑换服务特许经营权的持有者是城堡花园时期
负责这项业务的人的侄子。新合同签订后，威廉姆斯洋洋得意地写信
给罗斯福说："在过去，这里的经营活动主要是为餐馆特权持有者的利
益服务，部分是为一些轮船公司的利益服务，他们违反了我们的法规
而不受惩罚，现在这里的经营活动是为政府的利益服务。"

　　威廉姆斯甚至着手进行了埃利斯岛的景观设计。[②]《纽约时报》指
出，在威廉姆斯之前，"岛上没有一株花草，也没有一株灌木"，但到
了1903年夏天，这座岛已经变成了一个"井井有条、异常漂亮的公
园"。从主楼的前门到移民下驳船的码头，一个带有玻璃屋顶的新钢制
顶棚被竖立起来，为接受检查的移民遮风挡雨。

　　还有爱德华·麦克斯威尼的案子。虽然麦克斯威尼被罗斯福解雇

---

① 1902年6月24日威廉·威廉姆斯写给西奥多·罗斯福的信，WW-NYPL。
② *NYT*, July 12, 1903.

了，但围绕着他仍然有争议。4月底的时候，威廉姆斯和麦克斯威尼在埃里斯岛的时间有三天重叠，这段时间足以让精明的麦克斯威尼以100美元的高价把他的图书馆卖给威廉姆斯。威廉姆斯上任后，不仅埃利斯岛的整个服务一团糟——从检查人员的质量到食物的质量，再到建筑的清洁度——而且记录和文件也乱七八糟。

　　麦克斯威尼问威廉姆斯，他是否可以在埃利斯岛暂时存放五个大箱子，以后他会把这些箱子运到波士顿，他要搬到那里去。他告诉威廉姆斯，这些箱子里装的是个人文件和材料。有人告诉威廉姆斯，麦克斯威尼把官方文件放在了这些箱子里，他把这件事报告给了他的上级，他们随后派了一名特工到纽约。

　　特工打开箱子，发现里面有数千份文件——确切地说是4 292份——与埃利斯岛的官方工作有关，其中包括信件、特别报告和特别调查委员会的记录。8月，麦克斯威尼写信给威廉姆斯，让他将这些箱子寄到波士顿，却被告知这些箱子已被财政部部长下令扣留。威廉姆斯从大箱子里取出两小箱个人物品，邮寄到了波士顿。

　　除了这五个大箱子外，威廉姆斯还被告知，麦克斯威尼用公款订购了一个雪松木大箱子。①特勤局的一名特工设法在曼哈顿的一个仓库找到了这个箱子，但无法打开它。政府官员通过麦克斯威尼的律师要求他打开箱子。经过几天的拖延，政府官员被允许打开箱子，发现里面除了床上用品什么也没有，显然箱子已经被动了手脚。这个箱子里到底装着什么？这将永远是一个谜。但威廉姆斯确保在埃利斯岛发现的箱子里的材料已被记录在案。

　　据威廉姆斯说，当麦克斯威尼发现这些箱子被打开时，他痛苦万

143

---

① 1902年9月17日，威廉·威廉姆斯写给西奥多·罗斯福的信，Series 1, TR。

分。其中一个原因是，这些箱子里出现了关于两个十几岁女孩的奇怪指控。埃洛伊姐妹曾被发现向其他等待检查的移民展示一张"肮脏淫秽的照片"。然后女孩们被带到麦克斯威尼面前，他允许她们入境了。麦克斯威尼后来告诉调查人员，这张照片神秘地消失了。然而，所有与本案有关的材料，包括照片，都被麦克斯威尼小心地归档在了一个标有"埃洛伊女孩"的小文件夹里。

这一切似乎都没有放慢不知疲倦的麦克斯威尼的脚步。当特伦斯·鲍德利在华盛顿的家中生闷气时，麦克斯威尼却回到了马萨诸塞州的家中，为民主党州长候选人威廉·A. 加斯顿（William A. Gaston）助选。加斯顿曾是罗斯福在哈佛的同学，他以个人身份向总统保证，如果有机会，麦克斯威尼可以解释这些文件。

罗斯福随后命令纽约的联邦检察官亨利·伯内特（Henry Burnett）去讯问麦克斯威尼。[①] 在将近两天的讯问中，麦克斯威尼表示，他从来没有打算拿走这些文件，而是想把它们收藏起来，以帮助威廉姆斯，他希望威廉姆斯会找他征求意见。威廉姆斯称麦克斯威尼的说法"令人不解且自相矛盾"。他毫不怀疑麦克斯威尼的不诚实，他写信对罗斯福说，如果他对麦克斯威尼的看法是错误的，那么"我就太缺乏智慧了，这个职务我不适合再担任哪怕一天"。

144   直到 1903 年夏天，总统和伯内特才同意以窃取政府文件的罪名起诉麦克斯威尼。麦克斯威尼的律师声称，这些指控微不足道，他从未打算带走政府文件，这些箱子从未离开埃利斯岛。他的律师辩称，如果这些东西对麦克斯威尼如此重要，他当时为什么没有立即把它们带走呢？

———————————

① 1903 年 2 月 4 日威廉·威廉姆斯写给西奥多·罗斯福的信，Series 1, TR。

由于选举失利，威廉·A.加斯顿在1903年再次竞选马萨诸塞州州长，而麦克斯威尼再次主持竞选活动。[①]加斯顿坚定地为麦克斯威尼辩护，声称这项指控是"技术性的"，而这些文件"根本就不重要"。

随着罗斯福对加斯顿的竞选活动和对麦克斯威尼的起诉产生兴趣，这个案子有了政治色彩，他称后者是"走狗"和"被起诉的恶棍"。[②]他向共和党副州长候选人建议，应该利用加斯顿雇用麦克斯威尼的事在竞选中攻击他。

这个案子一直悬而未决，直到一位名叫约翰·斯蒂尔（John Steele）的前埃利斯岛工作人员为麦克斯威尼作证。[③]他说这位以前的老板命令他把其个人文件整理好。在此过程中，他清空了麦克斯威尼桌子上的所有抽屉，把私人文件和官方文件混到了一起，然后把箱子钉上。他声称麦克斯威尼当时不在场。托马斯·菲奇也为他的前助理作证，声称在从驳船办公室搬回埃利斯岛的过程中，部门的档案系统出现了混乱。

虽然麦克斯威尼试图拿走那些会使他颜面扫地的政府文件，但斯蒂尔的证词，加上这些文件从未离开过该岛的事实，削弱了政府的证据。[④]正如威廉姆斯所指出的那样，麦克斯威尼是否有罪的问题取决于是否存在保存这些文件的真正动机。《波士顿先驱报》是麦克斯威尼的坚定捍卫者，认为这是"彻头彻尾的轻率……指控一个人有盗窃文件的犯罪意图，而这些文件是他自愿留在原告手中的"。此外，也不能因为那个只

① *BG*, June 27, 1903.

② 1903年10月3日西奥多·罗斯福写给伊莱休·鲁特（Elihu Root）的信；1903年10月20日西奥多·罗斯福写给小柯蒂斯·吉尔特（Curtis Guild, Junior）的信，Morison, ed., *Letters*, vol. 610−611, 633−634。

③ *NYT*, December 10, 1903.

④ 1903年2月4日威廉·威廉姆斯写给西奥多·罗斯福的信，Series 1, TR; *BG*, June 15, 1904; *BH*, July 11, September 18, 1903。

装有床上用品的神秘雪松木箱而对麦克斯威尼发起起诉。1904 年 6 月，也就是麦克斯威尼卸任两年多后，对他的所有指控才终于被撤销。

与其说麦克斯威尼是一个真正的恶棍，不如说他是一个典型的 19 世纪末政客。他喜欢走捷径，违反规则，讨好有权有势的人，与真实的或想象中的敌人作战，而且常常把个人利益置于公共服务之上。

然而，他又是一个非常复杂的人。值得赞扬的是，他没有让这次起诉玷污自己的职业生涯。回到波士顿后，麦克斯威尼重新确立了自己作为杰出公民的地位。除了主持加斯顿两次失败的州长竞选外，麦克斯威尼还担任了《波士顿旅行者》的编辑，在那里他领导了一场抗击肺结核的运动。他曾经为工人赔偿法案而战，还是马萨诸塞州工业事故委员会（Massachusetts Industrial Accident Board）的成员。后来他被任命为波士顿港的负责人。他还继续就移民问题进行写作和演讲，为埃利斯岛实施的联邦法规以及移民带来的好处进行辩护。

当麦克斯威尼在马萨诸塞州重塑自己时，威廉·威廉姆斯牢牢控制了埃利斯岛，清除了麦克斯威尼的盟友，整顿了这个曾经是政治庇护重灾区的地方。[1] 根据一位罗斯福传记作家的说法，在此时的埃利斯岛，"一个政治避风港被打扫干净，焕然一新，任人唯贤，一切都井然有序"。

威廉姆斯的一举一动似乎都证明了鲍德利的清白。对于这位被解职的官员来说，这并不是什么安慰。此时他正在华盛顿佩特沃斯区的家中，打理着自己的菜园和玫瑰园，街对面就是老兵之家翠绿的草坪。

在被解雇后不久，鲍德利就成为火车司机兄弟会年度大会上的一名发言人。这个工会是他的继任者弗兰克·萨金特之前所领导的。[2] 当

---

[1] Francis E. Leupp, *The Man Roosevelt* (New York: Appleton, 1904), 136.

[2] Watchorn, *Autobiography*, 92.

天出席的还有西奥多·罗斯福，他被任命为这个工会的终身成员。对于鲍德利来说，这次活动一定很难堪。他在演讲中说："对一个工会来说，把总统的名字列入其名册是一种极大的荣誉，但我担心他不会把火车开好，至少我不喜欢他把我开了的方式。"[1]

对鲍德利来说，那是一段艰难的时期。[2]在给朋友罗伯特·沃乔恩的信中，鲍德利说自己"感到非常忧郁和孤独，而且还遭受了假霍乱或类似疾病的侵袭"。几天后，他告诉另一个朋友说，他"一生中从未感到如此羞辱，我竭尽所能让这个职位变得体面和有尊严，但还是被解雇了"。

悲剧继续笼罩着鲍德利的生活，他变得更加抑郁。[3]除了被解雇之外，1901年10月，他又沉浸在妻子去世的悲痛之中。1903年5月，他的弟弟约瑟夫也突然去世。罗伯特·沃乔恩曾拜访过鲍德利，想让他振作起来，但他担心自己离开时，他的朋友会"重新陷入他病态和忧郁的情绪中"。鲍德利的肖像曾经被挂在美国工薪家庭的家里，但现在他感觉自己被抛弃和遗忘了。

但罗斯福并没有忘记鲍德利。[4]1903年春天，在解雇他不到一年之后，总统把他召进了白宫。罗斯福承认解雇鲍德利是错误的，想让他在政府的其他部门任职。因为当时正打算起诉麦克斯威尼，罗斯福试图让鲍德利在司法部谋到一份职务。总统向司法部部长菲兰德·蔡

146

---

① 在英语中，单词"fire"既有"点火"的意思，还有"解雇"的意思。——译者注
② 1902年7月4日特伦斯·鲍德利写给罗伯特·沃乔恩的信，Letterbook 79, Box 153；1902年7月7日特伦斯·鲍德利写给李（T. L. Lee）的信，Letterbook 80, Box 153, TVP。
③ 1903年5月18日罗伯特·沃乔恩写给乔治·卡伦（George R. Cullen）的信，TVP。
④ 1903年9月5日罗伯特·沃乔恩写给特伦斯·鲍德利的信，Box 128, TVP；1903年8月1日西奥多·罗斯福写给菲兰德·蔡斯·诺克斯的信，Morison, ed., *Letters*, vol. 3, 538—539。

斯·诺克斯（Philander Chase Knox）解释说，他对移民事件调查得越多，"就越认为鲍德利的观点基本上是正确的"。罗斯福提到，鲍德利1898 年的那封信是一个错误，但是他已经在卸任期间"充分弥补"了这一错误。罗斯福对一位朋友说："我的良心不赞成在鲍德利案中采取的行动，我越调查这件事，就越相信他受到了冤枉，我被误导了。"

司法部的工作毫无进展，鲍德利的情绪更加低落。[①] 当麦克斯威尼在波士顿继续他的生活时，鲍德利却依然无法摆脱被解雇的尴尬。他开始深深地憎恨罗斯福。在 1904 年的选举中，虽然鲍德利觉得"没有理由崇拜他"，甚至有很好的理由讨厌他，但还是投了他一票。鲍德利仍然希望选举结束后，他记录上的污点将被清除，这样他就可以重返政府部门。

他还得再等两年，这一刻才会到来。

里昂·乔尔戈什的谋杀行为把一个人送上了总统的宝座，但也间接地把另一个人送到了埃利斯岛的地下室监狱。

1903 年 10 月 23 日，也就是无政府主义者被禁止入境 7 个月后，埃利斯岛的检查员、特勤局的特工和纽约市的警察突袭了曼哈顿的默里山学园（Murray Hill Lyceum）。[②] 他们带来了对约翰·特纳（John Turner）的逮捕令，理由是他信奉无政府主义。特纳是一名英国公民，几天前抵达美国。他应无政府主义者艾玛·戈德曼（Emma Goldman）的邀请，做了一系列讲座。现在他被送到一艘等着把他送到埃利斯岛的小船上。到了那里，他将被囚禁在主楼地下室三个钢筋牢房中的一个。

戈德曼称特纳的新家为"恶臭的地牢"，却怎么也没有料到 16 年

---

① 1904 年 10 月 25 日特伦斯·鲍德利写给约翰·帕森斯的信，TVP。
② *NYT*, October 24, 1903; March 14, 1904.

后她本人也将成为埃利斯岛上的囚犯。[1] 报纸称特纳为"哲学无政府主义者"，除了两名警卫外，整个地下室只有他一个人。在公开场合，戈德曼指责特纳遭遇的处境，但是私下里，她提到特纳在埃利斯岛时体重增加了 20 磅，"不急不躁，气定神闲，只有英国人才能做到这样"。尽管如此，特纳的处境还是为像戈德曼这样的无政府主义者提供了有用的素材，被用来对抗他们眼中的反动政府和权威。

特纳在埃利斯岛监狱中写道，他被关押并受到驱逐的威胁，因为"法律对意见和信仰强加了一定的标准"。[2] 此时，在欧洲各大港口，轮船公司都在询问每一位打算去美国的旅客是否为无政府主义者。如果回答"是"，他们就会被拒绝。特纳对威廉·威廉姆斯赞赏有加，称他"热情、务实，总是彬彬有礼"，但是他无法理解负责审查他的特别调查委员会的"奇怪程序"。

克拉伦斯·达罗（Clarence Darrow）很快接手了特纳的案子，诗人埃德加·李·马斯特斯（Edgar Lee Masters）也加入其中。在案件被提交到最高法院的过程中，在埃利斯岛被扣留了四个半月的特纳在 1904 年 3 月被保释出狱。他继续他的巡回演讲，大肆宣扬大罢工的好处，指出大罢工可以使资本主义制度停止运行，给被压迫者带来自由。

1904 年 5 月，最高法院裁定将特纳驱逐出境。也许是意识到他的法律诉讼注定要失败，特纳在当局做出这一裁决前两周主动离开了这个国家。

尽管从严格意义上讲，特纳并不是被驱逐出境的，但他是第一个因政治信仰而可能被驱逐出境的外国人。通过支持扣留特纳并将其最

148

---

[1]　Candace Falk, ed., *Emma Goldman: A Documentary History of the American Years*, vol. 2: *Making Speech Free, 1902–1909* (Berkeley: University of California Press, 2005), 121–123.

[2]　John Turner, "The Protest of an Anarchist," *Independent*, December 24, 1903.

终驱逐出境，最高法院再次确认了埃利斯岛现行行政法规的独特地位。达罗曾诉诸宪法第一修正案为他的当事人辩护，但最高法院的法官一致宣布，他们无法理解移民法是如何违反宪法第一修正案的。

特纳的言论自由当然被剥夺了，但这仅仅是移民法将他排除在外的结果。[①] 根据最高法院的裁决："诉诸宪法就是承认这是一个受宪法管辖的国家。根据宪法，排除权已经确定存在，被排除在外的人不能主张只有这个国家的公民才能获得的一般权利。"换句话说，由于约翰·特纳不是美国公民，所以宪法对个人自由的保护不适用于他。这就好像他根本就没有进入美国一样。正如多年后艾玛·戈德曼所发现的那样，特纳案的先例将继续在埃利斯岛引起反响。

特纳的案子还有一个与众不同之处，那就是他不是移民。特纳来美国只是为了演讲，然后就打算回到英国工作。埃利斯岛不再只是管理移民，而是管理任何前往美国的外国人，即使是短期访问。即使是普通游客也会被扣留在埃利斯岛，等候当局决定他是否属于要被排除在外的类别。

当特纳的案子被提交到最高法院时，被点名的被告是威廉·威廉姆斯。这两人在法律史上永远联系在了一起。这位埃利斯岛的专员不仅满足于收拾埃利斯岛的烂摊子。他的真正目标是更严格地执行移民法，阻止像约翰·特纳这样不受欢迎的人进入美国。这一目标比确保检查人员礼貌地与移民交谈更具争议性。

---

① *U.S. Ex Rel. Turner v. Williams*, U.S. 279 (1904). 关于特纳案的更多信息，见 Daniel Kanstroom, *Deportation Nation: Outsiders in American History* (Cambridge, MA: Harvard University Press, 2007), 136–138 and David Cole, *Enemy Aliens: Double Standards and Constitutional Freedoms in the War on Terrorism* (New York: New Press, 2003), 108–109.

第八章 反击

事实上，一个改革家不可能在政治上持久。他可能会风光一时，但总是会像火箭一样坠落……他不是在艰难的政治环境中长大的，所以他每次都把事情搞得一团糟。

——乔治·华盛顿·普朗基特，1905 年

乔治·华盛顿·普朗基特（George Washington Plunkitt）就住在威廉·威廉姆斯位于上流社会大学俱乐部的学生宿舍的西面和南面，分别有三个长街区和三个短街区的距离。但那六个街区是一个和任何海洋一样宽的鸿沟。威廉姆斯主政埃利斯岛时，普朗基特担任纽约州参议员，是坦慕尼协会选区政客的典型代表。对于像普朗基特这样的工薪阶层爱尔兰天主教徒来说，从政是为了赚钱，而不是为公众利益服务。

像威廉姆斯这样的改革者对坦慕尼协会的政客们并不尊重，这种感觉是相互的。对普朗基特来说，像威廉姆斯这样的人只是业余的涉猎者，他们对民主的混乱没有真正的了解，对普通公民也不屑一顾。他们把理想和道德置于现实之上。正如普朗基特所说的那样，威廉姆斯会在一段时间内风生水起，但很快就会像火箭一样坠落。

西奥多·罗斯福也是一位改革者——至少他自诩如此。他既狂热

又灵活，这两者的结合使他在公共生活中受益匪浅。这种风格可能连普朗基特都能欣赏。

150　　而威廉·威廉姆斯则只有狂热，一点也不灵活。威廉姆斯就像那个时代男人所青睐的白色高领一样刻板，他坚信自己在所有事情上都绝对正确，一点也不喜欢那些可能与他意见不同的人。他为收拾埃利斯岛的烂摊子做了大量的工作，这使他的态度更加顽固。

　　威廉姆斯首先迅速整顿了纽约的移民服务，然后着手处理他认为自己工作中更为重要的内容，那就是要严格执行移民法。

　　在埃利斯岛的一年任期证实了威廉姆斯对美国新移民的差评。他上任第一年所看到的是"一股特别不受欢迎的移民潮"。作为回应，威廉姆斯加大了对移民的排斥，特别是密切关注那些他认为是穷人或可能成为公共负担的人。

　　对威廉姆斯的任命让移民限制联盟的成员们欢欣鼓舞。[1]自埃利斯岛开放以来，这是第一次有一位真正的限制主义者和新英格兰的贵族守卫着大门。威廉姆斯与移民限制联盟的成员保持联系，告诉普雷斯科特·霍尔他想要更严格地限制移民。与此同时，他将在法律允许的范围内努力阻止不受欢迎的移民进入美国。

　　以12岁的拉法埃莱·波卓里（Raffaele Borcelli）为例，他患有严重的头皮疾病毛囊癣。[2]当律师试图为这个小男孩辩护时，威廉姆斯直截了当地告诉他们，美国不希望"患病的人出现在这个国家，我希望他们不要来"。

---

[1]　1902年12月27日威廉·威廉姆斯写给普雷斯科特·霍尔的信，File 999, IRL。

[2]　1902年6月10日，威廉·威廉姆斯写给博洛尼亚西哈特菲尔德公司（Bolognesi, Hartfield & Co.）的信，WW-NYPL。

威廉姆斯认为，现行的法律还远远不够。[1]他告诉罗斯福总统，"面对真正的困境"需要的是新的立法。在没有新立法的情况下，威廉姆斯将尽自己的一份力量来保护美国文明。1902 年 11 月，他为埃利斯岛的检查员提供了解释法律的指导。他对自己的下属说："任何检查员如果放行一个可能'毫无疑问'无权入境的外国人，那就违反了他的就职誓言。移民法的目的是排除不受欢迎的外国人，而不是邀请外国人来这里。他们应该承担起证明自己有资格入境的责任。"他打算将广泛而模糊的移民排斥分类加以强化。

151

我们可以比较一下威廉姆斯 1902 年的这条指令和麦克斯威尼三年前对同一移民法的解释。[2]麦克斯威尼曾经对移民问题工业委员会（Industrial Commission on Immigration）说："我曾见过这样的情况：一名移民本来属于法律规定应该排除在外的那一类，但检查员仍然认为他是理想的移民。"威廉姆斯认为他被任命就是为了结束这种执法不严的状态。他有充分的理由相信任命他的总统也认为应该加强执法。

在第一次向国会发表的年度报告中，罗斯福用了两大段的篇幅来描述移民问题，称现行制度令人不满。[3]他接着呼吁将无政府主义者列入被排除的类别，提议出台某种文化水平或读写能力测试。同样重要的是，罗斯福认为，所有"谋生能力低于一定的标准，无法进入我们工业领域与美国劳动力竞争"的移民都应该被排除在外。移民必须证明他们可以在美国谋生，必须有足够的钱在这里开始新生活。

---

[1]　"United States Immigration Laws with Annotations for Guidance of Immigrant Inspectors at the Ellis Island Station," November 1902, TVP;1902 年 11 月 25 日，威廉·威廉姆斯写给西奥多·罗斯福的信，WW-NYPL。

[2]　Reports of the Industrial Commission on Immigration, 1901 (New York: Arno Press, 1970, reprint), 81.

[3]　1901 年 12 月 3 日西奥多·罗斯福总统对国会的第一次年度讲话。

因此，当威廉姆斯收到罗斯福的两封信，告诉他总统在纽约的德裔美国人和犹太人朋友已经向白宫抗议移民在埃利斯岛所遭受的待遇时，他一定感到很惊讶。他们称特别调查委员会为专横暴虐的"星室法庭"，他们抱怨移民在亲属得知他们登陆的消息之前就被遣返了，还说在听证会上移民不再被允许有律师。

罗斯福警告威廉姆斯，他需要避免表现得武断而严酷。[①] 虽然总统衷心赞成排斥那些"可能会使我们的人民身体或道德堕落"的移民，但这样的行为需要有同情心。罗斯福明白，把一个移民遣送回国，"相当于对他施加了严重的惩罚，这种惩罚只比死刑好一点"。罗斯福问威廉姆斯，他是否可以让德国、犹太和意大利移民团体的成员参加听证会。

这是一种温和的指责，但终究是一种指责。透过这封信，我们可以看到罗斯福对移民问题的矛盾看法。好移民是受欢迎的，坏移民就不要申请了。然而，最重要的是，对移民的筛选必须极其谨慎，不能考虑种族、宗教或民族的因素。

威廉姆斯一开始的回应是一种不同寻常的顺从。[②] 他回信说："您的指示我都仔细记下来了。我将在任何时候都认真努力，严格而公正地执行移民法，避免不必要的摩擦。我想我可以让任何一个理性的人满意，我从来没有表现出任何排外的情绪。"他告诉总统，按照他的命令，他已经邀请了一些移民团体的代表到埃利斯岛共进午餐。

随后，威廉姆斯以一种更符合其本色的风格，给罗斯福写了另一

152

---

① 1903 年 1 月 21 日西奥多·罗斯福写给威廉·威廉姆斯的信，Series 2, TR；1903 年 1 月 23 日西奥多·罗斯福写给威廉·威廉姆斯的信，Elting E. Morison, ed., *The Letters of Theodore Roosevelt*, vol. 3 (Cambridge, MA: Harvard University Press, 1951), 411–412。
② 威廉·威廉姆斯 1903 年 1 月 24 日写给西奥多·罗斯福的信，Series 1, TR。

封回信。① 他愤怒地说："任何声称移民是经由地下审判式专断的方法来判断的人士，一定是对事实一无所知。"虽然承认有必要在不发生"摩擦"的情况下执行移民法，但他愤愤不平地补充说："当然，在适当的情况下揭发小偷、开除贪腐分子或揭露轮船公司代理人的欺诈行为，我不认为这些是不够慎重的表现。"

几天后，威廉姆斯又给罗斯福写了一封信，这次更加理直气壮。② 在向罗斯福保证他正在与慈善团体、移民援助协会和社会福利机构进行协商的同时，他告诉罗斯福他在这些谈话中的发现。他写道："与我交谈的每一个通晓事理的人（无论是从事慈善工作的还是从事商业活动的）都认为，有太多低素质的外国人正在进入这个国家。"他并不反对移民这件事，也不反对那些诚心诚意的移民，即使他们智力一般。他反对的是少数不受欢迎的移民。

从背景和性情上看，威廉姆斯更像是新英格兰人，而不是纽约人。出生于康涅狄格州的他和移民限制联盟有许多同样的担忧。相比之下，罗斯福会受到他与纽约市少数族裔的关系和友谊的影响。对罗斯福来说，这是他身上贵族派和多元派之间一场持续不断的斗争，前者对有些新移民感到沮丧，后者认为在评判一个人时，最重要的是品格，而不是教育、种族或宗教。

像威廉·威廉姆斯这样的人很受罗斯福身上贵族派的一面的欢迎。③ 对于威廉姆斯和罗斯福来说，移民监管不仅仅是为了保护盎格鲁-撒克逊文化，还是为了公共利益而限制大企业的自私利益。威廉姆斯认为，在移民问题上，美国"面临的问题远比国家短期的物质发 153

① 威廉·威廉姆斯 1903 年 1 月 29 日写给西奥多·罗斯福的信，WW-NYPL。
② 威廉·威廉姆斯 1903 年 2 月 8 日写给西奥多·罗斯福的信，Series 1, TR。
③ *NYT*, May 24, 1903.

展重要得多"。正如进步主义者认为不受限制的自由放任主义破坏了社会结构一样，威廉姆斯认为美国人不能"仅仅为了金钱利益而牺牲我们的民族理想和民族性格"。

对许多进步人士来说，批评资本主义的过度行为不仅意味着批评商人的自私贪婪和垄断企业的不公平竞争，也意味着要控制推动美国工业化的移民潮。进步意味着支持一个强大的政府来控制私人利益，对罗斯福、威廉姆斯和其他许多人来说，也意味着"民族理想和民族性格"的存在。

威廉姆斯在他 1903 年年度报告的结尾写道："对于任何一个国家来说，如果过快地接收太多的外国人，肯定会牺牲民族性格，因为这些外国人属于他们各自国家的贫困阶层。"[1] 尽管这些文字是以威廉姆斯的名义发表的，毫无疑问也反映了他的观点，但实际上却出自西奥多·罗斯福之手，是他在对原文进行个人编辑时加上去的。

也许正是出于这个原因，罗斯福温和的指责并没有吓倒威廉姆斯。威廉姆斯可以自豪地指出，"欧洲最糟糕的社会渣滓"被挡在了美国之外，但还需要做更多的工作。在威廉姆斯看来，许多严格意义上不属于移民法排除类别的人仍然不受欢迎。

在威廉姆斯任职的第一年，超过 85.7 万移民来到这里，其中约 60% 是意大利人、犹太人和斯拉夫人。[2] 这些新移民绝大多数是男性（89% 的克罗地亚移民和 81% 的意大利移民），绝大多数是不熟练工人（96% 的鲁塞尼亚移民和 89% 的立陶宛移民），年龄大多在 14 岁到 45 岁之间。这些人中有三分之一到一半是文盲，平均每人身上只有九美

---

① 罗斯福编辑过的威廉姆斯 1903 年年度报告，WW–NYPL。
② Kate Holladay Claghorn, "Immigration in Its Relation to Pauperism," *Annals of the American Academy of Political and Social Science*, July 1904.

元。他们大多是年轻、无技能、不识字的男性，没有钱，但有必要的肌肉，可以到这个国家的各种工厂和发电站做工，还可以去建造地铁和摩天大楼。这些新移民算不上是乞丐，但绝对不是专业人士，他们纯粹是原始劳动力。　　　154

　　在 1906 年出版的一本书中，自己就是移民的爱德华·斯坦纳充满同情地描述了这些移民，而未来的美国人将从这些群体中诞生。[1] 他说："确实有很多罪犯来了，尤其是从意大利。波兰和俄国的犹太人有许多瘦弱、发育不良的人，但他们只占少数，就像麦田里的稗子。大多数移民是健康的，他们是粗鄙的普通农民，但不是社会的渣滓，而是社会的基础。"

　　并不是每一个人都这样认为。[2] 诗人华莱士·欧文（Wallace Irwin）在纽约的一份报纸上发表了一首名为《埃利斯岛的问题》（*Ellis Island's Problems*）的诗，表达了他对潮水般涌来的移民的看法：

> 看那黑压压一大片，
> 走下油乎乎的跳板。
> 浑身上下破衣烂衫，
> 钱包里没有一分钱。
>
> 乞丐、残疾和罪犯。
> 瘸子、瞎子和傻蛋。

---

[1]　Edward A. Steiner, *On the Trail of the Immigrant* (New York: Fleming H. Revell Company, 1906), 75.

[2]　Wallace Irwin, "Ellis Island's Problems," *New York Globe and Commercial Advertiser*, June 14, 1904.

山姆大叔的舞台大，

他们一个个秀一遍。

犯罪、疾病和悲惨，

世界各国都很常见。

这里就是一垃圾场，

统统倾倒在美利坚。

威廉·威廉姆斯也会赞同这种观点。[①] 在 1903 年的年度报告中，威廉姆斯大胆地估计，那一年至少有 20 万移民"对这个国家没有任何好处"。他说，如果他们都待在各自的国家，没有人会"想念他们"，当然除了那些指望从他们身上赚钱的轮船公司。这些移民大多数是来自意大利、奥地利和俄罗斯的"一些最不受欢迎的人口"。

这是一种冷酷但并非不寻常的观点，威廉姆斯对此觉得理直气壮。[②] 他指出，在美国试图解决快速工业化和城市化带来的社会和经济问题时，允许这么多移民入境"完全是愚蠢的"。此外，他还宣称美国移民法的核心是维护主权权利，"外国人在这里没有任何与生俱来的权利"。根据人民的意愿，国会有权决定谁可以进入美国，谁不能进入美国。威廉姆斯是一名国家官员，忠实地执行人民的意愿，通过国会将其转化为法律，并由移民局负责执行。在这样的制度安排之下，容不得情感用事。

虽然移民没有来到美国的合法权利，但一旦他们进入了这个国

---

① "Annual Report of the Commissioner-General of Immigration," 1903, 70.

② "Annual Report of the Commissioner-General of Immigration," 1904, 106.

家，成为公民并扎下根来，他们也就加入了移民辩论。移民团体会表达他们的担忧，尤其是犹太人和德国移民团体的领导人，这并不令人意外。正如罗斯福所说，这些人品德高尚，是当地社会的领袖，致力于改善社会。他们是合适的移民。但是对于像利奥波德·多伊奇伯格（Leopold Deutschberger）这样的人，罗斯福可能不会如此认为。

多伊奇伯格是《纽约州报》的一名记者，负责对埃利斯岛的报道。《纽约州报》是纽约的一家德语报纸，也是这里最有影响力的德语报纸之一。在威廉姆斯在埃利斯岛的整个任期内，这位德裔美国记者发表了大量关于所谓虐待移民的煽动性文章，这些文章的标题如"男人的哭泣""国家的耻辱""无限制的专制""对移民的野蛮对待"和"没有怜悯"。

对威廉姆斯的支持者来说，这样的批评是他取得成功的证明。[①]在波士顿密切关注事态发展的普雷斯科特·霍尔向威廉姆斯表示祝贺，指出这是"《纽约州报》在向你致敬……我还从来没有见过这家报纸对其他任何东西如此大肆批判，这种批判本身就是最高的赞美"。在霍尔看来，如果这家报纸在批评威廉姆斯，那么他肯定做了正确的事情。

德国人是纽约市最大的移民族裔群体，也是中西部地区不容小觑的政治力量。然而，德国移民的人数近年来大幅下降。在威廉姆斯主政埃里斯岛的前两年，只有大约 9.3 万德国移民通过埃利斯岛抵达，不到所有移民的 6%。其中只有 696 人被排除在外，约占 0.7%。

虽然威廉姆斯的矛头主要指向南欧和东欧移民，但最被他激怒的却是德国媒体和德裔美国人群体。当威廉姆斯禁止一名德国传教士进入埃利斯岛时，一名来自华盛顿特区的妇女写信给他，让他"三思而

[①] 1902 年 12 月 24 日普雷斯科特·霍尔给威廉·威廉姆斯的信，WW–NYPL。

行，否则会惹麻烦"。她警告说，如果他不重新考虑自己的行为，将会受到数百万德裔美国人的谴责。带着近乎傲慢的自信，威廉姆斯回答道："我要向你保证，对于任何因为我做了正确的事情而可能给我带来的不利评价和影响，我是丝毫不会在意的。"

就连犹太社区的一个重要喉舌《美国希伯来人》也为威廉姆斯辩护，指出这种煽动"没有坚实的依据，其背后似乎并不是要为移民争取公正的无私动机"。[①]该报称赞威廉姆斯在埃利斯岛创造了一种良好的氛围，在这里，移民得到了善待，不再"像行李一样被拖来拖去"。编辑们鼓励犹太人不要抱怨，"为了自己的尊严，拒绝要求特殊待遇"。

虽然得到了一些人的支持，威廉姆斯与德国人群体的问题仍在继续。[②]1903年9月初，多伊奇伯格又发表了一篇关于埃利斯岛的文章，题为"人间地狱"。其中一项指控是"岛上的人真的被那些害人虫给吞噬了"。

威廉姆斯似乎对这些批评漠不关心，但是当他的工作安排也疯狂增加，一切开始对他产生不良影响。[③]1903年，威廉姆斯除了五天以外，每天都在办公，包括周日和节假日。移民总专员弗兰克·萨金特在威廉姆斯任职一年后写信给他，说："很长一段时间以来，我一直觉得你工作过度了，你早晚会承受不住的，这只是个时间问题。"就在《人间地狱》这篇文章发表后不久，罗伯特·沃乔恩就听说威廉姆斯已

---

① 引自威廉姆斯的备忘录，"对1902年12月至1903年10月在《纽约州报》上发表的某些文章的评论"，日期不详，WW-NYPL; *AH*, January 30, 1903。

② "Hell on Earth," *New Yorker Staats-Zeitung*, September 4, 1903. 纽约公共图书馆的威廉·威廉姆斯文档中有一份翻译本。威廉姆斯的德语很流利，这些文章不是他自己翻译的，就是他请人翻译的。

③ 弗兰克·萨金特在1903年4月14日写给威廉·威廉姆斯的信，WW-NYPL；1903年9月5日罗伯特·沃乔恩写给特伦斯·鲍德利的信，Box 128, TVP。

经在埃利斯岛"时日无多"。

　　对罗斯福来说，到了该访问埃利斯岛的时候了，这是在任总统首次访问埃利斯岛。这次访问定于 9 月 15 日星期三进行。按照安排，罗斯福会离开他在长岛牡蛎湾萨加莫尔山的家，和他的团队乘坐总统游艇"希尔芙"号（Sylph）到达埃利斯岛，正好在这里午餐。除了他的妻子和儿子克米特，罗斯福还带了一些特殊的客人，包括他的朋友雅各布·里斯和欧文·威斯特（Owen Wister），以及当地的政客、记者和学者。为了招待他们，埃利斯岛的餐饮部门在平时平淡无奇的炖梅干基础上又添加了牡蛎和香槟馅饼。

　　罗斯福此行开局不顺。① 游艇早上 10 点前离开牡蛎湾。在狂风暴雨中，它从长岛北岸向西南方向进入东河，向曼哈顿驶去。当游艇在布朗克斯海岸附近的斯凯勒堡附近行驶时，风力达到了接近飓风的强度。由于风浪太大，罗斯福夫人和克米特被送到甲板下。在臭名昭著的被称为地狱之门的逆流水域，也就是名为东河的潮汐海峡与曼哈顿上东区附近的长岛海峡交汇处，总统一行看到了一艘被风浪掀翻的拖船。游艇驾驶员建议取消行程，他们在布鲁克林海军造船厂登岸，等待风暴结束。

　　天气最终好转，罗斯福一行人回到船上，继续他们的旅程。直到下午两点多，总统一行才抵达埃利斯岛，一艘小型拖船将游艇上的乘客转移到埃利斯岛的泊位。总统站在拖船上，身穿雨衣，头戴软边帽，向在雨中等着欢迎姗姗来迟的总统一行的几位官员挥手致意，其中包括威廉·威廉姆斯。经过四个多小时的波折，罗斯福一行终于到达埃

---

① 以下讲述来自 1903 年 9 月 17 日《纽约时报》和 1903 年 9 月 17 日《波士顿环球报》对罗斯福访问的报道。

157

利斯岛。

　　匆匆吃过午饭后，罗斯福开始旋风式地参观这些设施。[1]罗斯福
到达时，岛上有 2 000 多名移民，他直接来到了接受检查的队伍这里。
他不满足于仅仅袖手旁观，还和检查人员一起讯问移民，其中包括一
个名叫伊尔德拉·安德拉斯（Ildra Andras）的 15 岁斯拉夫孤儿。问了
几个问题之后，总统热情地拍了拍安德拉斯的背，这意味着他可以去
明尼苏达州和他的叔叔团圆了。罗斯福看到一位年轻的德国妇女，她
名叫阿黛尔·沃尔特（Adele Walte），用柳条篮子提着熟睡中的婴儿，
他递给雅各布·里斯一张五美元的钞票，让他转交给她。里斯告诉大
158 吃一惊的阿黛尔说："这是美国总统送给孩子的。"

　　没有什么可以逃过总统好奇的眼睛。[2]罗斯福对移民所做的眼科
检查感到沮丧，抱怨医生的手很脏，在检查时不清洁他们的仪器。这
项旨在发现沙眼病例的眼科检查是埃利斯岛最臭名昭著的检查。当时
只针对那些表现出疾病症状的人，但到了 1905 年，每一个经过埃利斯
岛的移民都要接受这种检查。医生通常会用一个扣钩，翻起移民的眼
睑，以寻找沙眼的迹象。对一些人来说，这是一段痛苦和创伤性的经
历。一家德语报纸指出："这个毫无防备的移民的眼睛被医生残忍地拉
开，由于疼痛，这个可怜的人在接下来的两三个小时里将什么也看不
见。"该报略带夸张地称其为"无与伦比的暴行"。从 1904 年到 1914

---

① 事件的另一个版本，见 Henry Pratt Fairchild, *Immigration: A World Movement and Its American Significance* (New York: Macmillan, 1913), 188。
② 1906 年 2 月 22 日西奥多·罗斯福写给维克多·霍华德·梅特卡夫（Victor Howard Metcalf）的信，Morison, ed., *Letters*, vol. 5, 162-163; *Morgen Journal*, July 10, 1912。关于沙眼检查的更多讲述，见 Howard Markel, "'The Eyes Have It': Trachoma, the Perception of Disease, the United States Public Health Service, and the American Jewish Immigration Experience, 1897-1924," *Bulletin of the History of Medicine* 74 (2000)。

年，大约有 2.5 万名移民因沙眼被禁止入境，占因令人厌恶的或传染性疾病而被禁止入境的移民总数的近三分之二。

在此之后，罗斯福一行前往听证会室，旁听特别调查委员会的听证会。在一个案例中，一名匈牙利男子口袋里揣着一张火车票和 12 美元，前往他在宾夕法尼亚州的女婿那里。他有可能会成为公共负担吗？委员会的两名成员提议进一步调查后再做决定，而一名成员提议允许该男子入境。"为什么要怀疑这个人呢？"总统插话道。威廉姆斯主张严格解释法律，他试图向罗斯福解释，要允许一个移民入境，必须做到对他毫无疑问。由于这位匈牙利老人只有 12 美元，威廉姆斯认为他肯定会成为公共负担。此时，生于德国、和罗斯福随行的法律援助协会主席阿瑟·冯·布里森（Arthur von Briesen）插话道："按照这个道理，雅各布·里斯也应该被遣送回去了。"这句话帮了这个匈牙利人的忙，他被放行了。

冯·布里森那天在埃利斯岛的出现，不仅对这位匈牙利移民有重要意义。罗斯福利用这次访问宣布，他将任命一个委员会来调查埃利斯岛的运行情况。这对威廉·威廉姆斯来说是个新消息，因为他之前没有被告知这个决定。

在当天被邀请来到岛上的人中，有五位是罗斯福已经选定的委员会成员，其中包括将担任委员会主席的冯·布里森。[①] 从戏剧性地冒雨而来，到宣布这个出人意料的消息，这都是典型的罗斯福风格。每个人都认为罗斯福成立这个委员会是为了回应来自《纽约州报》的指控。

159

---

① 1903 年 11 月 28 日西奥多·罗斯福写给拉尔夫·特罗特曼（Ralph Trautman）的信，Morison, ed., *Letters*, vol. 3, 659-660。除了冯·布里森，该委员会还包括前地方检察官尤金·菲尔宾；纽约惩教专员托马斯·海因斯（Thomas Hynes）；纽约帕利塞兹州际公园委员会（New York Palisades Interstate Park Commission）司库拉尔夫·特罗特曼；以及希伯来联合慈善机构的李·弗兰克尔（Lee Frankel）。

用一家对总统持批评态度的报纸的话来说，要想回应人们对罗斯福的
移民服务机构反移民的抱怨，还有什么比任命一个由"两个德国人、
两个爱尔兰人、一个犹太人而没有一个土生土长的美国人"组成的委
员会更好的办法呢？

从罗斯福的角度来看，他找不到一个比这更好的委员会了。正如
冯·布里森在报告完成后写给总统的信中所说的那样，委员会一致认
为"受欢迎的移民是有好名声和好人品的人，不受欢迎的移民是有坏
名声和坏人品的人"。这是罗斯福在移民问题上的立场，此前他在给委
员会另一名成员的信中重申了这一立场："我自己的感觉是，适当的移
民多多益善；另一方面，我们应该持续不断地努力排除那些在身体上、
精神上或道德上不适合成为好公民或生育出好公民的人。"

这不仅是罗斯福一个人的观点，他的这种观点也巧妙地概括了美
国人对移民的广泛共识。少数美国人可能支持不受限制的移民，而更
多的人可能支持完全关闭美国的大门。然而，就连移民限制联盟也没
有走到游说采取这种极端措施的地步。民意调查要几十年后才会出现，
所以很难准确地知道美国公众到底是怎么想的，但从移民政策和精英
观点来看，人们的共识似乎是在坚持接收优秀移民的好处这种传统观
点的同时，支持对移民的某种监管和筛选。

当然，魔鬼就在细节里。应该如何定义好移民和坏移民呢？每个
在埃利斯岛工作的人，从移民专员到检查员再到医生，都对这条分界
线有自己的理解，华盛顿的官员也是如此。

冯·布里森委员会是11年来对埃利斯岛的第五次调查，当然也不
是最后一次。[①]它是第一个专门处理亲移民团体所关心的问题的委员

---

① 见 File 52727-2, INS。

会。威廉姆斯在埃利斯岛的工作满足了罗斯福身上贵族的一面对于错误移民到来的担忧，但他身上多元化的一面也需要得到安抚。任命一个成员来自多个族裔的委员会来调查他亲手挑选的埃利斯岛专员，虽然他尽职尽责地遵循罗斯福本人对移民的看法，这是一个巧妙而玩世不恭的政治策略。

有些土生土长的美国人害怕19世纪末20世纪初的快速变化，对他们来说，有人把守埃利斯岛的大门是一个令人欣慰的想法，这使得大规模移民成为一个更容易接受的概念。随着移民的继续，第一代和第二代移民进入了美国主流，他们也希望埃利斯岛能反映他们的价值观。罗斯福很清楚，威廉·威廉姆斯也很快意识到，移民团体日益增长的政治力量意味着埃利斯岛的运作也必须考虑到移民的情感。既要代表移民，同时也要代表移民限制主义者，这种张力将贯穿埃利斯岛的整个历史。

冯·布里森委员会是众多族裔和宗教团体抱怨的一个传声筒。第一个出面作证的是利奥波德·多伊奇伯格和他在《纽约州报》的编辑，他们重申了对威廉姆斯管理不善的指控。紧随其后的是很多族裔的代表、德国路德会、爱尔兰移民协会、奥地利匈牙利之家、玫瑰圣母堂（Our Lady of the Rosary）、犹太慈善联合会、专门针对德国天主教女孩的利奥之家（Leo House）的成员。这些证人都为威廉姆斯作证。当然，他们也有自己的意见。大多数人抱怨拥挤的环境、狭小的等候室、没有足够的卫生间或长椅。接着出面的是轮船公司的代表，他们也有自己的抱怨。

在罗斯福前往埃利斯岛的两个月后，该委员会完成了报告，并将其交给了总统。这份报告在很大程度上是对威廉姆斯的开脱，虽然其中也有一些对岛上卫生条件、货币兑换和拥挤程度的批评。该报告称那家德语报纸提出的批评毫无根据。

罗斯福对这份报告很满意，但有一个细节除外。[1]尽管报告驳斥了对威廉姆斯的所有指控，但总统遗憾地表示，它"并没有用一个有力的句子概括报告的实质内容，因为要支持威廉姆斯，不仅要通过推理，还要通过积极的攻击性陈述"。虽然威廉姆斯饱受批评，性格也有些怪癖，罗斯福还是非常尊重他。

最后的报告中有一句话宣称，威廉姆斯在埃利斯岛任职期间"不知疲倦，满怀热忱，管理有方，应该受到最高的赞扬"。[2]这对罗斯福来说还不够。毕竟，委员会的目的是为了证明威廉姆斯的清白。总统希望这份报告能特别提到他的正直。罗斯福打算利用这个完全由少数族裔成员组成的委员会，既缓解族裔关切，又为限制主义者威廉姆斯开脱。委员会成员尤金·菲尔宾（Eugene Philbin）或许对自己在这一罗斯福式花招中所扮演的角色感到不舒服，他用自己奇怪的逻辑回答了总统的不满。他认为："这份报告绝对有必要尽量避免赤裸裸的表扬，但是它的措辞应该使人产生一种不可抗拒的推论，那就是对这个岛的管理是最值得称赞的。"

无论如何，威廉姆斯经受住了这场风暴，继续积极地执行移民法。在 1904 年竞选连任时，罗斯福不仅可以借助威廉姆斯获得支持移民限制的美国人的支持，还可以通过自己对埃利斯岛的情况深表关切这一事实，来获得移民族裔群体的支持。

---

[1] 1903 年 11 月 28 日西奥多·罗斯福写给拉尔夫·特罗特曼的信，Morison, ed., *Letters*, vol. 3, 659-660。

[2] 1903 年 12 月 1 日，尤金·菲尔宾写给西奥多·罗斯福的信，Series 1；1903 年 12 月 2 日西奥多·罗斯福写给尤金·菲尔宾的信；1903 年 12 月 4 日，阿瑟·冯·布里森写给西奥多·罗斯福的信，TR。

　　然而，威廉姆斯继续公开反对他所认为的大量不受欢迎的移民涌入埃利斯岛。他的文字表达了新英格兰限制主义者黑暗的悲观主义。他写道："我们应该尽早意识到这样一个事实，使这个国家变得伟大的殖民者属于一个完全不同的社会阶层，他们带着更加美好的、对未来的憧憬来到这里。今天，想要移民的愿望不能再被看作是主动、节俭或勇气的证明了。"

　　为了证明这一点，威廉姆斯讲述了一个来自东欧的八口之家的故事。这个家庭没有多少钱，正要前往纽约市的一个租住区。当他被问及打算如何养家糊口时，这位父亲回答说，他的家人不喜欢大房子，只要有一间房可以睡觉就够了，"这就是我们想要的，我们在俄罗斯就是这样"。对一些人来说，这可能是一个移民谦逊的标志，他不奢望从接收他的国家获得巨大的财富。也许这位父亲认为这样谦逊的回答能打动移民官员。如果真是这样，那么他就大错特错了。对威廉姆斯来说，这个家庭太胸无大志了，于是就把他们全部遣返回了欧洲。

162

　　虽然罗斯福在移民问题上的发言比以往任何一位总统都多，但在1904年的竞选中，他对这个问题保持了惊人的沉默。① 他写信对洛奇说："今年人们对移民问题似乎有很多不安，这对于我们通过立法没有什么好处。毫无疑问，会有人密切关注这一问题，看我们是否会在这个问题上犯错误。"罗斯福可能想要更严格的移民法，但他觉得最好不要在该党的政纲中提及这方面的内容。

---

① 　Hans Vought, *The Bully Pulpit and the Melting Pot: American Presidents and the Immigrant, 1897–1933* (Macon, GA: Mercer University Press, 2004), 42–43; 1904 年 5 月 23 日西奥多·罗斯福写给亨利·卡伯特·洛奇的信，Henry Cabot Lodge and Charles F. Redmond, eds., *Selections from the Correspondence of Theodore Roosevelt and Henry Cabot Lodge, 1884–1918*, vol. 2 (New York: Da Capo Press, 1971)。

罗斯福的竞选经理听到传言说，一名民主党特工已前往埃利斯岛调查情况，他警告威廉姆斯，民主党人看到了使埃利斯岛成为竞选议题的潜力。[①] 一个月后，威廉姆斯向罗斯福投诉了国会议员理查德·巴托尔特（Richard Bartholdt）。这位出生于德国的前报纸编辑虽然是共和党人，但他代表的是圣路易斯一个移民密集的选区。威廉姆斯写道："他对埃利斯岛的管理怀有很大的敌意，虽然他来过这里，看到了事实真相，完全有理由相信《纽约州报》上的报道是虚假的、恶意的。"他警告说，民主党人最近制作了一份竞选文件，根据《纽约州报》的文章和巴托尔特的评论来攻击埃利斯岛。

所有这些对罗斯福竞选连任没有什么影响。他轻而易举地击败了一位表现平平的民主党候选人，赢得了梅森-迪克森线以北的每一个州。虽然罗斯福失去了移民众多的民主党选区波士顿和纽约市，但他在全国范围内赢得了德裔、波兰裔、意大利裔和犹太人的支持。

罗斯福做到了八面玲珑。他选择威廉姆斯管理埃利斯岛，呼吁继续加强监管，分清好移民和坏移民，这让移民限制主义者感到满意。然而，移民和少数族裔群体也可以从罗斯福的言行中得到安慰。

最终，将威廉·威廉姆斯赶出埃利斯岛的，并不是他对移民过于严苛的指责，而是约瑟夫·默里。贵族出身的威廉姆斯根本无法忍受这个头脑简单的政客。他说默里既懒惰又迟钝，还抱怨他"连一封信也不会写，甚至不能正确地说话和写作"。默里上班总是迟到，不能完成交给他的基本任务。根据威廉姆斯的说法，他"对任何有助于我铲除邪恶的事情都毫无兴趣"。

让威廉姆斯很恼火的是，脾气随和的默里和约翰·莱德希尔格一

163

---

① 1904 年 9 月 24 日乔治·科特尔尤（George B. Cortelyou）写给威廉·威廉姆斯的信；1904 年 10 月 15 日威廉·威廉姆斯写给西奥多·罗斯福的信，Series 1, TR。

直关系熟络，即使是在威廉姆斯把后者赶出埃利斯岛之后也是如此。愤怒的威廉姆斯无法让默里更加努力地工作，所以他最终决定随他去，任由他爱干什么就干什么，结果发现默里花了大量的时间在埃利斯岛的理发店周围闲聊。

作为一个哈佛人，罗斯福清楚地看到了这个问题。在写给友人吉福德·平肖（Gifford Pinchot）的信中，他说："威廉姆斯的问题在于，由于他过去的交往和所受的教育，他发现很难与教育程度不高、社会地位低下的人相处。"换句话说，威廉姆斯自命不凡，喜欢摆官架子。然而，罗斯福不能承认的是，他对默里的投桃报李不仅玷污了自己的改革者形象，而且使改革埃利斯岛的工作更加困难。

显然，威廉姆斯与下属之间的问题不仅限于默里。[①] 曾经有两次，埃利斯岛的工作人员都处于罢工的边缘。在清理不称职和有虐待倾向的员工时，威廉姆斯因自己不妥协的个性而树敌众多。罗伯特·沃乔恩这样评价威廉姆斯："他们说他有他的怪癖，我猜是这样的，否则他就无足轻重了。"

罗斯福似乎更愿意忽视这些怪癖，他说他"不知道还有谁能够做得像他这么好"。罗斯福称赞威廉姆斯无所畏惧、精力充沛、有公众精神——所有这些品质都是罗斯福所钦佩的。与此同时，他也承认，他的好友默里并不是联邦政府最敬业的雇员。

1904 年 12 月，威廉姆斯终于失去了耐心，他去白宫告诉罗斯福，他实在无法再和默里共事了。[②] 威廉姆斯指责他"无知、低效、毫无价

---

① 1904 年 12 月 21 日罗伯特·沃乔恩写给特伦斯·鲍德利的信，TVP。
② 1905 年 1 月 19 日西奥多·罗斯福写给吉福德·平肖的信，Series 2, TR；1904 年 12 月 24 日西奥多·罗斯福写给诺斯罗普·斯特拉纳汉（Northrop Stranahan）的信，Morison, ed., *Letters*, vol. 3, 1077-1078。

164 值"，并说他在帮助埃利斯岛改革方面完全没有发挥任何作用。罗斯福
非常器重威廉姆斯，所以他愿意抛弃默里而留下威廉姆斯，虽然他希
望让默里担任另一份政府职务。

　　但是威廉姆斯并不仅仅是不想让默里担任他的助理，他还希望他
的朋友、同为纽约律师的艾伦·罗宾逊（Allan Robinson）接替默里的
职位。罗斯福对此不能容忍。弗兰克·萨金特告诉总统，罗宾逊"在
与其他人打交道方面，威廉姆斯的缺点他也有，甚至有过之而无不
及"。如果威廉姆斯和罗宾逊同时任职，萨金特担心埃利斯岛的工作人
员会发动全面的罢工。由于得不到他想要的助理，威廉姆斯于 1905 年
1 月辞职，回到华尔街重操律师旧业。

　　移民限制联盟的罗伯特·沃德对威廉姆斯的离开感到很痛心。他
写信给威廉姆斯说："埃利斯岛的大门守卫得如此严密，这让我一直
感到满意。"另一位出身名门的限制主义者麦迪逊·格兰特（Madison
Grant）也表达了他的遗憾之情。

　　在他离开之际，一些移民辩护者赞扬了他。[1] 意大利移民保护协
会通过了一项赞扬威廉姆斯的决议。《纽约州报》的编辑们无疑对这
个消息感到高兴，但《美国希伯来人》却并非如此。这家报纸说："他
大大改进了埃利斯岛的内部管理，以至于今天的移民会发现在他来之
前有人抱怨的问题基本上都没有了，他的退隐将是移民部门的重大
损失。"

　　在许多方面，威廉姆斯就是本章开头乔治·华盛顿·普朗基特所
说的那种改革家。他在改革埃利斯岛和铲除腐败方面做得风生水起，
但是在管理移民和员工方面遇到了困难。威廉姆斯还将罗斯福对好移

---

① *AH*, January 20, 1905.

民和坏移民的划分推向了极端。通过以积极的态度看待美国的民族性格、同化的奇迹和好移民的益处，罗斯福可以缓和他对新移民的担忧。对于威廉姆斯来说，除了悲观，几乎什么都没有。

对威廉姆斯任期的讲述并没有到此结束。后来发生的一切既反驳又证实了普朗基特对这位改革家的怀疑。

第九章 骑墙的罗斯福

合适的移民多多益善，不合适的移民越少越好。

——西奥多·罗斯福，1903 年

在埃利斯岛上的移民大厅里，H. G. 威尔斯（H. G. Wells）斜靠在二楼的栏杆上，审视着那些移民接受检查时排队的迷宫般的栏杆。[①] 威尔斯忧心忡忡地问陪他参观的埃利斯岛新任专员罗伯特·沃乔恩："你不怕移民人多为患吗？"威尔斯乘渡轮到这里是为了做调查，为一本关于美国未来的作品收集素材。总的来说，威尔斯对未来持悲观态度，尤其是在技术方面。然而，当这两人在讨论南欧和东欧移民的大量涌入对美国的影响时，威尔斯的问题却触及了另一个不确定因素。

沃乔恩温和地反驳了他这位著名的文学家客人，他说："我出生在英国的德比郡，很小的时候就来到了美国，当时我身上只有 15 美元。你看看现在的我。既然我已经到了这里，难道你指望我对其他那些满怀希望，想要在新世界重新开始的可怜人关上大门吗？"

10 年前，威尔斯凭借《时间机器》《隐形人》和《世界大战》等

---

① H. G. Wells, *The Future in America* (New York: Arno Press, 1974, orig. pub. 1906), 140.

一系列成功作品，奠定了他作为一流科幻小说家的声誉。^①罗伯特·沃乔恩正在埃利斯岛接待这位著名作家。威尔斯和沃乔恩都是成功的英国工人阶级的后代。访问结束后，两人继续保持友好关系。威尔斯多次在英国招待沃乔恩，沃乔恩则自豪地在办公室保存着威尔斯的亲笔签名照片，直到他的职业生涯结束。

这项工作的好处是能够与名人和有权势的人交往，对沃乔恩来说，这一点很有吸引力，他的人生经历是一个真正的白手起家的故事。他一开始在英国的煤矿工作，1880 年到达城堡花园，1905 年升任埃利斯岛专员，并在结束这一职务后继续升迁。

沃乔恩出生在德比郡的奥尔弗里顿（Alfreton），在七个孩子中排行老二，母亲对他宠爱有加，父亲是一名酒鬼矿工。11 岁时，沃乔恩开始下到矿井里工作，一干就是 10 年。他很聪明，读了夜校，22 岁时去了美国。

刚到那里时，沃乔恩先是在宾夕法尼亚的煤矿里装煤。^②不久之后，他把家人接到了这里，并加入了当地的劳工骑士团分会。在那里，他结识了特伦斯·鲍德利，后者成为他一生的朋友和导师。后来，他成为新成立的矿工联合会的第一任司库。

野心勃勃、干劲十足的沃乔恩并没有在矿工联合会干太久。和另

---

① Robert Watchorn, *The Autobiography of Robert Watchorn* (Oklahoma City, OK: Robert Watchorn Charities, 1959), 127-128.

② 著名工会组织者琼斯夫人（Mother Jones）在 1925 年出版的自传中写道："我记得矿工约翰·西尼（John Siney）、霍洛伦（Holloran）和詹姆斯，也记得罗伯特·沃乔恩，后者是美国矿工联合会第一任司库，也是最有能力的司库。这些人为了其他人而献出了自己的生命，最终死于贫困。"虽然她有关沃乔恩职位的说法是正确的，但在 1925 年这本自传出版的时候，沃乔恩依然在世。事实上，沃乔恩不仅还活着，而且已经成为一位身价百万的石油商人。Mary Field Parton, ed., The Autobiography of Mother Jones (Chicago: Charles H. Kerr, 1925), 240.

一位意志坚定的工人阶级成员爱德华·麦克斯威尼一样，沃乔恩从劳工激进主义一跃而入政坛。33 岁的沃乔恩成为内战以后宾夕法尼亚州首位民主党州长罗伯特·帕蒂森（Robert E. Pattison）任内的第一位首席工厂检查员。

作为一个从英格兰和宾夕法尼亚州的煤矿中逃出来的人，沃乔恩渴望获得成功，他聪明地结交了一些重要的朋友，包括鲍德利和宾夕法尼亚州参议员、该州的共和党大佬马修·奎（Matthew Quay）。沃乔恩在政治上八面玲珑，他的政治生涯始于民主党，但后来却成为一名坚定的共和党人。通过和鲍德利的私交，他成为埃利斯岛的检查员。在鲍德利与麦克斯威尼之间的斗争中，沃乔恩成了前者的重要盟友和朋友。后来，鲍德利把沃乔恩从埃利斯岛的混乱中救了出来，并把他先是提拔到华盛顿，后来又提拔到蒙特利尔，让他负责加拿大边境的移民事务。

1905 年初，当罗斯福在物色威廉·威廉姆斯的替代者时，很快就选定了沃乔恩。他第一次去埃利斯岛时就记住了沃乔恩，当时罗斯福是警察局长，而瓦乔恩只是一个检查员。沃乔恩为人正直，不但可以继续预防埃利斯岛的腐败、任人唯亲和滥用职权，又没有出身高贵的威廉姆斯身上那种盛气凌人的作风。作为一名移民，他在执行移民法时可能不会像威廉姆斯那样受到限制主义思想的影响。而且，与富有而独立的威廉姆斯不同，沃乔恩需要这份工作，这样可能会更容易管理。

在约瑟夫·默里的问题上，罗斯福只要求沃乔恩给予他公平的待遇。① 如果沃乔恩认为默里不称职，罗斯福就会把他的这位朋友调走。

---

① 1905 年 1 月 19 日西奥多·罗斯福写给吉福德·平肖（Gifford Pinchot）的信，Series 2；1905 年 1 月 21 日罗伯特·沃乔恩写给西奥多·罗斯福的信，Series 1, TR; 1907 年 5 月 4 日罗伯特·沃乔恩写给奥斯卡·施特劳斯的信，Box 6, OS。

他写信给沃乔恩说："他是否称职，完全由你来判断。"沃乔恩能够逃出煤矿里的生活，靠的可不是反抗权威，他才不会在这个问题上犯错误。他回复说："总统先生，关于默里先生，我会尊重你的意愿，我对他还是很了解的。"在罗斯福执政的剩余时间里，默里一直待在埃利斯岛。

　　沃乔恩向总统保证，他们对移民问题有着共同的看法。这一点很重要，因为美国即将见证有史以来最大的一波移民浪潮。这是第一次有 100 多万移民进入美国。罗斯福从历史的角度来看待这个问题，他指出，1905 年进入美国的人比从第一次登陆詹姆斯敦到签署《独立宣言》的 169 年间到达美国的人还要多。虽然有严格的法律，罗斯福依然认为大量的移民是不受欢迎的，因为他们不是自己主动来的，而是被只对增加利润感兴趣的轮船公司代理人所诱惑。

　　罗斯福善于找到美国人在移民问题上各种观点的完美平衡，将对外来移民的恐惧与对美国开放传统的尊重融合在一起。[1] 他写道："在处理这个问题时，背离古老的美国传统，歧视或偏向任何希望来美国成为公民的人都是不明智的，除非这个人不适合成为公民。"决定一个移民是否应该被允许进入这个国家的，是品格，而不是种族或宗教。对他来说，一个品德高尚的斯拉夫人远比一个品德恶劣的英国人更可取。当然，被排斥的华人移民的地位使总统的观点变得更加复杂。

　　这是同化主义信条一个很好的陈述，但它依赖于在国家的大门口强有力地执行移民法。[2] 罗斯福呼吁"提高执行法律的严格程度，将精神病、白痴、癫痫患者和贫困移民拒之门外"。他已经花了四年的时间来推动这一计划，但收效甚微，仅仅做到了把无政府主义者和妓女拒

168

---

① 1905 年 12 月 5 日西奥多·罗斯福总统的第五次年度国会演说。
② 1905 年 12 月 5 日西奥多·罗斯福总统的第五次年度国会演说。

之门外。现在他想要拒之门外的不只是无政府主义者，"还有每一个有无政府主义倾向的人，每一个争强斗狠和目无法纪的人，每一个品行恶劣、一无是处、好吃懒做、为非作歹、身体不健康、有缺陷或堕落的人"。

如果罗斯福想要更严格地执行移民法，埃利斯岛正处于自开放以来最适合实现这一点的状态，并且是恰逢其时。[①] 从 1905 年到 1907 年，大约有 350 万移民来到美国，其中近 80% 通过了纽约的这个检查站。小说家亨利·詹姆斯在这一时期曾参观过埃利斯岛，他称埃利斯岛是"一出不断上演的戏剧，日复一日，年复一年，我们的政治和社会有机体的这种吞噬行为，比马戏团的任何吞剑吞火表演更让人叹为观止"。

春秋两季是移民到达的高峰期，每过一周，就会有新的纪录被打破。[②] 在 1906 年 4 月的一周内，估计有 45 000 名移民抵达埃利斯岛。船只似乎一艘接一艘，许多船被迫靠岸等待两三天，因为乘客要留在船上等待检查。像白星公司的"凯尔特"号和"共和国"号这样的大型蒸汽船能运载 2 300 名统舱乘客把移民源源不断地送来。

《纽约时报》在报道 1906 年创纪录的移民人数时这样写道："移民素质较低，但有 1 100 735 人进入。"在这一数字中，埃利斯岛处理了大约 88 万移民，其中 10% 被扣留并接受了特别调查听证会，7 877 人被排除在外，不到所有移民的 1%。那一年，埃利斯岛上有 327 人死亡，18 人出生，2 人自杀，508 对夫妻结婚。

如果美国人认为 1906 年很糟糕，那么接下来的一年情况会更糟。[③]

---

① Henry James, *The American Scene*, republished in Henry James, *Collected Travel Writings: Great Britain and America* (New York: Library of America, 1993) 425-426.

② NYT, April 17, 1906.

③ Philip Cowen, *Memories of an American Jew* (New York: International Press, 1932), 185-186; *NYT*, January 7, 1907.

事实上，直到 1990 年，美国没有任何一年移民的人数像 1907 年那么多。有些日子，移民像洪水一样汹涌而来。1907 年 3 月 27 日，16 000 名移民进入纽约港，5 月 2 日有 21 755 人。仅在 1907 年，埃利斯岛就需要处理超过 100 万人，相当于每天超过 2 700 人。

负责管理这一切的罗伯特·沃乔恩与他的前任不同。①《纽约时报》对他的描述是："身材魁梧，强壮而精明。"他服膺的是罗斯福的口头禅，即合适的移民多多益善，不合适的移民越少越好。然而，与威廉姆斯不同的是，沃乔恩认为美国所接收的移民大部分是合适的。

这对沃乔恩来说是一种思想上的转变，他是一个十分善于灵活变通的人。在鲍德利手下工作期间，沃乔恩曾表示自己支持对移民实行严格的监管，尤其是在合同劳工法方面。现在，在罗斯福手下工作的这位前矿工联合会领导改变了他的论调。在向一群工人发表演讲时，他发现自己因支持移民的观点而遭到抨击。

在纽约下东区，他对一群犹太听众说："移民为这个国家所做的和这个国家为他们所做的一样多。"②虽然他支持谨慎地筛选移民，将那些可能会成为公共负担的移民拒之门外，但是他不喜欢下驱逐令。尽管《美国希伯来人》的编辑们曾经赞扬威廉·威廉姆斯，但他们注意到埃利斯岛的气氛发生了变化。这家报纸说："自从罗伯特·沃乔恩先生开始担任专员以来，这个地方的气氛就完全不同了，移民不再被看作应该被拒之门外的人，虽然有时法律不得不这样做。"

大学教授爱德华·斯坦纳将他关于新移民的富有同情心的书献给

① *NYT*, March 11, 1906.

② *NYT*, November 19, 1906; Sheldon Morris Neuringer, *American Jewry and United States Immigration Policy, 1881–1953* (New York: Arno Press, 1980), 60.

了罗伯特·沃齐恩。[1] 他说：

> 他（沃乔恩）不认为今天的移民比过去的移民更糟糕。事实上，他会坦率地说，移民越来越好了。他有他的恐惧和担心，但是他知道，曾经在我们数百万人身上发生的改头换面的奇迹，仍然可以在新移民身上发生，在美国这个陶工手里，这些泥胎将被塑造成一种新的人类。

170

像斯坦纳和沃乔恩这样的人坚信，美国可以让欧洲移民改头换面。

有一次，沃乔恩向一群参观埃利斯岛的女大学生解释了他的观点。[2] 这些出身富裕家庭的年轻女性一致反对移民，她们听取了一名66岁的意大利老人前往弗吉尼亚州林奇堡投奔儿子的案件。她们认为他年纪太大，身体太差，不能被接纳，尤其是在儿子没有来接他的情况下。接下来所发生的如同好莱坞电影中的一幕，儿子在最后一刻出现，父子重逢的场面十分感人。此时，沃乔恩问这些女大学生是否应该把老人送回意大利，大家一致给出了否定的回答。

这些大学生发现，从抽象的角度讨论移民问题，与埃利斯岛上涉及一个个活生生的人的具体现实是截然不同的两回事。沃乔恩后来写道："有人在抽象层面强烈抗议大批外国移民的到来，但是当一个个移民站到他们面前时，他们就会像《圣经》中彼拉多看到耶稣之后所说的那样，'我查不出这个人有什么罪'。"

---

[1]　Edward A. Steiner, *On the Trail of the Immigrant* (New York: Fleming H. Revell Company, 1906), 91–92.

[2]　Robert Watchorn, "The Gateway of the Nation," *Outlook*, December 28, 1907.

　　沃乔恩的任期标志着罗斯福处理移民问题方式的变化。政治上的现实在这一变化中发挥了很大的作用。1906 年，威廉·伦道夫·赫斯特（William Randolph Hearst）利用他的财富，以民主党人的身份竞选纽约州州长。罗斯福无法忍受赫斯特，并对他"在无知和没有思想的人群中如此受欢迎"感到不满。赫斯特利用他名下的《纽约日报》担当起了移民保护者的角色。他创办了德语报纸《摩根日报》（*Morgan Journal*），进一步扩大了他在这个城市最大的少数族裔群体中的影响力。赫斯特报纸上的民粹主义让出身贵族的罗斯福感到厌恶。他下定决心要阻止他当选。

　　罗斯福竭尽全力要帮助共和党人查尔斯·埃文斯·休斯（Charles Evans Hughes）击败赫斯特。休斯是一个有点呆板的人，但对于罗斯福来说，他已经是一个足够的进步主义者了，只要不让赫斯特玷污罗斯福以前担任过的职位就行。罗斯福很快意识到，要想阻止赫斯特当选，必须从纽约的少数族裔社区入手。

171

　　当商业和劳工部部长的职位出现空缺时，罗斯福抓住了这个机会来表明自己的立场。罗斯福与纽约银行家雅各布·希夫（Jacob Schiff）等犹太人领袖商议，要任命奥斯卡·施特劳斯（Oscar Straus）担任该职位。现在，罗斯福的内阁中有一个犹太人和一个天主教徒，拿破仑的侄孙查尔斯·波拿巴（Charles Bonaparte）任司法部部长。

　　在庆祝施特劳斯被任命的宴会上，罗斯福解释说，他之所以选择施特劳斯，并没有考虑种族、肤色、信仰或党派的因素。[1] 对此，上

---

① John Morton Blum, *The Republican Roosevelt* (Cambridge, MA: Harvard University Press, 1954), 37. 参见 1908 年 5 月 29 日西奥多·罗斯福写给莱曼·阿伯特（Lyman Abbott）的信，Elting E. Morison, ed., *The Letters of Theodore Roosevelt*, vol. 6 (Cambridge, MA: Harvard University Press, 1951), 1042。

了年纪、听力越来越差的雅各布·希夫点点头，用他浓重的德国口音说："对的，总统先生，你找到我，问我哪个犹太人最适合担任财政部部长。"这个故事虽然可能是杜撰的，但其中包含着某些真实性。罗斯福开创了一项悠久的传统，即根据不同种族和宗教团体的要求来选择内阁成员，他的大多数继任者也遵循这一传统。

施特劳斯和希夫都是早期德国裔犹太移民。[1] 奥斯卡·施特劳斯1850年出生于巴伐利亚。他的父亲是改革派犹太人和粮食商人，1852年来到美国，在佐治亚州经营一家杂货店。两年后，母亲带着奥斯卡兄弟几人也来到了这里。后来全家人从南方搬到了纽约市。在这里，施特劳斯家族经营着一家瓷器和玻璃器皿店，后来收购了梅西百货。然而，奥斯卡并不像他的父亲和兄弟们那样对经商感兴趣，而是选择从事法律工作。

作为与罗斯福的协议的一部分，施特劳斯同意在纽约为休斯做助选演讲，与希夫一起削弱赫斯特对犹太社区的吸引力。[2] 最后，休斯以六万张选票险胜赫斯特，施特劳斯则在选举后开始了他的新工作。

此时的移民和归化局不过是商业和劳工部12个部门中的一个，但显然是施特劳斯最感兴趣的部门。[3] 他在自传中写道："事实上，在这个部门，没有任何一个问题像移民问题这样吸引我的注意。"他写道，移民问题是最棘手的问题，因为"它涉及一个个活生生的人"，"充满了令人流泪的悲剧"。

[1] 关于施特劳斯的背景，见 Naomi W. Cohen, *A Dual Heritage: The Public Career of Oscar S. Straus* (Philadelphia: Jewish Publication Society of America, 1969)。

[2] David Nasaw, *The Chief: The Life of William Randolph Hearst* (Boston: Mariner Books, 2000), 207–209.

[3] Oscar Straus, *Under Four Administrations: From Cleveland to Taft* (Boston: Houghton Mifflin, 1922), 216; 1907年12月30日，奥斯卡·施特劳斯写给罗伯特·沃乔恩的信，OS。

1906 年 12 月 17 日上午，施特劳斯坐在他新办公室的办公桌前，等待被遣返的移民们令人心碎的上诉。[1] 第一天他就审读了大约 30 个案件的材料。施特劳斯在日记中写道："我毫不惊讶地发现，这些案件中的大多数都提出了难以处理的问题，需要诉诸部长的同情心和判断力。"施特劳斯认为，法律条文必须经过人性的淬炼。

有些案件很容易就解决了，但有些案件则比较棘手。[2] 施特劳斯拥有的权力是巨大的，将决定许多人的命运，责任重大。他写道："我觉得每一个案件都会涉及一场家庭悲剧，因为法律把最终决定权赋予商业和劳工部部长，我认为自己必须承担这一责任，所以我每天都是亲自做决定。"施特劳斯非常投入，上任之后的第一天晚上就把一些最棘手的案子带回家，进行了更深入的研究。

在写给弟弟伊西多尔（Isidor）的信中，他说："如果我不能尽可能人道地解释法律，那我就太没有人性了。[3] 无论怎样，我都要站在天使的一边，我要蔑视敌意的批评，否则就是懦弱。"施特劳斯对俄国犹太移民的困境充满同情，他认为把犹太人送回沙皇俄国的噩梦中是最残忍的行为。

1907 年 2 月，施特劳斯第一次正式访问埃利斯岛，那天有 2 600 多名移民经过这里。[4] 两个月后，他再次出现在这里，仔细检查了从移民下船到通过检查的每一个细节。

施特劳斯还审理了许多上诉案件，包括一个苏格兰-爱尔兰七口

---

[1] Oscar Straus Diary, 3, Box 22, OS.
[2] Straus, Under Four Administrations, 216–217.
[3] Cohen, *A Dual Heritage*, 154–155.
[4] Oscar Straus Diary, 67–68, Box 22, OS; *NYT*, May 22, 1907. 罗伯特·沃乔恩在他的自传中讨论了同样的故事，但是一些细节是不同的，*Autobiography*, 132–135。

之家的案件，因为其中一个儿子被证明是弱智，被下令遣返。这个家庭面临着一个艰难的决定：他们是应该分开，让母亲或者是一个兄弟带着弱智的儿子返回欧洲，其他人留在美国，还是选择全部离开？这家人最终决定不要分开，即要么全部留下来，要么全部返回欧洲。施特劳斯认为，除了那个 20 岁的弱智儿子之外，这家人都是"非常好的人"，于是决定让全家人留在美国，包括那个弱智的儿子。一听到这个好消息，全家人都因感激而泪流满面。

1908 年 6 月，施特劳斯与移民总专员弗兰克·萨金特以及其他来自东海岸检查站的移民和医疗官员一起，又一次来到了埃利斯岛。[①] 施特劳斯召集这次会议是为了处理那些引起他关注的案例。他们首先处理的是 59 岁的俄国移民契娜·罗格（Chena Rog）的案子，她打算去宾夕法尼亚州的雷丁投奔 5 个子女和 36 个孙辈。她被诊断出患有沙眼，这是一种传染病。她应该被下令遣返还是送到医院接受治疗？

当施特劳斯向埃利斯岛的首席医疗官乔治·斯通纳（George Stoner）询问他对这个案子的看法时，斯通纳激动地回答说："正如我在证明书上所说的那样。"斯通纳和他的手下都建议遣返，因为沙眼是一种传染性疾病。他们觉得自己现在被施特劳斯事后批评了。"她这种病难道不能治疗吗？"施特劳斯问道。斯通纳对此并不乐观，他认为这将是一个"长期的过程，必须以年而不是月来计算"。施特劳斯一直在努力想办法不把罗格遣返。她在俄国没有亲戚，并且她的孩子们已经成为所在社区的成功人士，当地的国会议员也出席了这次会议，就

173

---

① "Report of Conference held at the Ellis Island Immigration Station," June 15, 1908, File 51831-101, INS.

证明了这一点。斯通纳对施特劳斯一连串的问话感到不耐烦，他争辩说，法律中没有任何规定，必须治疗罗格或其他任何患有令人厌恶的或传染性疾病的移民。

显然，施特劳斯想让这名妇女获准入境，但沃乔恩和萨金特认为，任何允许患病移民入境的裁决，都会诱惑轮船公司放松他们自己在欧洲的有关标准。他们也意识到上司已经下定决心，所以他们把自己的担忧抛在一边，同意让这位女士在埃利斯岛医院接受治疗。她获准上岸接受治疗，这基本上保证了她不会被遣返。

斯通纳对这个决定很不满意，最后又补充了一句，说："我非常怀疑在六个月的治疗结束后，她的情况是否会与现在有所不同。"事实上，他认为她的病情可能会恶化，任何其他诊断都是愚蠢的。施特劳斯没有理会斯通纳的话，继续着手下一个案子。

席曼·科布伦茨（Schimen Coblenz）是一名 42 岁的立陶宛屠夫，被诊断患有牛皮癣。这种疾病会让人不好看，但是也不会传染。然而，法律规定，移民可以因为"令人厌恶或危险的传染病"而被遣返。沃乔恩下令将他遣返，因为牛皮癣令人厌恶，而且会给他的屠夫职业带来麻烦。沃乔恩认为，如果科布伦茨是一名工厂工人，这种疾病就不会导致他被拒之门外。

本案的关键在于，法律是否要求一种疾病必须是令人厌恶且具有传染性的，或者是否可以仅仅因为一种令人厌恶的疾病而将一名外国人遣返。[①] 很明显，法律条文用的是"或"，而不是"和"，这意味着只要有一种令人厌恶的疾病就可以将移民拒之门外。然而，由于令人厌恶是一个主观的表达，而不是一个医学术语，因此被诊断患有这类疾

174

---

① 商务和劳工部在 1909 年和 1914 年就这个问题进行了辩论，见 File 52745-4, INS。

病的移民的命运是由施特劳斯来决定的。他不想过于严格地理解法律，于是科布伦茨被允许入境。

遗憾的是，施特劳斯出现在埃利斯岛的次数很少。他的大部分影响力只能在华盛顿发挥。一天，在他位于首都子午线山上第16街的意大利风格别墅里，他在书房里一直工作到深夜，审理移民的上诉，他忽然想到了一个主意。虽然同情心使他想方设法让移民留在美国，但也要受到法律的约束。虽然是忠实地执行了法律，但他对自己在排除和驱逐移民过程中所扮演的角色感到内疚。他知道这些决定所造成的恶果。许多移民变卖全部家产来到美国。那些被拒之门外的人回家时将一蹶不振，一无所有。

考虑到这一点，施特劳斯寄了一张几百美元的个人支票给沃乔恩，让他把这笔钱捐给那些不幸在埃利斯岛被驱逐的移民。①沃乔恩可以根据自己的判断来使用这笔钱。唯一的要求是，他发放这笔钱时不得考虑"信仰、国家或种族"，而且钱的来源必须匿名。这一举动充分体现了施特劳斯的仁慈，也表明了这份工作给他的良心带来的沉重负担。

到了1907年，移民政策发生了明显的转变。虽然法律保持不变，但那些负责执法的人的语气发生了巨大变化。只有像西奥多·罗斯福这样的人才能带来这样的转变。这一转变也反映在总统自己的言论中。在他早期对国会的大部分年度讲话中，罗斯福都重申了他对严格限制移民的支持。在1906年12月的讲话中，他突然改变了方针。

罗斯福写道："我们不仅必须公平地对待所有国家，而且必须公

175

---

① 1907年6月21日，奥斯卡·施特劳斯写给罗伯特·沃乔恩的信，Letterbook 8, Box 20, OS。

正和善意地对待所有合法来到这里的移民。[①]无论他们是天主教徒还是新教徒，是犹太人还是非犹太人；不管他们来自英国还是德国、俄国、日本还是意大利，这都无关紧要。"这与他五年前第一次发出的信息大相径庭，当时他呼吁清除"道德低下"和"名声不佳"的移民。

当许多人担心移民会拉低文明和道德标准时，罗斯福看到了一个不同的威胁。[②]他说："虐待、歧视或以任何方式羞辱一个合法来到这里、举止得体的陌生人，是文明和道德水平低的明显标志。"人们不应该继续说什么错误类型的移民或维护美国的民族纯洁性。罗斯福在写给编辑莱曼·阿伯特（Lyman Abbott）的信中说："我对这么多美国人对移民的粗暴敌视态度感到极其愤慨。"

在 20 世纪的第一个 10 年里，人们开始听到一种更有组织的支持移民的声音。[③]移民限制联盟本来是唯一一个围绕移民问题建立起来的政治组织。1906 年，全国自由移民联盟（National Liberal Immigration League）成立，成为抗衡移民限制联盟的力量，反对任何进一步限制移民的措施，也反对"所有不公正的、不符合美国精神的执行移民法的手段"。然而，即使是最自由主义的移民捍卫者也不支持完全开放的政策。该组织希望"为我们的国家保留移民的好处，同时将不受欢迎的移民拒之门外"。

这个新组织的董事会成员中有很多名人，包括普林斯顿大学校长伍德罗·威尔逊（Woodrow Wilson）、安德鲁·卡内基（Andrew Carnegie）和哈佛大学的查尔斯·艾略特（Charles Eliot）。此外，它与

---

① 西奥多·罗斯福总统，1906 年 12 月 3 日第六次年度国会讲话。
② 西奥多·罗斯福于 1908 年 5 月 29 日写给莱曼·阿伯特的信，Morison, ed., *Letters*, vol. 6, 1042。
③ "National Liberal Immigration League," File 1125, Folder 1, IRL.

德裔美国人的组织有着紧密的联系，并且从德国的轮船公司获得资金，因此给这样一种指控增加了可信度，即这个支持移民的组织主要由关注利润的商人组成。

这个支持移民的组织还得到了美国犹太人的支持，他们希望让其他犹太人更容易逃脱宗教迫害。[①] 早在 19 世纪 90 年代，德裔犹太人社区就对来自东欧的新移民持怀疑态度，许多人甚至赞成对移民法进行更加严格的解读。这部分源于有教养和被同化的德裔犹太人对其他更贫穷、更正统的犹太人的势利态度，部分是因为东欧贫困的犹太移民可能会成为犹太慈善机构的负担。在看到了沙皇俄国对犹太人的多次迫害后，美国的德裔犹太人才全身心投入到反对进一步限制移民的战斗中。

公众对移民问题的争论围绕的是对移民的监管应该有多严格，而不是是否应该有监管。很难找到一个人支持完全限制移民或完全开放大门。[②] 奥斯卡·施特劳斯在全国移民会议（National Conference on Immigration）上说："从地球上的一个地方迁移到另一个地方的权利是个人自由的基本组成部分。"然而，在说这句话之前，他还说："我们都同意应该对非自然的移民进行一些限制。"

1907 年《纽约时报》的一篇社论更好地反映了人们对移民政策的普遍共识：[③]

> 所有持开明和公正观点的人都很清楚，国会对移民法的任何
> 修正都应以筛选而不是排斥为指导原则……能够提高国家生产力

---

①　Rivka Shpak Lissak, "The National Liberal Immigration League and Immigration Restriction, 1906-1917," *American Jewish Archives*, Fall/Winter 1994; Neuringer, *American Jewry*, 53-54.

②　*Charities*, December 16, 1905. 在担任商务和劳工部部长期间，施特劳斯对记者说："以排除病人、罪犯和其他不良阶层为目的的限制已经纳入我们的法律，这是有益和明智的。"*NYT*, November 17, 1907.

③　*NYT*, January 7, 1907.

的移民是受欢迎的。毫无疑问，那些可能会成为负担或者是会危及公共健康、道德和秩序的移民是不受欢迎的，他们已经受到我们法律的禁止。

作为一名支持法律打击不受欢迎的移民，同时也坚信移民积极贡献的官员，罗伯特·沃乔恩必须谨慎地保持平衡。[1]正如他的朋友爱德华·斯坦纳所解释的那样，沃乔恩"必须既公正又仁慈，不表现出任何偏爱和偏见，既要维护国家利益，又要对陌生人仁慈"。这对任何一个人来说都是一项艰巨的任务，也许期望任何人做到这一点都是不现实的。

沃乔恩不仅需要在执行美国移民法方面取得恰当的平衡，而且还必须管理一群难对付的员工。[2]纽约匈牙利人共和党俱乐部的负责人马库斯·布劳恩就是一个考验沃乔恩耐心的人。他凭借着与罗斯福的私交获得了检查员的工作。事实上，当罗斯福同意参加1905年1月布劳恩为他举办的晚宴时，布劳恩声望大增，晚宴最终有400多人参加。

有了这一层关系，布劳恩就不是普通的检查员了。他被任命后不久，就被派往欧洲调查那里的情况。他指责匈牙利政府的官员到农村四处宣传，鼓励人们到美国来，从而靠轮船船票赚钱，因为这家轮船公司是政府所有的。布劳恩把包括匈牙利总理斯蒂芬·蒂萨（Stephen

177

① Steiner, *On the Trail*, 93.

② *NYT*, May 12, 14, August 12, 15, 1905, February 9, March 17, November 9, 1906; 1905年10月3日，西奥多·罗斯福写给詹姆斯·克拉克森（James S. Clarkson）的信，Morison, ed., *Letters*, vol. 5, 43-44; Marcus Braun, *Immigration Abuses: Glimpses of Hungary and Hungarians* (New York: Pearson Advertising Co., 1906); Gunther Peck, *Reinventing Free Labor: Padrones and Immigrant Workers in the North American West, 1880-1930* (Cambridge, UK: Cambridge University Press, 2000), 92-93。

Tisza）在内的高级政府官员也牵连了进来。

这些指控激怒了匈牙利当局，他们对布劳恩进行了持续性的监视。在随后的 1905 年布达佩斯之行中，布劳恩发现一名警察正在打开他的邮件，他打了那人一巴掌，导致自己被捕。在缴纳罚款后，布劳恩被释放并返回美国。他将这一事件公布于众，将此案变成了一场国际外交事件，致使曾经提携他的罗斯福总统私下谴责他的行为"极其愚蠢"。

回到家后，布劳恩得到了一个月的假期，但是一个月后他必须回到埃利斯岛上班。然而，布劳恩对平凡的移民检查工作并没有什么兴趣，而是申请了一年的假期，但被拒绝了。回到工作岗位后，布劳恩拒绝穿他的蓝色检查员制服，而是选择辞职。沮丧的沃乔恩说："他不喜欢这身制服，因为这是他反抗的那种状态的标志。"

布劳恩的处境并没有引起多少同情。《纽约时报》关于这一事件的社论以《嘲弄马库斯》（*In Mockery of Marcus*）为题。然而，他的政治赞助人西奥多·罗斯福拯救了布劳恩，让他恢复公职，把他调到了加拿大边境的移民局。1906 年初，布劳恩再次辞职，但在那一年的晚些时候再次复职。为了获得匈牙利人共和党俱乐部的支持，不得不与麻烦的马库斯·布劳恩打交道，这是否值得，只有罗斯福本人知道。

1905 年，罗斯福任命《美国希伯来人》的编辑、第二代波兰犹太裔美国人菲利普·考恩（Philip Cowen）为埃利斯岛的特别检查员。在178 这一任命上，他表现出了更好的判断力。[①] 在这样做的过程中，他像对

---

① Cowen, *Memories*, 187–188. 根据考恩对这篇文章的翻译，希特勒认为，犹太人是美国当时实施的严格移民配额的幕后推手，认为他们想把非犹太移民拒之门外，而"犹太人总是成群结队地涌入"。事实远非如此，因为美国的犹太人强烈反对移民配额，而犹太移民也受到配额的严重影响。

待约瑟夫·默里一样，绕过了公务员制度的规定。考恩一直在这个岛上工作了 20 多年。1927 年他退休时，这一事件引起了远至德国的关注，阿道夫·希特勒称考恩在埃利斯岛的工作表明美国的移民政策是在"泛犹太人"的控制之下。

　　另一项任命在当时基本上没有引起注意。与考恩不同，这位埃利斯岛的新译员是在 1907 年通过公务员考试得到这份工作的，他在三名应试者中获得了克罗地亚语考试的第一名。除了克罗地亚语，这位 24 岁的意大利移民的儿子还会说意大利语和意第绪语。这位名叫菲奥雷洛·拉·瓜迪亚（Fiorello La Guardia）的译员白天在埃利斯岛上班，每年挣 1 200 美元，晚上读夜校。

　　拉·瓜迪亚显然是一个很有上进心的人。[1] 在埃利斯岛，他是众多男女译员之一，他们在说英语的检查员和不会说英语的移民之间发挥着重要的沟通作用。有一个名叫路易斯·皮特曼（Louis Pittman）的小孩被迫在埃利斯岛医院住了 17 个月，直到他的沙眼痊愈。矮个子圆脸的拉·瓜迪亚定期来探望他，给他和其他生病的孩子带来巧克力作为礼物。

　　拉·瓜迪亚发现他的同事"和蔼可亲，体贴周到"，这与早期任人唯亲时代相比是一个巨大的变化。[2] 他的上司发现拉·瓜迪亚是一个好员工，对工作表现出浓厚的兴趣，虽然他有一次弄丢了自己的官方徽章，华盛顿只好再补发一个过来。在推荐给拉·瓜迪亚加薪时，罗

---

[1]　路易斯·K. 皮特曼（Louis K. Pittman）1985 年 12 月 3 日的信,《公共卫生服务档案》,Rockville, MD。

[2]　Fiorello H. La Guardia, *The Making of an Insurgent: An Autobiography, 1882–1919* (Philadelphia: Lippincott, 1948), 62–75; "Efficiency Report for Fiorello H. La Guardia," June 12, 1909, Folder 8, Box 26C7, FLG.

伯特·沃乔恩形容他"精力充沛、聪明、熟悉多种外语"。但是他也指出，拉·瓜迪亚"脾气有点暴躁"。也许是受到了在埃利斯岛目睹的一切的影响，沃乔恩注意到，这位年轻的译员总喜欢和特别调查委员会的成员发生争执，毫无疑问是为了保护移民。

一位认识他的人形容他的个性"很不安分，并渴望按照自己的方式成为一名领导人"。[①]拉·瓜迪亚是新一代的美国人，他对新移民每天所遭受的严酷待遇非常不满。多年后他写道："在我在那里工作的那些年里，对于几乎每天都能看到的痛苦、失望和绝望，我总是做不到无动于衷。"作为一名低级公务员，他对自己的无能为力和虽然是移民机构的一员却并不受尊重感到恼火。他毫不妥协的个性和社会良知，以及他相对较低的工资，使他无法在这个职位上长期干下去。

拉·瓜迪亚在埃利斯岛工作了三年，在拿到法律学位之后开始了自己的事业——在曼哈顿市中心的一家小律师事务所挂牌执业。他早期的客户主要是被勒令遣返的移民，这些都是他以前的同事介绍过来的。尽管许多从事这种代理的律师会欺诈人生地不熟的移民客户，但拉·瓜迪亚却没有这样做，他一次的代理费只有10美元。几年以后，在他竞选纽约市市长时，许多以前的客户走到投票站支持了他。

移民问题是抽象的法律与这些法律有时导致的个人悲剧之间的冲突。由于摄影技术的进步，普通美国人也可以通过看报纸和越来越多面向中产阶级的杂志，来了解移民问题涉及的悲欢离合。

对于那些与移民没有近距离接触的美国人来说，他们对这些新移民的看法往往来自对移民缺少同情的人所画的漫画。这些漫画以夸张

---

① Thomas Kessner, *Fiorello H. La Guardia and the Making of Modern New York* (New York: Penguin, 1989), 24-26; Arthur Mann, *La Guardia: A Fighter Against His Times, 1882-1933* (Philadelphia: Lippincott, 1959), 44-49.

的方式画出负面特征以强化刻板印象，例如拿着匕首、桀骜不驯的意大利人，鹰钩鼻的犹太人，激进的无政府主义者。被强调的通常是移民的异域性和负面性。

雅各布·里斯是一位移民，也是西奥多·罗斯福的密友。在 1890 年出版的《另一半人怎样生活》一书中，他对纽约廉价公寓区的生活进行了描述，从而展示了照片的力量。为了唤起公众对廉租房改革或公园的热情，里斯描绘了移民生活中最糟糕的方面：污秽、过度拥挤和剥削儿童。

在 20 世纪早期，中产阶级读者开始看到即将成为美国新公民的移民的面孔。[①] 有的新移民会直直地盯着镜头，而有的则只拍到侧面。很少有人脸上带着微笑，很多人的眼神都是僵硬或心不在焉的。这些移民通常是匿名的。照片的说明文字简单地写着"俄罗斯装订工""匈牙利农场工人"或"波拉克女孩"。一个例外是来自德国的米泰尔施塔特（Mittelstadt）一家——父亲雅各布、妻子、女儿和七个儿子，从高到矮排成一列。《纽约时报》的标题自豪地写道："德皇又损失了七名士兵。"

这些移民可能穿着精致而奇怪的传统服装，他们中一些人的脸可能暴露了他们的艰苦生活，使他们显得比实际年龄更加苍老，但这些照片几乎没有描绘出移民批评者所担心的那种美国社会面临的严重威胁。相反，这些人是有骄傲和尊严的，他们健康强壮。这些照片反映了移民的独特性和个性。

刘易斯·海恩（Lewis Hine）就是那些被埃利斯岛吸引的摄影师之

180

[①] 有关移民照片的例子，请参阅 *The World's Work*, February 1901; *Outlook*, December 28, 1907; *NYT*, March 11, 1906。

一。① 他来自威斯康星州的奥什科什，带着对社会改革的热情来到纽约。虽然他后来因拍摄揭露童工生活和帝国大厦建筑的标志性照片而出名，但他的第一个大型拍摄项目是 1905 年的埃利斯岛。

在混乱的埃利斯岛，拍摄绝非易事。海恩后来这样描述了他遇到的困难：

> 现在，假设我们从埃利斯岛的人群中挤过去，试图阻止一群不知所措的人从走廊、楼梯和其他地方涌来，急着早点把这一切都结束，然后各奔前程。这里有一小群人似乎有可能会配合，所以我们拦住他们，连说带比划地告诉他们，如果他们能停留片刻，那就太好了。周围人潮汹涌，对相机和我们视若无睹。我们找好焦点，让他们待在原地，并准备好闪光灯。

然后，海恩会把他的旧式相机放在摇摇晃晃的三脚架上，开始拍照。镁光灯一闪，喷出浓烟和火花，把在场的每个人都吓一跳。

早期摄影过程的侵入性，加上埃利斯岛混乱的环境，使海恩照片中那种微妙和亲切感更加难能可贵。这些照片以一种直观的方式呈现了移民的日常经历，例如一个寻找行李的意大利家庭；睡在长凳上的斯拉夫妇女，她裹着头巾，头枕在包上；正在享用牛奶的孩子。一个"年轻的俄罗斯犹太女孩"用她棕色的大眼睛盯着镜头，像是在寻找着

---

① 关于路易斯·海恩，见 Karl Steinorth, ed., *Lewis Hine: Passionate Journey* (Zurich: Edition Stemmle, 1996); *America & Lewis Hine: Photographs, 1904-1940* (New York: Aperture, 1977); and Maren Stange, *Symbols of Ideal Life: Social Documentary Photography in America, 1890-1950* (Cambridge, UK: Cambridge University Press, 1989), 47-87。海恩在埃利斯岛的照片可以在乔治·伊士曼中心（George Eastman House）的网站上浏览：http://www.eastman.org/fm/lwhprints/htmlsrc/ellis-island_idx00001.html。

什么，又像是想起了她留下的什么东西。

海恩的照片是摆拍，但这并没有削弱它们的真实感。其中一张照片的标题是"意大利麦当娜"，一位意大利妇女坐在长凳上，头上裹着一条黑色的围巾，她的小女儿坐在她的腿上。母亲低头看着孩子，而孩子看着母亲，眼神充满了崇敬，但又有些恐惧。海恩借用了这张经典宗教主题的意象，把母女俩放在一个铁栅栏前，栅栏后面有一群年龄各异的移民，他们在焦点之外，有点模糊。通过将理想化的母女形象与关在栅栏后的移民现实并列，海恩捕捉到了埃利斯岛的现实。

业余摄影师、埃利斯岛检查员奥古斯都·谢尔曼（Augustus Sherman）拍摄的更多照片登上了报纸和期刊。[①]谢尔曼的拍照对象大多是匿名的，标题中除了种族和职业之外几乎没有提到什么，比如"罗马尼亚牧羊人"和"芬兰女孩"。和海恩相比，谢尔曼对身穿奇特民族服装的阿尔巴尼亚人、荷兰人、希腊人、哥萨克人更感兴趣。他还记录了一些移民充满异域风情的、近乎畸形秀的特征，如满身文身的德国偷渡者、俄罗斯巨人、缅甸侏儒，以及前往马戏团的小头东亚人。

海恩和谢尔曼的照片也许有助于使移民变得更加有血有肉，但他们并没有说服所有的美国人。到了罗斯福的第二个任期，移民限制联盟意识到之前对总统的信任是错误的。罗斯福几乎对推行识字测试毫无兴趣。他对沃乔恩和施特劳斯的任命意味着国门的守卫者更有可能将大门打开，而不是紧闭。和奥斯卡·施特劳斯一样，普雷斯科特·霍尔意识到，那些被委托执行移民法的人对这些法律的实施有很大的影响。

① 见 Peter Mesenhöller, *Augustus F. Sherman: Ellis Island Portraits, 1905–1920* (New York: Aperture, 2005)。谢尔曼一些更具异国情调的拍摄对象，很可能是由巴纳姆和贝利带到美国表演的外国出生的马戏团演员。见威廉·威廉姆斯 1910 年 3 月 24 日写给丹尼尔·基夫的信，File 52880–171, INS。

182　　劳工联合会主席塞缪尔·冈珀斯也呼吁加强对移民的限制。[①]作为一名来自英国的犹太移民，冈珀斯承认自己对移民问题的心情很复杂，但对低工资移民劳工的抱怨是一个很自然的理由。他指责大企业及"理想主义者和感伤主义者"反对限制移民，但全国自由移民联盟更愿意扭转这种观点。哈佛大学校长查尔斯·艾略特写道："很显然，工会要求限制移民，这完全是出于自私。他们自己在这个国家才生活了几年，现在却为了所谓的利益，要把其他人拒之门外。"

　　1907年，国会再次提出识字测试的问题，两股势力开始展开较量。[②]亨利·卡伯特·洛奇设法在参议院通过了一项法案，但在众议院却陷入了僵局。尽管在众议院有足够的支持，但强势的议长、共和党人乔·坎农（Joe Cannon）成功绕过了识字测试的问题。

　　坎农是一位亲商业的共和党人，他主张自由放任，几乎反对政府对私营企业进行任何管制。他还坚决反对工会，所以坎农自然会支持源源不断的低薪工人的到来，这是他的企业选民所强烈要求的。他也是全国自由移民联盟的成员，除了德裔美国人、爱尔兰裔美国人和美国犹太人团体外，该联盟也站出来反对该法案。最终，坎农对立法程序的操纵赢得了胜利。坎农建立了一个联邦委员会来调查移民问题，

---

① Samuel Gompers, *Seventy Years of Life and Labour*, vol. 2 (New York: Augustus M. Kelley, 1967), 154, 160; 1907年2月1日，查尔斯·艾略特写给爱德华·劳特巴赫（Edward Lauterbach）的信，File 1125, Folder 1, IRL。

② 关于1907年的移民法中，见 John Higham, *Strangers in the Land: Patterns of American Nativism, 1860-1925* (New Brunswick, NJ: Rutgers University Press, 1955), 128-130; Hans Vought, *The Bully Pulpit and the Melting Pot: American Presidents and the Immigrant, 1897-1933* (Macon, GA: Mercer University Press, 2004), 54-57; Daniel J. Tichenor, *Dividing Lines: The Politics of Immigration Control in America* (Princeton, NJ: Princeton University Press, 2002), 124-128; and William C. Van Vleck, *The Administrative Control of Aliens: A Study in Administrative Law and Procedure* (New York: Da Capo Press, 1971), 10-12。

而不是实行识字能力测试。

对于反对移民限制的人来说，1907 年的移民法是一次胜利，因为识字测试法案被否决了。实际上，这一法案要复杂得多，限制主义者所得到的比大多数人意识到的多得多。对移民征收的人头税提高到了每人 4 美元，尽管有些人希望将其提高到 25 美元。更重要的是，国会再次扩大了排斥的类别。首先，除了精神病和癫痫病患者外，弱智移民现在也被排除在外。其次，国会扩大了对妓女的排除范围，将"为卖淫或其他不道德目的而来到美国的任何外国妇女或女孩"拒之门外。最后，任何被医生确定为"精神或身体上有缺陷"，并且其缺陷会"影响谋生能力"的移民都可以被排除在外。措辞不严谨的立法为有关埃利斯岛政策的辩论开辟了新的空间。关键问题归结为诸如"智力缺陷""不道德目的""弱智"或"谋生能力"等术语的定义。

至于移民调查委员会，它结合了 20 世纪委员会的两个特点。首先，它将收集数据，调查全国各地的各种情况，为立法者提供更好的信息。其次，它将允许目光短浅的政客们推迟对移民问题的进一步讨论，从而在这个越来越敏感的问题上给他们提供掩护。

几年前，罗斯福总统曾批评格罗弗·克利夫兰否决识字能力测试的做法，并在他担任总统的早期表示支持这项测试。现在他就不用费心决定是否要否决这样的法案了。亚拉巴马州国会议员约翰·伯内特（John Burnett）在谈到罗斯福就这一问题在国会辩论中的行为时说："到了要表态的时候，我们看不到总统，也感觉不到他的存在。"

在写给议长坎农的信中，罗斯福认为该委员会是一个在不损害自己政治资本的情况下实现限制的机会。[1] 他说："我想要这样一个委员

───────────────

[1]　1907 年 1 月 12 日西奥多·罗斯福写给约瑟夫·坎农的信，Morison, ed., *Letters*, vol. 5, 550。

会，它使我能够向国会提交一份可以明确解决移民问题的计划。"他希
望在1908年大选之后、离任之前，这种情况会发生。罗斯福希望立法
将"身体上、道德上或精神上不合格的人"拒之门外。虽然这些话在
私下里说出来很容易，但总统越来越不愿意在公开场合这样说。

这个新的委员会还要再过四年才向国会提交报告。在此期间，移
民问题的焦点从华盛顿转移到了纽约港这个日益繁忙的岛屿。

识字测试法案的失败表明了移民支持者日益增长的影响力，但
也导致了对奥斯卡·施特劳斯和罗伯特·沃乔恩的恶毒攻击。[1]普雷
斯科特·霍尔是他们最尖锐的批评者之一，这一点也不奇怪。他抱怨
说，施特劳斯推翻了送到他案头的半数驱逐令，而且这种行为正在挫
伤这个部门的士气。这位美国首位内阁犹太部长也招致抱怨，称他对
非犹太移民的诉求缺乏同情心。到了1908年初，抗议的声音已经不绝
于耳，沃乔恩向施特劳斯抱怨说："许多官员——包括州、县和市的官
员——越来越多地认为，您的政府不打算执行移民法中的驱逐条款。"

霍尔将他对施特劳斯的指控直接提交给了罗斯福总统，而罗斯福
总统似乎并没有因此而感到十分不安。[2]尽管如此，他还是把霍尔的批
评转达给了亨利·卡伯特·洛奇，让他做进一步的调查。

洛奇一直是移民限制联盟的坚定盟友，也是国会中支持识字测试
的主要人物。[3]然而，在调查了对施特劳斯的指控后，洛奇却不为所

184

---

[1] Cohen, *A Dual Heritage*, 155; 1908年2月29日罗伯特·沃乔恩写给奥斯卡·施特劳斯的信，OS。
[2] 西奥多·罗斯福于1908年6月24日写给普雷斯科特·霍尔的信，Morison, ed., *Letters*, vol. 6, 1096–1097。
[3] 1908年7月26日亨利·卡伯特·洛奇写给西奥多·罗斯福的信，Henry Cabot Lodge and Charles F. Redmond, eds., *Selections from the Correspondence of Theodore Roosevelt and Henry Cabot Lodge, 1884–1918*, vol. 2 (New York: Da Capo Press, 1971)。

动。他在给罗斯福的信中写道："霍尔既诚实又能干，但他太极端了，不明白依据道听途说提出指控是一回事，而通过证据来支持这些指控又是另一回事。"洛奇承认，施特劳斯"反对影响贫穷犹太人入境的法律"，他认为这是一个很不幸的事实。然而，他找不到任何证据证明施特劳斯曾下令放松对该法律的执行。事实上，洛奇告诉罗斯福，在施特劳斯的任期内，通过向华盛顿上诉驱逐令被推翻的情况并没有增加。

　　然而，洛奇的话并不完全正确。[①]在施特劳斯上任前的那一年里，近 52% 被驱逐的移民在向华盛顿申诉时败诉。1908 年，也就是施特劳斯担任部长的第一年，这个数字下降到了 44%。1910 年，也就是施特劳斯离任后的第一年，上诉失败的案件数量跃升至 60% 以上。然而，总的来说，这种相对较小的下降很难证明执法的松懈。

　　就连亨利·卡伯特·洛奇也在为施特劳斯辩护，这肯定惹恼了霍尔。[②]他后来告诉罗斯福，施特劳斯"在许多移民问题上一次又一次地欺骗了你们。……他是有史以来最狡猾、最肆无忌惮的官员之一"。这些话并没有削弱罗斯福对施特劳斯的钦佩和尊重。

　　霍尔也把矛头瞄准了他眼中的另一个坏人。他告诉罗斯福说："沃乔恩自从移民到这个国家以来就一直是个骗子，他的入籍文件是伪造的。"他还指责沃乔恩在 1890 年的一次政治竞选中窃取了工会成员的地址。他愤怒地说："我可以绝对肯定，沃乔恩是不诚实的，不道德的。"

185

---

① 这些数字来自移民专员的年度报告。我找不到 1906 年以前的数据。施特劳斯的任期包括 1908 年，以及 1907 年和 1909 年的部分时间。1906 年到 1915 年的数据显示，上诉之后仍然被驱逐出境的人数下降至 44% 到 69% 之间。施特劳斯任期之内的数据虽然处于这一区间的低端，但与前任和继任者的政策相比，并没有什么异常。

② 1909 年 2 月 24 日普雷斯科特·霍尔写给西奥多·罗斯福的信，File 801, IRL。

1906 年末，为了平息对沃乔恩的批评，罗斯福要求移民限制联盟的成员詹姆斯·B. 雷诺兹（James B. Reynolds）调查埃利斯岛的运行情况。[1] 当雷诺兹完成他的报告时，他并没有提出对沃乔恩的控诉，而是强烈谴责了精神疾病移民在扣留期间受到的待遇。这不是普雷斯科特·霍尔想要的。

霍尔的愤怒部分源于沃乔恩试图在移民辩论中脚踏两只船。他准确地感觉到沃乔恩的性格很狡猾。沃乔恩本人已经证明了自己是一个有点急于取悦上司的人，一个为了自己的职业生涯可以很容易从民主党转到共和党的人。沃乔恩在上任初期在移民问题上表现得很强硬，但后来开始向奥斯卡·施特劳斯汇报时，他调整了自己的态度。

1905 年 7 月，沃乔恩写信给罗伯特·沃德，说当一名家庭成员被排除在外而其他成员被接纳时，他对拆散这个家庭没有任何不安。[2] 他说："对于来到美国的未成年人、妻子或父母，如果他们的后代必然会让你、我和每一个有思想的人深感忧虑，那美国还能得到什么样的保护呢？"沃乔恩告诉沃德，他怀疑"相对于我们偶尔被指责的所谓冷漠，滥施同情带来的后果是否更加严重"。那些将他视为移民支持者的人听到他这样的话，一定会深感震惊。

沃乔恩与波士顿的限制主义者保持通信联系，1906 年他写信给霍尔，讨论威廉·威廉姆斯最近发表的一篇文章。[3] 霍尔说威廉姆斯不在埃利斯岛是件很遗憾的事，这让沃乔恩很伤心，因为这意味着那里现在存在着执法松懈的情况。沃乔恩急于纠正这种印象，他写道，他几

---

① 关于雷诺兹的报告，见 File 51467-1, INS。

② 1905 年 7 月 22 日罗伯特·沃乔恩写给罗伯特·沃德的信，File 916, Folder 1, IRL。

③ 1906 年 6 月 5 日罗伯特·沃乔恩写给普雷斯科特·霍尔的信，File 958; 1906 年 6 月 7 日，普雷斯科特·霍尔写给罗伯特·沃乔恩的信，File 958, IRL。

乎完全同意霍尔和威廉姆斯的观点，他要为了防止任何被定义为有精神或身体缺陷的人入境而不懈努力。作为回应，霍尔称沃乔恩是一位"非常能干、精力充沛的官员"。

　　这是在奥斯卡·施特劳斯之前。普雷斯科特·霍尔不是唯一一个对此感到不开心的人。[①] 美国福音传单协会的贾德森·斯威夫特（Judson Swift）写信给罗斯福，抱怨说沃乔恩阻碍了传教士在埃利斯岛的活动，据说是受到了施特劳斯的命令。新教传教士认为涌入检查站的移民与其说是可怕的洪水，不如说是福音传播的机会。在1906年出版的《外国人还是美国人？》（*Aliens or Americans?*）一书中，浸信会牧师霍华德·格罗斯（Howard Grose）称新移民的到来是福音派的机会，他问道："难道我们要把福音传给美国的异教徒吗？"有些人是真正地为新来者服务，而另一些人则忙着把用他们的母语写作的新教小册子发给天主教徒和犹太人。犹太人领袖向沃乔恩抱怨这种情况，后者命令传教士停止向犹太移民传教。[②] 谣言开始在纽约的新教教堂中流传，说沃乔恩威胁要将任何使用耶稣基督名义的人驱逐出埃利斯岛。虽然斯威夫特暗示施特劳斯的犹太人身份是沃乔恩之行为背后的原因，但施特劳斯本人对他的下属所做的事情并不知情，虽然也不是不支持。

　　罗斯福对这些批评毫不同情，并派他的秘书威廉·洛布（William Loeb）去对付斯威夫特。[③] 洛布代表总统谴责斯威夫特将施特劳斯的宗教信仰扯进来的做法，称其为"毫无根据的诽谤"，"福音传教士应

186

----

① 1908年2月1日，小威廉·洛布写给美国福音传单协会地方联络员贾德森·斯威夫特博士的信，Box 9, OS：霍华德·格罗斯的话引自 Mesenhöller, *Augustus F. Sherman*, 12。

② 1908年2月3日，罗伯特·沃乔恩写给奥斯卡·施特劳斯的信，Box 9；1908年2月1日，奥斯卡·施特劳斯写给罗伯特·沃乔恩的信，Letterbox 3, Box 20, OS。

③ 1908年2月1日，小威廉·洛布写给美国福音传单协会地方联络员贾德森·斯威夫特博士的信，Box 9, OS。

该最反感这样的行为"。洛布还指出，沃乔恩本人是一名虔诚的卫理公会教徒，他不可能对新教抱有敌意，因为他的弟弟就是一名新教牧师。

在斯威夫特抱怨基督教传教士所受到的待遇的同时，纽约警察局长西奥多·宾厄姆（Theodore Bingham）也在抨击沃乔恩未能将被判有罪的移民遣返，他呼吁总统任命一位致力于"把犯罪分子拒之门外"的新专员。[①]

沃乔恩指出，在前一年，驱逐令增加了近50%。[②] 尽管如此，宾厄姆并没有软化态度，而是一再强调移民与犯罪之间的联系。他给沃乔恩和施特劳斯提供了一份在纽约有犯罪记录的意大利移民名单，诱使官员将他们遣返。施特劳斯对沃乔恩说，他"愿意合作，让美国摆脱那些根据移民法可以被遣返的人"。华盛顿很快发出了对他们的逮捕令。

移民限制论者在移民总专员弗兰克·萨金特身上看到了奥斯卡·施特劳斯邪恶影响的进一步证据。[③] 在萨金特开始向奥斯卡·施特劳斯汇报工作后，许多人注意到了他的变化。公共卫生署的官员维克多·萨福德讲述了波士顿的一场听证会。当医生建议把一个患有沙眼的瑞典女孩遣返时，萨金特回答说："如果你把这个外国人拒之门外，这个案子就会上诉到华盛顿，并得到其亲属显然可以支配的政治

187

---

① Thomas Pitkin and Francesco Cordasco, *The Black Hand: A Chapter in Ethnic Crime* (Totowa, NJ: Littlefield, Adams, 1977), 85.

② 1908 年 3 月 2 日奥斯卡·施特劳斯写给罗伯特·沃乔恩的信，OS; Thomas Pitkin, *Keepers of the Gate: A History of Ellis Island* (New York: New York University Press, 1975), 97–100. 其他关于黑手党的讨论，见 "How the United States Fosters the Black Hand," *The Outlook*, October 30, 1909, and "Imported Crime: The Story of the Camorra in America," *McClure's Magazine*, May 1912.

③ Victor Safford, *Immigration Problems: Personal Experiences of an Official* (New York: Dodd, Mead, and Company, 1925), 88–90.

影响力的支持，我可以向你保证，你的决定将被推翻，这个外国人将被允许入境。"萨福德指出，到1908年初，萨金特已经变得"意志消沉、病态恹恹，完全依赖于他的薪水，不知道他去世后他的家人会怎么样"。

萨金特的另一位朋友萨缪尔·冈珀斯注意到，因为在施特劳斯手下工作，萨金特变得"非常失望和沮丧"，甚至希望能够重新当选火车司机兄弟会的主席。[①] 竞选失败后，萨金特意识到他必须继续在政府工作。由于需要钱养家糊口，他无法为了自己的原则而辞职，不得不继续以违背其信念的方式解释移民法。

1908年夏天，这种压力开始对他产生不良影响。[②] 他患有严重的胃病，最终中风。在两次中风和一次严重摔倒后，萨金特于9月初去世，享年53岁。冈珀斯写道："如果说有一个人是心碎而死的，那就是他了，因为他发现自己处于一个他认为有必要保留的职位，却无法实现他对于公共服务和正义行为的理想。"奥斯卡·施特劳斯在日记中评论萨金特的死时，带着一种轻微的优越感赞扬了他的这位下属，称他为"一位兢兢业业的好官员，无论他有什么缺点，都不是缺乏同情心的结果，而是所受教育的结果"。

施特劳斯的移民观点也对另一位工会出身的老限制主义者产生了影响。特伦斯·鲍德利已经三年多没有稳定的工作了。到了1906年，罗斯福已经对他做出了补偿，派他去欧洲调查欧洲人移民的原因。在鲍德利提交报告后，罗斯福任命他担任一个新职位。这位老工会领导人需要一份稳定的政府薪水，但这位曾经领导华盛顿移民事务的人现

---

① 　Gompers, *Seventy Years*, vol. 2, 164.

② 　*BG*, August 9, 1908, September 5, 1908; Gompers, *Seventy Years*, vol. 2, 164; Oscar Straus Diary, 214, OS.

188   在不得不在他曾经领导过的机构中担任一个下级职位。

鲍德利现在负责新成立的信息部。它的目标是"合理分配进入美国的外国人"。这项改革得到了移民辩论双方的支持。实际上，全国移民限制联盟的口号是"分配和教育，而不是限制"。而鲍德利的新机构所做的则更加平淡无奇，它负责收集全国各地的工资和就业信息，把这些数据集中起来，然后送到埃利斯岛等移民站的移民手中。

这是一种关于移民行为的幼稚观点。当大多数移民到达美国时，他们通常和家乡的亲戚朋友一起生活在移民聚居区。不管这些地方在外人看来是多么拥挤和糟糕，它们就像是一条安全毯，为那些新移民提供了进入美国黄金大门之后的立足点。熟悉的语言、报纸、食物和音乐的氛围比其他地方的工作机会更吸引人。曼哈顿下东区或芝加哥西区比亚拉巴马州的钢铁厂或德州的农场更有吸引力。

果不其然，鲍德利的努力相对来说并不成功。[1] 从 1908 年至 1913 年间，仅有 23 000 名移民使用了鲍德利的信息。尽管看似很失败，劳工领导人还是对这个新机构发起了猛烈抨击。冈珀斯对鲍德利从来就不怎么尊敬，他称信息部为"破坏罢工的机构"。[2] 火车司机兄弟会的主席告诉鲍德利，只有"说服欧洲人老老实实待在家里"，他的部门才会成功。冈珀斯的副手约翰·米切尔（John Mitchell）告诉鲍德利，希望他把失业统计数据发给移民，以打消他们来美国的念头。

劳工骑士团的内部杂志评论说，作为该组织的前领导人，鲍德利在开始为奥斯卡·施特劳斯工作之前，曾被认为是一个移民限制主义

---

[1]   John Lombardi, *Labor's Voice in the Cabinet: A History of the Department of Labor from its Origin to 1921* (New York: AMS Press, 1968), 144–145.

[2]   Gompers, *Seventy Years*, vol. 2, 168; Lombardi, *Labor's Voice*, 147–148.

者。^①这份杂志指出，鲍德利"一定感到非常尴尬，为了保住一份工作，他要编造与以前不同的新演讲和新观点"。这也许是因为年龄的原因，但事实是，鲍德利现在开始向奥斯卡·施特劳斯报告了。为了保住自己的饭碗，避免又一次尴尬的解雇，他悄悄地改变了自己的观点。

美国人试图平衡对新移民的担忧和这个国家在欢迎移民方面的传统角色。^②美国海军医院服务部的医生艾伦·麦克劳克林是将移民问题的争论框定在政治范围内的人之一。他认为，完全排斥移民是"不合逻辑的、偏执的、不符合美国精神的"，而完全敞开大门则是"一种疯狂的行为"，是"对国家的犯罪"。

麦克劳克林呼吁严格执行现行法律。这也是弗兰克·萨金特的观点。他明确表示，他不希望看到闭门政策，认为美国需要"身心健康且能自力更生的高素质外国人"。真正的问题是如何区分理想的移民和不理想的移民。

《瞭望》（*The Outlook*）杂志指出："提倡绝对不受限制移民的人太少了，根本就不值得考虑。"^③在普雷斯科特·霍尔看来，支持完全开放政策的人屈指可数，其中最有名的是著名废奴主义者威廉·加里森的儿子小威廉·劳埃德·加里森（William Lloyd Garrison Jr.）。1911 年，

---

① *Journal of The Knights of Labor*, January 1909, quoted in "What of the Future?" Publication of the Immigration Regulation League, No.5, File 1144, IRL. 鲍德利甚至给当选总统塔夫脱写了一封信，敦促他让施特劳斯继续担任商务和劳工部部长。鲍德利声称，美国工人会支持施特劳斯，这表明他已经与劳工运动脱节了。他说："同任何地方的劳工交谈，你就会发现我所说的是正确的，是温和的。"1909 年 1 月 7 日，特伦斯·鲍德利写给威廉·霍华德·塔夫脱的信，Series 3, WHT。

② Allan McLaughlin, "Immigration and Public Health," *PSM*, January 1904; Frank Sargent, "The Need of Closer Inspection and Greater Restriction of Immigrants," *Century Magazine*, January 1904.

③ *Outlook*, February 22, 1913; "Reports of the Industrial Commission on Immigration," vol. 15, 1901; *NYT*, April 14, 1911.

支持移民的律师马克斯·科勒（Max Kohler）与主张限制主义的学者耶利米·詹克斯（Jeremiah Jenks）进行了辩论，后者对过去一年有24 000名移民被拒绝这一事实表示赞赏，以此来表明移民法的有效性。他还希望对"健康、向上、勤奋的移民不加限制，因为这个国家需要他们，就像他们需要这个国家一样"。

西奥多·罗斯福在这场辩论中表现出极大的灵活性。当移民支持者抱怨威廉·威廉姆斯的限制主义倾向时，罗斯福任命了一个种族多元化的小组来调查他。后来，当限制主义者抱怨罗伯特·沃乔恩执法不力时，总统任命了一位移民限制联盟的成员进行调查。只有罗斯福能做到这一点。

虽然罗斯福早年在移民问题上口若悬河，但他在白宫的最后几年却出人意料地对这个问题保持沉默。当年这位出身高贵的年轻人曾支持识字能力测试，并纠正了纽约一家报纸说他反对限制移民的言论，现在他已经变成一位更成熟、更有政治头脑的人。罗斯福在上任之初曾哀叹移民法的缺陷，并呼吁增加应该被排除在外的移民的类别。在最后一次向国会发表的年度讲话中，罗斯福只字未提移民问题。

维克多·萨福德医生一语击中了罗斯福矛盾思想的核心。[①] 这位医生是爱德华·麦克斯威尼的密友，他认为罗斯福已经发现，"虽然制定严格的移民法在政治上是好的，但是在政治实践中，真正公正地执行移民法是糟糕的"。

这就是为什么罗斯福在移民问题上持一种骑墙态度。由于对少数族裔和宗教团体的开放态度，他要让移民和他们的捍卫者感到满意；通过口头上对新移民素质的关注，他要让那些限制主义者感到满意。

---

① Safford, *Immigration Problems*, 88.

但归根结底，他所有关于限制的言论都只不过是虚张声势而已。在移民问题上，这位直言不讳的改革者变成了一位立场不坚定但非常成功的政客。

　　这种意识形态上的灵活性和实用主义一定会令乔治·华盛顿·普朗基特感到很满意。

城堡花园位于曼哈顿下城的炮台公园，从 1855 年到 1890 年，它是美国的主要移民检查站，在此期间，超过 800 万移民通过这里进入美国。

埃利斯岛最初的检查站于 1892 年元旦开放，由佐治亚松木建造。1897 年的一场大火烧毁了岛上所有的建筑。一家杂志称它们为"简陋的谷仓和建筑垃圾堆"。

埃利斯岛于 1900 年重新开放。现在，迎接来到美国的移民的将是一座宏伟而优雅的钢结构红砖建筑。

《大门口的陌生人》

创作于 1896 年的这幅漫画捕捉到了当时的反移民情绪。移民背负着许多包袱，如贫穷和疾病。山姆大叔守卫着通往美国的大门，在这个新来的人面前轻蔑地捏着鼻子。

这些移民正前往埃利斯岛的主要建筑，在那里他们将接受检查，这些检查将决定他们是否会被允许进入美国。

一排年轻妇女在移民官员的注视下通过检阅。单身年轻女性不允许离开埃利斯岛，除非有男性亲属陪同或得到移民援助协会的照顾。官员们担心单身女性可能会成为骗子或皮条客的猎物。

这些移民正经过一名医疗检查员的面前，他正在寻找可能的身体或精神问题。医生只有几秒钟的时间来做出判断。如果发现了一个可能的问题，他会用粉笔在移民身上做上标记。

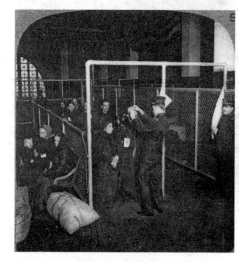

检查过程中最令人难忘和最令人焦虑的是眼睛检查。图中埃利斯岛的一名医生正在翻动一名男子的眼睑，检查他是否有沙眼。

这是埃利斯岛的大厅或登记处。这些移民已经通过了检查，正在等待登记处工作人员的面试，他将对他们是否可以入境做出最终决定。

工作人员正在根据船上乘客名单（桌子上的白色大单子）上的信息询问移民。如果他们的回答与名单上的相符，就可以登陆。

这幅精彩的图画描绘了一个
移民，他手里拿着帽子，等
待着登记处的工作人员考虑
是否允许他和他的家人进入
这个国家。

翻译在帮助移民通过检查的过程中发挥了重要作用。图为一名翻译（中）与一名移
民用其母语交谈，一名移民官员正在检查乘客名单。

两名医生在一个房间里询问一名移民（右一），以确定他的智力。霍华德·诺克斯博士（右二，戴着帽子）是埃利斯岛上主要负责智力测试的医生之一。一位翻译坐在左边。

这张 1908 年埃利斯岛移民工作人员的照片中有一位名叫菲奥雷洛·拉瓜迪亚（左上）的年轻翻译，他在那里工作了三年，同时晚上上法学院。25 年后，他当选纽约市长。

由三或四名检查员组成的特别调查委员会在埃利斯岛很常见，他们对"所有不能完全排除怀疑的移民"进行审查，并决定是否允许他们登陆。

这幅图描绘的是一个移民在一个特别调查委员会面前说明他为什么应该被允许进入这个国家。

大多数移民在埃利斯岛上只停留几个小时。对于那些因为案件在审理或上诉期间被迫等待的人来说，扣留是一种现实。其中一些扣留可能会持续数周甚至数月。

"东道主山姆大叔"：被扣留的移民必须要吃饭。菜单上的食物有炖梅干、燕麦片、炖牛肉、烤豆、煮土豆、咖啡和牛奶。还有一个犹太移民专用的厨房。

米泰尔施塔特一家 1905 年抵达埃利斯岛。他们要前往北达科他州。《纽约时报》上的图片说明写道："德皇又损失了七名士兵。"

《意大利麦当娜》：这张由刘易斯·海恩于 1905 年精心拍摄的照片借鉴了标志性的宗教意象，使这位意大利妇女和她的孩子更加打动人心。然而，站在铁栅栏后面的人提醒观众，扣留和驱逐也是埃利斯岛生活的一部分。

普雷斯科特·霍尔于 1894 年与人共同创立了移民限制联盟。在接下来的四分之一个世纪里，他坚持不懈地争取加大对移民的限制。他对越来越多的东欧和南欧移民感到沮丧，并担心盎格鲁-撒克逊美国的衰落。

威廉·威廉姆斯是新英格兰清教徒的后裔，曾于 1902 年至 1905 年和 1909 年至 1913 年担任埃利斯岛专员。虽然他使那里的运行更加专业化，但他也试图收紧检查程序，以清除那些他所谓的"不受欢迎的"移民。

1903 年，西奥多·罗斯福头戴一顶垂边软帽，在倾盆大雨中抵达埃利斯岛，这是美国总统首次访问埃利斯岛。在他的整个职业生涯中，罗斯福对移民问题产生了更大的兴趣。

仿效罗斯福总统，威廉·霍华德·塔夫脱于 1910 年访问了埃利斯岛。从左至右：商务和劳工部部长查尔斯·内格尔、塔夫脱、埃利斯岛专员威廉·威廉姆斯，以及移民总专员丹尼尔·基夫。

从左至右：移民总专员安东尼·卡米内蒂、劳工部部长威廉·威尔逊，以及信息部负责人特伦斯·鲍德利。

奥斯卡·施特劳斯于 1906 年被西奥多·罗斯福任命为商务和劳工部部长，是第一位在内阁任职的犹太裔美国人。作为德国移民的儿子，施特劳斯负责监督移民法的执行，并试图缓和其苛刻的规定。

委内瑞拉前统治者西普里亚诺·卡斯特罗曾于 1912 年和 1916 年两次被扣留在埃利斯岛。他因涉嫌参与谋杀一名政治对手而被控道德败坏，但是最终两次都被允许入境。

第十章　可能会成为公共负担

　　的确，在许多重要的方面，外国移民是穷人的反面……他们能够来到这里，这本身就表明了改善个人状况的愿望和着手这样做的精力，而这是真正的穷人身上所没有的。

　　　　　　——凯特·霍拉迪·克拉格霍恩（Kate Holladay Claghorn），1904 年

　　因此，现在是时候禁止体格不良的外国人进入我们国家了。在饲养马、牛、狗或羊时，我们会选择优良的、强壮健康的品种。如果我们关心这个民族的身体发展，我们当然应该在选择血统时同样小心谨慎。

　　　　　　　　　　　　　　——罗伯特·沃德，1905 年

　　到了 1910 年 2 月，西奥多·罗斯福已经从他卸任总统后的非洲狩猎之旅归来。作为一个普通公民，51 岁的罗斯福当时住在他的新雇主《瞭望》杂志位于曼哈顿的办公室里，退休生活让他很不习惯。他对自己亲手挑选的继任者威廉·霍华德·塔夫脱越来越不满，这让他的不安变得更加严重。

　　一天，这位前总统在他的新办公室接待了一些朋友，其中包括罗

伯特·沃乔恩。① 罗斯福拉着他的胳膊带他到一个远离其他人的安静角 192
落，问道："告诉我，沃乔恩先生，你为什么要离开埃利斯岛的职位？"

沃乔恩回答说："因为你离开了白宫。"在得到自己所寻求的证实
之后，这位前总统有点顽皮地说："换句话说，因为你是我的朋友。"
沃乔恩的回答强化了罗斯福的信念，即塔夫脱一直在排挤罗斯福的忠
实支持者。然而，罗斯福也有一点选择性记忆。在担任总统期间，他
对外界认为沃乔恩执行移民法不力的抱怨置之不理，但对 1908 年出现
的腐败指控却并非如此。

虽然罗斯福曾表示希望延长沃乔恩的任期，但他也要求美国商业
和劳工部的法务官赫伯特·诺克斯·史密斯（Herbert Knox Smith）调
查这些指控。② 这些指控相对较轻，针对的是沃乔恩曾迫使埃利斯岛食
品经营合同的持有者免费为他的私人派对提供餐饮服务一事。沃乔恩
否认了这一指控，声称除了那些"过分和勒索性质"的收费外，他向
那家公司付了钱。罗斯福似乎对此感到不安，但他并没有要求对沃乔
恩提出正式指控，而是重新提名他担任原来的职务。这一提名在塔夫
脱就职之前就在参议院夭折了。

普雷斯科特·霍尔一直在向罗斯福灌输有关奥斯卡·施特劳斯和
沃乔恩的负面信息。③ 现在他把注意力转向了即将上任的总统，他告诉
塔夫脱，罗斯福任命施特劳斯进入他的内阁是受到了欺骗，霍尔称施
特劳斯"尽其所能以目前的方式解释和应用现有的法律，使有些规定

① Robert Watchorn, *The Autobiography of Robert Watchorn* (Oklahoma City, OK: Robert Watchorn Charities, 1959), 140–141.
② 1909 年 1 月 18 日西奥多·罗斯福写给赫伯特·诺克斯·史密斯的信，TR; Watchorn, *Autobiography,* 149–152。
③ 1908 年 12 月 8 日普雷斯科特·霍尔写给威廉·霍华德·塔夫脱的信，File 801, IRL。

实际上完全无效，并削弱和挫伤了整个部门的士气"。至于沃乔恩，霍尔怀疑他执行移民法的诚意。

　　尽管有这样的批评，许多人还是恳求塔夫脱重新提名沃乔恩，但这是不可能的。[①] 沃乔恩注意到塔夫脱周围的人"不仅对我不友好，而且明显有敌意"，他知道自己的任期快要到头了。塔夫脱此前已任命施特劳斯为驻土耳其大使，从而把他从商业和劳工部长的位置上撤下来，取而代之的是来自圣路易斯的德裔律师查尔斯·内格尔（Charles Nagel）。随着罗斯福和施特劳斯的离去，沃乔恩失去了他最强大的支持者。当塔夫脱明确表示不会重新提名他时，他提出了辞职。白宫的官方声明指出，塔夫脱认为沃乔恩的表现"令人不满"。

　　这些人身攻击对沃乔恩造成了伤害。[②] 在他辞职后，当一名记者要求他评论埃利斯岛的事务时，他断然拒绝了。他只评论说："当我离开那个岛时，我已经切断了与那里的一切联系。那个地方一直都有麻

---

① *NYT*, April 25, May 19, 1909.

② *NYT*, July 17, 1909; 1913 年 1 月 20 日罗伯特·沃乔恩写给查尔斯·D. 希尔斯（Charles D. Hilles）的信，Series 6, Reel 451, WHT. 离开埃利斯岛后，沃乔恩在联合石油公司（Union Oil Company）谋取了一份职务，因为他与这家公司的老板莱曼·斯图尔特（Lyman Stewart）是朋友。虽然他在石油行业或一般商业领域缺乏经验，但还是被任命为公司的财务主管。许多董事会成员反对他，认为他不堪其任。这位曾经的煤矿工人、工会领导人和政府官员很快前往纽约和伦敦，在世界上最精明的金融家中筹集资金。沃乔恩与他所处的环境格格不入，在他的新职位上，道德有问题的指责接踵而至。他很快就惹恼了斯图尔特，让后者对他的人品和能力产生了怀疑，因为他卷入了斯图尔特给他的价值 100 万美元的股票期权的争议。此事的细节并不明朗，但它导致沃乔恩在疑云笼罩下辞职。后来，他投身于俄克拉荷马州和得克萨斯州的石油开采，成为一个百万富翁，并在 20 世纪 30 年代将注意力转向慈善事业。他向家乡英格兰的阿尔弗雷顿（Alfreton）捐赠了一座教堂，并向雷德兰兹大学（University of Redlands）捐赠了一座音乐厅。1932 年，沃乔恩将他最伟大的一项慈善事业——林肯纪念堂——献给了他的第二故乡——加利福尼亚州的雷德兰兹。见 Frank J. Taylor and Earl M. Welty, *Black Bonanza: How an Oil Hunt Grew into the Union Oil Company of California* (New York: McGraw-Hill, 1950) 165−166; Watchorn, *Autobiography*, 154−162, 185−211。

烦，以后也会有。对我来说，现在是一了百了。"直到 1913 年，沃乔恩还在为自己被解职而愤愤不平，他向塔夫脱的首席助手抱怨说："我被解除职务的方式真是太不公平了。"

　　一边是沃乔恩对塔夫脱感到不满，另一边总统则抱怨说埃利斯岛的情况"不够理想"，并寻找一个能"以适当的方式"改善这种情况的人。就像罗斯福上任时对鲍德利和麦克斯威尼之间的纠葛感到厌恶一样，塔夫脱似乎对围绕沃乔恩的争议感到不快。

　　就像罗斯福七年前所做的那样，塔夫脱向威廉·威廉姆斯求助，希望他能整顿一下埃利斯岛。[①] 威廉姆斯比这位新总统小四岁，也是耶鲁大学的毕业生，他不愿意重返政坛，但最终还是同意了。1909 年 5 月底，威廉姆斯回到了原来的工作岗位，他所下达的第一批命令之一就是把他以前的死对头——助理专员约瑟夫·默里辞退。接替默里的将是拜伦·乌尔（Byron Uhl），他自 1892 年埃利斯岛开始营业以来一直在这里工作。

　　既然回到了埃利斯岛，威廉姆斯马上就开始着手解决他认为最紧迫的问题，那就是要将大量不受欢迎的移民筛除出去。

　　甚至在 1905 年初离开埃利斯岛后，威廉姆斯仍然直言不讳地主张加大对移民的限制。[②] 他为《社会科学杂志》（*Journal of Social Science*）撰文，指出移民法总体上是好的，但未能筛除"少数移民，他们通常不受欢迎，因为他们不聪明，缺乏动力，几乎（尽管不完全）很贫困"。他认为，在目前被接纳的移民中，大约有 25% 是"不受欢迎的"。他称这些人为"不受欢迎的少数移民"。威廉姆斯谨慎地指出，

①　1909 年 5 月 17 日威廉·霍华德·塔夫脱写给赫伯特·帕森斯（Herbert Parsons）的信，Series 8, WHT; *NYT*, May 20, 1909。

②　William Williams, "The Sifting of Immigrants," *Journal of Social Science*, September 1906.

他并非针对所有移民。他写道："我不赞同那些主张接纳所有移民的人，无论他们的出发点是好是坏，抑或漠不关心，同样，我也不赞同那些主张限制所有移民的人。"

他对那些不受欢迎的少数移民的担忧部分上是因为他所说的"种族影响"。20世纪早期涌入美国的移民与最早的定居者及移民不同。威廉姆斯写道："我们现在的文明和在世界各国中的地位，主要归功于与现在蜂拥而至的人截然不同的一类人。"老一辈移民群体主要来自北欧，"主要由与本地血统相似的强健人种组成"。回到埃利斯岛后，他对《纽约时报》说，这些群体"是好的，而新移民是不好的"。

虽然威廉姆斯质疑新移民能否被美国社会同化，但他还是发现，"像我们对待华人那样直接立法禁止或歧视欧洲的任何种族或国家都是行不通的"。[①] 就连他也明白，任何基于国籍或种族而排斥欧洲人的做法，就像对华人所做的那样，都违反了美国人对移民的基本理解。然而，威廉姆斯对新旧移民之间差异的强调预示着巨大的变化即将到来。

威廉姆斯非常尊重移民法的条文，即使是那些在他看来会拉低美国生活水平、削弱美国民主的移民，他也不得不接受。[②] 在这些法律和意识形态的框架内，威廉姆斯开始尽他所能来保护这个国家。在接任7天后，他向工作人员做出了如下通知：

> 埃利斯岛的检查标准有必要提高。特此公开通知，以便有意移民者在登船之前知道，我们将严格执行移民法，让那些达不到要求的人不要浪费时间和金钱来到这里，却只能被遣返回国。

① Williams, "The Sifting of Immigrants," *NYT*, July 18, 1909.

② "Annual Report of the Commissioner-General of Immigration," 1909, 132; *NYT*, June 5, 1909.

威廉姆斯现在已经通知了每一个人——从检查员到政客再到移民。他坚称，美国接收了太多的"低级移民"和"地痞无赖"。在他看来，现行的法律只能把"那些可以称为'渣滓'的人，或者穷凶极恶之人"拒之门外。威廉·威廉姆斯决心改进这种情况。

195

如果塔夫脱认为他任命威廉·威廉姆斯就能平息埃利斯岛的风暴，那他就大错特错了。

1909 年 6 月下旬，赫尔施·斯库拉托夫斯基（Hersch Skuratowski）来到埃利斯岛，口袋里只有 2.75 美元。这位 29 岁的俄国犹太裔屠夫从各方面来看都是一个理想的移民。他身体健康，有文化，头脑聪明，既不是罪犯，也不是一夫多妻者和无政府主义者。然而，埃利斯岛的官员下令将他拒之门外，因为他被认为"可能会成为公共负担"。

这句话成了许多来到美国的移民的绊脚石。1900 年至 1907 年之间，在所有被禁止入境的移民中，有 63% 的人因为"被认为可能会成为公共负担"而被拒之门外。

自 1882 年以来，公共负担条款一直是美国移民法的一个特征，尽管该条文最初是为了禁止那些"不能在不成为公共负担的情况下照顾自己"的人。在 1891 年，这一条被改为"可能会成为公共负担"。有了这个新措辞，政府就可以禁止那些已经依赖公共资金支持的穷人，以及那些被移民官员怀疑将来可能会成为公共负担的人。

这一条款体现了美国人的一个基本信念：移民应该有能力自力更生。虽然此时联邦福利国家还没有出现，但是由私人慈善机构或地方政府机构（如救济院或收容所）照顾的人已经被认为是公共负担。

它还具有美国移民法的另一个特点，即定义模糊。[1] 正如一位法

---

[1]　William C. Van Vleck, *The Administrative Control of Aliens; A Study in Administrative Law and Procedure* (New York: Commonwealth Fund, 1932), 54.

律学者在 20 世纪 30 年代指出的那样："可能会成为公共负担这一条被用作某种杂项文件夹，如果官员认为某个移民不应该被接纳，但是又找不到任何具体法律条文作为依据，他就可以将其归入这一类。"决定哪些移民可能会成为公共负担的责任落在了埃利斯岛官员的肩上。

因为意识到这一点，并希望像他在给埃利斯岛员工的第一次通知196 中所说的那样加强检查标准，威廉姆斯在 6 月底发布了第二份通知：①

> 一些轮船公司正把许多这样的移民带到这个港口，他们身上的钱显然不够让他们支撑到找到可以谋生的工作。……在没有法律规定的情况下，对于移民必须随身携带的金钱数额，没有硬性规定，但在大多数情况下，除了到达目的地的火车票钱之外，如果移民随身携带少于 25 美元是不够的。在很多情况下，移民应该携带更多。当然，他们还必须让当局相信，自己不会成为公共或私人慈善机构的负担。

过去，货币测试偶尔也有人提起过。在第一次向国会发表的年度讲话中，西奥多·罗斯福呼吁移民"证明自己有能力在美国生活，并证明有足够的钱在美国有一个体面的开始"。威廉姆斯在第一次任职期间曾非正式地尝试过这样的货币测试，但沃乔恩在上任后废除了这一做法。

现在威廉姆斯恢复了这项测试。② 他意识到自己进入了一个模糊

---

① "Annual Report of the Commissioner-General of Immigration," 1909, 133; 1901 年 12 月 3 日西奥多·罗斯福总统对国会的第一次年度讲话。

② 他认为这项测试"无非是对移民的一个及时警告：在他们可能获得有利可图的工作之前，如果没有足够的资金支持，他们就无法入境"。1909 年 7 月 15 日威廉·威廉姆斯写给 A. J. 萨巴斯（A. J. Sabath）的信，File 52531–12, INS。

的法律领域，他说 25 美元的要求不是一个固定的规定，而是"对有意移民者的一个友好提示"，即他们在入境时应该随身携带一定数量的钱。赫尔施·斯库拉托夫斯基是在 6 月 22 日抵达的，也就是威廉姆斯宣布新规定的六天前。官员们曲解了法律，将斯库拉托夫斯基扣留，直到特别调查委员会举行听证会那一天，而这碰巧与威廉姆斯颁布 25 美元法令是同一天。

在 1909 年，25 美元是一大笔钱，大约相当于 2007 年的 570 美元。再加上 30 到 40 美元的统舱票，到美国的费用会构成沉重的经济负担。

威廉姆斯的法令立即产生了效果。[①]在执行的第一天，在荷美轮船公司"雷丹"号（Ryndam）班轮上的 301 名乘客中，有 215 人因随身携带少于 25 美元而被扣留。大多数人不会被遣送回国，但举证的责任现在落到了移民身上，他们要说服当局，他们不会成为公共负担。

由于这条新规定，越来越多的移民被堵在那里，情况进一步恶化。[②]《纽约时报》的头条写道："被排除在外的人有可能会制造麻烦，扣留在埃利斯岛的 800 名移民不会乖乖被遣返。"其中一名被扣留者是 23 岁的俄国医科生亚历山大·鲁德纽（Alexander Rudniew），他有可能会成为公共负担而被下令遣返，因为他入境时身上只带了不到 25 美元。扣留期间的某天，沮丧的鲁德纽用意第绪语猛烈抨击埃利斯岛的官员，官员担心他可能会煽动被扣留者占领这个移民站。一个守夜人对着鲁德纽拔出枪来，这才使人群平静下来。鲁德纽最终被允许进入美国。

7 月 4 日，鲁德纽和其他 100 名被扣留的俄国犹太人（年龄从 8 岁到 58 岁不等）联名给纽约的意第绪语报纸《前进》（*Forward*）写了

197

---

① "Annual Report of the Commissioner of Ellis Island to Commissioner-General of Immigration," August 16, 1909; *NYT*, June 30, 1909.
② *NYT*, July 14, 1909.

一封信，抱怨埃利斯岛拥挤的环境。①编辑在头版刊登了这封信。信中
写道："每个人都沮丧地走来走去，痛哭流涕。"许多被扣留者是从俄
国军队中逃出来的，他们害怕被遣返。他们称威廉姆斯的 25 美元规定
是"暴行"和"无稽之谈"，并希望提醒其他犹太人"我们在这里是如
何受苦的"。《美国希伯来人》派了一名记者到达埃利斯岛，发现岛上
没有人生病，但是大多数人都面色苍白，因为遭受的磨难而惊慌失措。

威廉姆斯对抗议不为所动，也完全没有歉意。②他对一名记者说：
"我是在执行法律，为什么我不能这样呢？我就是为此而来的。"

许多美国人都很高兴有威廉姆斯在那里。③移民限制联盟的成员
罗素·贝拉米（Russell Bellamy）告诉他，对他的任命是"最令人满
意的，因为我们知道你会执行你的前任和他的上司可耻地忽视了的法
律"。在波士顿，闷闷不乐的普雷斯科特·霍尔为威廉姆斯的任命而欢
欣鼓舞，他说："从报纸上看到你在那里所做的一切整顿工作，好久没
有什么让我如此高兴了。"

82 岁的奥维尔·维克多（Orville Victor）是廉价小说出版界的一
位著名编辑，他就没那么文雅了。④维克多称自己是"早期殖民血统"
的美国人，祝贺威廉姆斯的任命。他写道："对于真正的美国人的来
说，那些肮脏的犹太律师是多么臭不可闻呀！他们冲去'保护'那些
被你排除在外的亲人……希望你权力更大，希望你能努力把欧洲田

① Isaac Metzker, ed., *A Bintel Brief: Sixty Years of Letters from the Lower East Side to the Jewish Daily Forward* (Garden City, NY: Doubleday, 1971), 98–100; *AH*, July 16 1909, 278.

② *NYT*, July 10, 1909.

③ 1909 年 7 月 12 日罗素·贝拉米写给威廉·威廉姆斯的信；1909 年 7 月 14 日，普雷斯科特·霍尔写给威廉·威廉姆斯的信，WW-NYPL。

④ 1909 年 7 月 17 日，奥维尔·维克多（Orville Victor）写给威廉·威廉姆斯的信；1909年 7 月 8 日，威廉·帕特森写给威廉·威廉姆斯的信，WW-NYPL。

野、沼泽和贫民窟那些肮脏的渣滓拒之门外。"威廉·帕特森（William 198
Patterson）自称是一个"默默无闻的美国人"，他写信给威廉姆斯说：
"只有天知道欧洲那些人渣的涌入会给美国带来多大的浩劫……限制那
些疲惫、颓废、贫穷的欧洲人的流入，就是对这个国家最大的贡献。"

并不是威廉姆斯的所有通信者都这么认同他的做法。[①]一名来自
曼哈顿下东区第 62 公立学校的匿名学生用一种不合语法但却发自内心
的语言向威廉姆斯抱怨道：

> 你不知道你在做什么。你杀人不用刀。金钱让你成为一个人
> 吗？一个有头脑和双手却没有 25 美元现金的人就不是人吗？非得
> 杀了他不可吗？这就是自由的美国。人们经历了多少痛苦才来到
> 这里呀？如果你还有良知，就不该做出这样的事。你不把他们当
> 人看，而是当动物来对待……我看不出外国人有什么坏处。

第 62 公立学校在几年前就打开了其大门，以应对以犹太人为主的
移民大规模涌入下东区。这里到处都是拥挤不堪的公寓。尽管威廉姆
斯的法令在上东区看起来像是一种爱国的姿态，但它对住在下东区的
人产生了截然不同的影响。

写这封信的孩子并不是个例，因为像希伯来移民援助协会
（Hebrew Immigrant Aid Society，简称 HIAS）这样的组织一直在帮助犹
太移民。[②]该组织在纽约的代表欧文·利普西奇（Irving Lipsitch）与埃

---

① 曼哈顿第 62 公立学校一名匿名学生写给威廉·威廉姆斯的信，未注明日期，WW-NYPL。
② 关于希伯来移民援助协会的历史，见 Mark Wischnitzer, *Visas to Freedom: The History of HIAS* (Cleveland, OH: World Publishing Company, 1956)。

利斯岛的官员密切合作，而西蒙·沃尔夫（Simon Wolf）则在华盛顿
展开游说。

　　对于逃离欧洲反犹太主义迫害的犹太人来说，在美国的抗议活
动必须小心谨慎，以免在这里激起古老的仇恨。然而，美国犹太团体
对待移民的方式发生了变化。在 19 世纪 90 年代，在伤寒和霍乱恐慌
期间，他们在很大程度上服从当局。在威廉姆斯在埃利斯岛的第一个
任期内，犹太人团体谨慎地表示支持，但也不是没有顾虑。然而到了
1909 年，一些人采取了一种更加对立的做法。在美国犹太人委员会的
律师马克斯·科勒看来，法院似乎是个更适合挑战移民法的地方。

　　希伯来移民援助协会接手了赫施·斯库拉托夫斯基和另外 14 名
俄国犹太人的案件，他们都因少于 25 美元而被扣留。[①] 该组织未能阻
止其中 11 人被遣返，但是说服了科勒和另一位名叫艾伯兰·埃尔库
斯（Abram Elkus）的律师向美国地方法院法官莱尼德·汉德（Learned
Hand）为斯库拉托夫斯基和其他三人提交人身保护请愿书。这三人一
起从鹿特丹乘坐"拉格兰城堡"号（Raglan Castle）汽船来到这里。

　　他们认为，25 美元的规定创造了一种法外的排除手段。请愿书
称："这些规定的追溯性使得它们更加不公和具有压迫性。"他们反驳
了这些人可能会成为公共负担的观点。斯库拉托夫基是一名屠夫，他识
字，在美国有一个表兄和其他亲属。他把妻子和两个孩子留在了俄国，
在那里他拥有自己的房子、一头牛和一些农具。这可不是一个穷人的样
子。另外三个人也是如此，其中有两个是裁缝，另一个是面包师。

　　这两位律师不仅仅是为这四个移民辩护，他们还开始攻击埃利斯

[①] "Brief for the Petitioner in the Matter of Hersch Skuratowski," 1909, File 52530-12, INS;
Esther Panitz, "In Defense of the Jewish Immigrant, 1891–1924," in Abraham Karp, ed., *The
Jewish Experience in America*, vol. 5 (Waltham, MA: American Jewish Historical Society, 1969).

199

岛许多行政和法律机构的决策。[1] 他们声称，这些人没有得到正当的程序保护，在听证会期间没有得到律师的帮助。这份请愿书还指控特别调查委员会的成员不是"自由代理人"，因为他们也是威廉姆斯的下属，因此不得不执行他的命令。科勒说："这里的官员不敢根据实情来做出裁决。"这就好像助理地区检察官正在审判他们的老板——地区检察官——交给他们的案件。

还有一件事困扰着科勒和埃尔库斯。[2] 在请愿书的最后，他们用很长的篇幅来谴责"针对移民的俄国国籍和希伯来宗教进行分类违反了宪法，并带有歧视性"。官方文件称斯库拉托夫斯基为"俄国希伯来人"。科勒和埃尔库斯认为，埃利斯岛的官员"非法且未经授权地考虑了他们在会议记录中散布的事实，即申请人是俄国希伯来人"。他们没有指控威廉姆斯及其工作人员公开反犹，但是认为"与我们自己的观念不同的东西至少会产生一种潜意识的感觉，即我们可能会持有一些我们没有明确意识到的偏见"。他们指出，政府基于宗教的分类违反了美国的宪法和精神，而犹太教是唯一被移民官员如此定义的宗教，这一事实让情况变得更加糟糕。

关于移民分类的争论始于 1898 年的一份报告，这份报告由当时的移民总专员特伦斯·鲍德利、埃利斯岛助理专员爱德华·麦克斯威尼和医生维克多·萨福德共同撰写。[3] 官员们对移民只按原籍国分类感到不满，因为这也包括俄国或奥匈帝国那样的多民族政治类别，而这些

200

---

① NYT, July 16, 1909; Max J. Kohler, *Immigration and Aliens in the United States: Studies of American Immigration Laws and the Legal Status of Aliens in the United States* (New York: Bloch, 1936), 54−55.

② "Brief for the Petitioner in the Matter of Hersch Skuratowski," 1909, 46−61, File 52530−12, INS.

③ 关于种族分类问题的概述，见 Marian L. Smith, "INS Administration of Racial Provisions in U.S. Immigration and Nationality Law Since 1898," *Prologue*, Summer 2002。

政治类别中还包括无数的民族身份。例如，来自奥匈帝国的人可能是德意志人、犹太人、波兰人、马扎尔人（匈牙利人）、波希米亚人（捷克人）或克罗地亚人。

他们建议按照国籍和民族对所有移民进行重新分类。这就是为什么官员们会将赫尔施·斯库拉托夫斯基标记为俄国希伯来人。正如鲍德利所解释的那样："一个英国人即使来自南非，也不会丧失他的民族特征；一个德意志人即使来自法国，也不会丧失他的民族特征；一个希伯来人，无论来自世界上哪一个国家，都不会丧失他的民族特征。"

鲍德利明确表示，官员们是在"通俗的而不是严格的种族意义上"使用"民族"这个概念的。基本上，他们打算像现代美国人使用"族裔"一词一样来使用这个词，然后用"肤色"来表示现在所谓的"种族"。然而，这一解释并没有解决争议。

鲍德利和他的同事还明确表示，他们的这种做法与基于种族来针对不受欢迎的移民没有任何关系。[1] 相反，他们认为对民族背景进行更好的分类将有助于官员了解移民的性质，特别是在涉及劳工问题时。报告总结称："这种分类的目的不是要记录移民的过去，而是为他入境后不久的未来提供线索。"

正如萨福德所指出的那样，俄国犹太人在 19 世纪 90 年代大量涌

---

① 见 File 52729/9, INS; Joel Perlmann, "'Race or People': Federal Race Classifications for Europeans in America, 1898–1913," Jerome Levy Economics Institute Working Paper No. 320, January 2001; "Reports of the Industrial Commission on Immigration," vol. 15, 1901, 132–133; "Annual Report of the Commissioner-General of Immigration," 1898, 33–34; "Annual Report of the Commissioner-General of Immigration," 1899, 5。帕特里克·威尔（Patrick Weil）声称，"移民官员继续使用该名单提供的统计数据拒绝接纳某些族裔背景的移民，即使法律没有专门规定要将他们排除在外"。威尔没有为他的说法提供任何支撑。见 Patrick Weil, "Races at the Gate: A Century of Racial Distinctions in American Immigration Policy, 1865–1965," *Georgetown Immigration Law Journal* 15 (2001)。

入美国。1898 年，他写信对鲍德利说："他们大部分已经进入了明确
界定的劳动领域，并引起了特殊的劳动问题。移民局未能提供有关这
次移民规模的线索。他们被与波兰人混为一谈，而波兰人属于不同的
民族，拥有不同的能力，并且进入了完全不同的工业领域。"移民官员
们希望获得更多的信息，了解哪些人要来美国，他们做什么工作，以
及他们要去哪里。

　　对犹太人来说，这种新的分类是一把双刃剑。[①]在希伯来移民援
助协会的许多年里，西蒙·沃尔夫一直向政府官员抗议对犹太人的分
类，认为犹太人不是一个独特的种族。然而，当他试图在这个问题上
收集犹太权威人士的意见时，却发现他的观点并没有得到普遍认同。
许多犹太人（尤其是犹太复国主义者）确实认为自己是一个"种族或
民族"，因此对这种分类方式没有异议。

　　几十年后，甚至马克斯·科勒也改变了想法。[②]他解释说，这样
的分类方式使得"政府能够在移民官员审理的大多数犹太人案件中迅
速提供意第绪语的翻译，并使希伯来移民援助协会能够迅速确定他们
未来的援助对象"。

　　现在轮到威廉·威廉姆斯对律师的辩护词进行逐条反驳了。[③]他
不仅为自己的 25 美元规定辩护，也为埃利斯岛的整个行政机构辩护。
他承认，特别调查委员会存在"某些缺陷"，但他同时辩称，对委员会

201

[①]　Panitz, "In Defense of the Jewish Immigrant, 1891-1924," 55-57; Nathan Goldberg, Jacob Lestchinsky, and Max Weinreich, *The Classification of Jewish Immigrants and its Implications* (New York: YIVO Institute for Jewish Research, 1945); Perlmann, " 'Race or People' : Federal Race Classifications for Europeans in America, 1898-1913." The Hebrew classification was eliminated in 1943.

[②]　Kohler, *Immigration and Aliens in the United States*, 400-401.

[③]　1909 年 9 月 8 日威廉·威廉姆斯写给移民专员的备忘录，File 52531-12A, INS。

成员进行更好的培训才是解决之道，而不是从法律上对它发起挑战。威廉姆斯认为，律师们对法律的看法不仅是错误的，而且他们真正的目标不是要改善移民法，而是"为某一特定移民群体的准入提供便利"。毫无疑问，他这里指的就是犹太移民。

威廉姆斯对不得不在法庭上为自己辩护感到很不开心。[①]他对这个案件是由"四个连一个英文单词都不认识的无知外国人"提起的而愤愤不平，对科勒和埃尔库斯以"令人反感的方式"对他的管理提出批评而感到愤慨。威廉姆斯声称，甚至在他收到请愿书之前，他就已经推迟了对这四名男子的驱逐，以便重审他们的案件。他告诉希伯来移民援助协会的一名代表说，现在既然这个案子要上法庭了，如果对方"指望以人身保护令为威胁来强迫复审，我敢保证你是不会成功的"。

威廉姆斯认为这些请愿书很快就会被驳回。[②]在他在法庭上获胜后，他将批准对这四名男子进行再审，并且很可能允许他们入境。他写道："其他任何做法都可能会让移民当局采取报复性的态度。"然而，政府官员收到了一些令人不安的消息。西蒙·沃尔夫告诉移民事务助理总专员弗兰克·拉内德（Frank Larned），他希望移民当局"不要自取其辱"。他提供的机密信息使拉内德认为，如果不做出让步，"移民当局对这些事情的独家控制可能会在一定程度上受到威胁"。也许汉德法官不会驳回这个案子。

法院的判决可能会颠覆埃利斯岛的整个检查和排斥机制，并为每一个决定都打开司法上诉的大门。威廉姆斯不想冒这个险，他立即下

① *NYT*, July 16, 1909.
② 1909 年 7 月 23 日弗兰克·拉内德写给威廉·威廉姆斯的信，File 52531-12A, INS；1909 年 7 月 20 日威廉·威廉姆斯写给弗兰克·拉内德的信，File 52531-12, INS。

令在汉德法官做出裁决之前，为这四名移民重新举行听证会。证人宣誓可以为这四名男子找到工作，犹太人组织为他们交了保证金。威廉姆斯表示，他很满意，特别是考虑到围绕此案的公众舆论，这四人不会成为公共负担。他们全部被允许入境，他们的请愿书也被撤回。威廉姆斯有点言不由衷地写道："我们现在已经向他们表明，移民当局可以在无需法院干预的情况下实现充分的正义。如果他们没有冲到法庭上，同样会有现在这样的结果，并且只会来得更快。"

这件事解决后，财政部部长查尔斯·内格尔与埃尔库斯和西蒙·沃尔夫一起来到埃利斯岛。① 在公开场合，内格尔表示支持威廉姆斯，但这次访问表明，他将认真对待针对威廉姆斯的指控。私下里，他表达了自己的不满，尽管态度谨慎而恭敬。内格尔告诉威廉姆斯，他几周前才批准的 25 美元规定已经达到了目的，那就是警告移民和轮船公司，沃乔恩时代所谓的宽松政策已经结束了。他认为这一规定现在"毫无价值，反而会给你、移民局和财政部带来麻烦"。

内格尔在埃利斯岛之行后写道："就像没必要说一条腿有多短才算跛足一样，也没有必要规定钱的具体数目。"② 他还担心 25 美元的规定只适用于埃利斯岛，而不适用于其他检查站，如果每个检查站都有自己的规定，就会造成混乱。最后，他提醒威廉姆斯，"即使我们因为过于公平和宽容而犯了错误，也没有问题"。25 美元的规定似乎已经成为历史。虽然对于赫尔施·斯库拉托夫斯基和他的朋友们来说，这是一场胜利，但是对于科勒和其他寻求放宽埃利斯岛限制的人来说，情况却并非如此。

203

---

① *NYT*, July 27, 1909；1909 年 7 月 16 日查尔斯·内格尔写给威廉·威廉姆斯的信，CN。
② *NYT*, July 27, 1909；1909 年 7 月 16 日查尔斯·内格尔写给威廉·威廉姆斯的信，CN。

第二年，美国地方法院审理了另一份人身保护令请愿书，该请愿书挑战的是对文森佐·坎福拉（Vincenzo Canfora）的扣留和遣返。[①]这位 60 岁的意大利装订工自 1895 年以来一直与妻子和六个孩子一起生活在美国，但他因病腿从膝盖以下被截肢。然后，他回到了意大利，与母亲短暂会面。在坎福拉抵达埃利斯岛之前，一位名叫约瑟夫·鲁乔（Joseph Ruggio）的人寄来了一封信，通知官员坎福拉的到来，信中声称坎福拉在贝尔维尤医院（Bellevue Hospital）接受截肢手术直到康复期间，一直是公共负担，那里的医生免费为他做了手术。坎福拉一回到美国，就被勒令遣返，因为他有身体缺陷，这可能会使他成为公共负担，虽然他有装订技术，有 200 美元的积蓄，还有家人在美国，包括已经自立的孩子。

法官称对坎福拉的遣返令是"残忍的不公之举"，然而，他裁定，他"被迫驳回这一请愿书"，因为在是否接受移民的问题上，移民法"赋予了移民官员决定这些问题的独家权力"。只要移民官员遵守法律和他们自己的程序，法官就"无权干涉"驱逐坎福拉的决定。尽管如此，法官还是表示，希望移民官员能够重新考虑对坎福拉的遣返。移民官员照做了，最终坎福拉被允许与家人团聚。

这些事例表明，虽然居住在美国的非公民将受到宪法保护，但停在埃利斯岛门口的非公民则不受保护。[②]这一事实在 1905 年最高法院关于美籍华人黄朱台（Ju Toy）正当程序权利的裁决中得到了支持。法官奥利弗·温德尔·霍姆斯（Oliver Wendell Holmes）代表大多数人撰文称，在埃利斯岛这样的移民站，一名移民"虽然已经在我们的国界

① *Canfora v. Williams*, 1911, reprinted in Edith Abbott, ed., *Immigration: Select Documents and Case Records* (Chicago: University of Chicago Press, 1924), 256-258; File 53139-7, INS.
② *U.S. v. Ju Toy*, 198 U.S. 253 (1905).

之内，但应该被视为在我们管辖范围的边界被拦截，而他入境的权利仍在讨论之中"。

从本质上讲，法院创造了一个法律上的虚构，即埃利斯岛不属于美国。抵达埃利斯岛的移民可能认为他们已经在美国领土之上，但是根据法律，在移民官方正式宣布他们"可以入境"之前，他们并没有越过边境。埃利斯岛成为美国的主要边界。那里的移民很少会意识到，在法院的眼里，他们仍然在国界之外。

这种法律上的特殊情况带来了另一个问题。被扣留在埃利斯岛的移民妇女所生的孩子是否为美国公民？根据美国宪法第十四条修正案，答案是肯定的。在授予被解放的奴隶公民权时，该修正案将公民定义为"在美国出生或归化，并受其管辖的人"。于是就有了出生公民权的概念，即只要出生在美国土地上就可以自动获得美国公民身份。

然而，美国商业和劳工部发布了一份法律备忘录，指出如果母亲还没有合法地获准入境，她在埃利斯岛或任何其他检查站生下的孩子就不能自动获得公民身份。①移民官员抓住"受其管辖"这几个字，辩称虽然这位母亲通过试图进入美国表达了对美国的忠诚，但是"她的忠诚被拒绝了，她甚至没有获得短暂的居留权"。

这样的裁决，加上最高法院的判例，将在埃利斯岛周围创造一个法律上的模糊地带。在这里，移民有可能会被困在一种悬而未决的状态之下，因为他们虽然已经抛弃了自己的祖国，却被他们希望加入的国家拒之门外。在未来几十年里，这种法律虚构的产生将对美国的法律、国家安全和人权概念构成挑战。

虽然遭遇了这些挫折，威廉姆斯依然不愿意完全放弃他的货币测

---

① File 53438-11, INS.

204

试。1910 年 3 月，他还在宣布："如果移民身上携带的资金无法维持
到他们找到工作那一刻，他们将不被允许入境。"他没有提到任何具体
的金额，但是让人们参考他早些时候提出的 25 美元规定。威廉姆斯非
常固执。然而，他需要找到其他方法来淘汰不受欢迎的移民。现在，
205　移民官员开始把目光移向那些"体质差"或"活力不足"的移民。

　　在工业化的美国，那些所谓的体质差、活力不足的新移民永远不
会取得成功。[①]缺乏活力将意味着失业和贫困。一些美国人认为，移民
体质差和活力不足是一种遗传倾向，而不是由环境造成的。这些基因会
传递给他们的子孙后代，从而劣化未来几代美国人的整体活力和体质。

　　1902 年，移民事务总专员弗兰克·萨金特警告威廉·威廉姆斯，
除非"从移民的外表和身体状况来看，他们能够立即找到工作，有不
错的工资，可以养活自己，而不会成为公共负担"，[②]否则就应该将其拒
之门外。他写道："在埃利斯岛登陆的健壮的苏格兰人、爱尔兰人或德
国人，只要身上带着几美元，就可以立即入境并找到工作。"然而，那
些没有多少钱的其他国籍移民，"不应该被允许入境，除非他们能出示
令人满意的证明，证明他们有能力工作并养活自己"。

　　医疗官员最初将那些患有所谓的"鸡胸病"或表现出肺结核症状
的人（但不一定是肺结核本身）的移民归类为"体质差"。[③]然而，移
民官员希望扩大这个范畴，以涵盖更广泛的所谓身体缺陷。

----

① 艾米·费尔柴尔德（Amy Fairchild）认为，移民检查过程是塑造现代工业劳动力的一
部分，见 Amy L. Fairchild, *Science at the Borders: Immigrant Medical Inspection and the Shaping of
the Modern Industrial Labor Force* (Baltimore, MD: Johns Hopkins University Press, 2003)。关于排
除有身体缺陷的移民的讨论，见 Douglas C. Baynton, "Defectives in the Land: Disability and
American Immigration Policy, 1882–1924," *Journal of American Ethnic History*, Spring 2005。
② 1902 年 10 月 6 日，弗兰克·萨金特写给威廉·威廉姆斯的信，WW–NYPL。
③ 要了解更多关于"体质差"的定义，见 Fairchild, *Science at the Borders*, 165–169。

　　萨金特将"体质差"定义为"身材矮小、发育不良、心脏活动虚弱、动脉低于标准尺寸……身体退化"。[1]一个身体不好的移民不仅更有可能成为公共负担，也会"把他的不良特征传给他的后代"。

　　威廉·威廉姆斯同意，对"体质差"一词的更宽泛解释可能会在法律范围内实现更大的限制。[2]在写给普雷斯科特·霍尔的信中，他说："我很高兴你认同我关于许多移民缺乏活力的说法，我希望采取一些措施将那些身体没有达到适当标准的移民拒之门外。"

　　他对埃利斯岛的医生艾伦·麦克劳克林写的一篇文章很感兴趣，这篇文章指出："埃利斯岛的医疗检查员记录了数千名体格不良的移民。"[3]麦克劳克林认为，问题在于，法律中没有规定身体状况不佳的移民应被排除在外，因此，"在现行法律之下，这种简单的对身体缺陷的记录没有多大意义。他们中的绝大多数人都被移民当局接纳了，因为他们被发现的身体缺陷似乎不会让他们成为公共负担"。

206

　　公共卫生与海军医院服务部的医生对"体质差"一词意见不一。[4]驻扎在埃利斯岛的乔治·斯通纳医生列出了一些可能导致体质不佳的身体疾病，包括呼吸系统问题、"肌肉发育不足"、血液循环不良以及身高和体重不成比例。然而，他也指出这一术语本身"并不意味着临床或病理诊断"。对此，卫生局局长沃尔特·怀曼（Walter Wyman）表示认同，他说："体质差并不是一种诊断。"

---

[1]　Letter to all Commissioners of Immigration and inspectors from Frank Sargent, Commissioner General, Bureau of Immigration, April 17, 1905, File 916, Folder 1, IRL.

[2]　1904 年 4 月 10 日，威廉·威廉姆斯写给普雷斯科特·霍尔的信，File 916, Folder 1, IRL; Williams, "The Sifting of Immigrants."

[3]　Allan McLaughlin, "Immigration and the Public Health," *PSM*, January 1904.

[4]　Fairchild, *Science at the Borders*, 166–167; Elizabeth Yew, "Medical Inspection of Immigrants at Ellis Island, 1891–1924," *Bulletin of the New York Academy of Medicine* 56, no. 5 (June 1980).

1907 年的移民法案为限制主义者提供了一种将"体质差"硬塞进移民检查中的思路。许多移民捍卫者认为，该法案的一大成功之处在于它没有包括识字测试。然而，新法案扩大了排除外国人的分类，包括允许医生证明移民有可能会影响其谋生能力的精神或身体缺陷。实际上，新法案允许将体质差的移民排除在美国之外，只要移民官员认为他们无法在美国生存。

这并不意味着根据法律已经可以导致移民被排除在外的令人厌恶的疾病或危险的传染性疾病（如沙眼）。[1] 医务人员将患有这些疾病的移民，以及患有精神错乱、癫痫和智力低下的移民认定为 A 级，这意味着他们将自动被排除在外。体质差和有其他身体缺陷的移民被认定为 B 级，这意味着他们是否被排除在外是由移民官员来决定的。

在新法案生效的第一年，根据这项新条款，870 名移民被禁止入境。[2] 到了 1912 年，这一数字增长到了 4 200 多人。然而，这并没有让普雷斯科特·霍尔满意。他在给当时埃利斯岛的专员罗伯特·沃乔恩的信中称，在最初被列为身体状况不佳的移民中，只有 34% 被遣返，其余的人可以通过保释或上诉入境。对此，沃乔恩回应说，大多数被允许入境的人是来美国和已经在美国的成年子女一起生活的年长父母，"基本上不会再生育"。瘦骨嶙峋、体弱多病的普雷斯科特·霍尔抱怨新来的移民体质不佳，这当然有些可笑。

威廉姆斯在 1909 年接手时，更专注于这条新法案。[3] 他列出了一

---

① "Book of Instructions for the Medical Inspection of Aliens, Bureau of Public Health and Marine-Hospital Service," January 18, 1910.

② 1908 年 5 月 12 日，罗伯特·沃乔恩写给普雷斯科特·霍尔的信，File 958, IRL。

③ William Williams, "Notice Concerning Detention and Deportation of Immigrant," March 18, 1910, Folder 10, Box 13, MK. 关于耳聋和"可能成为公共负担"条款之间的联系，见 Douglas C. Baynton, "'The Undesirability of Admitting Deaf Mutes': U.S. Immigration Policy and Deaf Immigrants, 1882–1924," *Sign Language Studies* 6, no. 4 (Summer 2006)。

长串可能使一个移民被排除在外的疾病，其中包括关节强直（僵硬）、动脉硬化、淋巴腺慢性炎症、疝气、甲状腺肿、红斑狼疮和静脉曲张。根据新规定，就连那些有工作能力、在其他方面都很健康的聋哑人移民也可能会被排除在外。所有"并非明确且毫无疑问地有权入境"的移民都将被拉到一边进行听证，但只有那些"病情严重"、影响到自己谋生能力的移民，才会真正被排除在外。

在返回埃利斯岛后的第一份年度报告中，威廉姆斯指出，前一年的许多扣留是由于"我们的外科医生发现的严重身体缺陷"，将这些移民置于威廉姆斯所说的"1907 年的优秀法律条款"之下。[1]威廉姆斯并不认为这些缺陷是在不同种族和民族随机分布的。他写道："相对而言，来自北欧的移民很少有这种情况，绝大多数是来自欧洲其他地区的移民，特别是南欧和东南欧。"

这项工作所涉及的工作量是很惊人的。[2]1911 年，有 70 829 场特别调查听证会。相当于每天将近 200 场，每周 7 天，一年 12 个月。埃利斯岛有 523 名工作人员，其中不包括不在委员会任职的医务人员，但是包括许多不履行检查职责的门卫和维修人员。

威廉姆斯担心他的员工是否有能力完成这项工作。[3]他在写给新任移民总专员丹尼尔·基夫（Daniel Keefe）的信中说："其中一些人永远不会明白'可能成为公共负担'这个词的含义，也不知道该如何应用。事实是，我们在用一些新手执行一些世界上最棘手的法律。"埃

---

[1]　"Annual Report of William Williams, Ellis Island Commissioner," September 19, 1910, Folder 5, File 1061, IRL. Also found in "Annual Report of the Commissioner-General of Immigration," 1910, 134–135.

[2]　"Annual Report of the Commissioner-General of Immigration," 1911, 147.

[3]　1910 年 6 月 24 日，威廉·威廉姆斯写给移民总专员的信，WW–Yale。

208　　利斯岛在任何时间都得同时举行多达八场听证会，需要 30 多名移民官员参加。威廉姆斯哀叹说："我们这儿有资格做好听证会工作的人还不到 32 人。"

对于成千上万像沃尔夫·柯尼格（Wolf Konig）这样等待接受听证会决议的移民来说，威廉姆斯对法律的严格执行产生了真正的后果。[①] 1912 年 6 月，17 岁的他孤身一人来到埃利斯岛，身无分文。医生证明他"身体发育不良，会影响他的谋生能力"。沃尔夫要去他在芝加哥的叔叔内森·韦克斯曼（Nathan Waxman）那里，他拥有一家文具店和价值 3 800 美元的房产。内森签署了一份宣誓书，表示他将帮助沃尔夫，这样他就不会成为一名公共负担。

希伯来移民援助协会的欧文·利普西奇接过了这个案子。他认为沃尔夫才 16 岁，因此并非发育不良。他告诉移民官员说："我们相信，在亲属的帮助下，他可以提高自己，发展自己，因为他们愿意帮助他得到更好的营养和锻炼。作为一个不习惯旅行的小伙子，第一次长途旅行应该会使他感到疲劳，所以检查时像是发育不良，这是很自然的。"在芝加哥地区两位国会议员的帮助下，内森·韦克斯曼写信给内格尔部长，表达了他们对沃尔夫前途的关注。不过，威廉姆斯最终还是坚持了自己的立场。他总结道："这个男孩很虚弱。"遗憾的是，当沃尔夫的申诉到达华盛顿时，内格尔不在办公室。代替他做决定的司法部副部长查尔斯·厄尔（Charles Earl）同意威廉姆斯的意见，命令将这个男孩送回加利西亚。

米歇尔·西卡（Michele Sica）也是埃利斯岛新一届管理层的受害者。[②] 他就像是一只候鸟，到美国工作几年，然后带着积蓄回到意大利

---

① 关于沃尔夫·柯尼格，见 File 53452-973, INS。
② 关于米歇尔·西卡，见 File 53305-74, INS。

的妻子和孩子身边几年。他在1901年第一次来到美国。在过去的十年中，他有七年生活在美国。

在1911年6月第四次来美国时，西卡遇到了麻烦。虽然他来的时候身上带了21美元，在纽约有一个姐夫，还有朋友，而且在过去的十年里，他在美国生活了很多年，但西卡还是被宣布可能会成为公共负担。他已经45岁，被诊断出患有疝气。助理专员拜伦·乌尔写道："尽管有一些对他有利的因素，但他被证明身体有缺陷。他的状态并不好，比以前在这个国家的时候要老迈得多。作为一名苦力，他谋生的能力值得怀疑。"

西卡被勒令遣返，但他的勒令遣返令被推迟到了9月。这意味着西卡整个夏天都要被关在埃利斯岛，那里的宿舍通风不良，房间里的温度经常高达37.7度以上。在此期间，西卡聘请菲奥雷洛·拉·瓜迪亚为自己辩护。在埃利斯岛做了一年翻译工作后，拉·瓜迪亚有了自己的律师事务所，主要受理像西卡这样的案件。如果说威廉姆斯认为有太多不受欢迎的移民进入美国，那么拉·瓜迪亚则认为有太多理想的移民被拒之门外。

拉·瓜迪亚就西卡的案子向华盛顿上诉。在西卡上一次在纽约期间，他在曼哈顿的一家木材公司工作了三年多，如果被允许入境，他会被重新雇用。拉·瓜迪亚不能说西卡已经在这家公司得到了一份工作，因为这意味着他违反了合同劳工法。他说："考虑到所有这些事实，很明显，健康证明甚至不能成为这个外国人成为公共负担的原因。他现在身体状况良好，完全有能力获得并保持有利可图的工作。"然而，拉·瓜迪亚的努力是徒劳的。三个月后，西卡被遣返回意大利。

虽然比西卡年轻很多，16岁的巴托洛梅奥·史泰龙（Bartolomeo

209

Stallone）同样面临着遣返。[1]1911 年 9 月，史泰龙从意大利出发，前
往他哥哥在圣路易斯的家，在那里他将成为一名理发师。在埃利斯岛，
穆兰（E. H. Mullan）医生证明这个年轻人"患有扁平畸形的胸部，肌
肉发育不良（体质差），会影响谋生能力"。史泰龙提起上诉，但奥古
斯都·谢尔曼代替威廉·威廉姆斯重申了遣返令，并指出史泰龙"外
表相当虚弱"。

当史泰龙的案子被提交到国防部部长内格尔的办公桌上时，他下
令在缴纳 500 美元保证金的前提下让这个移民入境，保证金很可能是
由他哥哥寄来的。在埃利斯岛被扣留了三周后，史泰龙被释放。两年
后，史泰龙要求退还保证金。他必须向圣路易斯的移民官员报告，官
员发现这个年轻人做理发师每周能赚 12 美元。虽然他没有存款，但他
告诉移民官员："我生活得很好，穿得很好，还寄钱回家给我在意大利
的父母，所以我没有任何存款。"这名 18 岁的少年给移民官员留下了
深刻印象，他们取消了保证金，并宣布："他的身体状况适合被接纳，
他成为公共负担的可能性很小或几乎没有。"

威廉姆斯本人在执行法律时并非完全铁石心肠。[2]雅各布·达克
（Jacob Duck）是一名 21 岁的土耳其犹太人，1910 年 3 月，他来到纽
约，投奔在纽约下东区经营蕾丝批发生意的堂兄。医生证明达克身体
发育不良，威廉姆斯也认为"他看起来不太健壮"。但是他随身带了
47 美元。威廉姆斯亲自面试，发现他很聪明，不太可能成为公共负
担。虽然威廉姆斯承认"我不想看到他这样的移民进入这个国家"，但
他还是同意让达克入境。威廉姆斯承认自己对犹太移民的个人偏见，

210

[1]　关于巴托洛梅奥·史泰龙，见 File 53370-234, INS。
[2]　关于雅各布·达克，见 File 52880-127, INS。

并将其写进了一份官方文件，虽然存在这种偏见，但他仍觉得有必要遵守法律，这两点都令人震惊。

威廉姆斯可能偶尔会表现出仁慈，但他发现他在华盛顿的上司经常对法律有不同的解释。[①]1912 年 1 月，查伊·卡根诺维茨（Chaie Kaganowitz）带着她的九个孩子来到埃利斯岛，孩子的年龄从 3 岁到 20 岁不等。威廉姆斯宣布，这位 42 岁的俄罗斯犹太寡妇视力很差，她和最小的几个孩子可能会成为公共负担。年龄较大的孩子也因身体发育不良而被禁止入境。当移民总专员基夫接见这家人时，威廉姆斯就坐在基夫的办公室。两人都同意这一决定，因为"他们的外表非常糟糕"。两个较大的儿子是木匠，但威廉姆斯发现他们"看起来很虚弱"，"不太强壮"。只有做裁缝的大女儿给威廉姆斯和基夫留下了良好印象。

这家人向内格尔部长提出申诉。虽然威廉姆斯和基夫都认为这家人不受欢迎，但内格尔却认为他们可以被接纳。除了母亲视力不佳之外，没有任何医学证明可以将他们拒之门外。官员们所声明的只是这家人看起来又穷又弱。内格尔印象深刻的是，"这个家庭每一个年龄足以工作的成员都在工作"。他指出，还需要什么来证明这个家庭是自给自足的呢？他总结说："这种证明工作意愿和工作能力的证据，比所有的普通货币测试更有价值。"这是对威廉姆斯情有独钟的货币测试的一种直接打击。在埃利斯岛被扣留近一个月后，这家人被允许入境，虽然最小的六个孩子缴纳了保证金。

211

迈耶·萨拉米·雅各布（Meier Salamy Yacoub）是一名 37 岁的叙利亚犹太人，他比卡根诺维茨一家晚三天到达埃利斯岛。[②]威廉姆斯

---

① 关于查伊·卡根诺维茨一家人，见 File 53390–146, INS。
② File 53257–34, INS.

发现他"身材矮小，状态不佳"，可能会成为公共负担，因此命令将他拒之门外。威廉姆斯写道："有迹象表明，他来到这里，是希望进入现在已经非常多的非生产性小贩阶层。"对他来说，挤满下东区和其他移民聚居区街道的手推车小贩令人讨厌，这个国家不需要更多这样的人。基夫同意他的看法，但是那天接替内格尔的助理部长本杰明·凯布尔（Benjamin Cable）推翻了这一决定，允许雅各布入境。凯布尔写道："我看不出这个人怎么可能会成为公共负担。"雅各布在埃利斯岛待了仅仅五天就被允许离开，留下卡根诺维茨一家留在岛上等待事关全家命运的消息。

犹太人团体对认为犹太人移民体格不佳的指控很敏感，尤其是像雅各布这样的小贩。[①]西蒙·沃尔夫为小贩们辩护，称他们"曾经是我们国家的商人先驱"。他补充说："既然劈柴工和裁缝出身的林肯最终能够入主白宫，随着时间的推移，很难说一个小贩或者他的孩子最终会成为什么样的人。"在全国希伯来移民援助协会，沃尔夫继续发表他的批评言论，他说："如果入境口岸的移民官员再多一点想象力和人性，就不会有那么多可能成为公共负担的人……如果治疗得当，像疝气这样的所谓疾病是不会妨碍人们从事生产劳动的。"

威廉姆斯上任几个月后，《纽约时报》发表了一篇文章，报道了人们对移民法针对犹太人的抱怨。当地一家犹太报纸的记者告诉《纽约时报》说："我发现犹太移民被单独挑了出来，身体发育不良这一条被严格用到了他们身上。"助理专员乌尔承认，"由于一些未知的原因，最近有相当多的犹太青年男性无法达到身体上的要求"，但是他否认这

212

---

① "Extracts from Minutes of Second Annual Meeting of National Jewish Immigration Council Held February 18, 1912," File 53173, INS: *NYT*, November 14, 1909.

是由于任何歧视。

不管乌尔在这个问题上是否诚实，所谓犹太人身体虚弱的说法并不罕见。[1]社会学家爱德华·罗斯（Edward Ross）说："在体质上，希伯来人与我们的先辈截然相反。他们不仅身材矮小，肌肉薄弱，而且回避体力活动，对疼痛极其敏感。"除了与这些刻板印象作斗争外，犹太人团体还认为，由于许多犹太人并不是前往煤矿或钢铁厂工作，因此强壮的体力并不总是必要的。他们中有些人会成为小贩，比如迈耶·雅各布，还有一些人会成为裁缝，比如所罗门·米特（Solomon Meter），这项工作需要的是精湛的技术而不是体力。

米特在埃利斯岛被扣留，当时医生证明他患有"萎缩、部分瘫痪、畸形足、右下肢缩短和跛行，这些会影响他的谋生能力"，很可能成为公共负担，因此他被拒绝入境。[2]

欧文·利普西奇试图为他辩护。他承认，这种诊断听起来似乎很糟糕，但接着又指出，"如果用通俗的语言来说，这仅仅意味着他有点瘸腿"。他声称米特是一名好裁缝，他的职业"不需要他太多利用下肢，也不意味着他必须长时间站立"。移民官员们没有接受他的观点，于是米特被遣返。

在希伯来移民援助协会继续上诉移民案件的同时，马克斯·科勒以严厉的措辞加大了对移民官员的批评力度。[3]在一次广为人知的演讲中，他宣称美国"正处于一个新的'无知时代'，只有通过开展教育

---

[1]　Edward Alsworth Ross, *The Old World in the New: The Significance of Past and Present Immigration to the American People* (New York: Century, 1914), 289-290.

[2]　File 53370-699, INS.

[3]　Max J. Kohler, "Immigration and the Jews of America," *AH*, January 27, February 3, 1911; *NYT*, January 19, 1911. 关于对科勒指控的回应，见 Memorandum for the Secretary from Commissioner-General of Immigration Daniel Keefe, February 16, 1911, File 53173-12, INS。

活动，才能维护国家的最大利益，为了国家的持续繁荣而保持'门户开放'"。

　　他指出，犹太移民被排除在外的比例正在上升，尽管仍不到所有移民的 2%。超过三分之二的犹太人是因为被认为有可能会成为公共负担而被拒之门外。这个数字与所有移民群体的总体比率基本一致，但是在科勒看来，这是因为"不断更新的对法律的曲解日复一日地影响着埃利斯岛的检查员，影响了他们的司法态度，制造出一种不确定、无政府状态和胆怯的氛围"。科勒不会轻易放过威廉姆斯。

　　并不是所有的犹太领袖都跟随科勒的敌对路线。[1]作为对科勒演讲的回应，《纽约时报》的一篇社论指出："如果他采取一种稍微不那么对抗的语气，可能会更加有效。"其他人则更进一步。全国自由移民联盟的领导人之一尼西姆·贝哈尔（Nissim Behar）为威廉姆斯辩护，他警告说："无理取闹是没有好处的，没有人能让每个人都满意并尽到自己的职责。"

　　西蒙·沃尔夫也为威廉姆斯辩护，称他"不相信"对威廉姆斯的指控。[2]相反，他敦促犹太团体的领导人与移民官员更密切地合作，而不是与他们对抗。欧文·利普西奇每天都要和威廉姆斯打交道，他建议不要对每一个犹太移民被遣返的案件都提起上诉。他担心这样激进的举动可能会事与愿违。他写道："我相信，如果这样做，我们就会失去这种特权。"

　　希伯来移民援助协会的会长莱昂·桑德斯（Leon Sanders）表达了同样的担忧，他告诉科勒，华盛顿的官员对犹太移民援助社团"非常

────────────

① Panitz, "In Defense of the Jewish Immigrant, 1891–1924."
② *NYT*, July 18, 1909; 1911 年 3 月 7 日，利普西奇写给科勒的信，Folder 11, Box 11, MK。

不满"。^①桑德斯写道："还有人暗示，犹太人社团为了一些鸡皮蒜皮的小事，不断地向财政部申诉，让自己变得令人讨厌。"

内格尔部长对移民的申诉表示同情，他敦促移民援助社团与政府官员合作，而不是对抗。^②他在一次对犹太团体的演讲中说："当然，你们的社团正在实践你们的个人观点，但你们不能指望我以官方身份对你们说的一切照单全收。"他指出，西蒙·沃尔夫是政府和移民倡导者合作的典范。他说："沃尔夫先生对待我们的方式是为了得到最好的结果，因为他以一种公平和善意的态度和我们打交道，如果失败了，他会认可我们的观点。你们也应该本着这样一种精神。"他还拿沃尔夫经常出现在内格尔的办公室开玩笑，说："如果有一段时间不见他，我们就会觉得世界将会停止。"

犹太人团体试图缓和关系，1910年1月，他们邀请威廉·威廉姆斯在希伯来移民援助协会年会上发言。^③根据《美国希伯来人》的报道，雅各布·希夫首先为威廉姆斯鼓掌，"树立了起立对政府官员表示尊重的榜样，其他观众也跟着站了起来"。作为回应，威廉姆斯也向在座的犹太听众伸出了橄榄枝。他重申了自己的基本移民理念：一些美国人认为所有的移民都应该被接纳，而另一些人认为应该对所有的移民关上大门，"这两种观点我都不同意"。出人意料的是，出身高贵的威廉姆斯告诉听众，他特别不同意"后者，尤其是当我看到那么多犹太移民成长为有前途的公民"。

这种友好的氛围并没有持续太久。威廉姆斯之后走到讲台上的是

214

---

① 1910年7月29日，莱昂·桑德斯写给马克斯·科勒的信，Box 11, MK。
② Kohler, 198-199. 又见 Otto Heller, ed., *Charles Nagel: Speeches and Writings, 1900-1928*, vol. 1 (New York: Putnam's, 1931), 151, 157。
③ *AH*, January 28, 1910.

一位拉比，他用意第绪语向人群发表讲话，批评了对身体状况不佳的移民的限制。他说："身体强壮的人本身就可能会对这个国家的和平构成威胁，但是身体虚弱的人可能意志顽强，能够帮忙建设这个国家。"根据《美国希伯来人》的说法，威廉姆斯显然很生气，"似乎觉得自己受到了批评，但事实并非如此"。这种文化和语言上的误解似乎破坏了最初的善意。

此后，威廉姆斯与犹太人团体的关系继续恶化。[1] 在 1911 年的年度报告中，威廉姆斯对新移民不屑一顾，特别提到了曼哈顿下城拥挤的意大利人和犹太人聚居区。他说："新移民与以前的移民不同，他们部分来自南欧和东欧国家的贫困人口，来自习俗和制度与我们大相径庭的落后民族，不能像早期移民那样融入我们。他们中的许多人生活水平很低，有肮脏的生活习惯，而且无知得令人难以置信。在纽约市伊丽莎白街、果园街、利文顿街和东休斯顿街的一些租住区，可以看到上述各种民族和国籍的人。"

作为回应，"果园街、利文顿街和东休斯顿街道公民委员会"的成员给塔夫脱总统写了一封信。[2] 他们称威廉姆斯的言论是"虚假的""诽谤性的""无端的侮辱"，认为"任何公职人员都不应被允许在不受惩罚的情况下诋毁这座伟大城市一大片人口稠密的区域"。威廉姆斯否认他在针对犹太人，说他只是陈述了"任何人都可以看到的经济、工业和社会事实"。然而，在 1912 年写给西奥多·罗斯福的

---

[1] "Annual Report of the Commissioner General of Immigration," 1911, 152.
[2] 1912 年 4 月 9 日，果园街、利文顿街和东休斯顿街公民委员会主席莫兰科夫斯基（Moe Lenkowsky）和秘书安东考夫曼（Anton Kaufman）写给威廉·霍华德·塔夫脱的信，WW-NYPL；1912 年 1 月 31 日，威廉·威廉姆斯写给西奥多·罗斯福的信，Series 1, Reel 126, TR；1912 年 9 月 13 日，威廉·威廉姆斯写给丹尼尔·基夫的信，Series 6, Number 1579, WHT。

一封信中，威廉姆斯抱怨说，许多犹太人"将种族利益置于国家利益之上"。

希伯来移民援助协会继续代表犹太移民游说政府。在埃利斯岛，移民常常被简化成一张纸上的文字：听证会的笔录、官员的事实概要和医疗检查记录。移民援助团体能够在这个通常是二维的官僚故事中加入一些人性化的因素。虽然移民被禁止在特别调查听证会上请律师代言，但欧文·利普西奇这样的人可以作为辩护律师和说客的组合出现。

威廉·威廉姆斯和他手下检查员的工作是忠实地执行法律，而移民援助团体则在其他人都不愿这么做的时候担任移民的代言人，为移民的权利辩护。

威廉·威廉姆斯对那些他认为不受欢迎的人严格执法，特别是那些被认为可能会成为公共负担的人。他不是像西奥多·罗斯福所鼓励的那样，通过人格特征来判断移民是否受欢迎，而是越来越将不受欢迎的特质与南欧和东欧人联系在一起。随着埃利斯岛的执法越来越严格，威廉姆斯的言辞越来越尖锐，反对他的声音也越来越大。越来越多的人开始相信必须采取行动来阻止这位"沙皇"威廉姆斯。

第十一章 "沙皇"威廉姆斯

216　　移民在埃利斯岛受到的待遇越仁慈，当他成为我们国家命运的主人时，他对待我们就会越仁慈。

——爱德华·斯坦纳，1906 年

在这个地方，即使是来自天堂的圣人，被所有的圣洁所驱使，也无法做到让每一个人都满意。

——罗伯特·沃乔恩，1907 年

乔治·桑顿（George Thornton）运气很好，他在 1910 年 10 月来到埃利斯岛。这位威尔士矿工和鳏夫带着七个孩子，他们的年龄从两岁到 19 岁不等。这家人带有 100 多美元，打算去位于匹兹堡的乔治妹妹家。然而，乔治的一只手失去了手指，并且患有疝气，因此被证明有可能成为公共负担。他和家人被下令不准入境。

桑顿很幸运，当威廉·威廉姆斯听取这家人的上诉时，体重 320 磅的美国总统正好坐在他的办公室里。西奥多·罗斯福亲自挑选威廉·霍华德·塔夫脱作为他的继任者，继续推行他的政策，因此塔夫脱会效仿前任访问埃利斯岛，也就不足为奇了。当年罗斯福冒着暴雨和接近飓风级别的大风抵达埃利斯岛，这次塔夫脱则是在浓雾中乘坐渡轮穿越纽约港。一到那里，塔夫脱就马不停蹄地投入到工作中，花了近五个小时了解整个过程。 217

那天，塔夫脱听取了许多上诉，并对衣着光鲜的桑顿一家特别感兴趣。[1]他询问了桑顿家的孩子们是否会唱歌。接着问乔治是否知道谁是美国政府首脑，当得到肯定答复时，又问他是否知道总统的名字。乔治并不知道眼前这位就是总统本人，他回答说是"威廉·塔夫脱先生"。这一回答让总统哈哈大笑，他随后向震惊的乔治透露了自己的身份。最后他总结说："在我看来，这家人很体面……孩子们都将成长为优秀的、自立的美国公民。"就这样，这家人被允许入境。

在美国总统的干预下，桑顿一家才免于被遣返，这一激动人心的故事成为公众关注的话题，登上了各大报纸。然而，威尔士的一些人听说了这个故事，就写信给威廉姆斯，说乔治·桑顿没有偿还债务就离开了。当威廉姆斯在乔治到达两个月后联系他时，他承认自己没能找到工作，而他的妹妹也无法养活他们。因此，他要求返回威尔士，威廉姆斯无疑很乐意满足这个愿望。

但是，这样一来，塔夫脱总统的个人判断就有问题了，因为他曾公开担保这家人的良好品质。[2]因此，商业和劳工部部长查尔斯·内格尔介入进来，帮助桑顿找到了工作。他之所以会这样做，还有另外一个原因，因为在 10 月那个雾蒙蒙的日子里，他曾陪同塔夫脱前往埃利

① *NYT*, October 19, 1910; 1910 年 10 月 19 日威廉·威廉姆斯写给查尔斯·内格尔的信，Folder 64, Box 4, Series I, WW-Yale。

② *NYTrib*, December 16, 1910; 1910 年 12 月 10 日—13 日查尔斯·内格尔写给查尔斯·诺顿（Charles D. Norton）的信，WHT；1911 年 1 月 7 日查尔斯·内格尔写给威廉·霍华德·塔夫脱的信，WHT。

斯岛，并强烈要求允许这家人入境。内格尔努力的结果令人失望。在几周后，他写信给塔夫脱说："在桑顿这家人的事件中，我不光彩地认输了。我发现他没有工作能力，显然，埃利斯岛的医生比我们更了解情况。"

对塔夫脱来说，这些话很刺耳。[①]1911 年 1 月，美国外语报纸协会（American Association of Foreign Language Newspapers）的成员前往白宫拜访塔夫脱，表达了他们对埃利斯岛移民待遇的担忧。作为回应，总统告诉他们他几个月前参观过那里。他说："从那以后，我一直在跟踪那些我影响他（威廉姆斯），使他无法做出更好判断的事件。我不得不屈辱地向你们坦白，结果证明他是对的，而我则因为缺乏经验而判断失误。"

塔夫脱进一步承认："政府的某些部门我非常了解，但移民对我来说是新鲜事物。这是一个我必须尽可能多地研究的问题，我必须依靠我所选择的执行这方面法律的人。"塔夫脱如此谦逊，显然表明他与西奥多·罗斯福不同，而这也让塔夫脱更加信任威廉·威廉姆斯。

在他余下的任期里，不管批评有多激烈，塔夫脱总是选择支持他这位耶鲁校友。塔夫脱对这些外国记者说："选择威廉姆斯先生，我选择了一个我认为非常公正、和善的人，而这正是那里所需要的。"此外，塔夫脱对该组织提出了温和的批评，他指出，如果"一个人在发表演讲时不断有人掣肘，他的演讲一定会很糟糕，就联邦法律的执行而言，情况也是如此"。至于桑顿一家，内格尔在白宫会见塔夫脱后不久就写信告诉总统，他刚刚"不情愿地签署了遣返令"。

---

① "Remarks of President Taft to the Board of Directors of the American Association of Foreign Newspapers at the Executive Office, Washington, DC," January 4, 1911, No. 77, Reel 364, Series 6, WHT; *New York Evening Sun*, January 4, 1911.

　　塔夫脱再也不会插手其他移民案件了。然而，埃利斯岛的移民并不缺乏直言不讳的辩护者。在威廉姆斯的第二个任期，他越是试图加强执法，批评他的声音就越大。在威廉姆斯本人看来，他是法律的无畏维护者，把埃利斯岛当作抵御不受欢迎移民的堡垒。外语报纸的代表却并不这么认为。对他们来说，他是一个用铁腕统治自己领地的独裁者，把自己的意志强加给无能为力的移民和唯命是从的雇员。他就是"沙皇"威廉姆斯。

　　德语报纸《摩根日报》在一篇社论中高呼："推翻埃利斯岛的专制。"① 另一篇社论则高喊："以法律之名，行禽兽之实。"英文《晚报》（*Evening Journal*）也发表了一篇社论，谴责"埃利斯岛的暴行"。这两家报纸都为威廉·伦道夫·赫斯特所有，威廉姆斯在埃利斯岛的第二个任期将面临他无情的批评。

219

　　《摩根日报》列出了 20 多家发表社论谴责埃利斯岛的德文报纸，从巴尔的摩到辛辛那提，从布法罗到丹佛，从爱荷华州的达文波特到俄亥俄州的桑达斯基。② 《芝加哥晚邮报》（*Chicago Abendpost*）抱怨说，特别调查委员会的成员"大部分都是顽固透顶、愤愤不平的官僚，对他们来说，法律的一纸空文比健全的常识更加珍贵"。反对威廉姆斯的抗议活动超出了德裔美国人群体。克利夫兰的匈牙利报纸《自由报》（*Szabadsag*）刊登了《地狱之岛的恐怖：一对匈牙利老夫妇的髑髅地》。

　　德国自由移民局（German Liberal Immigration Bureau）的米勒（O. J. Miller）向"德国血统公民"群发邮件，呼吁人们注意"无知的政府

---

① 　*Morgen Journal*, April 17, 1911; *New York Evening Journal*, May 24, 1911; *Morgen Journal*, June 23, 1911.

② 　*Morgen Journal*, April 17, 1911; *Szabadsag*, October 11, 1910.

雇员的偏见"以及他们在埃利斯岛实施的"暴政"。^①他指出，犹太人已经"组织了一个强大的体系，保护他们种族的移民免受政治暴徒和移民官员的狡诈和偏见伤害"。因此，他呼吁德裔美国人像犹太移民学习，呼吁美国的每一个德国人团体要求威廉·威廉姆斯辞职。

一些德裔美国人团体积极响应，要求威廉姆斯辞职，其中包括印第安纳州的德国社团联盟（Alliance of German Societies of the State of Indiana）、伊利诺伊州的东圣路易斯德美民族联合会（Deutsch-Amerikanischer National Bund）和康涅狄格州哈特福德的德美联盟（German-American Alliance）。^②全国德美联盟（The National German-American Alliance，简称 NGAA）宣称"威廉姆斯专员和他的检查员们的残暴和不人道行为是文明的污点"。

将威廉姆斯比作"沙皇"或"总督"，使埃利斯岛的专员变成了一个残酷的独裁者，他利用自己的权力压制无助的移民。这样的比喻是为了激怒那些逃离沙皇俄国或其他君主制国家的人。"异端审判官"和"星室法庭"等词汇的使用，也意在触动国外出生的美国人敏感的历史神经。

起初，威廉姆斯为德裔美国人团体对他的仇恨而感到惊讶。^③他写信给查尔斯·内格尔说："如果这种敌意仅限于代表南欧国家的报纸，我至少可以理解这一切背后的原因。但是我们这么喜欢德国人，

220

---

① 1910 年 10 月 14 日，威廉·威廉姆斯写给丹尼尔·基夫的备忘录，Folder 63, Box 4, CN; File 53139-7, INS.内格尔派了一名侦探去调查米勒和他的组织。调查发现，德国自由移民局只是一个有名无实的机构，米勒是《纽约州报》的记者。尽管如此，米勒的煽动引起了政府官员、国会议员和德裔美国人团体的注意。

② File 53139-7, INS.

③ 1911 年 4 月 5 日威廉·威廉姆斯写给查尔斯·内格尔的信；1911 年 4 月 7 日威廉·威廉姆斯写给查尔斯·内格尔的信，File 53139-7, INS。

很想让他们过来，我们遣返并扣留的德国移民很少。因此，我们必须到其他地方寻找这种敌意的原因，而不是移民法的执行。"

查尔斯·内格尔也不能理解。[①]他告诉塔夫脱总统的秘书说，德国移民被拒的总体比率"低于美国公众所能接受的水平"。他认为，对威廉姆斯抱怨最多的两个民族——德国人和犹太人——"如果说与其他人有什么不同的话，那就是他们受到的待遇比其他任何一个民族都要好"。

德国移民进入美国的速度也放缓了。1900 年至 1913 年间，近 100 万德国人进入美国，但这只占所有移民的 7.7%。新旧移民之间有一条巨大的鸿沟，而德国人站在了正确的一边。到了 20 世纪初，大多数美国人把德国人看作是精力充沛的开拓者，他们很容易被同化，尤其是与意大利人、希腊人或俄国犹太人相比。条顿人被认为与盎格鲁-撒克逊人相对容易兼容，而像亨利·卡伯特·洛奇这样的人记住了他们深爱的撒克逊起源。

德国移民被排除在外的几率很小，低于平均水平。在 1904 年至 1912 年间，只有不到 1% 的德国移民被拒之门外。德裔美国人可能已经注意到，德国移民被排除在外的比例在增加，虽然这在威廉姆斯返回埃利斯岛之前就开始了。不过，这很难说是一场为了德国移民的圣战。对埃利斯岛的那些猛烈抨击一定有其他原因。

《哈珀周刊》问道："是谁在煽动德国人？"[②]威廉姆斯和这家杂志都认为答案是德国轮船公司的影响。随着威廉姆斯加大遣返移民的力度，每遣返一个移民，轮船公司就要支付 100 美元的罚款，外加被遣

---

① 1910 年 10 月 21 日查尔斯·内格尔写给查尔斯·诺顿的信，Folder 65, Box 4, WW-Yale。
② HW, July 7, 1911.

返移民回国的费用。威廉姆斯不仅让移民因为是否能够通过检查程序而忧心忡忡，也给轮船公司的收入造成了影响。

221　　对移民法的严格执行可能没有对德国移民造成严重影响，但不可否认的是，威廉姆斯现在正在埃利斯岛拒绝更多的移民。他认为由于部长奥斯卡·施特劳斯的批准和失察，罗伯特·沃乔恩一直让埃利斯岛的大门敞开着。

　　在 1907 年到 1909 年之间，抵达埃利斯岛的所有移民中只有不到 1% 被拒绝。威廉姆斯着手改变了这种情况，数据证明了他的成功。1910 年是威廉姆斯回到埃利斯岛的第一个完整年，这一年除外的被拒移民比例都翻了一番，占所有移民的 1.8%。在接下来的三年里，这个数字会有所下降，但从未像沃乔恩时期那样低于 1%。移民在埃利斯岛面临的审查比在美国其他任何主要检查站都要严格，当然，墨西哥和加拿大边境地区除外。

　　这不仅仅是移民在埃利斯岛更难通过检查的问题。那些已经入境的移民，如果被发现是公共负担、妓女、罪犯、无政府主义者、弱智，或者是法律认为的不受欢迎的任何一类人，他们都可能会在抵达后 3 年内被遣返。在那些年里，这样被遣返的人数稳步增加，并在威廉姆斯任内继续增加。在威廉姆斯第二次在埃利斯岛任职期间，超过 6 000 名移民从埃利斯岛被遣返回国。

　　虽然法律的执行更加严格，被遣返的人数也越来越多，虽然有威廉姆斯关于不受欢迎的移民的言论，但抵达埃利斯岛的移民超过 98% 最终都被接纳了。这说明强大的法律、政治、社会、经济和意识形态达成了共识，正是这种共识使美国能够接收数百万新移民，虽然也有人抱怨一波波移民潮所带来的混乱。每一次拒绝都是一场个人悲剧。仅在 1910 年，埃利斯岛就发生了超过 14 000 场这样的悲剧。然而，考虑到还有成千上万的移民被轻易放行，很难将埃利斯岛形容为限制主义者织就的噩梦。目前尚不完全清楚的是，最初有多少潜在移民止步于欧洲的港口。轮船公司在那里会进行自己的检查，以剔除他们认为根据美国移民法没有资格入境的个人。如果没有通过检查，就不能买票。对于轮船公司来说，这笔账很简单，因为他们不想被罚款，也不想为把被拒绝的移民运回欧洲而增加额外的费用。在很多方面，这种检查都比移民在埃利斯岛经历的检查更加严格，更加具有侵犯性。

222

我们很难得到在欧洲港口被轮船公司拒绝的人数的官方数字。[①]记者布劳顿·勃兰登堡（Broughton Brandenburg）调查了大西洋两岸移民的状况，他发现，在汉堡、不来梅、利物浦、那不勒斯和阜姆（大多数美国移民都是从这些港口出发的），1906 年大约有 6.8 万人被轮船公司拒绝。在那不勒斯，这一年大约有 6% 要前往美国的移民被拒绝。据罗伯特·沃乔恩估计，1907 年在欧洲港口被拒绝的欧洲移民共有 6.5万名。

对于一些移民来说，他们前往新世界的闯关之旅甚至更早就开始了。[②]俄国人必须先到达德国的港口，如汉堡或不来梅。由于这些俄国人大多数是犹太人，德国官员不愿意让他们在自己的土地上游荡，虽然他们很愿意让德国轮船公司赚取他们的旅费。因此，除非这些俄国人有一张前往美国的船票，并且随身携带足够的钱，否则德国人不会

---

① Broughton Brandenburg, "The Tragedy of the Rejected Immigrant," *Outlook*, October 13, 1906; Philip Taylor, *The Distant Magnet: European Emigration to the USA* (New York: Harper & Row, 1971), 123; "Report of the Dillingham Immigration Commission," undated, File 1060, Folder 9, IRL; "Annual Report of the Commissioner General of Immigration," 1907, 83. 据《哈珀周刊》估计，1905 年，大约有 8000 名潜在移民被不莱梅的轮船公司拒绝。*HW*, April 14, 1906.

② 1907 年 3 月 12 日，詹克斯（J. M. Jenks）写给奥斯卡·施特劳斯的信，Box 6, OS。

允许他们进入德国。为了执行这一政策，德国在东部边境设立了 14 个边境检查站。据估计，1907 年，德国边境警卫驱逐了大约 1.2 万名俄国人。

　　一个美国国会委员会巡视了这些边境检查站，发现对被遣返的俄国犹太人来说，情况更糟。[①] 由于德国人不希望他们留在德国，法律要求他们返回他们在俄国的村庄。轮船公司的代理人在俄德边境会见这些不受欢迎的人，因为根据这个委员会的报告，"如果被拒绝的移民被移交给俄国边防警卫，他们将受到严厉的对待，遭受极大的苦难"。对这些俄国犹太人来说，在埃利斯岛被拒绝的悲剧只是他们苦难的开始，这就是为什么像希伯来移民援助协会这样的组织会如此努力地反对遣返令。

　　威廉·威廉姆斯并不是唯一一个感受到来自少数族裔批评压力的人。[②] 内格尔部长对这些批评更加敏感，因为他是德国移民的儿子，也是圣路易斯德裔美国人社区的一员。他对威廉姆斯的持续支持使他在自己的同胞中成了一个恶棍。他告诉威廉姆斯，他"厌倦了德国人指责我对他们有偏见，其实考虑到我的出身，即使有这方面的怀疑，也不应该来自他们"。

　　内格尔在限制主义者中没有朋友，因为他就像前任奥斯卡·施特劳斯一样，在上诉案件中总喜欢站在移民一边。[③] 他承认："坦率地说，

223

① "Report of the Sub-Committee of the Immigration Commission," 1907; Senator A. C. Latimer and Rep. John L. Burnett, File 1060, Folder 8, IRL; Taylor, 123.
② 1911 年 4 月 6 日查尔斯·内格尔写给威廉·威廉姆斯的信，File 53139-7, INS。
③ "Hearings on House Resolution No. 166," House Committee on Rules, United States House of Representatives, May 29, 1911, 107; Max J. Kohler, *Immigration and Aliens in the United States: Studies of American Immigration Laws and the Legal Status of Aliens in the United States* (New York: Bloch, 1936), 46.

我的同情都是出于人性的一面，我有时觉得，为了帮助和解救个别移民的苦难，自己会忘记国家和国家的法律。"他对自己掌握的可以决定成千上万人命运的权力有非常清醒的认识。他说："我可以把任何人遣送回去，这是一种可怕的权力，但我会尽我所能把它用好。"

　　威廉·威廉姆斯不会产生这样的内省。[①] 然而，内格尔仍然与威廉姆斯保持着良好的关系，并继续为他的工作辩护。正如一位认同他的同时代人所指出的那样，内格尔"从来不会对某个群体慷慨大方，虽然在其他群体眼中，他几乎成了一个违法者"。

　　德裔美国人的骚动促使纽约国会议员威廉·苏尔泽（William Sulzer）向众议院提出了一项决议，要求调查埃利斯岛。[②]1911 年 5 月下旬，法案委员会开始就该问题举行听证会，以便在众议院对这一决议进行表决。苏尔泽在听证会一开始就指出了移民的"悲惨状况"，并呼吁人们关注"埃利斯岛上发生的残忍和不人道行为"。

　　委员会随后听取了一群曾直言不讳批评威廉姆斯的德裔美国人的意见。《摩根日报》的记者古斯塔夫·施韦彭迪克（Gustave Schweppendick）承认，虽然埃利斯岛的官员并没有特别针对德国移民，但他和同事们觉得有必要为其他移民群体挺身而出。全国德美联盟的欧内斯特·斯塔尔（Ernest Stahl）描述了他对一位移民的埃利斯岛经历的看法，他告诉委员会："他经历了地狱，这是我所知道的唯一的表达。"并称检查过程"十分野蛮"。德国人社团联合会（United German Societies）的阿方斯·克尔贝尔（Alphonse Koelble）既抱怨埃

---

①　Otto Heller, ed., *Charles Nagel: Speeches and Writings, 1900-1928*, vol. 1 (New York: Putnam's, 1931), xviii, 146; 1912 年 4 月 16 日，查尔斯·内格尔写给威廉·霍华德·塔夫脱的信，Number 3D, Series 6, WHT。

②　"Hearings on House Resolution No. 166," House Committee on Rules, United States House of Representatives, May 29, 1911, 3-6.

利斯岛弥漫的臭味，也抱怨威廉姆斯任内被拒之门外的移民比例不断
增加。

224

无处不在的马库斯·布劳恩也在听证会上作证，称威廉姆斯是
"最有能力、最值得尊敬的移民官员之一"，虽然他在移民问题上与威
廉姆斯意见不同。他说："威廉姆斯先生最大的问题是他太严格了，不
仅对执法，对下属也是如此。"并很有洞察力地指出，罗伯特·沃乔恩
"会哗众取宠，而威廉姆斯则不是这样"。

在听证会举行之前，威廉姆斯试图淡化德国媒体的批评，称其
"愚蠢至极，离谱至极，如果当真反而有失尊严"。[①] 他告诉普雷斯科
特·霍尔，虽然这些指控可能会扭曲"无知之人"对埃利斯岛的认识，
"但总的来说，我很少或根本就不关注此事"。

威廉姆斯的脸皮比他表现出来的要薄得多。他痴迷地保存着德国
媒体攻击他的详细记录，并把每一篇文章都翻译成英文。他对移民在
埃利斯岛遭受虐待的几乎每一项指控都做出了回应，通常是在写给华
盛顿上级的信件或备忘录中。

早些时候的批评只是让威廉姆斯感到烦恼，但在国会委员会面前
对他的指控却让他怒火中烧。[②] 他没有出席 5 月的听证会，但收到了参
议员亨利·卡伯特·洛奇发来的听证会记录。他写信给查尔斯·内格
尔说："明天我可能会有不同的感受，但现在我对有关我的谎言感到愤
怒。这些批评太过分了，应该以某种方式告诉那些批评者正派的人们
如何看待他们。"直到 7 月委员会再次召开会议，他才会出现在委员会

---

① 1911 年 5 月 12 日，威廉·威廉姆斯写给普雷斯科特·霍尔的信，File 916, Folder 2,
IRL。
② 1911 年 6 月 5 日威廉·威廉姆斯写给查尔斯·内格尔的信，Folder 81, Box 5, WW-
Yale。

面前，但他承诺不会对这些指控置之不理。

在给委员会的书面陈词中，威廉姆斯说："移民法很难执行，特别是在决定谁有可能成为公共负担方面。"在讲述对他的一些指控时，威廉姆斯指出移民法的不确定性和模糊性让那些宣誓要执行它的人感到困惑。然而，他对"有关埃利斯岛的不实描述"深恶痛绝。他提供了出现在德文媒体上的被驱逐移民的具体细节，反驳了行政渎职的指控，同时为强化执法检查而辩护。

威廉姆斯再次重申了他个人对移民的看法，他说："我想说的是，我既不赞同那些主张来者不拒的人，也不赞同那些主张对移民关闭大门的人，无论这些移民是好是坏。"丹尼尔·基夫和查尔斯·内格尔都出面为威廉姆斯辩护。与威廉姆斯不同的是，内格尔被每天到达他办公桌上的人类悲剧所折磨。他告诉委员会："制定规则很容易，但是当有一双眼睛看着你时，执行这样的规则会很难。"

威廉姆斯在埃利斯岛的前两年，大部分批评都来自德国和犹太裔美国人团体。然而，在听证会上对他最刻薄的证人之一却是少数几个有时经过埃利斯岛的盎格鲁-撒克逊人中的一位。西德尼·赫伯特·巴斯（Sydney Herbert Bass）是一名来自英国的牧师，他向委员会讲述了他在埃利斯岛被临时扣留期间被迫忍受的痛苦。他作证说："我也有照片，但是这些照片更在我的心里，就像被烧红的烙铁烙进了我的灵魂。"

他于1911年1月抵达埃利斯岛，要前往宾夕法尼亚州。① "出于私

①　关于巴斯，见 "An English Pastor's Experience on Ellis Island: The Abuse of the USA Immigration Laws," undated, Reel 409; 1911 年 1 月 30 日威廉·威廉姆斯写给移民总专员的信; 1911 年 2 月 25 日查尔斯·内格尔给总统秘书查尔斯·诺顿（Charles D. Norton）的信, Series 6, Reel 409, WHT; "Hearings on House Resolution No. 166," House Committee on Rules, United States House of Representatives, May 29, 1911, 130–135; *New York Evening Journal*, June 21, 1911; 1911 年 3 月 9 日威廉·威廉姆斯写给移民总专员的信, Box 13, Folder 10, MK。

人目的和理由"，巴斯乘坐的是白星公司"亚得里亚海"号的统舱。统舱的乘客排成一列进入埃利斯岛的主楼。他回忆说，在他们上楼朝移民大厅走去时，有个检查员冲他们大喊："凡是坐统舱的人都像是牛，你们很快就会有一个漂亮的牛圈。"

巴斯的大衣被粉笔标记了"两个难以辨认的文字"，表明他需要接受进一步检查。经过快速检查，一位医生发现巴斯患有"右腿萎缩和部分瘫痪，右脚畸形，还有因老年性脊髓灰质炎而导致的右腿缩短和跛足"，这些缺陷被认为会影响他的谋生能力。对于这个诊断，巴斯回答说："如果是这样的话，那么我很幸运，我的大脑在另一端，我靠它来谋生，而不是用双脚传教。"

226 他在埃利斯岛滞留了将近 30 个小时，这段经历令这位英国传教士深感愤怒并深受伤害。他被安置在一间收容室里，和大约 600 名来自不同国家的移民在一起。虽然外面很冷，但拥挤的房间里却热气腾腾。巴斯脱下大衣，放在地板上，坐在上面。后来他起身时才注意到大衣上沾着"一块意大利人吐的痰，有一块钱那么大"。

他后来回忆："对于敏感的人来说，这里的噪音本身就是一种很糟糕的体验，我再也不会怀疑《圣经》文字的真实性，特别是有关巴别塔的内容。"不管巴斯怎么做，他都无法摆脱身边这群乌合之众。他对委员会说："我站在那里，四面被比我高的意大利移民包围着，他们在吃大蒜，你可以想象有多么令人讨厌。这让我呼吸困难，我还从来没有闻到过如此难闻的味道。"

被迫忍受这样的条件，巴斯向官员们抱怨说："任何一个自尊的英国人、美国人或德国人在类似的情况下都会这样做。"这种对自尊和种族优越感的伤害，似乎比在埃利斯岛浪费一天的时间更让巴斯愤怒。尤其让他恼火的是，那些"优雅的英国淑女"被和那些乌合之众关在一起。整个地方如此糟糕，使他想起了但丁笔下的地狱和加尔各答的黑洞。

第二天，巴斯将有机会在特别调查委员会面前做出解释，而在此期间，他被迫在埃利斯岛过夜。巴斯成功地请求一名官员把所有被扣留的英国人——还有一名"完美的法国绅士"——关在同一个房间里，而把四个英国妇女、一个法国妇女和一个瑞典妇女关在另一个房间里。

这些男人睡在从天花板吊下来的帆布吊床上，从上到下共有三层、九排，共 27 张"床"。帆布垫子很潮湿，他们好几个小时都没有毯子。更糟糕的是，这些英国和法国的绅士们在这里并不孤单，因为到处都是臭虫。巴斯说："臭虫很可怕，我可以肯定地说，几个英国人都被咬得苦不堪言。"

第二天他就被释放了。赫斯特名下的《纽约晚报》（New York Evening Journal）以强硬的民粹主义风格著称，总是很乐意抨击埃利斯岛的官员，以"牧师称埃利斯岛为人间地狱"的标题报道了巴斯的遭遇。这种宣传使巴斯的困境引起了华盛顿的注意，因为他向英国领事馆投诉了。

威廉姆斯向查尔斯·内格尔解释了他的决定，称巴斯是"一个身材矮小、严重残疾的人"。威廉姆斯还指出，考虑到巴斯是一名统舱乘客这一事实，所以在埃利斯岛已经受到了特别的照顾。威廉姆斯的结论是，他认为"这个严重残疾的外国人能够被接纳是幸运的"，内格尔也赞同这一观点，他告诉塔夫脱的私人秘书，说巴斯"能被接纳是他的幸运，更确切地说，是我们的不幸"。现在，在这番磨难七个月后，巴斯向国会委员会讲述了他的经历，并要求对埃利斯岛进行全面调查。

在第二次听证会结束时，苏尔泽作证说，为了移民的利益，埃利斯岛还可以改进管理，但是它的问题不在于内格尔部长或威廉姆斯专员。问题出在政府身上，政府应该投入更多的资金来扩大设施和雇用更多的检查员。虽然举行了听证会，众议院法规委员会并没有执行苏尔泽的决议，国会也没有对威廉姆斯和埃利斯岛进行全面调查。

对于他们的抱怨，国会除了口头上说得好听以外，并没有采取更多的行动，但是德国人团体并没有放弃斗争。[1] 在 1911 年的年度大会上，就在国会听证会结束几个月后，全国德美联盟对威廉·威廉姆斯发起了猛烈抨击。该组织布鲁克林分部的负责人亨利·魏斯曼（Henry Weisman）称威廉姆斯对移民法的解释是"武断的"，并声称他将许多理想的移民拒之门外。全国德美联盟呼吁罢免威廉姆斯。作为一名终生的共和党人，魏斯曼宣称，如果塔夫脱不让威廉姆斯下台，他将永远不会再投票给共和党总统候选人。几个月后，《摩根日报》要求"威廉姆斯必须下台"。当这一切没有发生时，该报又接着发表了一篇社论，问"塔夫脱先生，还要等多久?"。

也有为威廉姆斯辩护的人。[2] 在国会听证会期间，《哈珀周刊》称威廉姆斯是"一个坚决、正直的人，对于所有试图掠夺移民的流氓和轮船公司都是一个很大的震慑，因为他们都知道他不好惹"。这篇社论的结论是，"有关他残忍的说法与有关他的任何记录或已知性格都不相符"。

在威廉姆斯的第一个任期内，法律援助协会主席阿瑟·冯·布里森曾经率领一个委员会调查埃利斯岛的情况，他写信给塔夫脱总统，讲述了他的组织最近的调查。[3]1911 年，法律援助协会的一名成员被派

228

---

[1] *NYT*, October 8, 1911; Charles Thomas Johnson, *Culture at Twilight: The National German-American Alliance, 1901–1918* (New York: Peter Lang, 1999), 76; *Morgen Journal*, January 4, 17, February 7, 1912.

[2] *HW*, June 10, 1911.

[3] 1911 年 6 月 29 日，阿瑟·冯·布里森写给威廉·霍华德·塔夫脱的信，Folder 82, Box 5, Series I, WW-Yale。

往埃利斯岛，查看自 1903 年冯·布里森的报告以来那里是否有什么变化。他说，调查人员"对那里的运行方式和移民受到的待遇充满了钦佩"。埃利斯岛的设施仍然太小，也太拥挤，给被扣留者造成很大的不适。然而，冯·布里森的调查人员并不认为这是威廉姆斯的责任。

威廉姆斯最坚定的盟友和朋友是塔夫脱总统。[①]1911 年 11 月，塔夫脱写信给威廉姆斯："我想让你知道，每当我思考移民事务，我都为能有像你这样的专员而感到高兴。"然后他开始给他的这位耶鲁校友一些建议。他说："现在，振作起来吧！生活并没有严肃到让我们无法停下来享受的地步。"塔夫脱认为他的朋友"太尽职尽责了"，鞠躬尽瘁地将美国从不良移民的邪恶影响中拯救出来，"你忽视了自己的健康，但是万一身体早早地垮了，你还怎么指望为实现这一目标而长期奋斗呢？"。塔夫脱以自己的方式，既鼓舞了一位朋友的精神，又告诉他要放松一点。[②]塔夫脱认为，威廉姆斯忠实地执行了美国的移民法，但他并不认同威廉姆斯对事情的总体看法。塔夫脱对国家的热爱并不亚于威廉姆斯，但他并不认为大批外国人涌入美国标志着这个国家的垮台。这位心宽体胖的总统建议："不要让每一个麻烦都成为你的负担。"对于威廉姆斯来说，不能有任何松懈，他天生不是这种人。塔夫脱后来开玩笑地写道，他是"一个一本正经的老单身汉"。

威廉姆斯不顾批评继续他的工作。[③]在因为严格的政策而成为新闻头条并招来敌人的同时，他也表现出了一种更为典型的官僚主义心

---

① 1911 年 11 月 25 日，威廉·霍华德·塔夫脱写给威廉·威廉姆斯的信，Number 90, Reel 509, Series 8, WHT。

② 1913 年 5 月 2 日，威廉·霍华德·塔夫脱写给威廉·威廉姆斯的信，Folder 9, Box 1, WW-Yale。

③ Thomas Pitkin, *Keepers of the Gate: A History of Ellis Island* (New York: New York University Press, 1975), 109.

态。他想从国会获得更多预算。"我一再要求增加拨款，但国会通常只给我所要求的三分之一到一半。"他抱怨道。这种抱怨成为他年度报告的主要内容，他总是为政府的"虚假节俭"而担心。

移民局本来是可以自给自足的，因为每一个移民都要缴纳四美元的人头税，由轮船公司支付，但算入船票价格之内。1910 年，美国迎来了 100 多万移民，对联邦政府来说，这意味着 410 多万美元的收入。然而，这笔收入却进入了联邦政府的一般业务基金。事实上，1910 年国会只拨出了 260 万美元用于移民局的运作。华盛顿从移民中获利颇丰。

移民的经济影响超出了人头税。[①]1910 年，移民们带着超过 4 600 万美元来到美国，并汇回大约 1.54 亿美元给他们在欧洲的亲属。从 1890 年到 1922 年，数以百万计的移民成为工厂、矿山和建筑工地的工人，美国的工业化得以完成，国民生产总值增长了近 400%，创造了几乎前所未有的财富，而属于美国的世纪正是在这种财富的基础上建立起来的。

由佛蒙特州参议员威廉·迪林厄姆（William Dillingham）担任主席的美国移民委员会终于在 1911 年发布了报告，结论是移民问题在很大程度上是一个经济问题。[②]报告指出，移民导致非熟练劳动力供应过

---

① *NYT*, September 28, 1912, September 21, 1913; Philip Cowen, *Memories of an American Jew* (New York: International Press, 1932), 184.

② 关于迪林厄姆委员会，见 Robert F. Zeidel, *Immigrants, Progressives and Exclusion Politics: The Dillingham Commissioner, 1900–1927* (DeKalb, IL: Northern Illinois University Press, 2004); Desmond King, *Making Americans: Immigration, Race, and the Origins of the Diverse Democracy* (Cambridge, MA: Harvard University Press, 2000), 50–81; Daniel J. Tichenor, *Dividing Lines: The Politics of Immigration Control in America* (Princeton, NJ: Princeton University Press, 2002), 128–132; Oscar Handlin, *Race and Nationality in American Life* (Boston: Little, Brown, 1948), 93–138; Jeremiah Jenks and W. Jett Lauck, *The Immigration Problem: A Study of* （转下页）

剩，降低了美国工薪阶层的生活水平。委员会的结论是，新的移民群体与先前的移民群体不同，不再是出于所谓理想化的原因而来到美国。该委员会的顾问、经济学家亨利·帕克·威利斯（Henry Parker Willis）抱怨说，许多新移民来到美国，只是为了"暂时利用这个国家支付给产业劳动力的更高工资"。

"汗牛充栋""百科全书式的""卷帙浩繁"，这些形容词被用来描述迪林厄姆委员会那部多达 41 卷的最终报告。这份接近 2.9 万页的报告仍然是美国政府有史以来最令人印象深刻的报告之一。1907 年有多少希腊面包师来到美国？ 73 个。芝加哥公立学校五年级的波兰裔犹太男孩有多少？ 132 个。对于这些和其他许多诸如此类的问题，迪林厄姆委员会的报告中都有答案。

230

委员会的调查结果并不是那些铁杆限制主义者的产物，其数据也揭穿了许多关于移民的神话。它最终建议，入境后五年内被定罪的移民应被遣返，面向移民的银行和职业介绍所应该受到更严格的监管。它还建议禁止没有妻室或家庭的无技能移民，并根据"种族"限制每年的移民数量。然而，在经过近三万页的数据、三年的研究和 100 万美元的开支后，委员会偏爱的限制方法却是识字测试。

西奥多·罗斯福年轻时曾是识字测试的坚定支持者，但是在他担

（接上页）*American Immigration Conditions and Needs* (New York: Funk & Wagnalls, 1913); *Survey*, January 7, 1911. 蒂奇诺认为，迪林厄姆委员会的"专家调查结果为南欧和东欧新来者提供了一幅画像，使进步时代限制主义者的仇外叙事和政策议程合法化。"作为回应，赛德尔指出，迪林厄姆委员会深深植根于 20 世纪初的改革运动，这是一个被许多历史学家忽视的事实，"因为他们不想把任何形式的仇外与进步等同起来。"委员会的结论和建议见美国移民委员会的 "Abstracts of Reports of the Immigration Commission with Conclusions and Recommendations and Views of the Minority, Volume One," 61st Congress, 3rd Session, Document 747, 1911。

任总统的七年时间里，几乎没有采取什么行动来推动有关法案的通过。1912 年，罗斯福作为新成立的进步党领袖再次竞选总统。虽然罗斯福在移民问题上有很长一段历史，但在竞选期间，他不会谈论识字测试、不受欢迎的移民或任何形式的移民监管。

他的新政党纲领中有一部分是关于"移民"的，只涉及移民到了美国之后所面临的问题。[1] 他承诺为移民提供更多的机会，谴责了导致移民遭受虐待的"致命的冷漠和忽视政策"，提出了一项让移民远离拥挤的城市贫民窟的政策，并呼吁促进同化。考虑到最初是罗斯福安排威廉·威廉姆斯到埃利斯岛任职的这一事实，当罗斯福新政党的喉舌《进步公报》（*Progressive Bulletin*）谴责塔夫脱对威廉姆斯的任命以及他"在埃利斯岛的恐怖统治"时，这只能被描述为纯粹的厚颜无耻行为。

在竞选期间被迫直接面对移民问题的候选人是民主党候选人、新泽西州州长伍德罗·威尔逊。他曾是普林斯顿大学的政治学教授和校长，1901 年出版了五卷本的美国史。在最后一卷中，威尔逊教授深入探讨了移民问题。顺应当时的潮流，他谴责了"大批来自意大利南部、匈牙利和波兰下层阶级的人所带来的血统改变。这些人既没有技能，也没有精力、智力和主动性"，因此降低了美国人的生活水平。威尔逊将这些"肮脏和不幸"的人与华人移民进行了对比，后者尽管有"许多令人讨厌的习惯"，但至少更聪明、更努力、更有动力取得成功。[2]

在蔑视威尔逊的报业大亨威廉·伦道夫·赫斯特的运作之下，这

231

[1] Rivka Shpak Lissak, "Liberal Progressives and Immigration Restriction, 1896–1917," Annual Lecture, American Jewish Archives, 1991; Tichenor, *Dividing Lines*, 135–136; Hans Vought, *The Bully Pulpit and the Melting Pot: American Presidents and the Immigrant, 1897–1933* (Macon, GA: Mercer University Press, 2004), 86–87.
[2] Woodrow Wilson, *A History of the American People, Volume 5* (New York: Harper & Brothers, 1901), 212–214.

些早已被遗忘的话语现在上了全国各地报纸的头版。①威尔逊很快就处于守势，试图为自己辩解。他给意大利、波兰和匈牙利的团体写了道歉信。在其中一封信中，他宣称："美国一直自豪地向所有热爱自由和寻求机会的人敞开大门，在民主党的领导下，美国将永远不会改弦更张。"他指出自己是全国自由移民联盟的成员，并在竞选演说中称赞移民的贡献。他说："美国是那些出生在旧世界的人用他们的血汗和智慧建立起来的。他们认识到，在旧世界，他们的自由被剥夺了。如果我们连这一点都不知道的话，也未免太无知了。"

虽然存在争议，威尔逊还是以多数票获胜。②塔夫脱位居第三，而这位即将卸任的总统在竞选失败后还有一个问题要处理。迪林厄姆委员会为国会在 1913 年初通过识字测试法案提供了动力。现在该由塔夫脱来决定该法案的命运了。总统的性格真诚而朴实，这让他更适合当法官，而不是当总统，他对识字测试感到很矛盾。两年前，塔夫脱曾经告诉哈佛大学校长劳伦斯·洛厄尔（A. Lawrence Lowell），虽然他一度支持识字测试，但"我现在不那么确定了"。

20 年来，那些想要限制移民的人希望通过识字测试来实现他们的目标。③然而，如果这一法案在 1911 年生效，122 735 名移民将被排除在外。虽然人数众多，但仅占当年移民总数的 14%。在 1911 年，超过90% 因为不识字而被拒之门外的移民来自东欧和南欧。即便如此，来自这些地区的移民比例也仅仅从 68% 下降到 63%。识字测试对阻止犹

① Arthur S. Link, *Wilson: The Road to the White House* (Princeton, NJ: Princeton University Press, 1947), 381-387, 499-500; James Chace, *1912: Wilson, Roosevelt, Taft, and Debs—and the Election That Changed the Country* (New York: Simon & Schuster, 2004), 135-137; Wilson quoted in the *Jewish Immigration Bulletin*, November 1916, 8.
② 1910 年 11 月 6 日威廉·霍华德·塔夫脱写给劳伦斯·洛厄尔的信，File 860, IRL。
③ *Survey*, February 8, 1913.

太移民几乎毫无作用，因为在 1911 年，只有 6 400 名进入美国的犹太
移民是文盲。

这些数字支持了反对者的论点，他们认为，这是一个对即将到来
的移民价值的糟糕判断。[1] 著名拉比斯蒂芬·怀斯（Stephen Wise）说：
"识字测试可以很好地测试一个人的阅读能力，但仅此而已，其他的
什么也测试不了。"还有些人认为，识字测试排除了许多"勤劳而努力的
人，他们本来可以通过自己的劳动为这个国家创造财富"，却"吸纳了许
多狡诈和没有良心的流氓，他们只会给我们带来大量的赌徒、盗贼和小
偷"。此外，它也无法将受过教育的无政府主义者和激进分子拒之门外。

在总统任期仅剩几周的时候，塔夫脱终于"极不情愿"地宣布了
他的否决。[2] 在为自己的决定辩护时，他附加了一份来自财政部部长
查尔斯·内格尔的长篇备忘录。内格尔是这项措施的长期反对者，他列
出了识字测试的很多不足之处。在这条法案被否决后，沮丧的普雷斯科
特·霍尔在日记中写道："让犹太人、耶稣会士和移民船见鬼去吧！"

在塔夫脱否决识字测试的几周前，伍德罗·威尔逊参观了埃利斯
岛。[3] 在他的妻子、两个女儿和一些来自新泽西的朋友的陪同下，这
位当选总统在威廉·威廉姆斯的引导下参观了检查站。罗斯福和塔夫
脱在访问这里时，曾经积极参与到检查过程的各个方面，参与决策过
程，甚至亲自审问移民，而威尔逊在访问期间却表现得相当被动。一
家报纸报道说："如果威尔逊先生被他所看到的东西打动或感动，他并
没有表现出来。"他几乎没有问什么问题，对威廉姆斯专员的回应也极

---

[1] *LD*, May 25, 1912; *Outlook*, February 22, 1913.

[2] Morris M. Sherman, "Immigration Restriction, 1890-1921, and the Immigration Restriction League," (Cambridge, MA: Harvard College, 1957), 33.

[3] *NYT*, January 26, 1913.

其简短。离开埃利斯岛时，威尔逊拒绝评论他所看到的一切。他告诉记者，那是他的"休息日"，他在那里"是为了获取信息，而不是获取思想"。

与移民问题相比，威尔逊对关税、反垄断监管和国家银行体系改革等问题更感兴趣，尤其是在竞选期间他在移民问题上遭到了猛烈抨击之后。他或许应该立即要求移民专员威廉姆斯辞职，这样做才能彻底打消那些外国出生的美国人对他这位新总统的疑虑。威尔逊并没有选择这种政治上的权宜之计，而是允许威廉姆斯继续留任。

在他上任的第一个月，威尔逊将商业和劳工部分为两个独立的内阁部门。移民和归化局将从属于新成立的劳工部。他选择了矿工联合会前官员、苏格兰移民威廉·B. 威尔逊（William B. Wilson）作为劳工部第一任部长。

少数族裔团体从这一选择中受到了鼓舞，但在新部长上任几个月后，用《纽约州报》的话来说，他"没有动一根指头来终结埃利斯岛的残暴管理"，这让他们感到担心。[1] 如果让威廉姆斯继续在这个位置上做下去，"就意味着威尔逊总统在内心里和威廉姆斯一样，也是移民的敌人"。他没有采取任何行动来结束威廉姆斯的"恐怖统治"，这使得埃利斯岛变成了"恐怖之岛"。因此，这家报纸呼吁威尔逊"以人道的名义"整顿移民局。

从1912年的竞选季一直到1913年，外语媒体一直在抨击威廉姆斯，而他则不断对每一项指控进行分类和反驳。[2] 意第绪语报纸《真理

233

---

[1] *New Yorker Staats-Zeitung*, May 7, 14, 1913, 译文见 File 53139-7C, INS。

[2] *Warheit*, July 14, 1912, in "Instances of Continued Abuse of the Ellis Island Authorities by Certain Newspapers Printed in Foreign Languages in the City of New York," undated, Folder 32, Box 3, WW-NYPL.

报》（*Warheit*）发表了一篇颇有代表性的文章，标题为"埃利斯岛残暴行为的受害者：一名因口吃而被扣留的儿童在威廉姆斯的地下墓穴中死亡"。

《德国人日报》（*Deutsches Journal*）讲述了一个故事："儿子被从母亲身边拉走，他太文弱，不够强壮。"[①]艾伦·莫斯伯格（Aron Mosberg）离开他在加利西亚的家来到美国，与他 60 岁的母亲团聚。这位 26 岁的簿记员身高只有 1.42 米。虽然他有足够的钱坐二等舱而不是三等舱，但被指控"体质差"而非经济状况才是导致他被遣返的原因。莫斯伯格的医学证明上写着"不够强壮"，"脊柱明显弯曲，胸部畸形"。这家报纸承认莫斯伯格没有黑人重量级拳王"杰克·约翰逊那样健硕的肩膀"，但是"遗憾地"指出，看来"美国男人是通过骨骼结构来衡量的"。

1913 年 5 月初，威廉·威廉姆斯收到芝加哥人约翰·丘利洛（John Czurylo）的一封信，信中仅有的一句话："先生，你是杀害我孩子艾米莉亚（Emilia）的凶手。"[②]这名男子的妻子和两个年幼的孩子于 3 月 29 日抵达埃利斯岛。由于 8 岁的斯坦尼斯劳（Stanislaw）和 6 岁的艾米莉亚都患有慢性淋巴结炎症，三个人都被扣留在埃利斯岛。一个月234后，还在芝加哥等待家人团聚的丘利洛收到了一份电报，告诉他艾米莉亚去世了。他满怀悲痛，给威廉姆斯写了这封信。

威廉姆斯抽出时间回复了丘利洛，并解释了艾米莉亚死亡的情况。他认为，这位父亲成了外语媒体歪曲事实的受害者，这些媒体急

① *Deutsches Journal*, April 28 1913; "Comments on Annexed Report of Case of Aron Mosberg," April 18, 1913, File 53139-7C, INS.
② 1913 年 5 月 3 日，约翰·丘利洛写给威廉·威廉姆斯的信；1913 年 5 月 9 日威廉·威廉姆斯写给移民总专员的信，WW-NYPL。

于利用这种悲剧来攻击政府。约翰回信给威廉姆斯，为"给你写了如此荒谬的垃圾"而道歉。令人感动的是，他在信的结尾请求威廉姆斯让他仍被扣留的妻子给他写一封信，因为他已经有一段时间没有收到她的来信了。无论埃利斯岛实施的政策有多少优点，诸如此类的故事仍然令人心碎。

然而威廉姆斯并不是一个心慈手软的人。对于像莫斯伯格或丘利洛这样的人的命运，他并没有表现出多少关切。他可能会说，他的首要职责是公平公正地执行移民法，而这意味着莫斯伯格必须被遣返，而丘利洛的家人必须被扣留在埃利斯岛，直到孩子们痊愈。威廉姆斯认为情感会阻碍公共职责的履行。如果像外语媒体不断要求的那样法外开恩，那么法律将会变得毫无意义。

在1913年4月写给华盛顿的一封信中，威廉姆斯表示，德国媒体对他的人身攻击并没有给他带来多大困扰。[①]"我不在乎它们。"他写道，而这让人有些难以信服。他认为这种攻击显示了"我们中间的外国势力"的影响。短短几年后，就有越来越多的美国人开始和威廉姆斯一样关注"外国势力"对美国政治的影响，尤其是来自德国的影响。

无论是对丘利洛的家人，还是对外界对他的批评，威廉姆斯都表现出了坚韧的性格，但是他已经受够了埃利斯岛。1913年6月，他向威尔逊总统递交了辞呈，威尔逊总统接受了辞呈，并对威廉姆斯的"治理有方"表示感谢。在这个职位上，威廉姆斯总共在三任总统手下工作了六年半。威尔逊没有立即任命继任者，而是让威廉姆斯的副手拜伦·乌尔接任，此举意味着埃利斯岛的对移民法的执行不会立即发生变化。

---

① 1913年4月21日，威廉·威廉姆斯写给移民总专员的信，File 53139-7C, INS。

谁将接替威廉姆斯的不确定性凸显了这样一个事实：在推动对移
民实施更大限制的近 20 年时间中，普雷斯科特·霍尔及其同事们的
努力收效甚微。[1] 作为移民限制联盟的"灵丹妙药"，识字测试曾两次
因总统否决而未能成为法律。霍尔和他的伙伴们唯一的一线希望在威
廉·威廉姆斯身上。郁郁寡欢的霍尔写信给威廉姆斯说："在这个很多
方面都不适合我的世界里，你在埃利斯岛的工作是一个亮点。"

235

其他人记住威廉姆斯不是因为他的限制主义观点，而是因为他为
改善埃利斯岛的管理所做的努力。[2] 一封由 24 个传教组织代表签名的
信中提到了他们对威廉姆斯的"高度尊重"，称他"总是很公正"，"在
必要时也很仁慈"。他们在信中写道："即使是最不经意的观察者，也
一定会意识到埃利斯岛在您的指导下取得了巨大的进步，无论是在外
观上还是运营上……我们认为，那些攻击您的管理的人如果不是出于
无知，就是怀有恶意。"

其他人则反对这种观点。[3] 不出所料，这位被他们称为"眼泪之
岛上滥施淫威的沙皇"的人辞职了，《摩根日报》一点也不会感到悲
伤。虽然当时没有人意识到，但对威廉姆斯的不断攻击代表了德裔美
国人种族认同的巅峰时刻。虽然他们没有成功地将威廉姆斯赶下台，
但德裔美国人是反对移民限制的主要声音。在这个令人不安的大规模
移民时代，不依不饶而夸大其词的德语媒体和暴躁易怒而自命不凡的
威廉·威廉姆斯互相制衡。不久以后，这种微妙的平衡将被破坏，移
民政策将永远无法完全恢复，而德裔美国人社会也一样。

然而，威廉·威廉姆斯还是把注意力转移到了其他事情上。1914

---

[1] 1912 年 11 月 22 日，普雷斯科特·霍尔写给威廉·威廉姆斯的信，Box 3, WW-NYPL。
[2] 1913 年 6 月 18 日写给威廉·威廉姆斯的信，Box 3, WW-NYPL。
[3] *Morgen Journal*, June 20, 1913.

年 2 月，纽约市新任改革派市长约翰·普罗伊·米切尔（John Purroy
Mitchell）任命威廉姆斯为供水、煤气和电力局局长。在市政府工作了
一段时间后，随着第一次世界大战的爆发，55 岁的他回到军队，成为
一名中校，供职于华盛顿的陆军采购部门。

　　战争结束后，威廉姆斯回到了曼哈顿下城的律师事务所。他定期
去上班，直到 1947 年 2 月去世，享年 84 岁。①在去世前的几十年里，　　236
他很少就移民问题发表公开评论。对于那些在他任期内来到埃利斯岛
的"渣滓"，他后来的看法是否有所缓和，我们永远不得而知。

　　前文提到，1910 年，塔夫脱总统访问埃利斯岛，在那里，他从
桑顿一家人身上学到了干涉移民案件的危险。而在此两个月前，他
被卷进了另一家人的案子。②身为父亲的本杰明·珀茨瓦（Benjamin
Pocziwa）住在新泽西州的帕塞伊克，在那里拥有自己的商店。本杰明
每周挣 20 美元，攒了大约 500 美元，已经可以把他的妻子、6 岁的女
儿和 9 岁的儿子利普接过来了。这三人于 1910 年 7 月抵达埃利斯岛。

　　威廉·威廉姆斯宣称："这个男孩是个弱智，普通人也一眼就可
以看出来，他就是智力低下。"③根据移民法，利普被拒之门外。他的母
亲安娜也被遣返，以便陪伴她的儿子回俄罗斯。希伯来移民援助协会
的官员要求遣返令晚点执行，这样安娜就可以找别人护送利普回去。

　　本杰明向伦纳德·施皮茨（Leonard Spitz）寻求法律帮助，施皮
茨也住在帕塞伊克，在曼哈顿从事法律工作。斯皮茨代表利普提交了

---

①　*NYT*, February 9, 1947; Frederic R. Coudert, "In Memoriam: William Williams," *American Journal of International Law* 41, no. 3 (July 1947).

②　Case of Lipe Pocziwa, No. 667, Series 6, Reel 404, WHT.

③　"Annual Report of the Commissioner General of Immigration," 1911, 147; "Annual Report of the Commissioner General of Immigration," 1912, 23.

人身保护请愿书。他承认小男孩"不像他这个年龄的人那样聪明伶俐，看起来有点呆呆的"。他解释说，这个男孩被他的母亲娇生惯养，"不允许他像同龄的普通孩子那样到处乱跑，因为她对他视若珍宝，捧在手里怕摔了，含在嘴里怕化了"。

当地报纸报道了这个腼腆的乡下男孩的情况，他因为来到一个新地方而战战兢兢。施皮茨向在同一幢大楼里办公的商人维克多·梅森（Victor Mason）谈起了这个案子。梅森碰巧是塔夫脱的朋友，8月初，他要到总统位于马萨诸塞州贝弗利的避暑别墅拜访。在那里，梅森向总统说起了这件事，总统命令在部长内格尔结束长假返回华盛顿之前，不要驱逐这名儿童。

几天后，塔夫脱改变了自己的看法。在给商业和劳工部的电报中，塔夫脱的秘书查尔斯·诺顿（Charles Norton）说："总统决定不干预利普的遣返事宜。"维克多·梅森再次写信给他，请他重新考虑自己的决定，塔夫脱又一次顺从地改变了主意。诺顿再次给华盛顿打了电报，说："如果要求将利普和他的妹妹以及母亲的遣返令推迟到内格尔部长回国之后，商业和劳工部会不会感到为难？"

这家人既不富有，也不出名，也不臭名昭著，然而美国总统本人却卷入了他们的案子。对于移民官员来说，塔夫脱的干预和犹豫不决肯定让他们很恼火。代理商业和劳工部部长的本杰明·凯布尔给诺顿回信说，他会再次推迟遣返，直到内格尔回来。但他也警告说，内格尔部长要到9月中旬才能回来，而这意味着这家人将不得不在埃利斯岛度过8月的酷暑。

当内格尔9月回来时，他命令允许这对母女入境，与本杰明团聚，而小利普则必须跟着合适的照顾者返回欧洲。他的这一决定是基于医生的证明，即利普是一个弱智儿童，而不是因为害羞和害怕。法律就是法律，而法律规定任何被医学证明为弱智的人在任何情况下都不能进入这个国家。

威廉·威廉姆斯呼吁政府"在防止弱智移民入境方面要付出比现在多得多的努力"，因为智力缺陷"在文明国家越来越受到重视，科学家们正在仔细研究这种缺陷的性质和影响"。他担心，一个有智力缺陷的移民不仅会成为公共负担，而且"可能会留下弱智的后代，代代相传，从而给后代带来痛苦和损失"。

埃利斯岛的官员们会越来越多地发现自己不得不借助科学来确定移民的智力水平，对他们来说，这是一个未知的领域。珀茨瓦一家是这方面努力的承受方。在这方面，甚至美国的总统也无能为力。

第十二章　智力测试

238　　把弱智者找出来很重要，这不仅是因为他们很容易成为公共负担，还因为他们和后代很有可能成为犯罪分子。在他们的后代身上，会出现各种道德、身体和社会性堕落。

——阿尔弗雷德·里德医生（Alfred C. Reed），埃利斯岛，1912 年

　　1933 年，正是大萧条最严重的时期，俄亥俄州扬斯敦的钢铁工人萨尔瓦托·齐特洛（Salvatore Zitello）坐下来给富兰克林·罗斯福总统写了一封信。[1]这位新总统上任还不到一年，成千上万的美国人就已经习惯了给他写信，描述他们的困境，向总统请求帮助。齐特洛并非抱怨失去了工作、房子或任何其他经济问题，他要说的是他 36 岁的女儿杰玛（Gemma）。

　　齐特洛的问题开始于 1916 年 2 月，那时他的妻子安娜和五个孩子到达了埃利斯岛。齐特洛本人是在几年前来到美国的。在这五个孩子中，杰玛是老大，当时 19 岁。唯一的男孩狄奥尼西斯（Dionisis）年龄最小，当时只有 4 岁。为了来到美国，全家已经倾其所有，现在

---

[1]　关于齐特洛一家，见 File 54050-240, INS。

他们发现自己被困在了埃利斯岛。医生宣布杰玛为弱智，命令将她遣返。更糟糕的是，最小的两个孩子狄奥尼西斯和9岁的亚历山德拉（Alessandra）都生病住院，一个是脑膜炎，另一个是白喉。

　　这家人到达三天后，齐特洛收到了埃利斯岛发来的电报，上面用冷冰冰的、直言不讳的语言写道："医生们认为杰玛·齐特拉（Gemma Zitella，原文如此）是个弱智者。如果你是美国公民，请立即提交证明。同时递交一份宣誓书，表明你有能力和意愿接受其他的家庭成员。"

　　一周后，齐特洛从他每天赚三美元的工作中抽出时间，前往纽约为他的家人求情。在他到达两天后，埃利斯岛专员弗雷德里克·豪（Frederic Howe）重申了杰玛是个弱智者的观点，他认为这种情况"即使是普通人也一目了然"。由于欧洲的战争，移民官员们已经暂停了目的地为地中海港口的遣返命令，这一家人被下令继续扣留。

　　齐特洛并非孤立无援。布鲁克林中央长老会意大利分会（Italian Mission of The Central Presbyterian Church）牧师斯特凡诺·泰斯塔（Stefano Testa）对这个案子很关心，因为在意大利，他的母亲与安娜·齐特洛关系很好。后来，他陪同齐特洛前往华盛顿，希望能够面见劳工部长。不过部长没有见到，却见到了移民事务总专员安东尼·卡米内蒂（Anthony Caminetti）。泰斯塔牧师要求将这家人从埃利斯岛释放，并将杰玛假释给他照顾，但卡米内蒂拒绝了。他担心，如果这个19岁的女孩被释放，她会结婚生子，生出更多的弱智者。

　　由于无法将家人从埃利斯岛解救出来，沮丧的齐特洛回到了俄亥俄州，却发现更多的悲剧在等着他。一家人到达埃利斯岛后一个月，4岁的狄奥尼西斯在埃利斯岛医院去世。除了家人会被永远拒绝入境的可能性之外，现在还有失去亲人所带来的精神创伤。

239

在被扣留近两个月后，齐特洛一家总算得到了一些好消息。移民官员将允许他们全家进入美国，除了杰玛，她仍然被勒令遣返。1916年4月21日，安娜和她的三个女儿离开了埃利斯岛和杰玛，乘火车一路向西前往俄亥俄州与齐特洛团聚。

第二年，杰玛依然滞留在埃利斯岛，由于自身状况而被禁止入境，也由于战争而无法返回意大利。她的家人在俄亥俄州生活，但泰斯塔牧师经常来看望她，并声称来到美国以后，她的情况有了很大改善。他质问卡米内蒂，为什么不能将她保释并让她与父母团聚呢？齐特洛所在地区的国会议员也为了杰玛而写信给华盛顿。政府的回答总是一样的：杰玛是一个弱智者，"被强制禁止进入美国"。

240

美国参战以后，埃利斯岛被用来安置德国人，杰玛很快就被转移到新泽西州格洛斯特市一个较小的移民中心。她与家人团聚的希望越来越渺茫。

在他的家人到来两年多后，齐特洛直接写信给伍德罗·威尔逊总统。他讲述了家人的悲惨遭遇，并抱怨说，因为他的女儿不会从20开始倒数，所以医生下令将她扣留。自从转移到格洛斯特市后，杰玛经常给父亲写信，说自己没有合适的衣服和鞋子。她每天都因为思念父母而哭泣。

这位悲伤的父亲写信给威尔逊总统说："我为了她已经倾尽所有，却无济于事。"他强调了自己的爱国主义精神，说自己购买了自由债券，为战争做出了贡献。他写道："我一直在做好事。"他想知道，总统能否从中斡旋，把他女儿释放。

一个月后，卡米内蒂替总统做出了回应。用齐特洛早已习惯的冷冰冰的官僚主义措辞，他写道："当然，你知道你的女儿杰玛被强制禁止进入美国，除了在条件允许时把她送回意大利之外，没有别的办法。"

战争于1918年11月11日正式结束，让杰玛继续被扣留的唯一理由现在也消失了。美国政府一点也没有拖延，在11月20日就要把杰玛送回意大利。由于她几乎没有像样的衣服，当局不得不在她出发前为她准备衬衫、裤子、内衣和长筒袜。

齐特洛和他的妻子以及三个幸存的孩子继续在扬斯敦生活。齐特洛和安娜甚至成功地又生了一个孩子，这个名叫安东尼的男孩在杰玛被遣返的时候出生。

然而，齐特洛从未完全放弃与女儿团聚的希望。这就是为什么这位出生在外国的钢铁工人在1933年再次给美国总统写信。他写给富兰克林·罗斯福的信是这样开头的："作为一名美国公民和俄亥俄州扬斯敦的居民，我请求您的帮助，因为在当前的情况下，只有您能帮助我。"他解释说，他的女儿已经被遣返回意大利，在过去的15年里，他多次试图把她带到美国来。时年36岁的杰玛住在意大利的坎波巴索。他得到的消息是，和她一起生活的人已经厌倦了照顾她，并开始虐待她。

241

17年来，齐特洛一家一直面对着一堵高墙，这堵墙就是美国移民法，似乎没有一封信可以让那堵墙移动分毫。

从1882年开始，国会开始将"白痴"（idiot）一词写入法律。尽管听起来很刺耳，但所有那些被视为"白痴"和"疯子"的人都被禁止进入美国。虽然在大多数情况下，确定移民的身体缺陷相对容易，但一个更大的问题是如何探究那些来敲美国大门的人的智力。根据法律，移民不仅要证明自己的神志，还要证明自己的心智。

起初，医生们更关心的是清除那些被认为患有精神疾病的移民。在1892年到1903年之间，只有36人因为"白痴"或者换句话说因为智力低下而被禁止入境。在同一时期，因精神问题而被禁止的人数几乎是其五倍。

当托马斯·萨尔蒙（Thomas Salmon）医生在 1904 年到达埃利斯岛工作时，他并没有接受过正规的精神病学培训。[1] 在其职业生涯之初，他是纽约州北部的一名乡村医生，因调查白喉的暴发而成名。在埃利斯岛，他是负责筛除有智力缺陷的移民的三名医生之一。

萨尔蒙认为，把有精神和智力问题的移民排除在外是一个很好的职业机会。然而，他也明白自己所受的一些限制。他缺乏适当的设备，用他自己的话来说："我只有脑子里的一点精神病学知识，手里的一小支粉笔，还有四秒钟的时间。"利用那支粉笔和对精神病学的一点了解，他只有几分钟的时间来决定一个移民的心智状态。如果在检查线上医生觉得某个移民有智力缺陷，他就会在这个人的衣服上打一个叉，以便对其进行进一步的检查。

萨尔蒙一直在寻找他所说的"明显的退化迹象"，比如那些看起来"过于活跃、冷漠、目空一切或忧虑不安"的移民，或者那些面部表情"茫然或心不在焉"的移民。在沙眼测试过程中因眼睛外翻时嘴唇颤抖，或者"衣着怪异"，瞳孔大小不一，表现出"抗拒性的迹象"，或者任何"衣服上不寻常的装饰"都可能意味着要接受进一步的检查和扣留。

萨尔蒙的判断可能会带来很严重的后果。仅在 1906 年，就有 92 名移民被认定为白痴，139 名移民被认定为精神病。他们全部被拒之门外。然而，萨尔蒙因为与移民专员罗伯特·沃乔恩发生争执而被停

---

[1]　关于托马斯·萨尔蒙的生平和事迹，见 Earl D. Bond, *Thomas W. Salmon: Psychiatrist* (New York: W.W. Norton, 1950) and Manon Parry, "Thomas W. Salmon: Advocate of Mental Hygiene," *American Journal of Public Health* 96, no. 10 (October 2006).

职，后来被调动到了马萨诸塞州切尔西市的美国海军医院工作。

当萨尔蒙离开埃利斯岛时，国会正在进一步扩大限制的类别。1907 年的移民法把"弱智者"和"低能者"加到了排除清单。此外，被认为存在智力缺陷，以至于无法谋生的移民也可能会被排除在外。新法律将关注焦点从精神疾病患者转移到了衡量新移民的智力上。

随着国会扩大排除清单，埃利斯岛的官员发现自己要衡量一个最难以衡量的概念：人类智力。白痴、低能儿和弱智之间的区别是什么？公共卫生署告诉医生，弱智的定义是相对于移民年龄的"明显的智力缺陷"，但这并没有什么帮助。这就是亨利·戈达德（Henry H. Goddard）医生可以施展身手的地方了。

在埃利斯岛以南约 100 英里的新泽西州南部小镇瓦恩兰，戈达德对弱智患者进行了测量、分类和治疗。他拥有心理学博士学位，是瓦恩兰弱智儿童训练学校的研究部主任。他的巨大成功在于翻译并推广了由法国心理学家阿尔弗雷德·比奈（Alfred Binet）发明的一系列智力测试。

与之前的测试相比，当时的智力测试是一个进步。① 在 19 世纪晚期，测量头骨大小的颅骨测量术曾是测试智力的主要方法。比奈对这种粗糙的测试方法很不满意，于是设计了一系列方法来测试推理和理解能力。他的测试对象主要是法国学生。学校利用这些测试来帮助那些需要特殊教育的孩子。将不同任务按照受试者应该能够完成的年龄进行分类，能够完成测试的孩子将被分配一个心理年龄，而不是实际年龄。

智力测试满足了 20 世纪早期科学家对更高精确度和经验主义的需

243

---

① 关于比奈测试，见 Stephen Jay Gould, *The Mismeasure of Man* (New York: W.W. Norton, 1996), 176–188。

要。然而，人类是否拥有一种单一的、固定的、各不相同的、可以被精确测量的智力，在未来的几十年里，这仍然是一个极具争议的观点。

戈达德开始给"白痴"（idiot）和"痴愚"（imbecile）下定义。白痴是指心智年龄低于 3 岁的人，而痴愚的心智年龄在 3 到 7 岁之间。这些人有明显和严重的智力障碍。那些得分相当于心智年龄在 8 到 12 岁之间的人呢？他们所谓的残障并不容易被旁观者发现，但戈达德认为智力测试可以淘汰这些人。

还有一个问题是如何称呼这些人。[1] 虽然他们通常被称为弱智，但这很容易引起混乱，因为人们通常把智力低于平均水平的人都称为弱智。因此戈达德发明了"低能者"（moron）这个词来指代智力年龄在 8 到 12 岁之间的人。这个词借自希腊语，本意是"愚蠢"，它已经完全融入英语，以至于很难相信它是 20 世纪第一个十年才出现的。

戈达德认为，如果真有一种被称为智力的先天特质，那么这种特质应该存在于人类的某种基因中，这种基因可以代代相传。[2] 如果智力是一种遗传特征，那么社会应该确保智力缺陷不会被代代遗传下去。"优生学"（eugenics）是 19 世纪中期被创造出来的一个术语，也源自希腊语，意思是"出身优良"，此时这个概念正在逐渐渗透到公众意识中。1910 年，生物学家查尔斯·达文波特（Charles Davenport）在长岛的冷泉港实验室（Cold Spring Harbor Laboratory）成立了优生学档案局 244 （Eugenics Record Office），以鼓励所谓的强壮者多生育、病弱者尽量少

---

[1] Leila Zenderland, *Measuring Minds: Henry Herbert Goddard and the Origins of American Intelligence Testing* (Cambridge, UK: Cambridge University Press, 1998), 102-103.

[2] C. B. Davenport, *Eugenics: The Science of Human Improvement by Better Breeding* (New York: Henry Holt, 1910). 关于达文波特的更多信息，见 Daniel J. Kelves, *In the Name of Eugenics: Genetics and the Uses of Human Heredity* (Cambridge, MA: Harvard University Press, 1985), 41-56。

生育。当时他已经是美国育种家协会（American Breeders Association）
优生部的负责人，同年他出版了《优生学：通过更好的选育手段来改
善人种的科学》（*Eugenics: The Science of Human Improvement by Better
Breeding*）一书。

虽然有些人主张强制绝育，但戈达德更喜欢建立像瓦恩兰弱智
儿童训练学校这样的机构来照顾他们，同时确保他们不会生育。戈
达德对于弱智的遗传影响的研究十分著名，研究对象是一个化名为
"Kallikaks"的土生土长的古老家族，但是优生学的支持者将注意力转
向移民，这并不让人奇怪。达文波特指出："'大熔炉'的概念出现在
孟德尔时代之前，现在我们认识到，性状是作为单位遗传的，不会轻
易分裂。"

1911 年，达文波特建议成立一个委员会来研究"移民带入美国的
遗传特征"。[1]同年晚些时候，美国育种家协会优生部移民委员会发现，
由于检查不力，设施落后，检查员太少，不合格的移民没有被适当地
拒之门外。

移民委员会的成员中包括移民限制联盟的普雷斯科特·霍尔和罗
伯特·沃德。在过去的 20 年里，他们一直在努力让自己的美国同胞相
信移民带来的威胁。虽然从未主张关闭美国的大门，但他们不断游说，
要求对移民进行更严格的检查，并排斥那些他们认为不受欢迎的人。
他们曾希望通过识字测试将许多不受欢迎的移民挡在门外，但 20 年来
这种努力一直受挫。

---

[1]　1911 年 5 月 20 日，达文波特致普雷斯科特·霍尔的信，File 342, IRL; Report of the
Immigration Committee of the Eugenics Section, American Breeders Association, December 30,
1911, File 1064, Folder 1, IRL. 有趣的是，移民委员会成员之一是哥伦比亚大学的人类学家
弗朗茨·博厄斯 (Franz Boas)，他因批评优生学而闻名。

现在，移民限制联盟的许多成员举起了优生学的旗帜。[①]沃德希望移民官员"在选择未来美国孩子的父亲和母亲时能遵循优生原则"。沃德认为，对美国构成最大威胁的不是精神有问题的移民，而是智力有缺陷的移民。他写道："前者在很大程度上是被隔离的，因此不会生育，但后者通常是自由的，因此可以自由生育。"

对普雷斯科特·霍尔来说，根据基因对族群进行分类的能力是科学传播的一个有益结果。[②]霍尔赞许地指出，科学的兴起和宗教的衰落"在很大程度上把人们的目光从来生转向了此生"。霍尔的新"基督教理想"混杂着达尔文、西奥多·罗斯福和尼采的观点，他的观点令人兴奋，他说这种"基督教理想"并非根植于宗教信仰，而是根植于"人类的完美"。他称赞"为了在此时此地创造一个更加美好的世界而奋发有为的超人"。

霍尔的一个答案是节育。[③]用他的话说，对于"所有存在遗传缺陷的人种"以及"不太理想的人种"，都应该限制其移民并节育。他反问说，人们可以将科学知识用于动植物的繁殖，为什么不可以用于人类呢？

---

① Robert DeC. Ward, "National Eugenics in Relation to Immigration," *NAR*, July 1910; Robert DeC. Ward, "The Crisis in Our Immigration Policy," File 1063, Folder 9; Robert DeC. Ward, "Our Immigration Laws from the Viewpoint of National Eugenics," *National Geographic*, January 1912. "在我们的许多立法中应用优生原则势在必行。但是，我们所能采取的最伟大、最合乎逻辑、最有效的步骤是开始对数以百万计的外来移民进行适当的优生选择。如果我们在我们这一代采取这些措施，我们将赢得千千万万后人的感激，因为这样做才能真正保护美国种族。"

② "Eugenics and Immigration," Prescott Hall, undated, File 1061, Folder 1, IRL; *Immigration and Other Interests of Prescott Farnsworth Hall*, Compiled by Mrs. Prescott F. Hall (New York: Knickerbocker Press, 1922), 53.

③ Prescott Hall, "Birth Control and World Eugenics," unpublished manuscript, in *Immigration and Other Interests of Prescott Farnsworth Hall*.

对于先天因素和后天因素哪一个影响更大的问题，霍尔认为是前者。[1] 他说："你不能通过将驽马放进漂亮的马厩把它变成千里马，也不能通过教杂种狗一些戏法来把它变成纯种狗，同样你也不能把不良的血统变成优良的血统。"

霍尔对于美国生活对移民智力的影响不抱太大的希望。他赞许地引用了优生学家卡尔·皮尔森（Karl Pearson）的话，指出："江山易改，本性难移。你无法把低劣的血统变成优良的血统，你可以稀释它，也可以把它扩散到更大的区域，污染更优良的种族，但是要想让它停止存在，你只能让它停止繁殖。"

在优生学和移民限制的交汇点上，土生土长的盎格鲁－撒克逊人悲观地认为，他们的文化将被南欧和东欧移民的浪潮淹没。[2] 有人甚至担心盎格鲁－撒克逊人是否会像美洲印第安人和野牛一样走向灭绝。

进步社会学家爱德华·罗斯就是提出这个问题的人之一。[3] 1913年，在一次关于移民的演讲中，罗斯预言说："古老的先驱者的血统将从混杂的、多语言的、多肤色的、等级分化的人群中消失，这片大陆

---

[1] *Immigration and Other Interests of Prescott Farnsworth Hall*, 33, 83. 有趣的是，人类学家弗朗茨·博厄斯刚刚完成了他的研究，该研究由迪林厄姆委员会发表。研究显示，在外国出生的希伯来人和西西里人与在美国出生的希伯来人和西西里人的颅骨大小存在差异。博厄斯得出结论说，美国的环境对许多人认为不可改变的"种族特征"产生了一些影响。具有讽刺意味的是，博厄斯使用了已经被推翻的颅骨测量理论来证明他的反优生、反种族主义理论。见 "Changes in Bodily Form of Descendants of Immigrants," Reports of the Immigration Commission, Volume 38, 61st Congress, 2nd Session。

[2] "严肃认真的学者会对盎格鲁－撒克逊裔美国人的种族未来感到担忧，这有什么奇怪的吗？他们目睹了美洲印第安人和野牛的消失，现在他们想知道盎格鲁撒克逊人还能存在多久。" William Z. Ripley, "Races in the United States," *Atlantic*, December 1908. 又见 Robert DeC. Ward, "National Eugenics in Relation to Immigration," *NAR*, July 1910。

[3] 引自 M. Victor Safford, "The Business Side of Immigration," speech delivered at Old South Club, October 20, 1913, File 1064, Folder 8, IRL。

的人口密度将达到中国的水平，让我们在这里竖立一座纪念碑，在上面刻上这样的文字：'献给美国的先驱者种族，他们因为拥有太多仁慈和太少常识而灭绝。'"

　　一天傍晚，当服装工人们下班后赶回他们租住的公寓时，罗斯来到了纽约的联合广场。这位来自威斯康星州的贵族学者身高 1.93 米，身处聚集在联合广场的多元化、多种族人群中，他肯定显得鹤立鸡群。罗斯快速浏览了 368 个从他身边经过的人，并报告说，只有 38 人"拥有在美国西部或南部的乡村集市上能够看到的那种面孔"。

246

　　罗斯自豪地指出，根据面相，受过训练的人一眼就可以看出许多种族是劣等种族。[①] 那么，罗斯在联合广场和全国各地的移民聚集地看到了什么样的面孔呢？一种是他所说的"卡利班型"，特点是"多毛，低眉，大脸，明显智力低下"，"明显属于身穿兽皮、住在大冰河时代末期柳条屋里的人"。罗斯自信地宣称，这些人是"那些永远落后的人的后代"。

　　虽然罗斯的描述缺少历史或科学上的准确性，但是其语言生动形象。当罗斯看到来自国外的男人时，他印象最深的是他们"狭窄而倾斜的额头"和不对称的面孔。女人也好不到哪里去。他发现她们几乎毫无吸引力，每张脸都暴露出一些致命的缺陷，"嘴唇很厚、皮肤粗糙、人中太长、颧骨太高、下巴不成形、鼻梁凹陷、鼻基倾斜、整张脸隆起"。似乎罗斯遇到的几乎每一张外国面孔都暴露出一种近乎低于人类的卑劣。他写道："那里有那么多长着圆锥头、月亮脸、裂嘴、尖下巴和鹅嘴鼻子的人，以至于人们可能会想象，有一种恶意的基因在用造物主丢弃的一套劣质模具来铸造人类，并从中取乐。"这些男男女

① Edward Alsworth Ross, *The Old World in the New: The Significance of Past and Present Immigration to the American People* (New York: Century, 1914), 285-286.

女也在把自己的基因贡献给美国这个大熔炉，这足以让像罗斯这样的人感到沮丧。

作为一名杰出的学者，罗斯也是一名进步派，但他的许多观点似乎更多基于偏见，而不是科学。[①] 在他看来，犹太人又小又弱，而且"对痛苦极其敏感"。斯拉夫人"对某些污垢免疫"，而地中海人则擅长"灵活地撒谎"。

罗斯预测，这些新移民将导致"社会进步神秘地放缓"和国民智力的全面下降。[②] 所有这些漂浮在美国基因库中的劣质遗传物质都将造就一个越来越迟钝的民族，与健壮而独立的盎格鲁-撒克逊移民形成鲜明对比。犯罪、酗酒、淫乱和性病会增加，而"智慧、自制、文雅、秩序和效率"会减少。

根据这些描述，移民在进化阶梯上的位置要远远落后于定居美国的盎格鲁-撒克逊人。[③] 这种刻板印象有时会导致一些让人哭笑不得的情况。埃利斯岛医务人员霍华德·诺克斯（Howard Knox）在哥伦比亚大学优生学研究协会的一次会议上说，最近被遣返的一位 39 岁芬兰移民与科学家一直在寻找的人类进化过程中"缺失的一环"非常相似。

在诺克斯看来，这个移民就像一个石器时代早期的人，额头低而后缩，眉毛长而蓬松，嘴唇厚而突出，下巴粗大，手臂很长，牙齿向外倾斜，每根手指都像拇指。这个人的职业似乎证明了诺克斯的观点，他是电话公司的架线工人，"因为他可能继承了祖先的一些特征，他的祖先可能经常不得不爬上树顶，以逃避他们那个时代的某种巨型动物"。他进一步解释说，虽然他从未遇到过有尾巴的人，但他相信在埃

247

---

① Ross, *The Old World in the New*, 289-293.

② Ross, *The Old World in the New*, 228, 254-256.

③ *NYT*, June 20, 1914.

利斯岛会遇到。

出于对美国基因库的未来如此紧迫的担忧，亨利·戈达德主动向埃利斯岛的官员提供服务，在那里他找到了威廉·威廉姆斯这个热心盟友。[①] 在他担任专员的第二个任期内，威廉姆斯更加确信会有太多不受欢迎的移民进入美国。他担心有智力缺陷的移民会"给后代带来痛苦和损失，并对国民的性格和生活产生不利影响"。罗伯特·沃德称赞威廉姆斯"在保护我们种族血统的纯净方面做得比任何人都多"。

威廉姆斯向他在华盛顿的上司抱怨说，在现行法律下，"许多血统不良的家庭也可以被接纳，而他们实际上从未走出独立与依赖之间的狭窄边界"。[②] 作为工作的一部分，他派了一名检查员去调查纽约市30多名被当地学校和医院视为弱智的意大利和犹太儿童。威廉姆斯认为，这些家庭在美国待得越久，境况就越糟糕。他写道，这些家庭来自"一段时间以来一直在走下坡路"的阶层，原因是"恶劣的生活条件、近亲繁殖、过度繁殖，以及被迫害的压力"。

248

国会和威廉·霍华德·塔夫脱总统似乎都不愿意提供额外的资金来清除智力有缺陷的移民，威廉姆斯只好另外想办法。[③] 戈达德提供了

---

① "Immigration and Insanity," address of William Williams, U.S. Commissioner of Immigration, before the Mental Hygiene Conference at New York City, November 17, 1912, File 53139-13, INS; "The Crisis in Our Immigration Policy," Robert DeC. Ward, File 1063, Folder 9, IRL.

② See File 53139-13A, INS.

③ H. H. Goddard, "The Binet Tests in Relation to Immigration," *Journal of Psycho-Asthenics* 18 (1913); Henry H. Goddard, "The Feeble Minded Immigrant," *The Training School*, November/December 1912; and Steven A. Gelb, "Henry H. Goddard and the Immigrants, 1910-1917: The Studies and Their Social Context," *Journal of the History of the Behavioral Sciences* 22 (October 1986). 要了解更多关于戈达德和智力测试的背景知识，请参阅 Zenderland, *Measuring Minds*; Franz Samelson, "Putting Psychology on the Map: Ideology and Intelligence Testing," in Allan R. Buss, ed., *Psychology in Social Context* (New York: Irvington Publishers, 1979); and Gould, *The Mismeasure of Man*, 188-204。

一种科学的方法来帮助医生。1910年，戈达德和他的同事爱德华·约翰斯通（Edward Johnstone）参观了埃利斯岛。两人带着失望、沮丧和不知所措的心情离开了，因为那天有大量移民涌入，大约有5 000名，并且天天如此。同时，因为缺乏合适的移民设施，令戈达德觉得，在这样的环境中，他对排除智力障碍者的努力几乎做不了什么。

戈达德非常沮丧，直到1912年春天才再次回到埃利斯岛，当时威廉姆斯邀请他回来做一些实验。戈达德是在一个星期六来这里的，当时没有移民到达，但岛上仍有一些人准备前往大陆。戈达德挑选了一个年轻人，对他进行了比奈测试，发现他的心智年龄只有8岁。在戈达德看来，这显然属于智力缺陷。

威廉姆斯似乎对结果很满意，邀请这位心理学家在接下来的一周再来。这次戈达德带了两名女助手，开始着手做一个实验。一名助手在检查线上挑选出需要进一步测试的移民，而另一名助手则在一个房间里对被选中的移民进行比奈测试。仅凭观察，戈达德的助手挑出了9个看起来有智力缺陷的人，以及3个看起来正常的人。然后对这12个人进行了测试，戈达德报告说，经过测试，所有9个被怀疑有智力缺陷的人确实如此，而对照组的3个人则智力正常。

戈达德相信这是智力测试科学有效的证明，于是在1912年秋要求重新做一次。[①]戈达德和他的女助手进行了一个星期的比奈测试。在这次实验中，戈达德的助手挑选出11名她们认为有智力缺陷的移民，而公共卫生服务部门的检查员选出了33名。所有这些人都接受了比奈测试。戈达德报告说，在医生挑选出的人中，经测试被证明有智力缺

249

———————

① 戈达德本人的数学能力并不出众。他把助手的成功率十一分之九转化成了八分之七。Goddard, "The Feeble Minded Immigrant."

陷的人不到一半，而他的助手选出的 11 名移民中有 9 名确实有智力
缺陷。

　　戈达德的研究小组对其识别有智力缺陷的移民的能力充满信心，
于是又进行了一轮实验。在埃利斯岛医疗人员的协助下，这两个团队
对大约 1 260 名入境移民进行检查。戈达德的助手们挑出了 83 个疑似
有智力缺陷的人，而检查员只挑出了 18 个。根据他的早期实验，戈达
德认为，他的助手会排除大约 72 名移民，而医疗检查人员只会确定 8
名有智力缺陷的移民。他认为，他现在已经科学地证明了威廉·威廉
姆斯、普雷斯科特·霍尔和其他人的观点，即由于检查不够充分，智
力低下的移民在埃利斯岛被放行。

　　戈达德宽宏大量地说，他无意贬低埃利斯岛医务人员的素质和专
业水平。[1] 他认为，他们根本不是专家，而他的助手恰恰展示了心理学
专家所能提供的东西。当下需要的只是对移民站的医务人员进行更好
的培训，比如在瓦恩兰弱智儿童训练学校这样的机构中进行一两年的
住院医师培训。他写道，有了这样的培训，移民官员就可以"极其准
确地从所有超过婴儿年龄的人中找出每一个智力缺陷者"。他说，女性
最适合从事这份工作，因为她们拥有更敏锐的观察力。

　　戈达德的测试并非一帆风顺。[2] 他担心大多数移民不会说英语，
这样一来他的助手就只好依靠翻译来进行测试。戈达德担心的是，怎
么能确定口译员对移民的问答的翻译都正确呢？然而，他没有考虑文
化偏见是否会推翻测试结果。换句话说，为法国学童设计的智力测试
是否适合用来测量南欧和东欧农民的智力呢？

---

[1]　Goddard, "The Feeble Minded Immigrant"; Goddard, "The Binet Test in Relation to Immigration."

[2]　Goddard, "The Binet Test in Relation to Immigration."

尽管如此，戈达德还是继续他的实验，筹集了更多的资金，并于 1913 年春天将另一组测试人员送到了埃利斯岛，进行为期两个半月的测试。这轮测试的结果是 20 世纪最臭名昭著、最被误解的心理学研究之一。

戈达德的团队选择了 191 名移民——犹太人、意大利人、俄罗斯人和匈牙利人——进行五项连续的智力测试。[1] 在此之前，他们首先剔除了那些明显智力低下的人，以及那些显然在智力上适合被接纳的人。剩下的是一群被戈达德定义为边缘性弱智的人，他们可能有资格被接纳，也有可能被拒绝。

虽然戈达德的团队在 1913 年进行了测试，但直到 1916 年的一次会议上才公布了测试结果，直到 1917 年才公开发表。戈达德的职业目标是要让大众接受智力测试，却为什么等了这么久才公布结果呢？

其中一个原因是，这个结果甚至让戈达德感到震惊。结果显示，83% 的犹太人、80% 的匈牙利人和 79% 的意大利人显然都是弱智的。更糟糕的是，根据戈达德团队的测试，只有 6 名移民的智力水平完全符合被接纳的标准，而其他受试者拥有的智力水平使他们不太可能被美国合法接纳。

戈达德写道，这些结果"令人惊讶，令人难以接受，它们本身几乎不能成立"。[2] 与爱德华·罗斯不同，戈达德的出发点并非是要证明

250

---

[1] Henry H. Goddard, "Mental Tests and the Immigrant," *Journal of Delinquency*, September 1917. 出于某种未知的原因，也许是由于他作为一名研究人员的粗心大意，戈达德声称已经测试了"大约 165 名移民"。其他学者也使用了这个数字，但根据戈达德自己文章中的数字，实际上应该是 191 人：54 名犹太人，70 名意大利人，45 名俄罗斯人，22 名匈牙利人。即使是戈达德图表（252）上的数字加起来也不等于 191，而且其中一列出现了运算错误。

[2] Gelb, "Henry H. Goddard and the Immigrants, 1910-1917: The Studies and their Social Context"; Gould, *The Mismeasure of Man*, 194-198.

移民的劣等性。他怀疑测试是否太难了，于是开始删除其中的某些问题。在调整了结果后，戈达德将那些明显存在智力缺陷的人的比例降低到了大约40%。

当戈达德最终在1917年发表这些结果时，他的论文显示的与其说是一个现代科学家的自信，不如说是一个努力解决复杂的社会及心理问题的人内心的困惑与矛盾。在同一篇文章中，戈达德试图解释数据时反复自相矛盾。

戈达德是如何确定移民智力水平的？当通过翻译被要求给出诸如"桌子"或"马"等常见术语的定义时，弱智的移民只会回答它们的通常用处。桌子是"吃饭时用的东西"，马是"用来骑的"。在戈达德看来，这些答案表明缺乏想象力或创造力。与此类似，许多移民很难用三个单词组成一个句子，大多数人也不会拆分句子，找出和另一个单词押韵的单词，或根据记忆画出物体的图案。同样令人不安的是，戈达德发现这些移民中的大多数人都不知道当天的日期。

戈达德想知道，这些问题是像许多优生学家所认为的那样是由于遗传缺陷，还是环境因素的影响。为了验证这个问题，他开始追踪这些移民，看他们在美国的生活是否证实了最初的诊断（戈达德的测试对移民的可接纳性并没有法律约束力）。

在这轮测试两年后，戈达德的工作人员试图追踪尽可能多的受试者，最远到达了圣路易斯。令戈达德懊恼的是，能够找得到的移民很少。工作人员遇到了许多问题，其中包括地址错误、移民搬迁和可疑的名字拼写。住在公寓里的人往往不愿意帮助那些尽职尽责的年轻工作人员。

这种徒劳的追踪可能是导致戈达德延迟报告的原因之一。另外一个原因是戈达德对他的研究结果感到很不确定。他在1917年的论文中问道："这些结果合理吗？"戈达德通过他将对弱智移民的初步估计削减一半的行为，回答了这个问题。

至于智力是否由遗传而来，戈达德重复了这句口头禅："白痴生白痴。"① 然而，他也在同一篇文章中写道，移民在这些智力测试中的糟糕表现似乎更有可能是由于环境原因，而不是遗传缺陷。与爱德华·罗斯的研究不同，戈达德避免将新移民与美国遗传基因的削弱联系起来。事实上，他认为"这些移民中有很大一部分人成功了"。他说，最重要的是，这些弱智的移民做了美国人不会做的工作。有很多苦差事需要做，而这些工作只需要很少的智力。

甚至一个普通人也能很快指出戈达德在埃利斯岛的研究方法的粗劣。② 他的著作暴露了他对自己科学发现的怀疑。戈达德试图使科学对人类有用，以帮助建立一个更理性、更健康的社会。他还努力使心理学成为医学界受人尊敬并且能发挥作用的一部分。然而，他的研究经常成为当时流行偏见的牺牲品。

美国社会工作者的主要期刊《调查》（*The Survey*）帮助宣传了戈达德的研究。③ 该杂志关于这个话题的社论标题是"五个移民中有两个

---

① Zenderland, *Measuring Minds*, 274.
② 关于戈达德的遗产是有争议的。一方面，利昂·卡明（Leon Kamin）和斯蒂芬·杰伊·古尔德（Stephen Jay Gould）严厉批评了戈达德的工作、方法和意图。另一方面，弗朗茨·萨梅尔森（Franz Samelson）、莱拉·曾德兰（Leila Zenderland）和史蒂文·盖尔布（Steven Gelb）对他的解读则更为慎重，将他置于其所处的时代背景中。盖尔布的描述最有帮助："如果放在适当的背景下，戈达德关于埃利斯岛移民的研究并不能表明他是一名种族主义者。更准确地说，戈达德是一个'正派'的人，他以无私的'科学'的名义探究问题并得出结论，实际上，他受到一种制度化的、有害的社会意识形态的驱动。"Gelb, "Henry H. Goddard and the Immigrants, 1910-1917: The Studies and Their Social Context." For a harsher view of Goddard, see Leon Kamin, "The Science and Politics of IQ," *Social Research* 41 (1974).
③ *Survey*, September 15, 1917.

252　　弱智"。这篇社论宣称："如果你在一战暴发前不久去埃利斯岛，随机拉一个等待检查的外国移民，你很可能会发现你选的是个弱智。"尽管该杂志使用了戈达德研究中不那么具有煽动性的数据，但它仍将戈达德的研究视为大规模移民智力不足的科学证据。这篇社论没有告诉读者，戈达德只对不到 200 人进行了测试，而且这些人并不是从一个具有代表性的样本中被挑选出来的。

　　不过，当戈达德刚开始他的研究时，他对移民和弱智之间的联系持不可知论的态度。在动身前往埃利斯岛之前，戈达德曾着手探究这样一种观点，即美国精神病院中有许多病人都生于国外。他考察了全国 16 家这样的精神病院，发现在超过 11 000 名病人中，只有不到 5% 是在国外出生的。戈达德写道，人们担心患有精神疾病的移民涌入美国的医院、学校和其他机构，这种担心"被严重高估了"。

　　戈达德在埃利斯岛的研究受到了关注，但这只是在那里进行的智力测试的一小部分。每天对数千名移民进行分类的医疗人员对戈达德和他的团队感到不满。这并不奇怪，因为他们大张旗鼓地冲进埃利斯岛，然后迅速离开，把日常检查和测试的繁重工作留给了公共卫生服务部门的医生。而且戈达德还暗示说，这些医生没有接受过专业训练，让太多低智力的移民通过了审查。

　　戈达德一直对埃利斯岛医生的观察能力持批评态度，但这些医生的著作表明，他们对自己的观察能力抱有很大的信心。[1]奈特（C. P. Knight）博士详细描述了很容易发现的弱智的警告信号：从"低前额"到与头的大小不成比例的脸，到畸形或扭曲的耳朵，再到由于眉毛突

---

[1]　C. P. Knight, "The Detection of the Mentally Defective Among Immigrants," *JAMA*, January 11, 1913.

出而造成的眼窝过深。弱智者会流口水，而且往往过于冷漠或者是过度兴奋。他写道："他们表情僵硬，眼目呆滞，言语有缺陷，舌头大而突出，四肢短而弯曲，皮肤黄而油腻。"

　　若要发现患有"痴呆、智力缺陷或癫痫"的移民，医生需要注意的迹象包括："愚蠢、困惑、注意力不集中、理解力不足、表情过于严肃或专注……衣着不整……自言自语，语无伦次……有抗拒症的迹象，傻笑，产生幻觉，举止笨拙，啃咬指甲"。[①]1916 年夏天，埃利斯岛对大约 30 000 名三等舱乘客进行了抽样检查，其中约 3 000 人接受了粉笔 X 标记，但在一系列测试完成后，只有 108 人被证明为弱智。

　　埃利斯岛的医生在评估心智时也注意到了种族特征。[②]对于意大利人来说，"对最轻微的挑衅"做出强烈反应是完全正常的，但如果意大利人表现出波兰人或俄罗斯人的"坚定和冷漠"，这就意味着需要进行进一步的测试。同样，英国人和德国人回答问题时会直截了当，但如果他们"像希伯来人一样含糊其辞，我们就会怀疑他们是否神志正常"。穆兰博士认为，如果一个英国人表现得像爱尔兰人，检查员就会怀疑他有精神问题。如果一个意大利人表现得像一个芬兰人，他可能会被怀疑是抑郁症。

　　霍华德·诺克斯是埃利斯岛智力测试方面的顶尖专家之一。[③]27 岁的

① E. H. Mullan, "Mental Examination of Immigrants: Administration and Line Inspection at Ellis Island," *Public Health Reports*, U.S. Public Health Service, May 18, 1917, 737, 746.

② Knight, "The Detection of the Mentally Defective Among Immigrants"; E. H. Mullan, "Mental Examination of Immigrants: Administration and Line Inspection at Ellis Island," 738.

③ 关于诺克斯的背景，见 John T. E. Richardson, "Howard Andrew Knox and the Origins of Performance Testing on Ellis Island, 1912–1916," *History of Psychology* 6, no. 2 (May 2003); John T. E. Richardson, "A Physician with the Coast Artillery Corps: The Military Career of Dr. Howard Andrew Knox, Pioneer of Psychological Testing," *Coast Defense Journal* 15, no.4, November 2001。

253

诺克斯于 1912 年春天抵达埃利斯岛，大约与亨利·戈达德第二次到访的时间一致。在此之前，他曾经做了不到三年的军医，于 1911 年 4 月辞职。他毕业于达特茅斯大学，圆胖的脸和贝比·鲁斯（Babe Ruth）很像。他在三年里结过三次婚。当他在 1916 年离开埃利斯岛时，已经是第四次结婚了。诺克斯随后申请了公共卫生与海军医院服务部的职位，并被派往埃利斯岛。和托马斯·萨尔蒙一样，他并未接受过心理学方面的正规训练。

诺克斯也相信当时的许多偏见。[①] 他认为，智力有缺陷的移民就像一桶水里的一滴墨水，会污染这个国家的血统。如果弱智者在埃利斯岛漏网，他们将"生出一代又一代有缺陷的人，他们的后代就会像小溪一样永远流淌下去，在这里分支成弱智，在那里分支成癫痫"。

诺克斯对智力测试的缺陷也很清醒，他认识到许多移民表现不佳
254　不是因为先天的缺陷，而是因为没有接受过正规教育。[②] 他警告说，戈达德使用的这种智力测试会让几乎所有来自农民家庭的移民看起来都有智力缺陷。埃利斯岛的另一位医生斯普拉格（E. K. Sprague）认为，比奈测试最初是为法国学生设计的，将其用于贫穷的、从未接受过教育的移民"是不明智的一刀切，就像宣称用一件工具就能成功地完成一切工作一样"。

---

① Howard A. Knox, "The Moron and the Study of Alien Defectives," *JAMA*, January 11, 1913.

② Howard A. Knox, "Psychogenetic Disorders: Cases Seen in Detained Immigrants," *Medical Record*, July 12, 1913; Howard A. Knox, "The Difference Between Moronism and Ignorance," *NYM*, September 20, 1913; E.K. Sprague, "Mental Examination of Immigrants," *Survey*, January 17, 1914. 埃利斯岛的医生伯纳德·格鲁伊克问道："比奈-西蒙智力测试及其美国的变体能够测试几乎所有人类的平均正常智力吗？显然不能。通过对移民的接触和对这一课题的实际研究，我们对此深信不疑。如果认为有必要举出事实来证明这一论点的谬误，可以很容易地从埃利斯岛存档的数百个案例中找到。" Bernard Glueck, "The Mentally Defective Immigrant," *NYM*, October 18, 1913.

诺克斯写道："在仔细研究了各种学校对弱智者所采用的检测方法之后，埃利斯岛的医务人员不得不抛弃其中的绝大多数，因为它们不适合他们的工作，而且对移民不公平。"诺克斯声称，戈达德的一名女助手曾通过测试认定 36 名移民存在智力缺陷。当诺克斯和他的同事再次鉴定时，他们拒绝接受她的测试结果。利用自己的方法，诺克斯和同事发现这些移民要么智力正常，要么是视力不佳。

埃利斯岛的医生每天都和移民接触，对他们很熟悉，他们拒绝接受戈达德团队进行的过于武断的测试，也不惮于发表批评意见。诺克斯反复批评戈达德及其团队的方法，称他们是"没有医学、精神病学或神经病学知识的外行"。他抱怨他们经常把环境条件造成的暂时性心理障碍与智力缺陷混为一谈，"称这样的人为'傻子'，或者将其评定为'比奈测试中的 7 岁孩子'"。

诺克斯提到一个被戈达德团队认为是弱智的移民的例子，他被诺克斯形容为"带有包括耳朵外轮廓畸形在内的退化标记"。[1] 在戈达德的团队看来，这名男子耳朵的形状使他在进化阶梯上处于较低的位置，意味着智力低下。当诺克斯的同事对他进行测试时，发现他的智力高于平均水平，能流利地说三种语言。最终，他被允许入境。

一个名叫伯纳德·格鲁伊克（Bernard Glueck）的医生讲述了一个来自意大利南部的 35 岁男人的故事。[2] 根据与戈达德使用的类似的智力测试，该移民的智力年龄被认为在 8 到 10 岁之间，显然是一个低能者。然而，格鲁伊克发现，这名男子之前曾在美国做过两年的劳工，在此期间，他给意大利的家人寄回了大约 400 美元。他已婚，有两个

255

---

[1] Howard A. Knox, "Psychological Pitfalls," *NYM*, March 14, 1914; Howard A. Knox, "Diagnostic Study of the Face," *NYM*, June 14, 1913.
[2] Glueck, "The Mentally Defective Immigrant."

孩子，在意大利拥有地产，这些地产是他用在美国挣来的钱买的，现在他要回来挣更多的钱。"我毫不怀疑他会成功。"格鲁伊克回忆说，他把这个故事看作是对比奈测试的驳斥。他总结道："在这种情况下，我倾向于认为，已经存在强烈的假定证据，可以证明这个人不是弱智。"

埃利斯岛的医生们无视戈达德的研究，创建了他们自己的测试移民心智能力的系统。[1]诺克斯意识到移民来到埃利斯岛时的状况并不理想。他写道："经过 10 天的海上颠簸，他们经历了晕船、疲劳和兴奋，很难指望他们发挥出自己的真实水平。"因此，移民在接受任何智力测试之前，应该吃一顿好饭，洗一个好澡，睡一个好觉。

做测试时，房间内的温度应该不超过 21 度，通风良好，安静，室内人数不超过三人。[2]那些进行测试的人应该"有一个亲切友好的态度"。诺克斯认为，为了让受试者放松心情，房间的氛围不应该"太正式"，而应该像家里的一个小房间那么温馨。如果可能的话，测试时间应该超过两天。医生应该考虑到"被测试者可能承受的恐惧和精神压力"。虽然这些预防措施可能对晕头转向的移民不起任何安慰作用，但至少表明医生们意识到了他们的工作中存在陷阱。

一切准备就绪，医生们就开始提出一连串问题。例如，今天星期几？[3]今天是几号？这里是什么地方？接下来的问题是关于常识的，例如，一天有几个小时，一年有几个月，花草和动物的名称。移民会被问到有关他们祖国的问题，比如首都和货币的名称。有些问题在文化上更加具有主观性，比如复活节的意义。在对 50 名未受过教育的波兰

[1] Knox, "The Moron and the Study of Alien Defectives."
[2] Howard A. Knox, "Measuring Human Intelligence," *Scientific American*, January 19, 1915; Howard A. Knox, "Tests for Mental Defects," Journal of Heredity 5 (1914).
[3] Glueck, "The Mentally Defective Immigrant."

移民的随机调查中，格鲁伊克发现，98% 的人知道一年有几个月，但只有 66% 的人知道复活节的意义。他承认，在判断未受过教育的移民的智力方面，这些问题相对来说是没用的。

有些问题是通过简单的加法测试数学能力。移民会被要求复述考官给他们的一串四到七个数字，然后被要求数到 20，有时是两人一起数，然后从 20 开始倒数。他们获得新知识的能力也会被测试，所以他们会被问及自己乘坐的轮船的名字，他们离开的港口，以及这些船是如何驱动的。

这一连串的问题把考杰·纳特（Codger Nutt）给问得晕头转向，他是伦敦特鲁里街皇家歌剧院（Drury Lane Theatre）的男童演员和吉祥物，正准备到纽约参加一个戏剧演出。[①]这位矮小的演员既不会读也不会写，说话带着浓重的伦敦口音，他似乎迷失在了埃利斯岛。医生怀疑他弱智，所以问他是否知道马和牛的区别。他说："我的回答是你可以骑马，但是不能骑牛。"然后他们问他，如果他看到有人在路上被"乱刀砍倒"，他会怎么做。他回答说他会报警。检查员们对这位小个子演员的回答并不满意，但部长查尔斯·内格尔允许他进入美国和他所在的剧团集合，条件是他要在一年后离开美国。

考杰·纳特和其他人面临的问题只是测试的开始。[②]医生们不仅测试数学或记忆技能，还试图测量移民的创造力和想象力。诺克斯写道："当我们中的一些人凝视着一支精选雪茄的烟雾，或者凝视着敞开的壁炉，也许会看到曾经的心上人，或者是某个古老的乡村小镇上一座农舍。"考虑到这一点，诺克斯开始使用各种形状的墨迹。每个墨迹

256

---

① *NYT*, November 1, 7, 1912.

② Howard A. Knox, "A Comparative Study of the Imaginative Powers in Mental Defectives," *Medical Record*, April 25, 1914.

都模模糊糊地像一些东西，如房子、草莓、一条蛇、一片叶子。

　　利用这些墨迹，诺克斯对 25 名被认为正常的意大利移民和 25 名被认为有智力缺陷的意大利移民进行了一项小型研究。智力缺陷者的回答通常伴随着"消极的舌音"或"我不知道"。诺克斯还记录了他对每个移民的印象，从"愚蠢和冷漠"到"愚蠢、情绪化、脾气暴躁和固执"。他的结论是，在这个群体中"没有儒勒·凡尔纳那样的人"。那些被认为有智力缺陷的人的反应时间几乎是正常人的两倍，而且智力缺陷者的头部和脸部更不对称，这再次印证了戈达德的认识，即仅通过观察就可以将智力缺陷者拒之门外。

257

　　移民们也被要求描述图片。① 其中一幅图片名为《兔子的葬礼》（ *Last Honors to Bunny* ），画的是三个孩子为死去的宠物兔子哀悼。接受测试的移民会被问六个问题，包括发生了什么，男孩和女孩在做什么，以及为什么其中一个男孩在挖洞。

　　埃利斯岛的穆兰医生发现，大多数移民对这幅画的描述都很糟糕，这不足为奇。虽然难以置信，但一些移民确实对这样的图片并不熟悉。更重要的是，许多移民对他们所看到的画面困惑不解。他们很少看到宠物受到很好的对待，也不习惯把兔子当作宠物。有些人不熟悉在坟墓上放花的习俗。穆兰的结论是，除非图片描绘的场景能被来自欧洲的农民轻易辨识，否则对判断移民的心智水平没有帮助。

　　埃利斯岛的医生们越来越为他们智力测试的主观性所困扰。② 一本手册承认，测试移民的知识和智力水平是一项艰巨的任务，甚至或

---

① 　E. H. Mullan, "The Mentality of the Arriving Immigrant," *Public Health Bulletin* 90 (October 1917): 118-124.

② 　Bernard Glueck, "The Mentally Defective Immigrant"; Zenderland, *Measuring Minds*, 276-277.

许是不可能的。根据这本手册，"由于他们所处环境的极端限制，那些可能被认为是常识的事物对他们来说可能是完全未知的"。这些医生了解到，普通美国人无法理解来到埃利斯岛的大多数欧洲农民的生活圈子有多么狭窄。他们过着"令人难以置信的肮脏和单调的生活，导致他们的智力相应受到限制并发育不良。"

考虑到这一点，埃利斯岛的医生们使用了非语言表现测试，其中许多测试是他们自己设计的，大多数不过是强化版的拼图游戏。木板被切割成大小不同的形状，移民们必须把这些碎片放回合适的位置。一些图像是抽象的，而另一些图像描绘的是脸的侧面或一匹马。

霍华德·诺克斯发明了另一个测试，被称为诺克斯模仿方块测试。[1]它由四个间隔四英寸的一英寸方块组成。医生会拿一个小一点的立方体，面对着移民，按照固定的模式缓慢而有条理地触碰这些方块。接着，移民被要求按部就班地重复这一步骤。这个测试有五个难度等级，一开始是按顺序触碰每个立方体，然后是更困难的操作，需要多达六次不按顺序的触碰。测试中有五组不同的动作，每一组动作的成功与否都与特定的智力水平相对应，依次是白痴、痴愚、低能、正常和高智商。

这些测试不仅考查受试者成功完成任务的能力。[2]移民还会在这

---

[1]　关于不同的测试，见 Howard A. Knox, "Mentally Defective Aliens: A Medical Problem," *Lancet-Clinic*, May 1, 1915; Howard A. Knox, "A Scale Based on the Work at Ellis Island for Estimating Mental Defect," *JAMA*, March 7, 1914; Mullan, "The Mentality of the Arriving Immigrant." 穆兰的报告包含了 1914 年埃利斯岛对识字和不识字的移民进行的一系列测试的详细结果。

[2]　Mullan, "The Mentality of the Arriving Immigrant," 42–43; T. E. John, "Knox's Cube Imitation Test: A Historical Overview and an Experimental Analysis," *Brain and Cognition* 59 (2005).

个过程中不断被观察和评判。进行测试的医生不仅仅关心移民能否完成这项任务，他感兴趣的是完成任务的速度，移民在完成任务时的面部表情，他的肌肉控制、行动速度、精神状态和注意力程度。

从踏上埃利斯岛的那一刻起，移民就开始受到观察。至少有十几双眼睛一直盯着他们。移民们不会感觉不到医生和检查人员犀利的目光向他们逼近，用一种深思熟虑但并非完全不带感情的方式来评判他们。埃利斯岛的医生意识到需要提供适当的环境，但这种观察肯定仍然会引起大量的紧张、焦虑，甚至是好斗性。

在那些年里，移民官员发现了更多有智力缺陷的移民，这并不令人惊讶。从1908年到1912年，被诊断为白痴、痴愚和低能的总人数相对稳定在每年160到190人之间。1913年是转折性的一年。这一年，《纽约时报》警告称"15 000名智力缺陷者威胁着纽约"，戈达德正在埃利斯岛进行测试，霍华德·诺克斯开始发表文章概述公共卫生署的医生所使用的方法。

1913年，检测到的心智不健全人数上升到了555人，次年接近1 000人。[①] 这一大幅度的增长几乎完全来自低能人群——那些乍一看根本看不出存在智力缺陷的人。从1908年到1912年，低能移民每年大约有120人，到1913年，这个数字上升到了483，1914年则多达890。对智力测试的依赖增加了被认为智力低于平均水平的移民的人数。在移民限制论者看来，终于可以利用科学对不受欢迎的移民进行适当的筛选了。

诺克斯有时与限制主义者和优生学家有同样的担心，但他和同事

---

① *NYT*, September 16, 1913; Berth Boody, *A Psychological Study of Immigrant Children at Ellis Island*, reprint (New York: Arno Press, 1970), 65; Knox, "Mentally Defective Aliens: A Medical Problem," 495.

们也强调常识。在被归类为有智力缺陷之前，移民至少要接受三次测　　259
试。任何一次测试都不能决定诊断结果，移民从来不会因为一次测试
不合格而被遣返。相反，医生们关注的是常识、记忆、推理、学习能
力和执行能力测试的整体结果。尽管如此，埃利斯岛上的智力测试仍
然充满了文化偏见，以及一种并未明说的假设，即所谓的智力是可以
被测试的。

　　像其他参与移民辩论的人一样，诺克斯是一个非常复杂的人。①
1913 年 6 月，他在一次科学会议上说，他有信心在埃利斯岛的移民中
找到人类进化过程中缺失的一环，言外之意是他看到的一些移民低于
人类。然而，几个月前，他还曾警告过一本医学杂志的读者："应该
对那些无辜之人怀有无限的同情和怜悯之心，因为不管智力测试的结
果如何，每个人的灵魂都是一样的。在法国，他们被充满感情地称为
'上帝的孩子'（les enfants du bon Dieu）。"对齐特洛一家来说，这样的
同情不过是毫无意义的安慰。虽然科学被认为是不带感情色彩的，但
智力测试并非在真空中进行。

　　1933 年，在给富兰克林·罗斯福写信几周后，萨尔瓦托·齐特洛
收到了回复。它不是来自总统，而是来自移民总专员。信中的话他已
经耳熟能详，即杰玛"之所以被排除在外，是因为她不符合移民法律
对于智力的要求。很抱歉，我不得不告诉你，她属于被强制排除在外
的那种人"。杰玛·齐特洛是不会被法外开恩的，而这意味着她将永远
无法与她在美国的家人团聚。

---

① 　Howard Knox, "Mental Defectives," *NYM*, January 31, 1914.

第十三章 道德败坏

可怜的我，为什么他们会认为我是一个危险的女人呢？

——薇拉（卡斯卡特伯爵夫人），1926 年

头戴一顶绿色大呢帽，身穿一件与之相配的棕色狐皮大衣，穿着肉色丝袜和黑天鹅绒拖鞋，卡斯卡特伯爵夫人薇拉（Vera，Countess of Cathcart）准备在纽约一炮走红。[①] 带着她的剧本《爱的灰烬》（*Ashes of Love*）和在百老汇一举成名的梦想，这位娇小迷人、30 多岁的英国时尚圈一员于 1926 年 2 月来到了纽约。

她没有成为明星，也没有引起文学上的轰动，而是成为另一种意义上的名人，一个在国际范围内广受关注的人物，因为她让大西洋两岸的人们知道了道德败坏这个概念。

当她乘坐的轮船进入纽约港，移民官员登上来检查时，她的麻烦就开始了。[②] 在对头等舱乘客的例行检查中，检查人员发现，伯爵夫人

---

① *Time*, March 1, 1926; Edward Corsi, *In the Shadow of Liberty* (New York: Macmillan, 1935), 201–210.

② 1930 年，薇拉嫁给了 75 岁的百万富翁罗兰·霍奇爵士（Sir Rowland Hodge）。1934 年，她提出离婚。克雷文伯爵于 1932 年在法国去世，年仅 35 岁。

与第二任丈夫卡斯卡特伯爵的婚姻在五年前以离婚告终。另一位英国贵族克雷文伯爵（Earl of Craven）被认为是导致离婚的原因。薇拉离开了比她大 30 岁的丈夫和三个孩子，与已婚的克雷文伯爵私奔到了南非。他们在英国小贵族中的地位增加了这桩丑闻的轰动效应。

261

由于她在证件上注明自己已离婚，这引起了移民官员们的额外关注。他们是如何从薇拉的离婚状态，顺藤摸瓜，发现了她与克雷文伯爵的婚外情，我们不得而知。也许有人记得那件丑闻，或者，正如薇拉所说，她在纽约有个敌人，这人向当局报告了她的到来和她不光彩的过去。

移民局官员宣布，由于薇拉是通奸者，她犯了道德败坏罪，所以根据法律应该被拒之门外。[1]大多数美国人不知道这个奇怪的词语到底是什么意思。《布莱克法律词典》对"道德败坏"的定义是："普遍的、可耻的邪恶行为——极端地背离了诚实、良好的道德、正义或伦理的一般标准，震惊了社会的道德感……个人生活、人际交往或社会生活中的堕落或卑劣行为，违背了与人们之间权利和义务的公认习惯规范。"

这个词语在 1891 年作为可以拒绝移民入境的罪名之一进入了美国移民法。[2]法院和移民官员试图给这个词下定义，但一直没有给出一个确切的定义。从理论上讲，从开空头支票到纵火、通奸、重婚、严重猥亵甚至谋杀，各种各样的犯罪行为都可以被视为道德败坏罪。这个词的不确定性使移民官员和外国人都很为难。在薇拉事件之后，一位学者抱怨说，道德败坏罪已经"被一层无法穿透的迷雾所笼罩"。

---

[1] 引自 *Black's Law Dictionary*, 7th ed. (St.Paul, MN: West Group, 1999), 1026。
[2] Jane Perry Clark, *Deportation of Aliens from the United States to Europe* (New York: Columbia University Press, 1931), 164, 171; Brian C. Harms, "Redefining 'Crimes of Moral Turpitude': A Proposal to Congress," *Georgetown Immigration Law Journal* 15 (2001).

考虑到这项指控的模糊性，薇拉不肯认罪也就不足为奇了，虽然公众对她进行了道德上的谴责。她告诉记者："我这辈子没做过什么让我感到羞愧的事。"在南非，她和克雷文伯爵的关系很快就恶化了。伯爵本来答应娶她为妻，但是后来移情别恋，弃她而去。再后来，伯爵又回到了妻子身边。

到了 1926 年，薇拉已经从与一位伯爵的恋爱冒险和与另一位伯爵的失败婚姻中走了出来。她把自己不幸的爱情生活变成了一部名为《爱的灰烬》的自传体戏剧，而且似乎真的已经心如死灰。她和一个平民订了婚，他是一个叫拉尔夫·尼尔（Ralph Neale）的年轻剧作家，正在英国等她回来。

262　　现在看来薇拉要比预期的更早见到未婚夫了。她被命令乘坐她来时搭乘的同一艘船回去。与此同时，她的朋友和英国领事馆向华盛顿提出申诉，华盛顿允许延期三天执行遣返命令。

当薇拉在埃利斯岛饱受煎熬的时候，克雷文伯爵实际上也在纽约，此时住在公园大道上的叔叔家里。他的妻子生病了，来纽约看病，伯爵在那里陪着她。这一事实只是增加了这个案子的肥皂剧性质。薇拉义正辞严地问道："既然克雷文伯爵可以留在这里，为什么要将我遣返？他和我一样没有权利待在美国。我若有罪，他也有罪。"移民官员们争辩说，因为伯爵宣布自己已婚，所以没有引起移民官员们的注意。这种解释并没有平息对恶意的双重标准的抱怨。

埃利斯岛的官员意识到他们的决定正在受到审查，于是派了一名检查员到公园大道去了解克雷文伯爵的情况。与此同时，薇拉利用在埃利斯岛的时间创作她的下一个剧本，《谁来评判？》（Who Shall Judge?）。这也是一部自传性的作品，讲述了她被扣留在埃利斯岛的经历。

由于移民官员坚决不允许薇拉入境，他们别无选择，只能以同样的罪名对克雷文伯爵发出驱逐令。克雷文伯爵预料到了这一举动，知道自己的婚外情会再次成为媒体的素材，这无疑让他感到不舒服，于是他逃到了蒙特利尔的丽兹卡尔顿酒店。但在离开之前，他表达了自己对这件事的看法。他写信给移民官员说："先生们，你们就是一群该死的白痴！"

在埃利斯岛的一次采访中，薇拉说："我不是一个懦夫，没有像克雷文伯爵那样逃跑。他已经在许多方面证明了自己是个懦夫。"要知道，这是一个在第一次世界大战中作为一名年轻军官失去了一条腿的人。薇拉成了一位受害者，不仅是一个放荡的旧情人的受害者，还是麻木不仁的政府当局的受害者。像爱丽丝·保罗（Alice Paul）的国家妇女党（National Woman's Party）这样的美国妇女组织认为对薇拉的驱逐是一种歧视。

许多英国人认为这是狭隘清教主义的又一个例子。《标准晚报》（*Evening Standard*）甚至指责美国官员不礼貌。正如薇拉的一名律师所说："国会并不是要通过这项法令把劳工部变成一个传播外国丑闻的电台。"他接着说，国会并不打算让移民当局"充当国际性道德的审查员，也不打算让他们的特工去窥探外国的离婚记录，以便获得证据，从而使该部门能够保护我们纯洁的、清教徒式的共和国"。

20世纪20年代是女性享有更大自由的时代，爱好玩乐的摩登女郎就是她们的化身。这些女性挑战了维多利亚时代女性安分守己的观念。薇拉就是这样一个现代女性。她说："我认为每一个人都应该有选择的自由。"她彰显了女性从中产阶级道德传统中解放出来的性解放和自我表达的权利。

然而，在政府官员中，传统道德仍然占主导地位。虽然国内和国际上一片哗然，薇拉还是被扣留在了埃利斯岛，尽管是在一个单人间

里。事实上，她声称在岛上过得很舒服，与她在英文报纸上读到的可
怕情况相比，岛上的实际情况好得让她感到惊讶。

妇女组织帮助她得到了阿瑟·加菲尔德·海斯（Arthur Garfield
Hays）的法律援助。一年之前，在著名的田纳西州政府诉约翰·托马
斯·斯科普斯案中，海斯曾在克拉伦斯·达罗（Clarence Darrow）的
辩护团队工作。海斯认为，没有理由以道德败坏罪驱逐薇拉，因为通
奸在英国、南非或美国都不构成犯罪。然而，海斯错了。自 19 世纪末
以来，越来越多的州将通奸定为犯罪。

一名联邦法官签发了人身保护令，在缴纳了 500 美元的保释金后，
她被从埃利斯岛释放，并被允许获得为期 10 天的自由。后来，另一名
联邦法官下令，薇拉可以在这个国家想待多久就待多久。在这个案子被
公开曝光的情况下，政府的律师并没有做太多的抗争。

薇拉现在可以专心从事她的戏剧事业了。[①] 由于她已经"臭名远
扬"，一个制片人为她的剧本开出了 5 000 美元，还有票房收入和电影
版权的百分比收益。《爱的灰烬》于 3 月中旬在伦敦首演，此时距离她
的磨难开始已经过去了一个月。她的案子让一个之前默默无闻的人才
得到了关注，但这并没有阻止负面评论。一位伦敦评论家称这部戏剧
粗制滥造，"除了少数例外，对话陈腐老套，剧中的人物呆板而毫无生
气，像木偶一样"。

在伦敦首演之后，演出地点转移到了华盛顿特区，由薇拉出演主
角。美国的评论家同样毫不客气。《纽约时报》称其为"一个幼稚而平
淡无奇的故事"。大多数观众似乎只是被对薇拉的好奇心所吸引。这出
戏只上演了一个星期。

264

---

① *NYT*, March 16, 1926.

这样的反响让薇拉很生气，一气之下，她把剧本从制作人那里买了回来。[①] 她发誓要完成关于她在埃利斯岛被扣留经历的剧本。她特意提醒公众，虽然她有贵族头衔和奢华的生活方式，但她并不富有。她的继父是一个富有的商人，但没有给她一分钱，并且她和富有的卡斯卡特伯爵的婚姻也已经终结了。她是一个独立的女性，收入不高，可以凭借的只有那微不足道的文学才能，甚至更微不足道的表演才能。也许这就是为什么，当薇拉在3月底乘船回到英国后，她告诉记者，与那些评论家给她的待遇相比，她在埃利斯岛得到的待遇既友好又慷慨。她可以原谅那些移民官员，却不能原谅那些戏剧评论家。

爱德华·科西（Edward Corsi）在"卡斯卡特事件"几年后接管了埃利斯岛的事务。他承认，移民官员们可能过于热衷于"在我们的移民之网上抓住那些与王室有关的人……我们利用民主作为武器，故意冒犯他们"。科西可能是对的，有民主思想的移民官员很享受扳倒名人和上流社会成员的机会，如果薇拉是一个来自波兰的贫穷农村女孩，媒体就不会注意到她，大使们就不会向华盛顿抱怨，妇女组织也不会来拯救她。

所有国家的妇女都有可能会成为移民官员刺探调查的对象，无论是贫穷的犹太妇女和意大利妇女，还是富有的英国妇女。[②] 几乎没有证

[①] 薇拉的故事非常引人注目，在其介绍20世纪20年代的通俗历史中，弗雷德里克·刘易斯·艾伦（Frederick Lewis Allen）也提到了这一事件，将其和伯德飞越北极和福音传播者艾梅·森普尔·麦克弗森（Aimee Semple McPherson）的失踪并列为1926年初的大事。Frederick Lewis Allen, *Only Yesterday: An Informal History of the 1920s* (New York: Perennial Classics, 1931; reissued 1990), 181.

[②] Deirdre M. Moloney, "Women, Sexual Morality, and Economic Dependency in Early U.S. Deportation Policy," *Journal of Women's History* 18, no. 2 (Summer 2006). 作者声称，"涉及女性的移民政策的执行因种族和民族而异"。对于这一说法，她只提供了一些轶事证据，而不是统计证据。

据表明，官员们会将东欧和南欧的女性作为审查的重点对象。事实上，最常被认为道德败坏的群体似乎是乘坐头等舱和二等舱的法国单身女性。对埃利斯岛的移民官员来说，边境执法和移民法的执行往往意味着要强化中产阶级的性道德观念。

茱莉亚·德尔法维罗（Giulia del Favero）说她宁愿跳进纽约港也不愿接受体检。① 她确实同意让男医生检查了乳房，对方认为她的乳房看起来很奇怪，可能暗示她怀孕了。

在最初排队接受检查的过程中，茱莉亚被挑出来接受进一步的检查，因为一名检查员觉得她看起来像怀孕了。茱莉亚通过翻译坚决否认自己怀孕，并宣称自己是一个道德纯洁的年轻女子。乳房检查是一回事，但这位 23 岁的未婚女裁缝绝不可能让一个陌生男性给她做阴道检查。

埃利斯岛专员托马斯·菲奇坚持自己的立场。他宣称茱莉亚要么接受检查，要么被遣返。但菲奇遭到了自己员工的强烈反对。一位名叫瑞吉娜·施蒂克伦（Regina Stucklen）的女舍监抱怨道，强迫纯洁、品德良好的年轻女性接受这种检查"有可能会影响她们今后的道德生活"。连医生也同意了，他告诉菲奇，他认为这个年轻女子拒绝接受检查是正确的，因为"对于一个良家妇女来说，这样的检查是极其令人厌恶的"。如果孕妇怀孕不足三个月，这样的检查无法证明她的状况。菲奇最终做出让步，这个女孩被允许进入美国。

茱莉亚还没有结婚，如果她怀孕了，那就会让人怀疑她是否适合入境。还有其他的担忧。除非有男性亲属、传教士或移民援助官员的监护，年轻女性是不会被允许单独离开埃利斯岛的。官员们担心，如

① Document No. 16129, Box 23, Entry 7, INS.

果让她们单独离开，很可能将她们置于羊入虎口的境地，邪恶之人可能会诱骗她们，夺其贞操，让她们走上卖淫之路。

有时候，这样的坏人就在移民站工作。[①]检查员约翰·莱德希尔格似乎对仔细盘问经过埃利斯岛的单身女性颇有兴趣。据说他曾经这样问一位和一个男伴一起来到纽约的未婚德国女孩："他在船上跟你上床了吗？告诉我他多久做一次？"如果说菲奇和其他人真正感兴趣的是保护单身女性和维护传统道德，那么莱德希尔格似乎对他自己的性刺激更感兴趣。

移民官员会发现自己涉入了移民的私生活。[②]1907 年，商业和劳工部的法务官裁定，道德败坏罪包括私通和通奸等性行为问题。在 1909年初，21 岁的瑞典人艾琳·玛利亚·赫杰佩（Elin Maria Hjerpe）抵达埃利斯岛时发现了这一点。艾琳已经怀孕五个月了，但是还没有结婚，是在男友的陪伴下来到这里的。她的男友是一位美国入籍公民，根据记录，也是"让她怀孕的人"。

由于她未婚怀孕，特别调查委员会一致投票以道德败坏罪为由将她拒之门外。然而，当案件上诉到华盛顿时，助理总专员弗兰克·拉内德并不同意。他指出，艾琳唯一的过错是她犯了私通罪，他相信，这种为了"不冒犯社会道德感"而私下从事的行为并不构成道德败坏罪。在不为婚前性行为辩解的情况下，拉内德认为这种情况需要宽大处理。艾琳的男友曾告诉移民官员，他想尽快和艾琳结婚。后来两人在埃利斯岛结婚，她被允许进入美国。

几天后，一位名叫米尔卡·罗塞塔（Milka Rosceta）的塞尔维亚年

---

① Campbell and Rodgers Report, June 2, 1900, to Secretary of the Treasury, Boxes 157–158, TVP.

② File 52388–59, INS.

266

轻女子带着她 3 岁的孩子来到埃利斯岛。①她的最终目的地是俄亥俄州的斯托本维尔，孩子的父亲达纳·耶兹迪克（Dana Jezdic）就住在那里。和艾琳一样，米尔卡也因通奸罪被扣留。埃利斯岛的一位移民援助协会代表给达纳发了一份电报，向他说明情况，达纳写了一份宣誓书，表示他希望在米尔卡到达斯图本维尔后与她结婚。他甚至还让一位当地的塞尔维亚东正教牧师签署了一份宣誓书，答应为他们主持婚礼，但是对于移民官员来说，这还不够。

于是达纳从拉贝尔钢铁厂的工作中抽出时间，乘火车来到纽约。当他到达时，米尔卡和她的孩子已经被扣留了六天。他们的说法有些不一致。达纳说他的女朋友只有 19 岁，在家乡还不到结婚年龄。米尔卡声称自己 24 岁，因为达纳没有在军队服过役，所以他们不能在欧洲结婚。官员们调查了米尔卡的私生活史，问她："你还和其他男人有过亲密关系吗？"她回答说没有。

267

此案也被提交到了华盛顿，由弗兰克·拉内德做出裁决。他指出，这也是一个私通的例子，除非是大肆公开为之，否则普通法不会对这种行为进行惩罚。虽然移民官员们完全有权根据道德败坏条款将米尔卡拒之门外，但拉内德再次呼吁超越对法律的字面解释。

拉内德认为，移民官员不能用美国中产阶级的道德标准来衡量米尔卡。他指出："如果该上诉人是在与美国类似的环境中长大的，她的私通行为肯定可以归咎于道德败坏。"但是，她是在巴尔干地区长大的，那里的道德评判标准完全不同。"如果她与那个注定要嫁的男人发生了婚前性行为，她的品格是否从一个较高的状态降到了一个较低的状态，这是非常值得怀疑的。"在他看来，她的行为不是不道德，而

① File 52388-77, INS.

是与道德无关。因此，他认为，基于同样的理由，移民官员不能排除"来自野蛮非洲的祖鲁酋长的妻子"来与她的配偶团聚，即使"他们的交配方式并不比那里的野兽更加符合礼仪"。他命令米尔卡和达纳在埃利斯岛上完婚。

这一论点包含了美国移民法中体现的许多矛盾情绪，既有偏见，又有仁慈。拉内德用这个理论来为塞尔维亚人米尔卡辩解，而不是为瑞典人艾琳辩解，这表明美国人对北欧人、南欧人和东欧人的区别对待有多么严重。然而，虽然这些决定背后的原因可能有所不同，但这两名女子在埃利斯岛匆忙结婚后都被允许进入美国。

那些违反中产阶级道德底线的年轻女性，即使在被允许进入这个国家后，仍然能感觉到法律的"长臂"。因为如果移民后来被发现违反移民法，他们可能会在抵达后三年内被驱逐出境。[①]20 岁的采齐莉厄·科尔布（Cecilie Kolb）这是这样一个例子，她于 1910 年 5 月来到纽约，住在布朗克斯一个德国面包师家里。不到一年，面包师就写信给埃利斯岛，抱怨说他这位年轻的被监护人"品行不端，我认为试图让她走上正轨是徒劳的。她找不到工作，和一个算命先生一起生活在曼哈顿"。

268

1911 年 8 月，科尔布被带到埃利斯岛参加听证会。一开始，她承认和两个男人有不正当关系，但很快又否认了，说她只是和他们一起去舞厅和酒吧。埃利斯岛的医生对她进行了检查，并宣布她依然是处女之身。虽然助理专员乌尔希望以可能会成为公共负担为由将她驱逐出境，但华盛顿的官员下令释放这名女孩，因为证据不足。

移民官员也不惮于对男性实施道德败坏条款，即使是富有的盎格

---

① File 53155-125, INS.

鲁-撒克逊人。① 商业和劳工部部长奥斯卡·施特劳斯讲述了马萨诸塞州劳伦斯市一名移民的案例。此人是一位工厂经理，已婚，并且有孩子，但从加拿大旅行回来时带回了一个不是他妻子的女人。检查员将他拦截在加拿大边境，他承认自己与那位女旅伴有"不正当关系"。移民官员以道德败坏为由将他拒之门外。

　　施特劳斯在日记中写道："我之所以批准将他拒之门外，只是为了给这个家伙上一堂道德课。"② 当马萨诸塞州的一位前州长为这个通奸者游说施特劳斯时，他心软了，允许他入境，并说他这么做是为了这个人的家庭，而"不是因为他值得"。在下一次内阁会议上，西奥多·罗斯福告诉施特劳斯，如果让他来做决定，他是不会让这个人进来的。施特劳斯也猜到了，他告诉总统，在决定这个案子的时候，他想到了总统。婚姻幸福的罗斯福开玩笑说："当你对通奸犯做出裁决时，能够想起我，这是好事。"

　　在另一个案例中，一个名叫路易斯·费尔班克斯（Louis Fairbanks）的40岁英国商人于1908年12月抵达波士顿。③ 费尔班克斯最初声称自己是单身，但是他后来承认自己在英国有一个患有肺病和支气管炎的妻子。他还承认自己和另一个女人交往过，并生了一个孩子。移民官员宣称，由于英格兰的教会法庭已宣布通奸为犯罪，他

---

① 一些学者认为，强加的道德测试是专门针对妇女的。有一位名叫多兰（Dolan）的未婚怀孕女性被拒之门外，一位历史学家在谈论此事时指出："那个让她怀孕的男人不太可能被同样拒之门外。多兰的悲惨故事表明，将父权制的异性恋规定纳入移民政策，导致了违反该规定的女性被拒之门外。"当然，由于实际的原因，如果孩子的父亲是单独进来的，检查员就没有办法知道他有一个私生子。然而，如果他和他怀孕的女友一起入境，那么他们都将被拒之门外，或在入境前被迫结婚。Eithne Luibheid, *Entry Denied: Controlling Sexuality at the Border* (Minneapolis: University of Minnesota Press, 2002), 3–5.

② Oscar Straus Diary, Box 22, OS.

③ File 52279-14, INS.

们以道德败坏为由，拒绝费尔班克斯入境是合理的。施特劳斯同意了，于是费尔班克斯被遣送回英国。这与18年后薇拉的案件形成对照。

有时，妇女可以为了自己的利益而使用道德败坏条款。[1] 19世纪80年代中期，萨拉·罗森（Sarah Rosen）与朱利叶斯·罗森（Julius Rosen）在俄国结婚。几年后，朱利叶斯去了美国，到了19世纪90年代末，萨拉和他们的三个孩子贝基、玛丽和乔治来到美国与他团聚。据萨拉说，在她和孩子们来到这里四天后，朱利叶斯就抛下家人去了英国。在那里，朱利叶斯又结了婚，又生了两个孩子。朱利叶斯声称他是被一个叔叔强迫与萨拉结婚的，这桩婚姻在俄国是非法的，因为朱利叶斯当时还不到18岁。

269

抛妻别子10多年后，朱利叶斯·罗森又回到了美国。几个月后，莎拉·罗森给埃利斯岛的威廉·威廉姆斯写了一封充满哀伤的信，谴责她的丈夫。她的孩子们现在分别是14岁、20岁和23岁。她独自一人把孩子们拉扯大，也积攒了一点家业。这家人住在布鲁克林，开了一家文具店。萨拉似乎还拥有一些房产，她认为朱利叶斯这次回来是为了钱。

她抱怨说，朱利叶斯让她的生活很痛苦，还打扰了她的家人。她在信中写道："我不寻求任何报复，我只想和以前一样独自供养我的小家庭，不受人干扰。"她希望威廉姆斯以重婚罪为由将朱利叶斯遣返。"在我看来，我的丈夫不适合享受这个国家的自由，我希望你们采取措施，让他从哪里来就回哪里去。"她甚至给威廉姆斯提供了朱利叶斯常去的地址。

几周后，朱利叶斯被带到埃利斯岛。他继续声称他的第一次婚

---

① File 53257-34, INS.

姻是非法的，再婚并没有错。代替威廉·威廉姆斯做决定的奥古斯
都·谢尔曼提出，两人婚姻的合法性是一个有争议的问题。他写道：
"如果两人的婚姻合法，他就犯了重婚罪；如果非法，他就成了三个私
生子的父亲。"不管怎样，朱利叶斯都犯了道德败坏罪。于是，他被勒
令驱逐出境。

　　华盛顿的官员支持驱逐朱利叶斯·罗森的决定。然而，朱利叶斯
聘请了前国会议员威廉·班纳特（William Bennet）作为他的辩护律师。
班纳特把朱利叶斯的案子一直告到了最高法院，最高法院判他败诉。
朱利叶斯最终在1914年2月被驱逐出境。在加拿大生活期间，朱利叶
斯通过班纳特多次申请进入美国。虽然朱利叶斯的第二任妻子已经去
世，但美国政府仍然认为他是一个重婚者，他被永远禁止进入这个国
家，以免骚扰萨拉和孩子们。

　　这些案件表明移民官员在执行道德败坏条款时会遇到的困难。他
们试图以宽泛的方式来解释它，同时维护社会规范，鼓励结婚而不是
同居，特别是在涉及孩子时，打击婚外恋或婚前性关系。

　　有时候，道德败坏条款所涵盖的不仅仅是性关系，还会将埃利斯
岛置于国际阴谋的中心。[1] 西普里亚诺·卡斯特罗（Cipriano Castro）
被称为"安第斯狮子"，他从1899年到1908年以军事独裁者的身份统
治委内瑞拉。在此期间，他掠夺国家财富，处决政敌。他就像是拿破
仑、纽约的腐败政客特威德老大（Boss Tweed）和大骗子巴纳姆（P. T.
Barnum）的混合体，还有一点罗马暴君尼禄的影子。他身价500万美
元，大部分都藏在欧洲银行里。国务卿伊莱休·鲁特（Elihu Root）称

270

---

[1]　William M. Sullivan, "The Harassed Exile: General Cipriano Castro, 1908–1924," *Americas*
33, no. 2 (October 1976); J. Fred Rippy and Clyde E. Hewitt, "Cipriano Castro: 'Man Without a
Country, '" *American Historical Review* 55, no. 1 (October 1949).

他是一个"疯狂的畜生"。卡斯特罗政权催生了美国最著名的外交政策声明之一：罗斯福对门罗主义的推论（Roosevelt Corollary to the Monroe Doctrine）。

卡斯特罗拒绝偿还他的国家欠欧洲银行的债务，英国和德国对委内瑞拉进行了海上封锁。西奥多·罗斯福担心这会成为欧洲在西半球殖民的后门，他于1904年宣布，拉丁美洲国家的"长期错误行为"将导致美国对这些国家的干预，以防止欧洲大国插手其后院事务。

1908年，卡斯特罗离开委内瑞拉前往德国接受肾脏手术，将国家交给胡安·韦森特·戈麦斯（Juan Vicente Gomez）将军，戈麦斯很快就宣布自己为统治者，并没收了卡斯特罗的财产。这样一来，卡斯特罗就成了一个没有国家的人。更糟糕的是，美国政府仍然对他很警惕，担心他打算重新掌权。法国和英国当局明确表示，他们的任何一个加勒比殖民地都不欢迎卡斯特罗。美国海军跟踪卡斯特罗的一举一动，美国官员也一直对他进行监视。他最终来到了加那利群岛。

1912年12月，卡斯特罗决定访问美国，但美国国务院命令威廉·威廉姆斯将卡斯特罗扣留在了埃利斯岛。[1] 和薇拉·卡斯卡特一样，卡斯特罗只是来作短期访问，而不是永久定居。在得知国务院试图阻止他的消息后，卡斯特罗向《纽约时报》发出了一份无线电报，对美国国务院的这一做法表示不满。他埋怨说："你们竟然因为我来访问就如此侮辱我，真是不可思议。"

他于1912年的最后一天抵达，并被送往埃利斯岛的一家医院接受检查。[2] 根据助理专员乌尔的记忆，卡斯特罗的身体上布满了伤疤，但

271

---

[1]　*NYT*, December 31, 1912.

[2]　*New York Herald Tribune*, August 18, 1942.

医生们找不到从医学角度拒绝卡斯特罗入境的理由。他称这位前独裁者是"恶棍和杀手",但仍然表示他钦佩这位被他形容为"小矮子"的人。

在听证会上,卡斯特罗说:"目前我没有职业。我是来旅游的。"①然而,由于所经历的种种不便,他决定到欧洲去。后来卡斯特罗又改变了主意,要求被允许进入美国。当华盛顿的官员决定他的去留时,卡斯特罗在埃利斯岛待了一个多月,那是一个为不坐统舱的被扣留者保留的区域,有一个私人房间,里面有床、脸盆和床头柜。

移民官员几乎没有扣留卡斯特罗的理由。他没有生病,从来没有犯过重罪或其他罪行,用政府律师的话来说,他也没有"伴着一个淫荡的女人"。移民官员希望可以利用一件事来阻止他入境。委内瑞拉的戈麦斯政府曾暗示卡斯特罗与一个名叫帕雷德斯(Paredes)的叛军将军被处决有关。

卡斯特罗在埃利斯岛参加了多次听证会,结果越来越不愿意合作。②当被问及他作为总统的行为和他的财富来源时,卡斯特罗拒绝回答。当被问及帕雷德斯将军时,他回答说,由于这不是刑事法庭,他拒绝回答这一问题。根据拜伦·乌尔的记忆,卡斯特罗在听证会上"吵闹不休""桀骜不驯",是他在埃利斯岛40多年来遇到的最奇葩的一个外国人。虽然面对种种压力,卡斯特罗还是在埃利斯岛生活得很好。他自己付饭钱,吃起来狼吞虎咽,头戴一顶镶金的黑丝绒便帽,脚穿一双镶金的布拖鞋。

经过两个多星期的扣留和听证,一个特别调查委员会拒绝了卡斯特罗入境的权利。委员会称他是一个不可靠的证人,因为他拒绝回答

---

①   File 53166–8, INS.
②   *WP*, January 3, 1913.

问题。此外他的行为举止相当于承认了杀害帕雷德斯的罪行，因此构成道德败坏罪。

272

威廉·威廉姆斯花了几个小时亲自审问卡斯特罗，他对这一决定感到不安。要将卡斯特罗拒之门外，他要么必须被定罪，要么必须承认罪行。而在本案中，移民官员既没有对他定罪，他也没有承认罪行。另一场听证会在卡斯特罗的房间里举行，当时他正在吃早餐。卡斯特罗大发雷霆，把自己锁在浴室里。听证会随后在隔壁房间举行，再次投票决定驱逐卡斯特罗。

卡斯特罗抵达美国一个月后，商业和劳工部部长查尔斯·内格尔批准了驱逐卡斯特罗的决定。[1]他承认，这是一个不寻常的、棘手的案件，如果不是国务院的要求，卡斯特罗是不会被扣留的。但他认为，仅凭卡斯特罗拒绝接受埃利斯岛听证会这一条就足以将他驱逐。因为进入美国是一种特权，外国人有接受听证的义务。

与此同时，纽约民主党人接手了卡斯特罗的案子，并为他提供了法律援助。他们认为帕雷德斯之死是一种政治行为，因此不能作为将卡斯特罗拒之门外的理由。[2]在他们的支持下，卡斯特罗在被扣留一个月后获得保释。两周后，一名联邦法官允许卡斯特罗自由地留在美国，想留多久就多久。这位法官裁定政府需要更多的犯罪证据，而不仅仅是依据他缺乏合作和闪烁其词的行为。

在这一年的春天，卡斯特罗前往哈瓦那，后来定居在特立尼达岛，他希望革命者能够战胜戈麦斯，让他重新掌权。革命并没有发生，卡斯特罗继续过着流亡生活。

---

[1]　1913 年 1 月 30 日，有关卡斯特罗一案的备忘录，Folder 39, Box 59, CN。

[2]　*NYT*, February 16, 1913.

卡斯特罗于 1916 年回到美国，美国国务院再次要求将他拒之门外。[①] 这一次，拜伦·乌尔看到的是一个完全不同的卡斯特罗，与他三年前见到的那个高傲、棘手的人不同。乌尔发现卡斯特罗的"精神似乎崩溃了"。重新掌权的希望完全破灭了。卡斯特罗和他的妻子一起，现在只想暂时在美国入境，等待一艘船将他带到波多黎各。他回答了特别调查委员会提出的问题，并否认他与帕雷德斯被杀有任何关系。委员会对他的回答仍然不满意，于是以道德败坏为由将他拒之门外。他的妻子也被拒之门外，理由是她有可能会成为公共负担。

然而，这一次，华盛顿的官员支持了卡斯特罗的申诉，并下令释放他。[②] 夫妇二人在埃利斯岛待了两天，他们得到了一套带有私人浴室的房间，可以在整个岛上自由行动。两天后，他们被释放，前往波多黎各，这位前独裁者在那里度过了余生。他再也没有回到自己的祖国委内瑞拉，1924 年在圣胡安因胃出血去世，孑身一人，身无分文。《纽约时报》对他的印象并不太好，在社论中称他是"曾在拉丁美洲舞台上呼风唤雨、叱咤风云的冒险家之一"，并指出"道德败坏"一词对他来说无疑是合适的，因为他从来就没有什么原则。

试图进入美国的军事独裁者数量相当少，但违反中产阶级性观念的移民数量很多。1911 年，移民专员丹尼尔·基夫认为通奸是一种道德败坏的罪行，因此可以作为将移民拒之门外的理由。他说："如果某行为与贞洁和体面的观念背道而驰，或者是违反了社会一般道德观念所解释的道德律，如果从事这一行为的人不再受到普遍的尊重，或者不再受到社会的认可，该行为就明确属于道德败坏的范畴。"这直接违

---

① 关于 1916 年卡斯特罗的到来，见 File 53166-8C, INS。
② *NYT*, December 8, 1924.

背了弗兰克·拉内德两年前的命令。

　　商业和劳工部的法务官推翻了基夫的决定，回到了拉内德制定的更宽松的标准。[1] 他认为，只要这个外国人"显然不是一个本质上不道德的人"，移民官员就不应将"不道德行为的具体事例视为必然构成道德败坏"。这几乎没有解决问题，但确实给了官员允许此前存在道德缺陷的移民进入美国的空间。

　　已婚波兰妇女玛丽亚·科奇克（Marya Kocik）的例子显示了衡量不道德品行的难度。[2] 玛丽亚的丈夫已经生活在美国，现在可以把玛丽亚和他们的三个孩子接过来了。然而，玛丽亚已经怀孕五个月，虽然她已经一年多没有见过丈夫。

　　在她丈夫离开波兰后，她和孩子们被安置在玛丽亚丈夫的一个朋友家里。没过多久，玛丽亚就开始和这个男人发生关系，并怀孕了。现在玛丽亚即将抵达美国，她的丈夫宽宏大度地接受了她，并同意把那个男人的孩子当作自己的孩子来抚养。虽然这是一起明显的通奸案件，但该部门的首席律师辩称，考虑到最好能够让孩子们和他们的父亲团聚，移民官员们并不一定要把玛丽亚拒之门外。

　　这些争论可能看起来像是过分拘礼的男性官员所为，但就像移民机构的其他工作一样，对中产阶级性道德的规范就是对各种利益的平衡。官员们往往对涉及通奸或有婚前性行为的移民做出宽大处理，同时仍坚持中产阶级的性规范，即婚姻是规范人类性行为并有利于抚养后代的理想制度。

　　移民官员们担心性乱行为会导致卖淫。[3] 一个名叫耶尔卡·普雷

274

---

① File 53371-25, INS.

② File 53148-19, INS.

③ File 53986-67, INS.

斯尼亚克（Jelka Presniak）的 22 岁克罗地亚女子到美国后不久就被捕了，罪名是卖淫。她向移民官员承认，她曾与多名男子发生过性关系，但否认曾收受金钱。劳工部的法务官裁定，"妓女"一词可以用来形容任何"有偿或无偿地与男性进行不加区分的性交"的女性。耶尔卡被勒令驱逐出境，但她成功逃脱了当局的追捕。她从纽约州北部到宾夕法尼亚州再到俄亥俄州，用不同的化名住在不同的斯拉夫社区，在餐馆工作，做妓女。她一直没有被当局抓到。

伊娃·兰克（Eva Ranc）也让移民官员们陷入了类似的两难境地。[①] 和许多案件一样，1916 年初，埃利斯岛的官员收到了一封匿名信，警告说，有一个名叫伊娃·维涅隆（Eva Vigneron）的法国女人为了"不道德的目的"，以"兰克"的化名来到美国，资助她的是美国富商西格·廷伯格（Sig Tynberg）。

伊娃于 3 月 1 日抵达纽约港，并从"罗尚波"号（Rochambeau）的二等舱被带到埃利斯岛参加听证会。36 岁的伊娃是一位离异女性，有一个十几岁的女儿。她自称是巴黎的一名女装设计师，这是她第三次来美国。

在听证会上，调查人员问伊娃，她之前在纽约住在哪里，以及她当时是否接待过男性访客。她发誓说她没有，尽管她承认廷伯格过去曾给过她钱。他们想结婚，但伊娃声称，廷伯格的父亲不同意他的儿子与非犹太人结婚。移民官员询问伊娃是否与廷伯格或其他男性发生过性关系，她做出了否定的回答。

委员会随后联系了廷伯格，问他是否与伊娃有任何"不道德的关系"。"不，"他回答说，"我对那位女士怀有最高的敬意。"廷伯格是一

---

① File 54050-228, INS.

家保险公司的老板和北美燃料公司的总裁，在曼哈顿下城有一间办公室。他证明说，虽然伊娃过去来纽约的时候，他偶尔会帮她付房租，但"她绝对没有任何不道德的地方"。如果不是因为他 80 岁的父亲，他是会娶她的。他的父亲是一个严守规矩的犹太人，反对异族通婚。

当天晚些时候，针对伊娃的案件变得清晰起来。一个名叫默娜·莱特（Myrna Light）的女人出面作证，她直截了当地说出了她的目的，那就是确保伊娃·兰克不能进入美国。默娜和廷伯格订婚已经四年多了。那封警告移民官员提防伊娃的匿名信就是她写的。她曾经问廷伯格为什么他们一直不能结婚，他告诉她说因为他害怕他的情妇，以及她可能会对默娜做什么。他告诉默娜，伊娃是他们婚姻的绊脚石，"这种女人会出现在每个单身汉的生活中，一旦摆脱了她，我们的一切问题就都解决了。"默娜声称，廷伯格害怕伊娃，他曾告诉她："如果我娶了你，那个法国妓女会把你撕成碎片。"

默娜从廷伯格的秘书那里得知了伊娃最近要来的消息，而廷伯格的秘书也对她的老板有一种暧昧的感觉。这位秘书帮老板给伊娃电汇了一笔钱，让她来纽约。也许是出于嫉妒，她把这个消息告诉了默娜。西格·廷伯格已经欺骗默娜四年多了，被拒绝的默娜一直在伺机复仇。她曾因廷伯格违背承诺而提起 2.5 万美元的诉讼，但后来撤销了诉讼。在她看来，现在把矛头对准伊娃·兰克似乎是个更好的策略。

伊娃在埃利斯岛被扣留了两个晚上，调查人员询问了廷伯格的父亲，以及伊娃此前在纽约居住过的那两栋大楼的管理员。廷伯格的父亲告诉调查人员，他并不反对儿子娶非犹太人为妻，只反对他娶"一个有色人种的女孩或一个名声上有污点的女孩"。老廷伯格声称，他的一个亲戚去巴黎了解过伊娃的情况，得知这个女人"很可怕"。两位管理员告诉调查人员，他们曾看到伊娃和廷伯格一起躺在床上，而且廷

276

伯格大部分时间都和伊娃待在一起。

有了这些信息，委员会下令将伊娃驱逐出境。廷伯格又一次出面求情。他说他从未和伊娃上过床，他爱她，而且要娶她。由于过于紧张和激动，廷伯格用特殊的语言说明了他的理由，他向委员会恳求说："我觉得应该把她交给我，这个女人是属于我的，我丝毫不会因为她而感到耻辱。"

廷伯格声称，他的好名声和人品在纽约商界无人不知。他甚至还带着他的朋友兼商业伙伴——宾夕法尼亚大学一位金融学教授——来为自己作证。这份证词连同伊娃与她在法国的第一任丈夫离婚的证据，以及伊娃和廷伯格都表示愿意结婚的愿望，导致委员会大多数成员推翻了之前的决定，允许她进入美国。然而，一位持不同意见的委员会成员认为，伊娃有点可疑。根据规定，持异议的成员可以向他的上级提出上诉。

埃利斯岛专员弗雷德里克·豪看了证据后认为，虽然廷伯格和伊娃可能曾住在一起，但他们似乎对彼此都是真爱，并打算结婚。他认为驱逐伊娃是一种"羞辱——在我看来是不必要的残忍"。他同意让伊娃入境，这一决定得到了他在华盛顿的上级的肯定。伊娃·兰克入境后不久就与西格·廷伯格结婚了。移民官员深入调查了这些人的个人生活。虽然伊娃最终被允许入境，但这段经历无疑让廷伯格和伊娃两人都感到痛苦和尴尬。

乍一看，伊娃的案子似乎是对移民官员的一次胜利，他们热衷于惩罚一名女性的性行为，但事情远不止如此。两年后，国务院收到了一封署名为"一位忠诚的美国人"的信。显然，伊娃·兰克和西格·廷伯格的婚姻短暂而不幸福，伊娃很快就逃回了法国。这封匿名信警告说，伊娃正试图再次回到美国，"给她伤害过的人制造麻烦"。

埃利斯岛的官员派了一名调查员去廷伯格那里了解情况，他讲述了自己的悲惨经历。他一直坚信伊娃·兰克是个好女人，但婚后不久就发现她带男人回他们的公寓，还在丽思卡尔顿酒店和其他人见面。廷伯格还认为伊娃是落入了一群勒索者的圈套。结婚还不到四个月，廷伯格就向伊娃提出了离婚，伊娃在离婚手续完成之前就离开了美国。现在，再婚不久的廷伯格说，他将尽一切可能阻止她回来。没有证据表明她曾试图返回美国。

伊娃·兰克的案件表明了移民官员对性道德规范的关注程度。[①]正如基夫专员在1909年指出的那样："移民法的目的不仅是要防止被引诱从事卖淫的无辜女孩进入美国，也是为了防止所有不遵守性道德的女孩和妇女进入美国。"兰克应该被归类为"不遵守性道德"的那一类，但当局也在密切关注那些被迫卖淫的"无辜女孩"。

这种现象有一个专门的表达，即"白人奴隶制"。[②]美国人认为，有成千上万的无辜年轻女性受到无耻男性的欺骗，被迫成为性奴，命运悲惨。《瞭望》杂志在1909年警告说："白人奴隶制十分猖獗……大量女性被拐卖，被用作满足男人欲望的工具。"

这个表达中暗含的意象是很有说服力的，因为反卖淫活动人士把自己定位为新的废奴主义者。[③]像简·亚当斯（Jane Adams）这样的改革家将年轻女性被迫出卖肉体的"社会罪恶"与对黑人的奴役联系起来。就像反对黑人奴隶制的斗争一样，亚当斯认为反对白人奴隶制的

---

① 引自 Francesco Cordasco and Thomas Monroe Pitkin, *The White Slave Trade and the Immigrants: A Chapter in American Social History* (Detroit: Blaine Ethridge Books, 1981), 26。

② *Outlook*, November 6, 1909.

③ Jane Addams, "A New Conscience and an Ancient Evil," McClure's Magazine, November 1911.

斗争"也需要有愿意为其献身的烈士和英雄"。为了对抗这一最新的社会不公，改革者们已经做好了上战场的准备。她预言说："很少有正义的事业能逃脱鲜血的洗礼。"

278 有关无辜女性遭受难以想象的恐怖的报道开始逐渐进入媒体。[1]检察官埃德温·西姆斯（Edwin Sims）以一种夸张的语气宣称："有些事情与正常正派的人的生活相去甚远，他们简直难以置信。"美国人开始相信，有这样一个庞大而有组织的网络，奴役年轻女性提供性服务，而移民是这个网络的中心，既是受害者，也是施害者。

埃利斯岛的检查员马库斯·布劳恩从来不会错过任何一个公费旅行的机会，特别是如果这能让他避开埃利斯岛的日常工作职责。[2]1909年，布劳恩花了五个月时间走遍欧洲，为联邦政府调查白人奴隶制。

在巴黎，布劳恩探访了男妓和妓女出没之处，用他的话说："我只是扮演了一个旅游者的角色，偶尔好奇地问一些愚蠢的问题，花很多钱来满足自己的好奇心"。他收集了一些欧洲男妓和妓女的名字，以及他们的面部照片。

五个月后，布劳恩向他的上司报告说，他没有发现"为卖淫或其他不道德目的而有组织地贩卖外国妇女的行为存在"。他也没有发现"任何为了卖淫或其他不道德的目的而有组织地将无辜、贞洁的妇女带到美国的行为"。然而，他确实发现许多欧洲妓女正在前往美国，要么自己去，要么在业内人士的帮助下，但布劳恩认为这不是强迫的。

法国当局向美国大使馆投诉了布劳恩的调查。[3]法国外交部的一名官员告诉布劳恩，法国不会帮助美国打击白人奴隶制和卖淫。他说，

[1] Edwin Sims, "The White Slave Trade," *Woman's World*, September 1908.
[2] File 52484-1-F, 1-G, INS.
[3] 1909 年 9 月 16 日，布劳恩写给移民总专员的信，File 52484/1-F, INS。

美国移民法不仅将妓女拒之门外，还将通奸或婚前性行为的女性拒之门外，这是令人愤慨的。对法国人来说，美国人对待性的态度是假正经的、狭隘的。

出生于匈牙利的布劳恩甚至要扩大可以被排除在外的移民的类别，建议将"同性恋者和鸡奸者"添加到名单中。他在柏林见到了数千名年轻男妓，这似乎让他很受触动。这些被称为"娃娃男孩"（Puppenjungen）的人不仅公开从事卖淫活动，而且其中的许多人还会敲诈顾客，有些还做起了皮条客。布劳恩警告说，这是一种威胁，必须阻止在边境之外。

埃利斯岛的官员一直担心强迫卖淫的问题。早在 1898 年，爱德华·麦克斯威尼就提醒特伦斯·鲍德利注意这样的情况，即一些移民贩卖儿童去卖淫。麦克斯威尼认为，在下东区的咖啡馆里，潜伏着一些邪恶的人，他们"引诱天真无邪的孩子们走上耻辱的道路，一旦他们踏上这条路，他们的堕落速度之快将令人难以置信"。

麦克斯威尼关注了 13 岁的伯莎·汉德斯（Bertha Hondes）的案子，她和一个叫罗莎·辛菲尔德（Rosa Seinfeld）的妇女从布宜诺斯艾利斯来到这里，这位妇女自称是她的姨妈。[①] 罗莎带着伯莎去了纽约的一家妓院，用麦克斯威尼的话说——"那个女人试图为了不道德的目的卖掉她"。罗莎不是伯莎的姨妈，而是一个妓女，而伯莎的母亲是布宜诺斯艾利斯的一位鸨母。后来，犹太慈善联合会介入并带走了这个女孩。

1907 年，国会禁止"为了卖淫或其他不道德目的，把任何外国妇女或女孩带到美国"，并禁止男妓入境。这项法律为移民官员提供了更多的手段，用以打击那些违反中产阶级性规范的人。

①　1898 年 7 月 27 日，爱德华·麦克斯威尼写给特伦斯·鲍德利的信，Box 125, Series 2, TVP。

　　1908 年，约翰·比蒂（John Bitty）的案子上到了最高法院。[1] 他被指控将他的英国情妇带到美国。比蒂被捕，这名女子被拒绝入境。她不是妓女，但由于她和比蒂的性关系超出了婚姻的范围，政府认为这属于"任何其他不道德目的"的条款。最高法院同意了这一观点，哈兰（Harlan）法官的结论是，该条款旨在"涵盖任何将一名外国女性输入美国，并让她可能作为某人的情妇与其生活在一起的行为"。

　　比比蒂性质更为严重的是那些贩卖女孩和逼迫女孩卖淫的皮条客。在第一次世界大战之前的几年里，多达 22 个"白人奴隶"的故事被出版，其中一个名为"为保护我们的女孩而战：关于为了不道德的目的而买卖年轻女孩的可怕交易的真实而纯洁的讲述"（Fighting for the Protection of Our Girls: Truthful and Chaste Account of the Hideous Trade of Buying and Selling Young Girls for Immoral Purposes）。这些耸人听闻的作品讲述了无辜的年轻女性怎样被邪恶的男性皮条客引诱进卖淫的可耻生活中。

　　前纽约警察局长西奥多·宾汉姆（Theodore Bingham）发表了自己的调查作品，题为"消失的女孩：白奴贩卖的真相"。他警告称，每年至少有 2 000 名白人奴隶来到美国，她们"像家畜一样被送来，所遭受的待遇比家畜还要糟糕得多，然后再像家畜一样被处理掉"。[2]

　　报纸和杂志更是火上浇油。麦克卢尔（S. S. McClure）的同名杂志帮助催生了揭发丑闻的美国新闻传统，它发表了艾达·塔贝尔（Ida Tarbell）对标准石油公司的揭露，以及林肯·斯蒂芬斯（Lincoln

280

---

[1]　Mark Thomas Connelly, *The Response to Prostitution in the Progressive Era* (Chapel Hill: University of North Carolina Press, 1980), 114–115; *U.S. v. Bitty*, 208 U.S. 393 (1908).

[2]　Gen. Theodore A. Bingham, *The Girl That Disappears: The Real Fact About the White Slave Traffic* (Boston: Richard G. Badger, Gorham Press, 1911), 15.

Steffens）对腐败的市政府的批判。塔贝尔和斯蒂芬斯在 1906 年离开了这份杂志，麦克卢尔不得不寻找其他的作家和攻击对象。

他在乔治·基布·特纳（George Kibbe Turner）身上发现了这种才能，并且找到了白人奴隶制这个攻击对象。[①] 特纳 1909 年的文章标题为"穷人的女儿"，揭露了坦慕尼协会的政客们如何让纽约成为世界上主要的白人奴隶交易中心之一。特纳聚焦于下东区的犹太妓女和移民援助协会，如纽约独立慈善协会（New York Independent Benevolent Association）和马克斯·霍克斯提姆协会（Max Hochstim Association），这些组织在坦慕尼协会的保护下为卖淫团伙招揽妇女。特纳认为政治机构是最大的罪犯，并展示了卖淫行业的演变。他写道："在美国，诱拐和贩卖女孩的行业——从妇女软弱无力的手中夺走女孩，将其置于狡猾而贪婪的男人的控制之下——已经像其他行业一样组织化和专业化了。"

反对白人奴隶制的斗争不仅关乎本土主义、被压抑的性欲或集体性的歇斯底里，也体现了进步主义改革的许多主题。[②] 在反邪恶活动人士眼中，卖淫和白人奴隶制是贪婪的商业利益、腐败的政治机构和堕落的移民群众的交集。妓女会受到三重大山的压迫，分别是男性皮条客、自私的商人和腐败选区的政客。酒吧、咖啡馆、酒店、剧院的老板从性交易中获利，而那些选区政客在为这些人提供政治和警察保护的同时，也会从妓女的收入中榨取自己的份额。

[①]　George Kibbe Turner, "The Daughters of the Poor," *McClure's Magazine*, November 1909. 关于独立慈善协会的更多信息，见 Timothy J. Gilfoyle, *City of Eros: New York City, Prostitution, and the Commercialization of Sex, 1790–1920* (New York: W.W. Norton, 1992), 261–262。

[②]　Mara L. Keire, "The Vice Trust: A Reinterpretation of the White Slavery Scare in the United States, 1907–1917," *Journal of Social History* 35, no. 1 (2001).

281　　西奥多·宾汉姆等人指责埃利斯岛的移民官员没有对妓女的到来给予足够的重视。[①]他在年度报告中写道："把妇女拐卖到这个国家似乎很容易，移民当局的要求很容易就被各种简单的托词满足了。"

　　作为回应，政府不仅派马库斯·布劳恩去欧洲调查性交易，而且还加强了埃利斯岛的执法力度，密切关注进入美国的妓女和男妓。更重要的是，官员们积极寻找在纽约和其他地方卖淫的国外妓女。如果一名移民妇女被发现在抵达后三年内从事卖淫活动，她可能会被驱逐出境。检查员安东尼·特德斯科（Anthony Tedesco）和海伦·布利斯（Helen Bullis）整理了一份名单，上面列出了曼哈顿80多家妓女经常光顾的咖啡馆、音乐厅和酒店。

　　虽然提高了警惕性，但禁止妓女移民的努力还是经常受到阻碍，就像埃尔米纳·克劳福德（Hermine Crawford）的例子所表明的那样。[②]克劳福德因卖淫被关押在埃利斯岛，后来和岛上的看守罗兰·科尔科克（Roland Colcock）成了朋友。克劳福德迷住了卑微的科尔科克，当时他正要被调去埃尔帕索的移民站。在法院判决她的人身保护请愿期间，克劳福德被保释，而在保释期间，克劳福德与科尔科克结了婚。这样一来，无论法院或移民官员如何裁决，都无法将她驱逐出境了。

　　婚礼两个月后，科尔科克去了埃尔帕索的新岗位工作，而克劳福德则开始在百老汇接客。她告诉一名警察，她不愿意和丈夫一起搬到得克萨斯州。他不能为她挣到足够的钱，她希望他留在得克萨斯，不要管她。更糟糕的是，由于与克劳福德的关系，他被得克萨斯州指控违反了就职誓言。科尔科克承认，他对克劳福德的兴趣是不明智的，

① 引自 Cordasco and Pitkin, 22。更多关于宾汉姆的信息，见 James Lardner and Thomas Reppetto, *NYPD: A City and its Police* (New York: Henry Holt, 2000), 141–142。
② File 51777–303, INS.

他承认自己"生性冲动，不够理性。只要有了什么想法，就会在没有深思熟虑的情况下贸然去做"。一个月后，他提出辞职。

1911 年的迪林厄姆委员会试图确定移民卖淫的规模，并评估移民官员在入境口岸发现妓女的能力。[①] 一方面，该委员会发现，许多移民女性将知名妓院的地址列为目的地，或声称要前往旧金山或西雅图的知名红灯区，却依然被允许入境。

调查人员从 1908 年 1 月抵达埃利斯岛的女性中随机挑选了 65 个，想了解她们给出的地址是否对得上。调查发现，其中 30 名的住址与船上旅客名单上的地址一致。不足为奇的是，许多女性找不到，因为她们要么已经搬家了，要么提供的地址不正确。在这 65 人中，只有 3 人比较可疑，其中两人似乎是妓女，另一个嫁给了一个有妇之夫。

另一方面，迪林厄姆委员会发现埃利斯岛加强了对妓女和男妓的执法。[②] 在 1904 年到 1908 年间，只有 205 名妓女和 49 名男妓被拒之门外。到了 1909 年，移民官员变得更加警惕。他们拘留了 537 名卖淫者，驱逐了其中 273 人。其中大部分是在入境之后被拘留和驱逐的，是在特德斯科和布利斯对纽约和其他地方卖淫的外国妓女进行调查时发现的。有卖淫嫌疑的人被从远至犹他州的地方带到了埃利斯岛，然后从这里被驱逐出境。

来自法国的单身女性总是被人以怀疑的眼光看待，尤其是那些独自乘坐头等或二等舱旅行的女性。[③] 然而，在新移民群体中，犹太人

① "Importing Women for Immoral Purposes: A Partial Report from the Immigration Commission on the Importation and Harboring of Women for Immoral Purposes," 61st Congress, 2nd Session, Document No. 196, 1909, 68.

② "Importing Women for Immoral Purposes," 58–59.

③ Edward J. Bristow, *Prostitution and Prejudice: The Jewish Fight Against White Slavery, 1870–1939* (New York: Schocken Books, 1983), 166.

最常与卖淫有关。就连马库斯·布劳恩也发现，他在欧洲遇到的大多
数皮条客都是犹太人。海伦·布利斯描述了独立慈善协会的运行方式，
该协会中有男妓和妓女经常光顾的咖啡店的老板、在妓院里贩卖货物
的服装商人、酒馆老板、担保人，甚至还有给妓院的人看病的医生。

　　对犹太人参与性交易的指控很容易演变成反犹主义，但实际数字
显示的情况要复杂得多。[①] 在纽约的一项研究中，在 581 名因卖淫而被
捕的人中，犹太妇女所占比例不到一半，其次是法国、德国和意大利
妇女。在另一项研究中，在 1907 年和 1908 年因卖淫被从埃利斯岛驱
逐的 98 名妇女中，只有 13 名是犹太人，其中有一半是法国人。

　　卖淫和移民之间的联系一直存在，虽然移民官员难以确定具体的
数字。[②] 据马库斯·布劳恩估计，美国有 50 000 名国外出生的妓女和
10 000 名国外出生的男妓。他还认为，纽约大约有 10 000 名移民妓女。
而改革家詹姆斯·布朗森·雷诺兹则认为，实际数字是这个数字的三
倍。在较为保守的一方，由约翰·洛克菲勒（John D. Rockefeller）领
导的联邦大陪审团调查白人奴隶制时得出的数字只有 6 000 人。迪林
厄姆委员会不得不承认："不可能获得违反移民法对妇女和女孩进行剥
削的确切数据。"

　　大多数妓女都是外国人吗？[③] 在 1908 年 11 月至 1909 年 3 月之间，
迪林厄姆委员会调查了纽约法庭上的 2 000 多起卖淫案件，发现只有

283

① 关于犹太人和卖淫之间的关系，见 Lloyd Gartner, "Anglo-Jewry and the Jewish International Traffic in Prostitution, 1885–1914," *AJS Review* 7 (1982); Egal Feldman, "Prostitution, the Alien Woman and the Progressive Imagination, 1910–1915," *American Quarterly*, Summer 1967; and Bristow, *Prostitution and Prejudice*.

② Bristow, *Prostitution and Prejudice*, 156–157, 160。

③ "Importing Women for Immoral Purposes," 60; Ruth Rosen, *The Lost Sisterhood: Prostitution in America, 1900–1918* (Baltimore, MD: Johns Hopkins University, 1982), 139–140; Gilfoyle, *City of Eros*, 292.

四分之一卖淫者是在外国出生的，要知道，这个城市的外国出生人口超过了 40%。与此同时进行的另外三项调查也显示了类似的结果，即平均约 75% 的妓女是在美国本土出生的。

是否有大量的妇女被迫成为从事卖淫活动的白人奴隶呢？[1] 官员们并不确定。基夫专员警告说，"以卖淫为目的的外国妇女的输入和扩散一直是一笔大买卖"。一年后，他改变了看法，认为"为了卖淫而来到这个国家的妇女和女孩很少"。

迪林厄姆委员会的报告中既有危言耸听的言辞，也有讲述了一个更复杂故事的数据。[2] 报告是这样开头的："为了不道德的目的而引入和窝藏外国妇女和女孩，以及她们所从事的卖淫活动，是移民问题中最可悲和最令人作呕的一面。"然而，在同一份报告的后续，委员会承认了一点，即"大多数出于不道德的目的被引诱进入这个国家的妇女和女孩已经进入了家庭生活，并且是出于自己的自由意志而来"。

威廉·威廉姆斯也认为，大多数妓女并不是被迫从事这一职业的。[3] 即便如此，他也注意到，男性皮条客越来越主导这个行业，控制着妓女的收入，但他不认为这是白人奴隶制。在他看来，虽然可能"偶尔会存在奴役，尤其是在开始的时候"，但在大多数情况下，女性"通常很乐意把自己置于男人的控制之下，接受他们的指示"。

威廉姆斯可能已经接近真相了。[4] 正如一位历史学家所言："绝大

284

---

[1]　Rosen, *The Lost Sisterhood*, 118; Bristow, *Prostitution and Prejudice*, 156-157.

[2]　"Importing Women for Immoral Purposes," 51, 54-55.

[3]　1912 年 12 月 18 日，威廉·威廉姆斯致移民总专员的信，File 52809-7E, INS。

[4]　Rosen, *The Lost Sisterhood*, 118, 133-134, 137. 关于白人奴隶制是神话还是现实的辩论，见 Connelly, *The Response to Prostitution in the Progressive Era*, Chapter 6, and Rosen, *The Lost Sisterhood*, Chapter 7. 康纳利认为，白人奴隶制在很大程度上是一个神话，它把美国城市的问题归咎于移民。罗森认为，"通过对证据的仔细审查，可以发现存在一场真实的（转下页）

多数从事卖淫的妇女并不是被拖来、下药或殴打而被迫的。"据估计，只有不到10%的美国妓女是白人奴隶制的受害者。在白人奴隶制恐慌最严重的时候，有1 000多人因此而被判刑。

许多妇女选择成为妓女。经济需要和贫穷的家庭生活往往比强迫和奴役更强大。然而，人们更容易相信，被动而贤惠的女人只有在贪婪男人的强迫之下才会沦为妓女。伊娃·兰克和埃尔米纳·克劳福德的例子表明，女性常常会主动参与性交易。她们既聪明又精明，常常能智胜移民当局、警察和男性追求者。

公众可能对白人奴隶制反应过度了，但对于那些被迫从事这一职业的女性来说，这是一段十分悲惨的经历。[①]一个名叫珍妮·朗代（Jeanne Rondez）的年轻瑞士女孩在因卖淫而被捕之后，在埃利斯岛的驱逐听证会上讲述了她的故事。她19岁时被带到美国当仆人。她告诉调查人员她在法国拍摄了几张照片，她的一个朋友把这些照片交给了一个叫卢西恩·巴拉特（Lucien Baratte）的人。这些照片很可能是裸照，似乎巴拉特试图勒索她。

在纽约寻找巴拉特的过程中，她最终来到了埃洛伊·米勒（Eloy Miller）夫人的家中，她邀请珍妮共进晚餐。晚饭后，她不让珍妮离开，留她在那里过夜。然后巴拉特进入珍妮的房间，要求做爱。珍妮拒绝了，但是被关在房间里两天之后，她屈服了。当时她还是处女，巴拉特和米勒利用这种耻辱迫使她卖淫。在接下来的六个星期里，珍

（接上页）女性交易，这一历史事实和经验必须被记录下来"。罗森写道，当时的各种调查显示，"在美国历史上，一些妇女被卖为性奴隶是不可回避的事实"。另一位历史学家同意罗森的观点。"即使是对当时证据的表面取样，也可以毫无疑问地表明美国存在白人奴隶交易。"虽然卖淫业是现实，但"没有全国性组织的白人奴隶集团存在"。Roy Lubove, "The Progressives and the Prostitute," *Historian*, May 1962。

① File 53155-144, INS.

妮被迫接客，每次性交易可以得到两美元。这种折磨开始六周后，珍妮因卖淫而被捕并带到埃利斯岛。

米勒和巴拉特很快就被捕了，而珍妮则从埃利斯岛被释放，被圣女贞德之家（Jeanne D'Arc Home）收留。由于折磨带来的压力，珍妮在接下来的两个月里生病了，之后她在斯塔顿岛的德雷福斯（J. Dreyfus）先生家里找到了一份工作。在珍妮被释放后，检查员特德斯科去看望了她的情况。德雷福斯告诉他，珍妮已经向他承认了她的过去，他毫不怀疑她正努力"成为一个受人尊敬的女人"。1911 年 8 月，在她被捕的五个月后，驱逐令被取消。珍妮的苦难结束了，但她作为白人奴隶的经历无疑将伴随她的余生。

1914 年 6 月 9 日，21 岁的茱丽叶塔·拉玛卡（Giulietta Lamarca）抵达埃利斯岛。① 同船的大多数乘客都是从巴勒莫出发的，而拉玛卡却是从阿尔及尔出发的。对大多数移民来说，这是一个不太可能的起点。拉玛卡报告的职业是佣人，并宣称她要去布鲁克林的未婚夫马可·吉罗（Marco Giro）那里。作为一个独自抵达埃利斯岛的年轻女子，她被暂时扣留，但最终在吉罗来接她时被释放。

拉玛卡在布鲁克林待了不到一年。1915 年 5 月，一位名叫文森佐·帕伦波（Vincenzo Palumbo）的意大利移民因在范布伦特大街 116 号经营一家赌场和妓院而被捕，而这里正是拉玛卡居住的地方。原来，帕伦波把拉玛卡带到美国来做妓女。他的哥哥最初从意大利招募了拉玛卡，让她在阿尔及尔的一家妓院工作。马可·吉罗只是帕伦波的合伙人，而不是拉玛卡的未婚夫。帕伦波被判在亚特兰大监狱服刑七年半。拉玛卡则被带到埃利斯岛遭扣留。

285

———————————

① File 53986–43, INS.

在听证会上，拉玛卡开始编造自己的人生故事。尽管她是意大利裔，但她声称自己出生在阿尔及利亚。她声称在美国有个丈夫，但她离开了他。她极力否认自己是妓女。

但证人证明事实并非如此。其中一人作证说，拉玛卡从他那里买了一块手表，并提出通过提供性服务来支付。埃利斯岛的检查员弗兰克·斯通（Frank Stone）提供了最确凿的证词，他称拉玛卡以"最恶毒的形式"将邪恶商业化。他声称她感染了梅毒，每次性服务，她会向男人收取 50 美分的费用。拉玛卡的家在布鲁克林的码头边，她的顾客几乎都是水手。斯通还暗示了更大的邪恶。在妓院的房间里发现了产科器械，在沙发的弹簧里发现了一个阴道窥镜。此外，斯通指出，自己还发现了"描绘最令人作呕的肉欲场景"的淫秽照片。

拉玛卡的皮条客进了监狱，对她的指控就很明确了。在这个国家只待了一年，根据法律，她仍然可以被驱逐出境，但自从她来到这个国家后，世界上发生了很大的变化。奥匈帝国的王位继承人弗朗茨·斐迪南大公在她到达美国两周后被暗杀。移民官员们再也不能将移民驱逐回饱受战争摧残的欧洲，因为蒸汽船现在正面临来自德国潜艇的危险。拉玛卡将被扣留在埃利斯岛，等待后续的通知。

随着 20 世纪的发展，虽然人们对性的态度发生了巨大的变化，道德败坏的概念依然是移民法中可以利用的工具。

20 世纪 50 年代，最高法院判决"道德败坏"条款并不违反宪法，但未能澄清"道德败坏"一词的模糊性。[①] 从 1908 年至 1980 年，大约有 62 000 名外国人因道德败坏而被驱逐出境，其中四分之一是因为不道德行为，其余的则是因为刑事指控。

---

① "Redefining 'Crimes of Moral Turpitude': A Proposal to Congress."

　　道德败坏条款的影响一直延续到 21 世纪。[1] 当到美国的游客在边境填写入境表格时，他们会被问到的一个问题是："你是否曾因道德败坏或犯罪而被捕或定罪？"如果薇拉知道这一点，她一定禁不住会心一笑吧。

---

[1] INS: I-94W Nonimmigrant Visa Waiver Arrival/Departure Form.

第四部分

幻灭与限制

第十四章　战争

我们不能忘记，这些穿过埃利斯岛狭窄大门的男男女女，他们满怀希望，也充满困惑，他们的误解就像背上的大麻袋一样沉重……这些单纯而粗糙的人将成为我们后代的祖先、我们孩子的父母。

——沃尔特·韦尔（Walter Weyl），1914 年

在过去的两年里，我看到了很多饱受创伤的欧洲人经过埃利斯岛。

——弗雷德里克·豪，1916 年

1916 年 7 月 30 日凌晨两点刚过，停泊在泽西城码头的一艘驳船的船长彼得·雷西塔（Peter Raceta）被一股爆炸的力量抛到了大约 20 英尺高的空中。[1] 如果让他来形容，他会说这就像齐柏林飞艇的爆

---

[1] 关于黑汤姆岛爆炸事件，见 Jules Witcover, *Sabotage at Black Tom: Imperial Germany's Secret War in America, 1914–1917* (Chapel Hill, NC: Algonquin Books, 1989); Tracie Lynn Provost, "The Great Game: Imperial German Sabotage and Espionage against the United States, 1914–1917," PhD dissertation, University of Toledo, 2003; *NYT*, July 31, August 1, 1916; *NYW*, July 31, August 1, 1916. 威特科弗称黑汤姆岛爆炸事件是"外国势力对美国所犯下的最狡猾的欺骗之一"。

炸，而别人把这声音比作一门大炮的轰鸣。雷西塔落在纽约港的水面之上，距离他那艘正在燃烧的船有许多码的距离。他被击昏了，但是除了后脑勺有一处严重烧伤之外，没有受其他伤。船上的另外两个人失踪了。

就在几英里之外，在泽西城的中央大道上，同一场爆炸把两个半月大的亚瑟·托森（Arthur Tossen）从床上震了下来。但是和雷西塔不同，小亚瑟没能活下来。

在曼哈顿下东区，犹太移民被爆炸声从睡梦中惊醒，在惊慌失措中涌出他们的公寓。[①] 在一片混乱中，一位名叫德维尔（Dveire）的年轻母亲镇定自若地带着家人来到东百老汇公寓的地下室，以躲过混乱。她前不久刚从俄罗斯的战争中逃离出来。由于已经习惯了战争的喧嚣，德维尔能够保持镇定，但她的许多邻居却做不到，因为炮弹在纽约港爆炸的声音让他们担心战争已经跟着自己来到了新世界。

在整个纽约大都会区，向南一直延伸到费城，人们以为是被一场地震惊醒。马里兰州北部的居民还打电话给当地警察投诉。但这不是地震。

这次爆炸扰乱了许多人的睡眠，其中心是一个叫黑汤姆岛的地方。黑汤姆岛曾经是纽约港的一个小岛，但后来通过垃圾填埋场与新泽西相连，成为一个伸入港口近一英里的半岛。沿着海岸线修建了许多码头和仓库，铁路将它们与西面连接起来。

午夜过后的某个时刻，国家码头和仓储公司位于黑汤姆岛的设施上有一艘驳船起火。数十艘这样的船只在黑汤姆岛的码头排成一排，火车停靠在终点站等待，上面的货物将在下周一装载到这些船只上。

---

① "Why Dveire Kept Her Head," *Jewish Immigration Bulletin*, November 1916.

有些车厢装的是糖和烟草，但大多数车厢装的是炸药、弹药、炮弹和其他武器，它们要被运往英国、俄罗斯和法国。

火灾发生两小时后，大火最终蔓延到了一艘装满军火的船上，引发了巨大的爆炸，惊醒了方圆数英里的许多人。在第一次爆炸后的三个小时里，更多的爆炸接踵而至，大火蔓延到其他船只。巨大的火柱照亮了清晨的天空。在距离黑汤姆岛大约200码的贝德罗岛上，弹片在自由女神像上挖出了一个大坑。

曼哈顿下城摩天大楼的数千扇窗户被炸毁，这些建筑物看起来就像是"某个巨人用一把把的石头攻击的目标"。布鲁克林大桥被震得摇摇晃晃。直到第一次爆炸发生24小时后，仍有余烬在继续引爆炮弹，消防员和其他在废墟中查看的人员不得不时时低头躲避。曼哈顿有12人因为被玻璃碎片割伤被送往当地医院接受治疗。

几乎整个黑汤姆岛的设施都被夷为平地。仓库变成了一堆堆碎片，堆成了近100英尺高的小山。利哈伊谷铁路公司的火车车厢成为正在燃烧的残骸。帮助将货物快速运到码头的铁轨已经扭曲变形，横七竖八，一片狼藉。6个码头变成了冒烟的废墟，同样被毁掉的还有13个仓库、85节满载货物的火车车厢和100多艘驳船。

在黑汤姆岛东北几百码处的埃利斯岛也感受到了爆炸的威力。《纽约时报》将其描述为"一个被战争摧毁的城镇"。岛上几乎每一扇窗户都被震碎了，到处散落着弹片和其他碎片。医院的天花板发生了塌陷。主楼的铁门从里面卡住了，好像被炸药直接轰炸过一样。埃利斯岛上的一名医生在观看黑汤姆岛上的大火时，被爆炸的力量甩到了15英尺外的墙上。

几艘装满炸药的驳船没有因火灾而爆炸，它们从停泊处漂了出来，向埃利斯岛漂去。其中两艘撞到了码头，好在力量不大，并没有

291

再次引发爆炸。岛上的工人把水浇到了船上。①

在埃利斯岛过夜的 300 多名移民被疏散到炮台公园，但患有精神疾病的被扣留者仍留在岛上。他们被带到岛的东侧，在那里观看了一场"烟火表演"，火箭炮弹像照明弹一样不断在岛上发射，形成一个巨大的弧形火焰。这些病人不知道发生了什么事，也不知道其中的危险，"他们拍手欢呼，大喊大笑，以为这是一场专门为他们安排的娱乐节目"。

泽西城当局花了 24 小时多一点的时间才逮捕了他们的第一个嫌疑人。公共安全专员弗兰克·黑格（Frank Hague）下令逮捕国家码头和仓储公司的负责人和利哈伊谷铁路公司的当地代理人，罪名是过失杀人。让黑格伤心的是，他的手下、泽西城巡警詹姆斯·多尔蒂（James Dougherty）在调查最初的火灾时，因为一间仓库倒塌而丧生。

当局坚称，没有证据表明外国策划者应对此负责。利哈伊山谷铁路公司甚至将火灾归咎于自燃。他们忘了，这么多军用炸药被毁，德国皇帝一定会为此而欢欣鼓舞。美国人舒舒服服地躺在自己的安乐窝里，认为广阔的大西洋可以让他们免受欧洲致命风暴的伤害。欧洲的战争已经进行了两年，但是对大多数美国人来说，那是一件很遥远的事情。

但是，这次造成近 5 000 万美元损失的爆炸不仅仅是一次事故或自燃，更明确地说，这是人为的。就在午夜之前，洛塔尔·威策克（Lothar Witzke）和库尔特·杨克（Kurt Jahnke）这两名德国破坏者划着小船来到了防守松懈的黑汤姆岛设施。第三个人名叫迈克尔·克里斯托夫（Michael Kristoff），从陆地上加入了他们。三人随后点燃了几

① *Survey*, August 5, 1916. 1911 年泽西码头的爆炸也对埃利斯岛造成了破坏。爆炸的原因要么是在泽西码头装载炸药时处理不当，要么是一艘船的锅炉爆炸，引爆了一万磅黑火药。Files 53173-26 and 53173-26B, NA and *NYT*, February 2, 1911.

处小火，并在装满弹药的货车和驳船上放置了一些定时炸弹。不到 15 分钟，黑汤姆岛的守夜人就看到整个建筑群起火，火势很快失去控制。两小时后，大火引发了巨大的爆炸，震撼了纽约地区。

这三人的所作所为是德国政府破坏盟军战争努力的更大阴谋的一部分。虽然美国在严格意义上是中立的，但是它一直在帮助其欧洲盟友，现在德国的回应是对美国发动了一场暗中破坏的战争。

虽然这次爆炸对埃利斯岛的直接影响主要以破碎的窗户来衡量，但其长期影响是美国看待移民的方式发生了重大变化。英国血统的美国人会对同情德国而反对英国的德裔和爱尔兰裔美国人感到失望。外来移民会变成外来敌人。

通往二战日本人拘留营的道路始于黑汤姆岛，一直延伸到埃利斯岛。[①]据说，在 1941 年日本偷袭珍珠港后，曾经在 1916 年担任海军助理部长的富兰克林·罗斯福（Franklin D. Roosevelt）曾经对一名助手说："我们不想再发生黑汤姆岛大爆炸那样的事件了。"

293

1917 年 4 月 6 日，耶稣受难日，美国国会宣布与德意志帝国进入战争状态。三年以来，美国一直在避免卷入分裂欧洲的种族纷争，而在黑汤姆岛大爆炸发生不到一年后，美国正式参战。200 万美国士兵将很快前往法国，其中许多是来自美国小镇的乡下男孩，他们从未远离家乡。

然而，伍德罗·威尔逊总统所做的不仅是宣布德国为美国的敌人。在他的战争宣言中，有超过一半的内容不是关于欧洲事务，而是关于一群被他称为"敌侨"的人。

任何 14 岁以上、出生在德国、居住在美国，但不是归化美国公

---

① 引自 Witcover, *Sabotage*, 310–311。

民的男性，一夜之间就变成了敌侨，成了代表德皇准备攻击美国的潜在第五纵队的一部分。[①] 他们被禁止拥有任何武器或驾驶飞机，被禁止居住在任何军事基地、飞行电台、海军造船厂或军工厂半英里以内，也不能"撰写、印刷或发表任何针对美国政府或美国国会的攻击或威胁"。最重要的是，任何敌侨都不能向德国提供援助或安慰，不能协助德国的战争努力，也不能扰乱"美国的治安或安全"。任何涉嫌违反这些命令的人都将被立即逮捕和监禁，不需要任何审判或听证。

这一做法并非史无前例，而是依据 1798 年的《敌侨法案》(*Alien Enemies Act*)。该法案规定，如果美国与某一国家发生战争，则所有居住在美国但未成为归化公民的该国成年男子将均被视为"敌侨"，并"应被逮捕、限制、拘禁和转移"。这项立法是一系列法律的一部分，这些法律统称为《关于处置外侨和煽动叛乱的法令》(*Alien and Sedition act*)，是由联邦党人推动通过的，当时美国正准备对法国发动一场战争。虽然这些法律中的其他内容要么过期，要么被废除，但 《敌侨法案》在 200 多年后仍然有效。

294

威尔逊发表宣言后，美国政府马上开始行使其特权。美国的第一次战时行动不是在欧洲，而是在美国本土，动用了移民局的特工。在威尔逊发表战争宣言的当晚，联邦特工开始将德国敌侨集中起来，遣送到埃利斯岛进行无限期拘留。真正意义上的一夜之间，埃利斯岛的角色从移民检查站变成了军事拘留所。

至于拘留对象，不用到远处寻找。霍博肯就位于距离黑汤姆岛

---

① "President's Proclamation of a State of War, and Regulation Governing Alien Enemies," *NYT*, April 7, 1917. 要了解更多关于第一次世界大战中德国敌侨被拘留的影响，见 Christopher Capozzola, *Uncle Sam Wants You: World War I and the Making of the Modern American Citizen* (New York: Oxford University Press, 2008)。

不到一英里的泽西海岸上，它被称为"英里广场城市"（Mile Square City），自称是棒球的发源地，也是歌手和演员弗兰克·辛纳屈（Frank Sinatra）的故乡。当美国对德宣战时，辛纳屈还是一个16个月大、蹒跚学步的孩子。1916年，这个小城市里有大量的德国人，部分原因是北德轮船公司和汉堡－美国航运公司的轮船都停靠在这里。

随着对德宣战，4月6日，德国公司所有停靠在美国码头的轮船都被联邦政府没收，包括"林肯总统"号和"格兰特总统"号。所有在这些船上或码头上工作的德国人都被集中起来，遣送到了埃利斯岛。

这些以把移民带到美国为生的人现在发现自己被拘留了。这些船曾经载满移民，但不久就会把美国士兵运送到欧洲前线。一年后，德国鱼雷在法国海岸击沉了"林肯总统"号。

这些德国船长和船员不是战俘，没有接受审判。他们被视为敌侨，被执行移民法的行政机构集中起来统一拘留。[1] 将近1 500名德国人在埃利斯岛拘留期间并没有制造什么麻烦，虽然他们会抱怨买不到啤酒。他们每天都做健美操、游戏和阅读。埃利斯岛的专员发现这些人"服从管教"，并接受了自己的处境。

一个名叫乔治·贝格曼（George Begeman）的人是例外，他是北德轮船公司"乔治·华盛顿"号的船长。[2] 他和其他三个同事获准去霍博肯看牙医。趁着看守去拿一个三明治的工夫，他逃离了牙医诊所。人们最后一次见到他是在霍博肯的一家酒吧里，他灌下一杯又一杯啤酒，"诅咒所有的禁酒主义者"。当警察赶到时，酒吧里只剩下一排空啤酒杯。酒保告诉警察："天哪！那个家伙太能喝了！"他一直没有被抓住。

295

---

[1] Frederic C. Howe, *The Confessions of a Reformer* (Chicago: Quadrangle Books, 1967), 272.
[2] *NYT*, June 20, 1917.

　　37 岁的威廉·豪斯多弗（William Hausdorffer）也被拘留在埃利斯岛，他是"波希米亚"号的代理船长。[1] 豪斯多弗和他的妻子以及两个年幼的孩子住在附近的贝永。孩子们出生在美国，因此是美国公民，但他们的父母还没有入籍。豪斯多弗从 1906 年起就生活在美国，他的妻子从 1899 年起就生活在美国，他们一家都认为自己是美国人。豪斯多弗的船员甚至嘲笑他为"美国人"，因为他同情的是美国，而不是他的出生地。他的妻子告诉官员，她的丈夫甚至愿意参军为美国而战。然而，豪斯多弗并不是一个归化公民，他在一家德国公司的职位足以使他成为一个敌侨。

　　不是每个人都像豪斯多弗那样。[2] 在"祖国"号上当机械师的威廉·克尔纳（William Koerner）也被遣送到了埃利斯岛。当被问及他在战争中同情哪个国家时，他的回答是德国。像这家轮船公司的许多工人一样，克尔纳也曾在德国海军预备役部队服役。虽然他和他的同事们并没有正式入伍，但他们的地位足以让美国官员将他们视为敌侨。

　　超过 1 500 名德国人将被扣留在埃利斯岛一段时间。对其中一些人来说，拘留时间很短。"祖国"号上的厨师艾伯特·迈耶（Albert Meyer）在 4 月 6 日被捕。他在埃利斯岛只被拘留了两周，因为他向当局证明自己是瑞士公民，因此不是敌侨。

　　大部分人则没有这么幸运。[3] 6 月初，政府官员开始将这些德国人转移到北卡罗来纳州温泉城的一个拘留营。首先是 470 名船长、轮机长和一级准尉。剩下的大约 1 100 名船员和水手是第二批。这个地方很容易被误认为是夏令营，有整洁的小屋，一派田园风光，但其实是

---

① 　File 54188-473E, INS.

② 　File 54188-468M, INS.

③ 　"Annual Report of the Commissioner General of Immigration," 1918, 14.

一个军事化设施，在押人员未经允许不得离开。总共有 2 300 名德国人在战争期间被拘留在这里。被指控为间谍的 36 名德国人仍留在埃利斯岛，后来被转移到佐治亚州的奥格尔索普堡。

　　一些被拘留者的妻子因为她们的性别而没有被认为是敌侨，她们向政府请愿，要求释放自己的丈夫。在威廉·克尔纳被带到埃利斯岛时，他的妻子葆拉（Paula）已经怀孕五个月。她不仅失去了丈夫，而且还不得不放弃做手提包的工作。葆拉和其他船员的妻子们可以每月从她们丈夫的雇主那里得到一笔津贴，以改善她们的处境。多亏了葆拉的多方求告，克尔纳在 1917 年 8 月获得了为期三周的假释，以便在妻子分娩时陪伴她。

　　有些人的经历更加悲惨。[①] 4 月 6 日，"德皇威廉二世"号的轮机长赫尔曼·拜尔斯多夫（Herman Byersdorff）在第一次抓捕德国人的行动中被捕，并被带到埃利斯岛。战争已经影响了拜尔斯多夫一家。1914 年，他的独子在德国军队服役时在法国战场上阵亡，这让赫尔曼的妻子精神崩溃。然后她被带到美国与丈夫团聚，这似乎让她平静了下来。

　　但拜尔斯多夫的拘留再次让他的妻子陷入了情感的深渊。霍博肯的一名医生诊断她患有严重的精神抑郁，近乎忧郁症。拜尔斯多夫在北卡罗来纳的拘留营中请求假释，希望能够陪伴心急如狂的妻子。在联邦官僚机构审批他的假释申请期间，拜尔斯多夫太太搬到了温泉城，以便离丈夫更近一些。

　　最后，在 1918 年 2 月，压力和悲伤让拜尔斯多夫夫人不堪重负，她在丈夫被拘留近一年后自杀身亡。为了参加在布鲁克林举行的葬礼，

---

① File 54188-468H, INS.

296

赫尔曼被暂时释放，但两周后不得不返回北卡罗来纳州。1918 年 6
月，在妻子自杀四个月后，他终于获得了假释，对于失去妻子和独子
的他来说，这只能算是一个苍白的安慰。

　　目前还不清楚为什么他的假释程序要花这么长的时间。早在 1918
年 2 月，他就被假释了。那年春天，随着对德国人搞破坏的恐惧消退，
更多的人被假释。威廉·克尔纳于 1918 年 4 月离开温泉城。

297　　　　埃利斯岛的军事化在德国被拘留者离开后仍在继续。① 由于战争，
来自欧洲的移民逐渐减少，美国陆军接管了岛上的医院，用来收治伤
兵，海军接管了宿舍楼，用来安置待命的水兵。有时，会有多达 2 500
名军人驻扎在埃利斯岛，其中大多数人在此驻扎的时间不超过两周。
与此同时，在欧洲前线受伤的美国士兵也被送往埃利斯岛的医院接受
治疗。在西线战壕中幸存下来的年轻美国步兵常常要付出一条胳膊或
一条腿的代价，可以看到他们在埃利斯岛上漫步，作为康复训练的一
部分。

　　在这一动荡时期，掌管埃利斯岛的人是弗雷德里克·豪。② 在从
事这份工作之前，他对移民问题知之甚少，后来他承认自己对此并不
太感兴趣。埃利斯岛的第一任专员约翰·韦伯经受过美国内战的洗
礼，而豪的青春岁月在约翰·霍普金斯大学的研究生院度过，他在那
里师从伍德罗·威尔逊教授。虽然豪后来成了一名律师，但他的研究
生生涯给他灌输了一种理想主义气质和永不停歇的求知欲。在 1914 年

---

① "U.S. Immigration Service Bulletin," April 1, 1918, Folder 6, File 1133, IRL; Thomas Pitkin,
Keepers of the Gate: A History of Ellis Island (New York: New York University Press, 1975), 120;
NYT, September 23, 1918.

② 关于豪在埃利斯岛之前的职业生涯，见 Kevin Mattson, *Creating a Democratic Public:
The Struggle for Urban Participatory Democracy During the Progressive Era* (University Park,
PA: Pennsylvania State University Press, 1998) and Howe, *Confessions of a Reformer*, 240-251。

来到埃利斯岛任职之前，他是纽约自由知识分子的辩论协会人民学会（People's Institute）的会长。

对于自己的社会地位以及与祖先和家庭背景的关系，威廉·威廉姆斯即便不是沾沾自喜，至少也是感到满意的，而豪则截然相反，用他本人的话说，他花了大半生的时间"遗忘"童年的价值观。豪在宾夕法尼亚州西部一个舒适的中产阶级共和派家庭中长大，家人经常去教堂做礼拜。随着在社会上步步高升，并投身于政治，他一直在努力摆脱自己在小镇上的童年经历和价值观。

豪是一个进步主义者，他投身于公共服务事业，以改造一个受到工业主义、大规模移民和城市化不良影响的社会。威廉姆斯和豪都具有推动改革的道德主义精神。在两人眼中，这个世界善恶分明。对威廉姆斯来说，作为清教徒祖先的后代，他的阶级和家庭背景代表着善，而不受欢迎的新移民代表着恶，他们的出现带来了犯罪、疾病和政治机器，并威胁到了他的祖先所建立的共和国。

298

豪心目中的英雄是那些自由主义者，他们也抛弃了年轻时的价值观，致力于改造世界。他心目中的坏蛋是那些以牺牲公众利益为代价追求私利的自私而狭隘之人。威廉·威廉姆斯的进步主义建立在效率观念的基础之上，而豪是一个人道主义者，他将自己的改革类型描述为"情感化的，或者说是梦想式的"，但是没有人会指责威廉·威廉姆斯是一个梦想家。

豪试图将埃利斯岛变得更加人性化，将他的新工作视为"改善很多人命运的机会"，这是对其前任不太含蓄的嘲讽。[1] 他试图把移民大

---

[1]　Howe, *Confessions of a Reformer*, 256-257; *Survey*, October 17, 1914; *Outlook*, October 21, 1914; Pitkin, *Keepers of the Gate*, 113- 114.

厅装点得漂漂亮亮，在美化的同时融入一些美国特色元素。在宏伟而又空荡荡的大厅里，到处摆放着盆栽植物。墙上挂着美国总统的照片和关于美国历史上重要事件的绘画，阳台上悬挂着巨大的美国国旗。豪还在移民站放置了意见箱，供移民、游客或员工表达他们的不满。

豪在谈到被扣留者时说："这些可怜的人整天百无聊赖，我对此印象深刻。他们大约有 300 人被扣留在这里，被迫在一个空荡荡的房间里的硬板凳上坐上一个小时又一个小时。"豪下令将长凳从储藏室搬出来，放在外面的草坪上，这样一来，原本被关在室内的移民就可以享受户外生活了。他们为被扣留的孩子们创建了一个操场，在一名成人的监督下从事球类运动和跳绳。缝纫材料、期刊和玩具现在都有了。这里还开设了英语课，为孩子提供教育。有一个周日的下午，一个意大利团体请来了男高音歌唱家恩里科·卡鲁索（Enrico Caruso），为被扣留者举办了一场音乐会。

尽管有这些差异，豪和威廉姆斯在一件事情上是一致的：两人都试图结束三等舱乘客与头等舱和二等舱乘客之间的区别对待。在以前，三等舱乘客总是被送到埃利斯岛接受检查，而头等舱和二等舱乘客则在船上接受检查，只有在极少数情况下才会被命令到埃利斯岛。

威廉姆斯写道："在头等舱旅行的外国人必须受到移民法（适用于所有外国人）的约束，正如他们必须接受海关法的约束。""一些最令人反感、应该被拒之门外的阶层也可能有足够的手段，能够购买头等舱的船票。"①罪犯、男妓和妓女有时会乘坐头等舱，轮船公司有时会把外国人列为公民，对于会算经济账的威廉姆斯来说，这意味着国库

299

① 1912 年 1 月 22 日，威廉·威廉姆斯写给检查员的备忘录；1912 年 1 月 22 日威廉·威廉姆斯写给美国移民总专员的信，File 53438-15, INS。

被剥夺了每人四美元的移民人头税。

1912 年 1 月，"卡曼尼亚"号（Carmania）上的 92 名头等舱和二等舱乘客正在享受愉快的晚餐，这时移民局官员登船检查。他们被命令停止进食，排成一排，回答问题。检查持续了 45 分钟，有六人被挑选了出来，他们要到埃利斯岛接受进一步的听证，其中有四人被怀疑从事卖淫，还有一位是臭名昭著的挪用公款者。

这次检查的消息激起了公愤。[1] 纽约一家报纸的编辑收到一封署名为"罗得岛新港的上层阶级之一"的信，愤怒的作者抗议说："我们这些上流社会的人认为移民当局的行动是无端的侮辱。这种行为暗示着在社会地位上，相对于那些坐着令人作呕、散发着恶臭的三等舱横渡大西洋的人，头等舱的乘客好不了多少。在我看来，没有什么比这对我们这个地位和阶层打击更大的了。"

弗雷德里克·豪则更进一步，他要求将所有二等舱乘客和统舱乘客一起带到埃利斯岛接受检查。轮船公司对此怨声载道，并强迫就此事举行公开听证会。轮船公司的一位代表说："在这个国家，客舱和统舱一直是有区别的，大多数乘坐二等舱的都是更有尊严的人。"

客舱的乘客为这种优待付出了额外的费用。1915 年，头等舱的平均票价在 85 至 120 美元之间，二等舱票价在 50 至 65 美元之间，而统舱票价在 35 至 46 美元之间。轮船公司的这位代表说："坐头等舱的乘客可能会认为，如果和普通移民接受同等待遇，用他的话说，这几乎是开玩笑。二等舱的乘客会认为这是一种非常严重的不公。"由于担心这样的措施会减少轮船公司的利润，也会触及对统舱乘客根深蒂固的阶级偏见，威廉姆斯和豪的改革毫无进展，几乎所有的一等舱和二等

---

① File 53438–15, INS; *NYS*, January 22, 1912.

舱乘客都会继续绕过埃利斯岛。

然而，此时有更紧迫的事情要做。豪的大部分改革都发生在埃利
300 斯岛历史上的一个特殊时期。在他五年任期的大部分时间里，战争正
在欧洲肆虐。1914 年，有 87.8 万移民通过埃利斯岛来到这里，但是第
二年，战争将这一数字降至 17.8 万。在豪的整个任期内，只有大约 50
万移民经过埃利斯岛。

虽然检查大量移民的压力没有了，但战争造成了其他问题。由于
战争，那些被拒绝入境并被勒令遣返的人不能被遣返。那些被拒之门
外的移民因为国内的战争和破坏而被困在埃利斯岛，豪的许多改革是
为了缓解他们的处境。

虽然埃利斯岛实行严格的性别隔离制度，但豪却全天允许男女互
相交流，而拘留所的女舍监会密切关注任何非法活动。

由于埃利斯岛上到处都是被扣留者，豪采取了更加开明的方式来
执行法律。① 他允许一些被认定为弱智的移民保释。纽约州劳工部的一
份特别报告从经济和优生的角度谴责了这一举动。该报告抱怨道："毫
无节制地让智力低下、适婚年龄的女性大量涌入社会，这样的做法应
该受到最严厉的谴责。"

随着岛上围绕被扣留者的争议不断，豪还试图改革埃利斯岛的运
营方式。他认为货币兑换点、铁路公司和食品特许经营点都在剥削移
民。当食品特许经营权的合同到期时，他敦促联邦政府接管为移民提
供食物的责任。豪对私营企业深表怀疑，他之前曾支持铁路和公用事
业的公有化。现在有了这样一个机会，可以小规模地推行他关于企业
公有制在内的公正和效率的理念，虽然规模要小得多。他认为私人企

---

① File 53139-13B, INS; Frederic C. Howe, "Turned Back in Time of War," *Survey*, May 6, 1916.

业不应该利用政府设施从移民身上赚钱。

像许多改革家一样，豪对政治不感兴趣。他显然不知道，纽约国会议员威廉·班纳特（William S. Bennet）是食品特许经营者哈金斯 & 杜马斯公司（Hudgins & Dumas）的律师。班纳特并不是反动分子，在迪林厄姆委员会中，他是唯一反对识字测试的人，也是反对限制移民的人。然而，豪触动了班纳特的神经，或者说是他的钱包，于是这位国会议员用一项众议院法案的修正案来阻止豪的计划。

在班纳特的敦促下，国会于 1916 年夏天开始对豪进行调查。[①] 这次调查着重考察了被扣留的女性移民的性道德问题。班纳特指责豪在他的监督下存在严重的不道德行为，称他是支持自由爱情的"肤浅的激进分子"。

班纳特对豪更尖锐的指责是他对品德有问题的移民妇女宽大处理。白人奴隶制引起的恐慌意味着更多被怀疑是妓女的人被带到了埃利斯岛，并因战争而困在这里。班纳特抱怨说，妓女被允许在白天与其他被扣留者交往，被扣留的中国水手在与被扣留的妓女一起赌博和寻欢作乐。

一个名叫艾拉·莱布维茨（Ella Lebewitz）的女性被怀疑是妓女，她的案子引起了国会的兴趣。[②] 官方指控她与一名同样被扣留的 19 岁巴西男子发生了性关系。莱布维茨否认了这一指控，并辩称，如果这样做就会毁掉自己进入美国的机会，她才不会这么愚蠢呢。劳工部一名官员称她"无可救药""不正常""肯定是一个堕落的人"。豪声称他知道莱布维茨这个人，但是对她会从事任何不正当的性行为表示怀疑。

---

① "Ellis Island Immigration Station, Hearings Before the Committee on Immigration and Naturalization, House of Representatives, 64th Congress, First Session, July 28, 1916."

② "Ellis Island Immigration Station, Hearings," 54.

在听证会上，得克萨斯州国会议员詹姆斯·斯雷登（James Slayden）问豪：[①]"在被扣留在埃利斯岛的人中，有多少人是完全不道德的？"他回应说，无论在任何时候，被扣留的 400 到 600 人中，这个数字都大约是 20 到 50 人。

豪不仅决心减轻被扣留者的痛苦，他还愿意重新考虑驱逐令。[②]他派遣了一个由女性社会工作者组成的小组去调查一些案件。豪认为："绝大多数女性都是偶然的犯罪者，在一般情况下是不会被逮捕的。他们的不幸在许多情况下是无知的结果，并且几乎总是贫穷的结果。"在他的自传中，他提到了圣路易斯一个名叫萨拉（Sarah）的移民的案例，她酗酒的丈夫抛弃了她和孩子。绝望之中，萨拉在街上揽客，结果被逮捕并送到埃利斯岛，等待被驱逐出境。

爱丽丝·古里（Alice Gouree）不是妓女，但她在埃利斯岛仍然遇到了问题。[③]这位 31 岁的法国妇女从 1906 年起就住在纽约，在国会对德宣战的同一天，她从法国回到了纽约。在她抵达埃利斯岛之前，移民当局收到了一封匿名信，警告说她与一名已婚男子有婚外情。

因为这封举报信，爱丽丝被扣留在埃利斯岛并接受有关她私生活的调查。她承认与这名男子发生过性关系，并承认他为她支付了房租，但是她声称自己并不知道他已经结婚了。她还承认几年前与另一个为她付房租的男人有染，并与另一名已婚男子有过私情。在听证会后，委员会命令将她作为一个不道德的女人驱逐出去。因为在战争结束之前所有的驱逐出境都被暂停，豪不想无限期扣留爱丽丝，就建议接纳

302

---

① "Ellis Island Immigration Station, Hearings," 53.

② Howe, *Confessions of a Reformer*, 270–271.

③ File 54188–482, INS.

她。他在华盛顿的上级不同意，他们称爱丽丝是一个"有非常扭曲的道德观念的妓女"，并下令将她扣留到驱逐出境为止。然而，劳工部的二号人物路易斯·波斯特（Louis Post）同意豪的观点。爱丽丝被假释，并由妹妹把她接走了。

但爱丽丝并没有摆脱移民官员的长臂管辖。调查人员对她的情况进行了跟踪，报告说，她从埃利斯岛获释后曾在一家酒店做女佣，但几个月后因与一名已婚服务员有不当行为而被解雇，这位名叫穆伦伯格（Muhlenberg）的服务员离开了妻子和三个孩子，和爱丽丝一起生活。七个月后，爱丽丝因为生活作风问题回到埃利斯岛接受问讯。她承认了与穆伦伯格的婚外情，但表示她以为穆伦伯格会为了娶她而离开妻子。

由于当时反德情绪席卷全国，为了逃避要被驱逐回法国的命运，爱丽丝告诉移民官员，她和穆伦伯格分手不是因为他结婚了，不愿离开他的妻子，而是因为他是德国人。她还告知官员，她认为身为德国公民的穆伦伯格并没有在政府被正式登记为敌侨。一下子变得爱国精神十足的她恳求移民官员让她留下来，她承认了自己的错误，说自己已经找到了另一份工作，给公园大道的一位女管家当女佣。

看到爱国主义和反德情绪都无法为她赢得留在美国的权利，爱丽丝开始猛烈抨击当局。她说："我没有做错任何事，却被毫无理由地送回埃利斯岛。为什么要把我扣留在这里？不得不在男性官员面前谈论自己的性生活，可以想象这是怎样的羞辱。这一切都太过分了。"虽然她在 1918 年 2 月再次被保释，但她告诉移民官员，战争结束后，她将自费返回法国。她写道："这种对待方式会把任何一个好女人变成一个坏女人。"1919 年，当官员们要将爱丽丝驱逐出境时，他们被告知，她已经履行了自己的诺言，离开了美国。

303

现在让我们回到前文提到的茱丽叶塔·拉玛卡。[1]1915 年夏天，拉玛卡因卖淫被送到埃利斯岛，在那里待了几个月，一直无法被遣返回她的祖国意大利。她的案子引起了豪的注意。埃利斯岛的女舍监告诉豪："这个女子表现良好，一直远离那些男人。她在意大利有个儿子，想赚点钱把他接到这里来。"豪相信是虐待她的丈夫迫使其卖淫，决定给她一个机会。

为了回应批评者，豪写道："我承认，我曾把被扣留在岛上的那些贫穷、无知、不道德的妇女当作人来看待，认为她们有权得到一切帮助，以便在世界上有一个公平的开端。"他与慈善团体合作，寻找能够找到愿意帮助这些妇女重新做人的家庭。拉玛卡被保释，在埃利斯岛一位住在新泽西的医生家里做佣人。

拉玛卡似乎是个好雇工。[2]在离开埃利斯岛一年后，她为另一位住在新泽西的政府官员工作，此人名叫诺顿 (S. L. Norton)。拉玛卡只为诺顿工作了四天就离开了。检查员弗兰克·斯通（Frank Stone）被派去调查诺顿对他前雇工的投诉。

诺顿很生气，因为拉玛卡提前离开了工作岗位。拉玛卡声称她是被雇来给诺顿做饭的，但是却要为诺顿的妻子清洁身体，因为她患了一种疾病，不得不穿尿布。诺顿对拉玛卡穷追不舍。他告诉斯通，拉玛卡与他的两条狗有过不雅接触。他的证据是：当狗从拉玛卡身边离开时，它们气喘吁吁，兴奋不已。在诺顿看来，这表明"她对它们犯

304

---

[1] "Ellis Island Immigration Station, Hearings," 42-43; Howe, *Confessions of a Reformer*, 270. 在这本书中，豪没有指名道姓地提到拉玛卡，但指向性很清楚。这名未被透露姓名的女子是"一个意大利女孩，在阿尔及利亚结婚后被带到这个国家。她的丈夫拿走了她的衣服，把她关起来，逼着她接客。她被逮捕并带到岛上，而她的丈夫却没有被逮捕"。

[2] 关于拉玛卡的案子，见 File 53986-43, INS。

下了一些违背自然的罪行"。

诺顿还抱怨说，这位曾经的妓女败坏了新泽西州克兰福德正派年轻女性的道德。鉴于她的过去，拉玛卡与男性的关系是应该被调查的。斯通发现，虽然拉玛卡曾与一位意大利司机和一位意大利清洁工谈过几次话，但她"在克兰福德时举止得体"。他的结论是，诺顿的指控是"出于恶意和报复"，以及对豪释放关押在埃利斯岛的妓女这一政策的愤怒。

埃利斯岛的官员允许拉玛卡继续在新泽西生活和工作。豪认为，他发现在数百名获得假释的妇女中，"不超过一打"恢复了她们以前的卖淫生活。豪对人性持积极的看法，认为无论男女都是环境的受害者，弃恶从善是人性的实践，而不是徒劳无益的。

像拉玛卡这样的例子似乎都很成功，班纳特议员的听证会毫无结果。具体的投诉被撤销，前妓女被假释，食品特许权仍在私人手中，而豪继续任职。不过，班纳特的批评至少有一个是切中要害的。

班纳特指责说，豪每周在埃利斯岛的时间还不到一半，这使他成为该移民站历史上"最不在场的专员"。[1]似乎是为了证明这一点，当调查人员让他就班纳特的指控发表评论时，根本就联系不上他，因为他正在楠塔基特岛度假一周。

豪向国会委员会描述了他每天的日程安排。[2]他会在上午8点30分到10点之间到达埃利斯岛，具体时间取决于他搭乘的渡轮。他通常上午9点30分左右到办公室。他在埃利斯岛的勤务会在下午4点15分左右结束，但他承认："在很多日子里，当我把所有的工作都清理干

---

① *NYT*, July 19, September 6, 1916.

② "Ellis Island Immigration Station, Hearings," 55–56.

净，没有其他事情可做时，我就会提前离开。"

豪的这种漫不经心与其说是由于懒惰，不如说是由于涉足太广。[1]
他仍然花大量时间从事个人知识和政治追求，其中很少与移民事务直
接相关。比起移民政策，他更有可能在失业、铁路国有化或公用事业
公共所有权等问题上发表自己的观点。在他写给伍德罗·威尔逊的信
中，大部分内容都是建议，从谁应该在新成立的联邦贸易委员会任职，
到欧洲战争结束后威尔逊应该寻求什么样的和平。

1915 年，豪在曼哈顿下城发表演讲，谈到了欧洲的冲突。[2]他在
演讲中警告说，不要急于卷入战争，因为他认为"战争是由阶级和特
权利益造成的"。这与他的老板威尔逊总统所说的话相去甚远。

在班纳特抨击豪时，《纽约时报》曾为他辩护，但是就连这家报
纸也称他为"夸夸其谈、油嘴滑舌的发言人，一位肤浅幼稚的思想家，
他的公开讲话常常缺乏深思熟虑"。[3]《纽约时报》鼓励豪继续他在埃利
斯岛的人道主义工作，但建议他"远离演讲台"。

还有一个更深层次的问题。豪不仅对移民问题知之甚少，而且对
政府也越来越失望。威廉·威廉姆斯轻松地——或许过于轻松地——
行使着他作为专员的权力，但豪似乎对自己在埃利斯岛的角色感到不
安。他更像是一个思考者，而不是实干家，他在管理埃利斯岛时遇到
了困难，并承认他在华盛顿的上司经常忽视他的建议，对他的许多信
件不予回复。

---

① 1914 年 12 月 8 日，弗雷德里克·豪写给伍德罗·威尔逊的信，Series 2；1917 年 12 月
31 日弗雷德里克·豪写给伍德罗·威尔逊的信，Series 4, WW. For Howe's outside interests,
see *NYT*, April 28, 1915。

② *NYT*, June 11, 1915.

③ *NYT*, June 21, 1916.

豪也开始对政府工作人员感到失望，认为他们只不过是一群琐碎的小职员。他写道："政府是他们的政府。"进步时代的巨大成功在于建立了为了公共利益而规范私人企业的行政国家。在理论上，公务员制度改革为官僚机构配备了专业人员，而不是二流政客。

然而，豪发现，这种官僚制度"很大程度上是由恐惧所驱动的，厌恶首创精神"，只关心"它那琐碎的、缺乏想象力的追求薪水的本能"。他觉得自己在埃利斯岛的职位不仅无关紧要，而且毫不必要。豪无意承担《纽约时报》所称的埃利斯岛专员的"小沙皇"角色，他认为没有必要从那些受欢迎的人中剔除不受欢迎的人。

豪的职业生涯表明了美国自由主义的稳步变化，从早期的进步主义到更现代的自由主义形式的演变。随着自由主义者越来越强调个人权利和人道主义，一战只带来了对政府的更多幻灭。

就连豪对居住地的选择也表明了这一点。①1910 年，豪和妻子玛丽·詹尼·豪（Marie Jenney Howe）来到纽约，他们选择住在格林威治村。在那里，这对夫妇与越来越多放荡不羁者和政治激进分子混在一起。玛丽积极参与妇女选举权党（Women's Suffrage Party），并帮助建立了异端俱乐部（Heterodoxy Club），这是一个为妇女而设的辩论社，是早期女权主义的孵化器。尽管豪在不断"遗忘"童年时代所接受的保守价值观，但他始终无法完全理解妻子的女权主义，这给他们的婚姻带来了压力。据说在玛丽读她丈夫的自传时，曾用讥讽的语气问他："怎么回事，你没有结过婚么？"

在格林威治村，20 世纪的头 10 年是一个激动人心的时代。一个

306

---

① Sandra Adickes, *To Be Young Was Very Heaven: Women in New York Before the First World War* (New York: St. Martin's Press, 1997), 59–61, 151.

名叫伦道夫·伯恩（Randolph Bourne）的驼背侏儒赋予了这个地区放荡不羁的感觉，他穿着黑色斗篷走在街上。伯恩出生时分娩困难导致脸部畸形，小时候曾患脊柱结核，虽然身材矮小，面容丑陋，却成了自由主义知识分子中的重要声音。

许多关于移民问题的辩论都围绕"大熔炉"这个概念展开。这个表达因伊斯瑞尔·赞格威尔（Israel Zangwill）在 1908 年的同名戏剧中使用而流行起来。移民能否融入美国社会，这个问题将普雷斯科特·霍尔和奥斯卡·施特劳斯分成了两个阵营，而在政治上灵活的西奥多·罗斯福在其整个政治生涯中都在沿着这条分界线巧妙腾挪。

伦道夫·伯恩认为大熔炉已经失败，但他把普雷斯科特·霍尔的观点颠倒了过来。[1] 他认为，没有哪个群体比盎格鲁-撒克逊人更执着于英国的美德，他们崇拜英国的一切，他们对英国的忠诚使美国很有可能参与遥远的欧洲战争。

伯恩还抱怨说，同化是一条单行道，只能按照盎格鲁-撒克逊美国人设定的条件来完成。他担心同化会剥夺这个国家不同种族群体的独特性，让他们"千人一面，毫无特色和趣味"。伯恩认为，同化对移民是有害的，会把他们变成"没有精神家园、没有品位的文化逃犯"。

对伯恩来说，美国的优势在于它是"世界联盟的缩影"。[2] 他是多元文化主义的先知，这位驼背的先知提出的论点在 60 多年后才被广为接受。也许只有像伯恩这样不合群的人才能预见到美国社会的这种趋势。在 1916 年，除了格林威治村的街道之外，几乎没有人支持这些观点。伯恩在《新共和》（*The New Republic*）杂志的同事认为，如果美

307

---

[1] Randolph S. Bourne, "Trans-national America," *Atlantic*, July 1916. 又见 David A. Hollinger, *Postethnic America: Beyond Multiculturalism* (New York: Basic Books, 1995)。

[2] "Americanization," *New Republic*, January 29, 1916.

国继续在种族问题上分裂，"我们就不能指望在情感和行动上达成统一，而这种统一对我们的权力地位和国际权利及义务至关重要"。这本最新出版的自由派杂志的编辑们主张对移民实行更加严格的监管，以结束"在我们的土地上大规模移植外国社区"的局面。

这场战争引起了人们对民族忠诚的质疑。德裔美国人会支持德皇吗？爱尔兰裔美国人会出于对英国人的憎恨而站在德国一边吗？这样的担忧导致美国国土上出现了一个新的敌人，这个敌人看似微不足道，却令整个国家充满危险。它不是一个人或一个组织，而是一个不起眼的字，即诸如爱尔兰裔美国人、德裔美国人和波兰裔美国人这类表达中的"裔"字。西奥多·罗斯福在 1915 年警告说："这个国家容不下带有'裔'字的美国精神。"

欧洲的战争和对国内种族不忠的恐惧再次提供了限制移民的理由。自 19 世纪 90 年代以来，识字测试一直被限制主义者奉为圭臬。在 1916 年的最后几个月，国会再次着手处理此事。两院以压倒性的多数通过了该法案。在威尔逊向国会发表演讲、呼吁欧洲战争"没有胜利的和平"一周后，在德国恢复其在大西洋的潜艇战的几天前，总统否决了识字测试。这是威尔逊就任总统以来第二次否决该法案，也是该法案自 19 世纪 90 年代以来第四次被否决。

威尔逊总统在这个问题上并没有什么强烈的倾向性，但他在 1912 年的竞选中承诺，他将否决任何识字测试，以弥补他早期作品中的反移民立场。[1] 威尔逊称识字测试是对传统政策的彻底背离。威尔逊认为，与其他排斥移民的理由不同，识字测试不是"性格、素质或个人

---

[1]　Arthur S. Link, *Wilson: Campaigns for Progressivism and Peace, 1916–1917* (Princeton, NJ: Princeton University Press, 1965), 327–328.

308　健康的测试"，而是惩罚那些在欧洲缺乏机会的人。威尔逊的观点没有实际意义。没过几天，参众两院就轻易地推翻了威尔逊的否决。识字测试法案终于通过了。

这条新法案要求所有 16 岁以上的移民能够阅读母语短文。为了尊重美国作为难民避难所的传统角色，那些逃离宗教迫害的人被免除了识字测试。1917 年的移民法包含了 26 种不同的对外国人的排斥类别。相比之下，1891 年只有 7 种。从这一事实可以看出限制主义情绪在美国的演进。

识字测试包括大约 40 个来自《圣经》的词语，用的是移民的母语。[①]这一做法与传福音没有多大关系，更多是因为《圣经》是世界上被翻译成最多语言的书。助理专员乌尔说，《圣经》中的文字"在任何情况下都是没有争议的，基本上都来自《旧约》"。

普雷斯科特·霍尔非但没有为这一胜利而欢欣鼓舞，反而认为限制移民的工作才刚刚开始，这暗示着识字测试对移民的影响微乎其微。[②]从 1908 年至 1917 年期间，约有 160 万不识字的移民进入美国。许多人认为这条新法案会将大批外国人拒之门外，然而，在最初的五年里，只有 6 533 人因为无法通过识字测试而被拒绝。在经历了四分之一个世纪的政治骚动之后，这对限制主义者来说充其量只是一个不温不火的胜利。

识字测试的实施恰逢美国加入第一次世界大战，当时对移民的敌意转向了德裔美国人。战争宣传把德国人描绘成穷凶极恶的敌人。

---

① 1917 年 6 月 16 日，拜伦·乌尔写给菲奥雷洛·拉·瓜迪亚的信，Folder 8, Box 26C7, FLG; *NYT*, March 28, 1917。

② Barbara Miller Solomon, *Ancestors and Immigrants: A Changing New England Tradition* (New York: Wiley, 1956), 202.

随着学校停止教授德语，德语报纸停刊，反德情绪在美洲大陆蔓延开来。任何与德国有关的东西都值得怀疑，美国人甚至把德国泡菜（sauerkraut）改名为"自由卷心菜"（liberty cabbage）。

战争极大地壮大了限制主义者的力量。查尔斯·沃伦在战争期间担任助理司法部长。他是移民限制联盟的创始成员之一，虽然他写的小册子不如他的一些同事那么多，但从长远来看，他的影响可能更大。

在司法部，沃伦开始着手恢复 1798 年的《敌侨法案》，以给予政府对德国敌侨更大的控制权。沃伦也是《反间谍法》（*Espionage Act*）的设计者，该法案于 1917 年在国会获得通过，旨在打击国内反对战争的人。普雷斯科特·霍尔只是强烈谴责新移民的劣等，而沃伦却悄悄地改变了影响了成千上万人的法律。

针对德国人的打击还与德国拥有的轮船公司有关，在过去的四分之一个世纪里，大部分赴美移民都由这些公司运输。[①] 奥托·沃尔伯特（Otto Wolpert）是汉堡-美国航运公司在霍博肯码头的负责人，他和该公司的首席侦探保罗·柯尼格（Paul Koenig）被指控协助德国破坏者和炸弹制造者。虽然只有一小部分公司员工参与了德国的秘密战争行动，但这足以强化人们对这些公司的负面看法，并将战时破坏与移民直接联系在一起。

还有越来越倒霉的马库斯·布劳恩，他是纽约匈牙利共和党俱乐部（Hungarian Republican Club）的前主席，曾经也是西奥多·罗斯福的朋友。[②] 作为一种政治上的报答，1903 年，布劳恩在埃利斯岛获得

---

① 　*NYT*, April 7, 1917, August 2, 1918; Witcover, *Sabotage*, 66-67.

② 　*NYT*, December 10, 1915, September 23, 24, 1917, September 2, 3, 1918; "Brewing and Liquor Interests and German Propaganda," Hearings before a Subcommittee of the Committee on the Judiciary, United States Senate, Sixty-Fifth Congress, Second Session.

了一份工作，这让他得以回到自己的祖国匈牙利调查移民的原因。离开移民局后，他创办了自己的报纸《公平竞争》（*Fair Play*）。

在战争期间，布劳恩的人生发生了奇怪的转折。1915年，他被发现携带奥地利驻纽约总领事的文件到维也纳的外交部。虽然这不构成违法，但布劳恩的行为强化了这样一种观念，即国外出生的美国人仍然忠于他们的祖国，并愿意在战时为其提供帮助。

后来有人透露，德国驻华盛顿大使约翰·冯·伯恩斯托夫伯爵（Count Johann von Bernstorff）秘密收购了布劳恩的报纸。很明显，布劳恩从1915年起就一直是德国政府的托儿。冯·伯恩斯托夫的活动不仅仅是收购美国报纸，而且包括监督德国宣传和破坏的整个运作，包括黑汤姆岛大爆炸。

布劳恩最终逃脱了惩罚，却发现自己的声誉和事业毁于一旦。他的名字在1918年的国会听证会上被多次提及，该听证会旨在调查一战期间德裔美国人酿酒商和德国宣传之间的关系。这位曾与罗斯福总统共进晚餐、在埃利斯岛考察移民、调查欧洲白人奴隶制的人物最终名声扫地。一战结束后，他搬到了维也纳，又买了一家小报纸，1921年默默无闻地去世。

1918年停战日后，弗雷德里克·豪坐在办公室里，他一定以为自己最糟糕的麻烦已经过去。战争已经结束了，被扣留的移民可以从埃利斯岛的监禁中获释了。但是，第一次世界大战的结束并没有给埃利斯岛或美国带来平静。

第十五章　革命

这里（埃利斯岛）是我待过的最糟糕的地方。

311

————艾玛·戈德曼，1919 年

1919 年 2 月 6 日清晨，西雅图市 65 000 名工人发动了一场大罢工，使这个城市在接下来的五天陷入了瘫痪。市长奥雷·汉森（Ole Hanson）担心他的城市陷入了一场政治和社会革命之中。局势十分紧张，但革命并没有发生。五天后，在联邦军队抵达恢复秩序后，罢工结束了。

甚至在罢工开始之前，政府官员就已经开始关注华盛顿州的激进移民了。罢工开始的当天，来自西雅图、斯波坎和波特兰的 47 名外国疑似激进分子被送上了前往埃利斯岛的火车。其中大多数是激进的世界产业工人联盟（Industrial Workers of the World，简称 IWW）的成员，但也有少数是俄罗斯工人联盟（Union of Russian Workers）的成员。报纸热切地称这列火车为"红色专列"（Red Special）。

当火车驶近蒙大拿州时，约有 1 000 名世界产业工人联盟的成员在巴特等待着，希望能解放他们的同志，但红色专列借道海伦娜，绕

过了巴特，避开了可能发生的任何问题。^①在芝加哥，又上来 7 名要被
驱逐出境的疑似激进分子。《纽约时报》称他们是"世界产业工人联盟
的捣乱分子、蓄胡须的劳工狂热分子和革命支持者组成的大杂烩"。

312
　　火车抵达新泽西州的霍博肯，车上的 54 名乘客被推上一艘等候
的驳船，准备前往埃利斯岛。在那里，一名警卫和一名激进分子发生
了争执，引发了混乱。虽然激进分子在整个过程中对看守他们的警卫
大肆辱骂，整个旅程总体上还算相安无事。正如负责红色专列的警卫
向他在华盛顿的上司解释的那样，"不对他们来点硬的就违背了我的意
愿，也违背了火车上所有警卫的意愿，因为他们有时非常无礼"。一名
警卫说，被拘留者需要的是塞嘴巴的东西，而不是手铐。他告诉记者：
"这群家伙可以组成一个乐队了，他们一路之上唱着外文歌，有的还会
夜里醒来开唱。"

　　当红色专列上的激进分子抵达埃利斯岛时，弗雷德里克·豪并没
有在那里迎接他们。^②自去年 12 月以来，他一直在陪同美国总统伍德
罗·威尔逊出席巴黎和会。在此期间，拜伦·乌尔担任代理专员，忠
实地执行着华盛顿的驱逐令。54 名疑似激进分子被单独关押，他们的
亲属和律师都不能探望。社会主义报纸《纽约呼声》(*New York Call*)

① *NYT*, February 10, 1919; 1919 年 2 月 13 日，杰克逊（A. D. H. Jackson）写给安东尼·卡
米内蒂的信，File 54235-36C, INS。关于从西雅图送往纽约的激进分子人数，有不同的说法。
一种说法是有 45 个，另一种说法是有 36 个，还有两个在路上加入了进来。杰克逊及西雅
图移民官员的信证实，离开西雅图的激进分子人数为 47 人。1919 年 2 月 7 日，西雅图代
理移民专员约翰·萨金特写给移民总专员安东尼·卡米内蒂的信，"I. W. W. Deportation
Cases," Hearings before a House Subcommittee of the Committee on Immigration and
Naturalization, 66th Congress, Second Session, April 27–30, 1920。关于其他数字，见
Robert K. Murray, *Red Scare: A Study in National Hysteria, 1919–1920* (New York: McGraw-
Hill, 1955), 194–195, and William Preston Jr., *Aliens and Dissenters: Federal Suppression of
Radicals, 1903–1933* (New York: Harper Torch-books, 1963), 198–201。
② *New York Call*, February 18, 1919.

的标题是"神秘笼罩下的埃利斯岛流放者：新巴士底狱的看守甚至对囚犯见亲人都非常紧张"。官员们很快就软化了态度，允许律师审查这些案件。

律师卡罗琳·洛（Caroline Lowe）和查尔斯·雷希特（Charles Recht）领导了争取释放被拘留者的斗争。[1] 然而，他们不熟悉移民法。雷希特后来在自传中回忆道，他很震惊地发现"一个主权国家有权根据自己喜欢的任何法律或规则驱逐任何一个外国人，而被驱逐的外国人不能援引《权利法案》或《宪法》，因为这些对他不适用"。

与报纸上的描述相反，洛将她的客户视为具有高尚品格、"干净利落、正直、聪明、受过教育"而令人钦佩的公民。[2] 他们都能读会写，还会说英语。美国人非常担心文盲移民的有害影响，因此出台了一项识字测试法案，但是这些激进分子通过这样的测试毫无问题。人们对无政府主义者和激进分子的刻板印象通常将他们视为犹太社会主义者或意大利激进分子，但红色专列上的大多数移民是英国人或斯堪的纳维亚人。

被拘留者是一群随机的世界产业工人联盟组织者、政治激进分子和怪人。[3] 其中有 34 岁的麦克唐纳（E. E. Mc-Donald），他出生在丹麦，8 岁时来到美国。当地一家报纸称引人注意的麦克唐纳是埃利斯岛被拘留者中的桂冠诗人。他甚至在那里写了一首诗，名叫《被驱逐的外国人之歌》（*Song of the Alien Deportees*）。

313

---

[1]　查尔斯·雷希特未发表的自传，第十章，Folder 18, Box 1, Collection 176, CR; Preston, *Aliens and Dissenters*, 200。

[2]　*New York Call*, February 20, 1919.

[3]　*NYTrib*, February 21, 1919.

> 自由女神像啊，
>
> 巴托尔迪亲手设计。
>
> 在它的阴影里，
>
> 我们正在等候命令，
>
> 要将我们驱逐出去。
>
> 我们即将离开这里，
>
> 把亲友和挚爱全都抛弃，
>
> 我们等着被流放，
>
> 永远离开这片美丽的土地。

当豪从欧洲返回时，麦克唐纳和红色专列的其他乘客还在埃利斯岛上。[①] 当豪抱怨被拘留者的状况时，他的上级告诉他管好自己的事，服从命令。同样让豪感到沮丧的是，他在埃利斯岛的同事们"喜欢动用所有狱卒都享有的惩罚权力，并对任何代表受害者的干预都表示憎恶"。

就这个国家对激进分子的态度而言，豪是在逆潮流而动。[②] 早在1903 年，国会就把无政府主义者列入了被排斥的群体名单里，1917 年的《移民法》扩大了被排除或可驱逐的移民的范畴，不仅包括无政府主义者，还包括"相信或主张用武力或暴力推翻美国政府的人"。第二年，国会给了官员们更多的自由来定义外来激进分子。不受欢迎的移民现在被定义为那些"反对一切有组织政府的人"，那些鼓吹或教导"非法破坏财产"的人，以及那些属于提倡上述任何一种行动的组织的人。

随着被排斥范畴的扩大，移民事务总专员安东尼·卡米内蒂发

---

① Frederic C. Howe, *The Confessions of a Reformer* (Chicago: Quadrangle Books, 1967), 274–275.

② Preston, *Aliens and Dissenters*, 182–183; "The Deportations," *Survey*, February 22, 1919.

起了一场针对外国出生却生活在美国的未归化激进分子的讨伐。[①]
1918 年，他的首批讨伐目标之一是家乡殖民地（Home Colony），这是
一个位于普吉特湾西部的激进公社，距西雅图约 40 英里。政府官员的
一项调查显示，家乡殖民地是一种变了味的乌托邦，其成员似乎对自
由爱情更感兴趣，而不是革命。与世界产业工人联盟相比，它是小巫
见大巫。

314

　　虽然弗雷德里克·豪与美国针对激进分子的法律步调不一致，但
他手里确实有一张王牌。[②]他推迟了所有的驱逐，允许世界产业工人
联盟的律师将他们的案件提交给华盛顿。由于有更多时间审理这些案
件，代理劳工部长约翰·阿伯克龙比（John Abercrombie）否决了卡米
内蒂的提议，并向所有移民官员发布了一份备忘录，声明该部从未宣
布世界产业工人联盟为无政府主义组织，因此不能驱逐其成员。他宣
称，在未来任何情况下，可以导致驱逐出境的，是其成员的行为，而
不仅仅是他的会员身份。

　　根据这个新标准，司法部接手了詹姆斯·伦德（James Lund）的
案子。他是一位来自瑞典的移民，也是世界产业工人联盟西雅图分部
的成员。劳工部发现，与之前的调查结果相反，几乎没有证据表明他
主张推翻美国政府。因此，伦德在自己交了保释金后获释，或者实际
上是被假释。其他 11 人的情况被认为与他相似，他们也在 3 月 17 日
获得了假释。在接下来的六周里，又有 11 名外国激进分子被释放。一

---

① 1918 年 8 月 24 日，华盛顿西雅图移民检查员托马斯·费希尔（Thomas Fisher）写给移
民专员亨利·怀特（Henry W. White）的备忘录；1918 年 8 月 28 日，亨利·怀特写给安东
尼·卡米内蒂的信，File 54235-36B, INS.

② Memo from John M. Abercrombie to All Commissioners of Immigration and Inspectors in
Charge, March 14, 1919, File No. 54235-36B, INS.

名激进分子逃脱了拘留，其他四人被立即释放，其中一人被发现是美国公民。

对于仍被关押在埃利斯岛的激进分子，律师洛和雷希特提出了一系列人身保护令，要求释放他们。[①]法官奥古斯都·汉德（Augustus Hand）在山姆·尼尔森（Sam Nelson）一案中裁定，他只能发现被拘留者相信"雇主和雇员之间存在不可调和的冲突"。在他看来，这还不足以成为尼尔森被拘留或驱逐出境的理由。根据这个判例，红色专列上的更多被拘留者获得假释。6月下旬，汉德法官又对七起案件做出裁决，允许驱逐六人，释放一人，而被释放的这位就是埃利斯岛的桂冠诗人麦克唐纳。

马丁·德沃（Martin de Wal）不幸成为被汉德法官判处执行驱逐的人之一。[②]在单调无聊地被扣留了三个月后，德沃给《调查》的编辑写了一封信，请求读者给他们寄书和其他阅读材料。到了6月，德沃再次写信感谢读者寄来的大量书籍和小册子，但德沃指出，他们不知道到底寄来了多少书，因为埃利斯岛的官员扣留了其中一部分，他们"不让我们看到激进的或揭露真相的书籍，担心会进一步败坏我们的道德"。希望德沃有足够的阅读材料，因为他要在埃利斯岛待到9月底。

当德沃和他的同事们在拘留所消磨时光的时候，有30多枚炸弹被寄给了摩根（J. P. Morgan）和约翰·洛克菲勒等知名人物。邮政官员拦截了其中的大部分，但有一个漏网了，被送到了前佐治亚州参议员托马斯·哈德威克（Thomas Hardwick）的家中，炸掉了他家女佣的手。6月，另一枚炸弹在司法部部长米切尔·帕尔默（A. Mitchell

---

① Preston, *Aliens and Dissenters*, 204–205.

② *Survey*, May 17, June 14, 1919.

Palmer）位于华盛顿的家门前爆炸，房屋受损，安放炸弹的人被炸死。对美国人来说，这似乎是一个危险的时期。

与此同时，虽然对红色专列上激进分子进行的抓捕动静很大，但实际上只有九名被拘留者被驱逐出境。大多数被从西雅图遣送到埃利斯岛的人最终都获得了假释。这次"红色大抓捕"实际上是一次失败。

深陷其中的是弗雷德里克·豪，他是一名不折不扣的不合时宜的公务员。[1] 他不仅释放了疑似激进分子，而且在炸弹在帕尔默家门前爆炸的前几天，他还在纽约麦迪逊广场花园主持了一场要求公正对待俄罗斯的集会。豪的出现引起了犹他州参议员威廉·金（William King）的注意，他要求政府解雇豪。他说："从他主持的那次集会可以看出，他是认可布尔什维克主义的，我认为这样的人不适合留任。世界各地的移民通过埃利斯岛涌入美国，如果岛上有任何布尔什维克主义的迹象，那就必须要将其消灭。"豪没有道歉，并否认这次会议是"亲布尔什维克"或"亲苏维埃"的。然而，《纽约时报》的一篇文章声称，与会者为托洛茨基和列宁欢呼，而提到伍德罗·威尔逊的名字时则报以嘘声。

豪不是共产主义者，但一份劳工部的报告显示，他一直很关心红色专列上那些被拘留者的境况。[2] 当这些激进分子抱怨说他们必须在早上 6 点 30 分起床，但直到 8 点 30 分才能吃早餐时，豪命令把强制性的起床时间推迟到接近早餐的时候。豪也允许被拘留者收到世界产业工人联盟的期刊，如《工人反抗者》(*The Rebel Worker*) 和《红色黎

[1]　*NYT*, June 3, 4, 5, 1919.
[2]　1919 年 4 月 17 日，华纳·帕克（Warner Parker）写给安东尼·卡米内蒂的备忘录，File 54235-85B, INS。

316　明》(*The Red Dawn*)。

　　对豪的抨击也来自一个意想不到人,他就是菲奥雷洛·拉·瓜迪亚。[1]这位曾在埃利斯岛担任翻译的人经过在第一次世界大战期间服役,刚刚回到众议院。他在国会对豪进行了猛烈抨击。拉·瓜迪亚是一个自由主义者,对埃利斯岛移民的处境表示同情,但他对豪非常反感,谴责他是一个激进分子,并批评他不应该允许被拘留者获得宣传无政府主义的资料。参议员金提议弹劾豪,而拉·瓜迪亚只是想给他减薪一半。

　　1919年9月,豪在批评声中辞职。他的主要罪过是缺乏政治敏感,可以说他是政治幼稚和判断力差的受害者。具有嘲讽意味的是,虽然他同情激进分子,1919年春天,被截获的无政府主义者发出的炸弹包裹中,有一个就是寄给他的。这或许是因为严格说来,他是拘留世界产业工人联盟激进分子的负责人。

　　但这并没有阻止国会于1919年11月在埃利斯岛召开为期三天的听证会,以调查有关他管理松懈的指控,特别是对于被拘留的疑似激进分子。在此以前,豪已经经受住了一场国会听证会,那场听证会是关于他对外国妓女的所谓宽大处理的。

　　在第二次听证会上,来自得克萨斯州的国会议员约翰·博克斯(John Box)称埃利斯岛的移民检查是一场闹剧,豪的副手拜伦·乌尔对这种指控不但没有提出反驳,而且称移民检查已经"在很大程度上变成了仅仅是核对一下名字"。[2]委员会主席阿尔伯特·约翰逊(Albert

---

[1]　Congressional Record, 66th Congress, 1st session, 1522-1524; Arthur Mann, *La Guardia: A Fighter Against His Times, 1882-1933* (Philadelphia: Lippincott, 1959), 101.

[2]　"Conditions at Ellis Island," Hearing before the Committee on Immigration and Naturalization, 66th Congress, 1st Session, November 24, 26, 28, 1919, 21, 76.

Johnson）问乌尔，把埃利斯岛变成"一个独立于政府的地方，让每个人都为所欲为"，这是否是豪的愿望。乌尔在回答其他问题时相当沉默，但这次他回答说，这就是他的印象。此外，他承认，埃利斯岛几乎每一个员工都认为豪的政策"完全不恰当"。乌尔承认，在豪的领导下，埃利斯岛的每个被拘留者几乎都可以随心所欲。

该委员会还公布了 1915 年无政府主义者艾玛·戈德曼写给豪的一封信，对他的称呼非常亲昵，称他为"我亲爱的弗雷德"。批评者认为，这封信暗示了两人之间的友好关系，这是豪对激进分子态度软弱的又一证据。

在埃利斯岛举行的听证会上，豪也在场，但不在证人名单上。在听证过程中，他多次试图回答指控，但都被主席阻止了。后来，豪在听证会场外向媒体做了说明，他解释说，自己从未在没有劳工部明确命令的情况释放埃利斯岛上的任何一个人。从字面上讲，豪说的是实情。假释或释放被拘留激进分子的决定是由他的上级做出的，但正是豪的干预拖延了程序，给了激进分子第二次向华盛顿申诉的机会。

回到听证会现场，国会议员们似乎尤其担心的是，被拘留的激进分子和其他被关押在埃利斯岛的人不仅在缴纳了保释金后获释，而且政府也不知道他们人在哪里。[1] 在一个接一个的疑似激进分子的名字后面，都是"下落不明"四个字。在听证会进行过程中人们发现，在1917 年 2 月到 1919 年 11 月之间，一共发出了 697 份逮捕令要求驱逐疑似激进分子，但最终只有 60 人被驱逐出境。

新闻界对这些爆料大肆渲染。[2] 最丰富多彩但有点夸大其词的描述

317

---

[1]　"Conditions at Ellis Island," 29–30.

[2]　*LD*, December 13, 1919; *NYW*, November 25, 1919.

来自《克利夫兰新闻》(*Cleveland News*),将埃利斯岛描述为"一个政府机构变成了一个社会主义大厅,一个红色革命者的聚集地,一个充满欺骗和虚伪的地方,外国不端分子被暂时送到那里,让公众认为政府在勇敢地驱逐他们"。《纽约世界报》(*The New York World*)抱怨埃利斯岛有可能会成为一个"永远的笑话",那里由"独腿、独臂或衰朽的老人"组成的警卫队伍面临着失控的危险,有可能会被无政府主义者所控制。

在政府与外国疑似激进分子之间的斗争中,"红色专列事件"是一个错误的开始。在这场听证会期间,下一轮的逮捕和驱逐已经开始,而这次将会有很大的不同。

这一轮逮捕是从司法部长米切尔·帕尔默的办公桌上开始的。但有一个问题:判处驱逐出境的权力不属于司法部,而属于劳工部。这个新成立的部门的负责人威廉·威尔逊在一封信中提醒帕尔默这一事实,暂时阻止了帕尔默的行动。但威尔逊已经越来越脱离自己的工作,他并不适合官僚内斗。他的妻子最近中风了,所以他请了长假来照顾她。雪上加霜的是,威尔逊本人也病倒了,1919 年的大部分时间里很少有人在办公室里看到他。

随着威尔逊部长将劳工部的有效控制权移交给下属,帕尔默看到了一个机会。① 总专员卡米内蒂已经表示,他愿意致力于抓捕外国激进分子。在威尔逊部长不在的时候,卡米内蒂绕过了他的上级,直接与帕尔默和司法部合作。他的联络人是 24 岁的情报总局(General Intelligence Division)局长埃德加·胡佛(J. Edgar Hoover),一名国会

---

① Kenneth D. Ackerman, *Young J. Edgar: Hoover, the Red Scare, and the Assault on Civil Liberties* (New York: Carroll & Graf Publishers, 2007), 50–59, 112. William N. Vayle [*sic*], "Before the Buford Sailed," *NYT*, January 11, 1920.

议员称胡佛为"一束细长的高能电线"。埃利斯岛将安装一条电话线，直通胡佛在华盛顿的办公室。

如果说早期对疑似激进分子的搜捕主要针对来自西海岸的无名之辈，那么 1919 年秋季行动的主要目标则是这个国家最臭名昭著的激进分子艾玛·戈德曼和她的前情人亚历山大·伯克曼（Alexander Berkman）。[1]戈德曼是一个臭名昭著的另类分子，以其激烈的言辞和无政府主义信仰而闻名。联邦检察官弗朗西斯·卡菲（Francis G. Caffey）称她是"持续扰乱和平的人"。伯克曼则因企图谋杀实业家亨利·克莱·弗里克（Henry Clay Frick）而一举成名，为此他被判入狱 14 年。

伯克曼和戈德曼都出生在俄罗斯。戈德曼在 1886 年来到城堡花园。伯克曼不是美国公民，但戈德曼则在 1887 年通过与入籍的俄罗斯移民雅各布·科什纳（Jacob Kershner）的短暂婚姻获得了美国公民身份。戈德曼的公民身份本应使她免于被驱逐出境，但事实并非如此。

从 1907 年开始，移民官员开始密切监视戈德曼。[2]商业和劳工部部长奥斯卡·施特劳斯开始打击无政府主义者，部分原因是为了回应限制主义者对他的批评。他在日记中写道："毫无疑问，作为法国大革命类型的女性，艾玛·戈德曼是危险的，因为她极具煽动性。"特勤局特工监视着戈德曼的公开演讲。

两年来，施特劳斯在戈德曼的问题上一直举棋不定。[3]有一次，他命令罗伯特·沃乔恩将她拘留在埃利斯岛等候举行听证会。然而这

---

[1] 1917 年 7 月 12 日弗朗西斯·卡菲（Francis G. Caffey）写给弗雷德里克·豪的信，Folder R57, EG。
[2] Oscar Straus Diary, March 6, 1908, 165–166, Box 22, OS。
[3] Candace Falk (ed.), *Emma Goldman: A Documentary History of the American Years*, vol. 2, *Making Speech Free, 1902–1909* (Berkeley: University of California Press, 2005), 66–68, 254–257.

并未实现。施特劳斯声称，戈德曼的演讲"措辞非常巧妙，根本无法对其提起诉讼"。他认为，虽然她是一名无政府主义者，但逮捕她只会

319 增加她在激进分子中的威望。

正当施特劳斯继续思索针对戈德曼的行动时，一名联邦法官以欺诈为由撤销了她前夫的公民身份。这是一个特殊的举动。到 1909 年，科什纳已经去世，政府为什么认为有必要剥夺一个死人的公民身份，当时人们并不明白。这一举动其实与科什纳无关，他只不过是一名贫穷的工厂工人。真正的目标是艾玛·戈德曼。通过取消科什纳的国籍，同时也取消了戈德曼的国籍。由于这一不光彩的法律操作，根据移民法，戈德曼现在可以被驱逐出境了。

这并没有让戈德曼立即陷入危险，虽然她本人很容易惹祸上身。在第一次世界大战之前，她因宣传节育而被捕。她真正的麻烦开始于美国参战之后，官员们继续监视她的演讲，看她是否会对战争做出批评。1917 年，戈德曼和伯克曼因公开反对征兵而根据《反间谍法》被捕，并被判两年监禁。

正如朱利叶斯·戈德曼（Julius Goldman）即将发现的那样，仅仅是出席艾玛·戈德曼的演讲就可能会让人惹上法律上的麻烦。[①] 虽然拥有同一个姓氏，但朱利叶斯和艾玛没有任何关系，他当时 19 岁，是曼哈顿下东区一家熟食店的店员。他自 1913 年以来一直在这个国家。一天晚上，看完电影后，他走在东百老汇大街去吃晚餐时，看到一大群人聚集在前厅（Forward Hall），这里是纽约市意第绪语社会主义报纸的总部。艾玛·戈德曼和亚历山大·伯克曼正在发表演讲。演讲结束后，所有的男性听众都被警察拦住，并被要求出示他们的征兵登记证。

---

① File 54235-30, INS.

朱利叶斯·戈德曼被困在人群中，受到警察的审问。一个警察问他是不是无政府主义者。更多的问题接踵而至："你相信用武力推翻法律和政府吗？你相信有组织的政府吗？你相信自由恋爱吗？"因为他承认自己是一名无政府主义者，又因为他是非归化移民，朱利叶斯被送到了埃利斯岛。

官员们很快意识到朱利叶斯根本不是那种激进分子。他的律师辩称，朱利叶斯的出现"并不表明他是一个老谋深算的无政府主义者"。他只是不经意走进了会场，出于恐惧而错误地说自己是一名无政府主义者。卡米内蒂称朱利叶斯是一个"有点幼稚的小伙子"，对无政府主义一无所知，后来他被保释出来。朱利叶斯发现，哪怕只是跟艾玛·戈德曼随便扯上一点关系，也可能会危及个人自由。在政府官员和警察的密切监视下，不久之后，艾玛·戈德曼和亚历山大·伯克曼就被逮捕了，并因公开反对战争而被判妨碍征兵罪。两人分别被判处两年监禁。

1919 年 9 月，戈德曼从监狱获释，此时她已经被剥夺公民身份长达 10 年，她知道自己有可能会被驱逐出境。[①] 她被要求于 10 月 27 日在埃利斯岛出席听证会，回答有关她积极倡导无政府主义和暴力推翻政府的指控。在听证会上，戈德曼坚持自己的公民身份，甚至声称她的名字是艾玛·戈德曼·科什纳。她提交了一份很长的声明，谴责"星室法院式的听证会"，然后拒绝回答官员们向她提出的大多数问题。面对一个又一个的问题，戈德曼的回答是："我拒绝回答。"在 11 月举行的另一场听证会也是大致相同的情况，官员们建议将她驱逐出境。

320

---

① "Deportation Hearing of Emma Goldman," Ellis Island, NY, October 27, and November 12, 1919, Folder 63R, EG.

　　戈德曼和伯克曼被勒令在 12 月 5 日抵达埃利斯岛，等待被遣返到俄罗斯。在那里，他们加入了另外 88 名外国疑似激进分子的行列。在两周多的时间里，两人将继续被拘留，政府抓捕的更多激进分子也将加入其中。在美国生活了 33 年后，埃利斯岛成了艾玛·戈德曼在美国的最后一个家。

　　约瑟夫·波勒克（Joseph Poluleck）与戈德曼和伯克曼一起被扣留在埃利斯岛，他已经在那里待了近一个月。[1]戈德曼可以说是大名鼎鼎，或者说是臭名昭著，但波勒克是一个默默无闻的人。他是下东区美欧配送公司的一名包装工，六年前从俄罗斯来到美国。他于 11 月初被捕，当时他正在人民之家（People's House）夜校上数学课，该夜校是俄罗斯工人联盟运营组织的，而该联盟是政府官员要打击的激进组织之一。

　　在听证会上，波勒克坚决否认自己是一名无政府主义者，并声称喜欢美国并支持这个国家。他告诉移民官员："指控中没有一句是真的，我不是无政府主义者，也不属于任何这类组织。"他从 9 月开始就在人民之家上课，他所参加的唯一组织是卫理公会。

　　对波勒克的指控没有说服力。就连拜伦·乌尔也承认，没有证据可以证实对他的主要指控。政府的理由是，这所学校的每个学生都收到了俄罗斯工人联盟的一本书，这意味着他们是该组织的成员。虽然劳工部官员早些时候宣布，仅仅是激进组织的成员身份并不能成为驱逐出境的理由，但是到了 1919 年底，司法部推翻了这一政策，波勒克被下令驱逐出境。

---

[1] File 54709-449, INS; Constantine Panunzio, *The Deportation Cases of 1919-1920* (New York: Da Capo Press, 1970), 60-62.

与此同时，戈德曼称埃利斯岛的条件"很可怕"，并指出，自从她30多年前来到城堡花园以来，对移民的待遇几乎没有任何改进。在被扣留期间，戈德曼患上了神经痛，这种疼痛影响了她的下巴和牙齿。埃利斯岛的医生无法帮她止疼，用她后来的话说："在48小时里，我的牙齿成了联邦政府的问题。"最终，官员们允许她在一名男警卫和一名女舍监的陪同下去纽约看牙医。戈德曼称她的病"非常及时"，因为这次去纽约让她的朋友们有了探望她的机会。在埃利斯岛，被拘留者只被允许偶尔在镜头前和警卫的监视之下接受探视。

除了戈德曼的牙痛这种小插曲，埃利斯岛的被拘留者除了等待被驱逐的那一天之外，几乎没有其他事情可做，而这一天对他们是保密的。[①]为了打发时间，戈德曼做了一件她特别擅长的事情，那就是写作。她把大部分精力都花在了和伯克曼一起写的一本小册子上，标题是《驱逐出境：它的意义和威胁》，后面还加上了一个准确而又戏剧化的副标题："亚历山大·伯克曼和艾玛·戈德曼给美国人民的最后一封信"。

由于担心官员会没收他们的材料，他们晚上在牢房里写作，而室友则负责站岗。早上散步时，两人会讨论第二天晚上写作的内容并交换意见。小册子中有一篇前言，作者是同为激进分子的政治漫画家罗伯特·迈纳（Robert Minor），他称即将到来的驱逐是"发战争财的百万富翁们的第一次尝试，他们要粉碎美国的灵魂，确保他们在欧洲坟墓上掠夺的美元的安全"。这本小册子里充斥着情节剧、夸张和阴谋论。戈德曼和伯克曼把他们的苦难归因于另一种形式的沙皇专制。里面写道："现在反对势力甚嚣尘上，自由已死，白色恐怖统治着这个国

322

[①] "Deportation: Its Meaning and Menace, Last Message to the People of America by Alexander Berkman and Emma Goldman," Ellis Island, New York, U.S.A., December 1919, LOC.

家。言论自由已成为过去。"

戈德曼对她被拘留感到愤怒，但是当她发现助理劳工部长路易斯·波斯特已经签署了对她的驱逐令时，她又感到特别伤心。70 岁的波斯特曾是一位著名的自由派记者，没有当时大多数公众人物那种传统刻板的样子。他有一头浓密蓬乱的头发，留着浓密的灰色范戴克式胡须，戴着一副薄薄的金属丝框眼镜，看上去有点像美国的托洛茨基。与其说他是个官僚，不如说他是个哲学家，他称自己是一个理性的唯心论者，还是亨利·乔治（Henry George）单一税制理论的早期支持者，这个理论受到了乌托邦思想家的欢迎，他们对工业时代的巨大财富积累感到失望。

几年前，当戈德曼被指控参与暗杀麦金利总统时，波斯特曾为她辩护。他不仅在他的杂志上为她辩护，而且还曾邀请她到家中做客。

在他职业生涯的末期，波斯特开始为威尔逊政府工作。[1] 和豪一样，他也不愿意执行与自己的信仰相悖的法律。在 1914 年来到劳工部时，波斯特曾希望致力于解决有关工人状况的问题，但结果却发现，该部门约 70% 的拨款和超过 80% 的工作人员都被用于执行移民法。作为美国为数不多的提倡对移民打开大门的人之一，波斯特对这项工作没有什么兴趣，这让他在余下的任期里都感到很压抑。他后来写道："我在劳工部从开始到结束都是在一片愁云惨雾中度过的。"

波斯特抱怨移民法的行政性。[2] 在担任助理部长期间，他发表了

---

[1]　John Lombardi, *Labor's Voice in the Cabinet: A History of the Department of Labor from its Origin to 1921* (New York: AMS Press, 1968), 132; Louis F. Post, "Living a Long Life Over Again," 309, 322, 未发表的手稿, LOC.

[2]　Louis F. Post, "Administrative Decisions in Connection with Immigration," *American Political Science Review* 10 (May 1916).

一篇文章，主张排除或驱逐外国人"不应最终由行政部门来决定"。作为一名在职的政治任命者，在学术期刊上批评他必须坚持的政策是很不寻常的，但波斯特没有什么好的选择。

323

1919 年底，他仍然在任，并在他的上司、劳工部部长威尔逊持续缺席的情况下承担了更多的责任，此时他面对的是被拘留的激进分子的案件。[①] 驱逐戈德曼的决定权掌握在他手中。他花了很多时间考虑她的情况，最终得出的结论是，根据法律，唯一重要的问题是戈德曼是否是一名无政府主义者，而不是她是否参与过革命或暴力活动。对于这个问题，波斯特只能回答"是"，而这意味着戈德曼必须被驱逐出境，他只好签署命令。

波斯特发现，他必须执行这项法律，即使它与他自己的信仰相冲突。[②] 否则将违反他的就职誓言，并且正如他所写的，"与我们共和国正在发展的民主原则相抵触"。这样的想法并没有打动艾玛·戈德曼，她认为波斯特还有另一个选择，那就是辞职。由于波斯特选择继续留任并实施驱逐，戈德曼"觉得波斯特已经给自己蒙上了耻辱"。

不过，波斯特还是能够拉戈德曼一把的。驱逐令要求将她遣返回内战肆虐的俄罗斯。如果把她送回白俄罗斯控制的地区就意味着将被判处死刑，因此波斯特下令将她遣返到苏维埃控制的俄罗斯。

12 月 21 日凌晨，艾玛·戈德曼正在她的牢房里，与她同住的还有另外两名女性被拘留者。她在做她被拘留的大部分时间里一直在做的事：写作。听到看守走近牢房的声音，戈德曼把纸笔藏到了枕头下，假装睡着了。看守来这里是另有原因的。被驱逐出境的时刻——这是

---

① Louis F. Post, *The Deportations Delirium of Nineteen-Twenty* (Chicago: Charles H. Kerr, 1923), 1–27.

② Emma Goldman, *Living My Life*, vol. 2 (New York: Alfred A. Knopf, 1931), chapter 51.

不可避免的，却一直被小心保密——终于到来了。

三个女人收拾好东西，列队进入移民大厅，和246个男人会合，其中包括亚历山大·伯克曼，他们在寒风中瑟瑟发抖。[①] 很快，这群人会排成一列，穿过主楼，走到外面等待的渡船上，这将是他们旅程的第一段。在12月初一个寒风刺骨的清晨，大雪覆盖着大地，在全副武装的士兵和一群联邦官员的注视下，一群衣衫褴褛、睡眼惺忪、意志消沉的激进分子向渡船走去。当时在场的联邦官员包括埃德加·胡佛和国会议员、移民和归化委员会主席阿尔伯特·约翰逊（Albert Johnson）。"几十双残忍的眼睛盯着我们的脸。"戈德曼回忆道。当戈德曼登上渡船时，有人讽刺地喊道："圣诞快乐，艾玛。"对此，这位无政府主义者做了一个表示蔑视的动作。

科罗拉多州国会议员威廉·威尔（William Vaile）也在场。[②] 他形容这些被驱逐者长着"相当愚蠢的脸"，是"退化和残忍的人"。威尔认为，驱逐出境是完全正当的。他写道："驱逐出境仅仅是驱逐那些根据我们的法律没有资格在这里生活的外国人。"他认为，虽然政府不能驱逐持无政府主义观点的公民，但是"一个国家有权拒绝向她认为不受欢迎的任何阶层的外国人提供特权和保护"。

威尔和等待登上渡轮的几个被驱逐者分享了他的香烟，但听了他们的谈话后，他停了下来，心中充满了"苦涩的冷笑"。出于对这些激

[①] Alice Wexler, *Emma Goldman in Exile: From the Russian Revolution to the Spanish Civil War* (Boston: Beacon Press, 1989), 13-15. 更多关于戈德曼被驱逐出境的情况，见 Candace Serena Falk, *Love, Anarchy and Emma Goldman* (New Brunswick: Rutgers University Press, 1984), 181-182, and Alice Wexler, *Emma Goldman: An Intimate Life* (New York: Pantheon Books, 1984), 271-276; Ackerman, *Young J. Edgar*, 160。

[②] Vayle, "Before the Buford Sailed." 1920年1月5日的《国会议事录》上是一个稍微不同的版本。

进分子的厌恶，他决定"我剩下的香烟应该给美国人"。

　　249 名被驱逐者首先被从埃利斯岛码头带到斯塔顿岛的沃兹沃斯堡。在轮渡上的两个小时里，戈德曼和另外两名被驱逐的女性被与男性隔离开来。当渡船经过自由女神像时，它与另一艘满载着前往埃利斯岛的移民的渡轮相遇。当那些移民看到戈德曼所在的渡轮时，他们发出了欢呼，因为他们根本没有意识到这艘渡轮上的乘客将去向何方。戈德曼把她的打字机箱放在身边，手里拿着几枝冬青，和胡佛攀谈起来。她一本正经地告诉他，美国的时代即将结束。戈德曼相信，俄罗斯正在迎来一个新时代，同样，革命也将降临美国。

　　一位中年的无政府主义者和一位年轻的联邦探员一起谈论政治，这一幕一定很奇怪。①戈德曼和当局之间表面上的礼貌标志着无政府主义者的失败。戈德曼仍然对胡佛没有告知她的律师她要被驱逐出境而耿耿于怀，她向这位年轻的政府官员表达了这一点。胡佛辩护说："戈德曼小姐，我对你不是一直都开诚布公吗？"戈德曼回应说："哦，我想你已经尽你所能了吧。"她无法拒绝最后一次挖苦对手的机会，说了一句："我们不应该对任何人抱有超出其能力范围的期望。" 325

　　抵达沃兹沃斯堡后，乘客们被转移到"布福德"号（Buford）上，这是一艘服役了 30 年的军用运输船，曾在美西战争期间服务过。②"布福德"号上只有 51 名乘客被认为是无政府主义者，其中包括伯克曼和戈德曼。大约 184 名被驱逐者是俄罗斯工人联盟的成员，该组织被指控主张推翻美国政府。其中包括卫理公会教徒约瑟夫·波勒克，他的主要过错是在错误的地方上了数学课。有 9 名乘客因为有可能成为公

①　Ackerman, *Young J. Edgar*, 160.

②　Post, *The Deportations Delirium*, 27.

共负担而被驱逐，另外 5 人则因为违反了移民法的其他内容。

媒体很快就给"布福德"号起了个新名字，这个名字在历史上一直流传至今——"苏维埃方舟"。[1]《匹兹堡邮报》(*Pittsburgh Post*) 称戈德曼和其他同船乘客是"离开美国的最邪恶的乘客"。因为"布福德"号上的乘客被认为是危险人员，军队派出了一支由 64 名士兵和军官组成的特遣队，以提供保护，防止暴动，同时随行的还有来自移民局的 9 名官员。

戈德曼和同船乘客几乎没有得到美国人的同情。与戈德曼和伯克曼所写的不同，他们被驱逐并不意味着专制主义在美国的开始，也不意味着自由在美国的终结。相反，这只是众多大大小小的事件中的一件，作为一个整体，这些事件打破了全国对移民问题的共识，并预示着一个新时代的到来。在这个时代，埃利斯岛——以及曾经涌入该岛的移民——与美国的关系变得不那么密切了。

"没有人能想到转移这么多人的行动会如此安静。"总专员卡米内蒂第二天报告说。[2]

从黑汤姆岛大爆炸到艾玛·戈德曼被驱逐，埃利斯岛见证了第一次世界大战及其余波带来的创伤。战争已经结束，但是关于排斥、拘留和驱逐的争论仍然在继续。

在戈德曼被驱逐出境的几年前，奥利弗·温德尔·霍姆斯大法官简明扼要地总结了政府对于驱逐出境的看法。[3]他写道：这不是一种惩罚，而是"政府拒绝庇护那些他们不想要的人"。

---

[1] 1920 年 2 月 11 日检查员波克夏（F. W. Berkshire）写给移民总专员安东尼·卡米内蒂的信，File 54235-36G, INS; *LD*, January 3, 1920; Post, *The Deportations Delirium*, 7。

[2] *NYT*, December 22, 1919.

[3] *Bugajewitz v. Adams*, 228 U.S. 585 (1913).

　　"苏维埃方舟"永远驱逐了这个国家的头号无政府主义者，使司法部有胆量进行进一步的逮捕。当"布福德"号还在公海上行驶时，作为帕尔默突袭行动的一部分，又有数百名外国疑似激进分子被捕，并被遣送到埃利斯岛准备驱逐出境，其中许多人属于共产党。在劳工部，路易斯·波斯特试图控制司法部的过分行为。由于威尔逊部长仍在生病，大部分责任都落在了波斯特的肩上。他当年没有搭救艾玛·戈德曼，但是在他职业生涯的末期、已经不需要再畏首畏尾的情况下，波斯特下令释放全国范围内 2 000 多名疑似激进分子，虽然他也批准了对几百人的驱逐令。

　　波斯特的行为树敌不少，其中包括埃德加·胡佛。[①]这位年轻的司法部官员翻出了一份波斯特在 1904 年签署的支持无政府主义者约翰·特纳的宣誓书。在胡佛的文件中，有一首题为"布尔什维克恶霸"（*The Bully Bolshevik*）的诗，这首诗"不敬地献给路易斯·波斯特同志"。我们不知道这首打油诗是否是胡佛本人写的，但它肯定总结了他本人的观点：

> 埃利斯岛的激进分子，
> 人人喜气洋洋，
> 因为华盛顿的波斯特同志，
> 都把他们释放。

　　对波斯特的愤怒情绪漫延到了国会。六个月前，弗雷德里克·豪因同情激进分子而受到拷问，现在轮到波斯特了。1920 年 5 月，众

---

① Ackerman, *Young J. Edgar*, 274–276.

议院规则委员会开始对他举行弹劾听证会。到那时，红色恐慌（Red Scare）已经逐渐消失，可以说是来也匆匆，去也匆匆。帕尔默关于五一革命的可怕警告未实现，公众对这场运动失去了兴趣。国会悄悄地放弃了对波斯特的诉讼。

在 1919 年 11 月至 1920 年 5 月的红色恐慌高潮期间，美国当局对 6 350 名涉嫌从事激进活动的外国人发出了逮捕令，导致大约 3 000 人被捕。[①] 其中，只有 762 人被下令驱逐出境，实际上只有 271 人被驱逐出境，其中包括乘 "布福德" 号离开的 249 人。在 1920 年 5 月之后的那一年里，又有 510 名外国激进分子被驱逐出境。

对外国激进分子的抓捕和驱逐只是长期移民政策的延续。多年来，安全抵达美国的移民如果后来被发现符合某一类别的被排除条件，就有被驱逐出境的危险。1910 年至 1918 年间，已经生活在美国的近 2.5 万名移民被当局抓捕，并因各种原因被驱逐回自己的祖国。第一次世界大战后，政府更关注的是外国激进分子，但它使用的机制基本上与战前驱逐移民的机制相同。

虽然长期以来红色恐慌时期的那种驱逐一直是移民法的一部分，并将在未来几十年里被继续使用，但是激起这场反激进主义热潮的情绪很快就消失了。事后看来，这段时期只是一个小插曲，一个充满紧张和冲突的小插曲，但是在 1919 年和 1920 年的美国人看来，世界似乎充满了危险。

停战协定之前，一场全球性的流感暴发，一直持续到 1919 年。全世界的死亡人数估计在 2 000 万到 1 亿之间。许多美国人将其称为西

[①] Panunzio, *The Deportation Cases of 1919–1920*, 16; Jane Perry Clark, *Deportation of Aliens from the United States to Europe* (New York: Columbia University Press, 1931), 225.

班牙流感，这强化了这种疾病的外国性质，也凸显了与外国纠缠在一起的危险。大约四分之一的美国人感染了流感，不到一年就有 67.5 万人死亡，其中包括伦道夫·伯恩，他于 1918 年 12 月去世。对许多美国人来说，战争和瘟疫似乎是他们成为世界强国的残酷回报。

1919 年，美国人处于一种紧张状态。全国约 400 万名工人参加了近 2 600 次罢工。在那动荡不安的一年里，钢铁工人罢工，矿工罢工，甚至波士顿警察也罢工了。在这一年，美国共产党成立。动荡不仅仅发生在美国，仿效俄国的布尔什维克，巴伐利亚和匈牙利也发生了共产主义革命。

第一次世界大战把世界搅得天翻地覆，摧毁了整整一代人的乐观主义。现代文明在战场上相互厮杀，飞机、机枪和毒气等新技术使传统的战争破坏变得更加严重。士兵的死亡人数令人震惊：德国和俄国各 200 万左右，英国、奥地利、法国各 100 万左右，更不用说受伤、致残或患炮弹休克症的了。在一年多一点的时间里，美国超过 11.5 万人死亡，超过 20 万人受伤。

战争结束后，大西洋两岸的人们开始问为什么会这样，但得到的答案很少。[①] 战胜国在地图上瓜分战利品，而伍德罗·威尔逊对于一个将永远结束战争的国际联盟的浪漫愿景，将不得不在没有美国参与的情况下发挥作用，因为参议院没有批准《凡尔赛条约》。当美国人问这场战争意义何在时，一些人回答说，这场战争只是为了让大企业获取巨额利润。

328

---

① 豪认为大企业是战争的幕后主使，并多次试图让威尔逊相信他的理论："把他们的国家推向战争的不是德皇，也不是沙皇，而是帝国主义冒险家。秘密外交，银行家的冲突，军火制造商、剥削者和特许商在地中海、摩洛哥、非洲南部和中部的活动带来了这场大灾难。冰川般的资本和信贷聚集是这场战争的罪魁祸首。" Howe, *Confessions of a Reformer*, 287.

战争的创伤仍然留在美国人的心中，并破坏了许多人对政府的好感。对于自由主义者来说，这种幻灭更加明显。他们是建立联邦政府的人，他们希望利用联邦政府来对抗大公司的力量，为工人和消费者提供保护。这个政府由受过良好教育的中产阶级专业人士经营，本应将美国从商业主义和无知的狂欢中拯救出来，但它却莫名其妙地卷入了一场血腥的欧洲战争，在国内激起了种族仇恨，并利用新的警察权力镇压异见人士。

没有谁的幻灭感比弗雷德里克·豪更强了。[1] 他在自传中写道："我痛恨这个刚刚兴起的新国家，痛恨它的残暴、无知和不爱国的爱国主义，它从我们的牺牲中获利，用它的力量压制对其行为的批评。"这个曾经主张政府应该控制公共事业的人现在改变了他的论调。他抱怨说："我开始不信任政府，我想我对它失去了兴趣，就像成千上万其他人一样……对于国家和它所代表的一切，从热爱变成了恐惧。"

在豪看来，这个国家的残暴就表现在埃利斯岛。[2] 在"布福德"号离开纽约港几个星期后，豪写了一篇严厉批评美国移民法的文章，而这是他曾发誓执行了五年的法律。这篇文章的标题说明了一切——"私刑法和外国移民"（Lynch Law and the Immigrant Alien）。他谴责说驱逐是残忍的，并批评在埃利斯岛举行的决定移民命运的秘密听证会。他描绘了一幅生活在"恐慌状态"和"长期恐惧"中的欧洲移民的黑暗画面。他很不吉利地宣称："我们已经使美国化成为不可能"。当然，现在回顾起来，他错了。埃利斯岛上的政策和红色恐慌对移民看待美国的态度几乎没有什么长期影响，但它们肯定给弗雷德里克·豪留下

① Howe, *Confessions of a Reformer*, 279–282.

② Frederic C. Howe, "Lynch Law and the Immigrant Alien," *Nation*, February 14, 1920.

了心理创伤。

从主张政府要控制企业和公用事业，到倡导工人参与企业管理和所有权的合作式"生产者国家"，这一转变也反映了豪的幻灭。在离开埃利斯岛后，作为民主铁路控制会议（Conference on Democratic Railroad Control）的执行主任，豪试图将这个想法付诸实践。

1919 年 9 月，当豪离任时，他处于绝望的深渊。他在众议院受到了谴责。他经受住了一次国会调查，而另一次调查正在逼近。他对上级充满蔑视，对同胞失去了信心。刚开始在埃利斯岛工作时，他希望"把那里变成移民的游乐场"。当他离开时，他发现这里是囚禁着那些被政府认为无法接受的外国人的监狱。不仅如此，就像温德尔·菲利普斯（Wendell Phillips）谈到奴隶制时所说的那样，它也"使奴隶主和奴隶一样成为奴隶"。

在 1919 年秋天最后一次离开埃利斯岛之前，他把所有的私人文件收集起来，他本来打算利用这些资料写一本书，介绍他在埃利斯岛的经历。① 但是他并没有把这些文件带走，而是叫来了一个搬运工，两人把这些文件抬到了岛上的发动机房，然后付之一炬。

---

① Howe, *Confessions of a Reformer*, 327–328.

第十六章　配额制度

330 　　美国化不是一个数学过程，而是一个人性化的过程。对猪的进口可以运用数学过程。如果用对待猪那样的方式来对待移民，因此产生了对法律和政府的野蛮憎恶和仇恨，我们应该感到惊讶吗？

——《瞭望》，1921 年

　　每当有人想要抨击什么时，他们通常会选择埃利斯岛。

——《纽约时报》，1923 年

　　1923 年 7 月 1 日午夜，"威尔逊总统"号冲过了一条假想中的横贯纽约湾海峡的分界线。这条线从布鲁克林一侧的汉密尔顿堡延伸到斯塔顿岛一侧的沃兹沃斯堡。30 秒后，"华盛顿"号也越过了这条线。不到六分钟，共有 10 艘船驶过了这道线。几小时后，又有一艘船驶过。

　　驻扎在这两个堡垒的移民官员适时地记下这些船只越过这条线的时间。[①] 当疯狂的午夜冲刺结束时，11 艘船已经抵达埃利斯岛，船上

---

① *NYT*, July 2, 1923; Henry H. Curran, *Pillar to Post* (New York: Scribner's, 1941), 287–288.

载有超过 1.1 万名寻求进入美国的乘客。到了早上，移民官员就开始忙于处理新抵达的移民。

对于任何在午夜还醒着的人来说，午夜时分成群结队横跨大西洋的轮船在纽约港争抢位置，都一定是值得一看的景象。为什么这些船要在港口等待午夜钟声的敲响呢？为什么移民官员要在半夜巡逻一条假想中的横贯纽约湾海峡的线呢？为什么这些船要穿过这条假想中的线，并且就像在奥运会田径比赛中一样把时间记录下来呢？

331

一艘船穿过这条无形的分界线的时间，有可能改变船上数千名移民的命运，也表明了自第一次世界大战结束以来美国移民法的戏剧性转变。战后的幻灭感意味着过去处理移民的老方法——把受欢迎的移民和不受欢迎的移民区分开来——已经过时了。

长期以来，限制主义者一直认为埃利斯岛的移民管理过于宽松，而移民捍卫者则认为它过于严格。[①] 然而，这个小岛却平衡了这两个阵营的关切，在保持总体上宽松的同时，将那些被认为不受欢迎的移民拒之门外。战争打破了这种平衡，双方都失去了信心，不再认为政府能够在对客人稍有尊重的同时剔除那些不受欢迎的人。1921 年，《周六晚邮报》(*Saturday Evening Post*) 是这样总结美国人的幻灭感的，它抱怨说："劳工部的人根本就不懂移民问题，就像他们不懂绵鳚的生活习性和蒙特卡洛的赌博系统一样。"

虽然红色恐慌引起的歇斯底里已经消退，但对经济的担忧却加深了。美国在战后进入了严重的经济衰退。由于大约 200 万美国人失业，其中许多人是回国的士兵，战后欧洲移民再次大量涌入的前景令人担忧。虽然四年的战争大大减少了移民的数量，但在 1919 年 7 月至 1920

---

① "Plain Remarks on Immigration for Plain Americans," *SP*, February 12, 1921.

年 6 月期间，有超过 43 万人来到这里，在接下来的 12 个月里，这个数字几乎翻了一番。

美国人担心这只是冰山一角。[1] 放眼欧洲，他们看到这个大陆上的人民生活在战争留下的废墟和破坏之中。对于那些可怜的人来说，美国看起来越来越有吸引力了。安东尼·卡米内蒂在 1920 年末调查了欧洲的情况，并报告说大约有 2 500 万欧洲人准备移民。轮船公司的人员告诉移民当局，大约 1 500 万欧洲人"大声要求立即到美国去"。《有色人种崛起并反对白人世界霸权的浪潮》（*The Rising Tide of Color Against White World-Supremacy*）的作者洛斯罗普·斯托达德（Lothrop Stoddard）担心想要移民的人多达 2 000 万。

对于可能出现的因战争而流离失所的欧洲人的大量涌入，《纽约时报》的一篇社论警告说："限制外国人涌入的只有轮船的容量，而遗憾的是，我们用来处理外国人涌入的设施却坏掉了，埃利斯岛一片混乱。"[2]

这一切都让众议院移民和归化委员会主席阿尔伯特·约翰逊难以接受。[3]1920 年 11 月，约翰逊从埃利斯岛再次访问回来，宣布他在那里看到的情况非常糟糕，以至于他确信"这个国家没有意识到移民的威胁"。他承诺，在新一届国会的第一天，他将提出一项限制移民的法案。

他确实是这样做的。起初，约翰逊竭力主张要暂停移民两年，但他的同僚们只支持暂停一年。如果该法案获得通过，它将标志着美国历史上第一次将国家的大门完全关闭。要知道，即使在他们心情最黑

---

① *LD*, December 18, 1920; Lothrop Stoddard, "The Permanent Menace from Europe," in Madison Grant and Charles Steward Davison, eds., *The Alien in Our Midst or Selling Our Birthright for a Mess of Pottage* (New York: Galton, 1930), 226.

② *NYT*, November 27, 1920.

③ *NYT*, November 17, 1920.

暗、最悲观的时候，亨利·卡伯特·洛奇和普雷斯科特·霍尔也从未提出过要暂停移民。

这个计划并没有成功。在参议院，美国移民委员会的前主席威廉·迪林厄姆有不同的看法。他重新启动了一项源自他 1911 年报告的计划，即每个国家每年进入美国的人数不得超过 1910 年人口普查中该国在美移民总数的 5%。该计划还将每年的移民人数限制在 60 万，这个数字远高于战争时期的移民人数，但仅仅是 1905 年至 1907 年和 1913 年至 1914 年经济繁荣时期移民人数的一半。众议院放弃了移民暂停计划，并接受了参议院的方案，但是约翰逊和他的盟友设法将配额削减到了 3%，并降低了总体上限。

1921 年，在伍德罗·威尔逊总统任内的最后几天，这份法案被送到他的办公桌上。威尔逊的身体因中风而瘫痪，他的内心因参议院未能接受他心爱的国际联盟而痛苦，因此并没有签署该法案，实际上相当于行使了口袋否决权。威尔逊并没有给出公开的理由。

约翰逊议员不肯就此罢休。一位更加支持限制移民的新总统即将入主白宫。在威尔逊否决后不到两个月，沃伦·哈丁总统就签署了一项几乎相同的法案。比起政策上的急剧变化，更令人惊讶的是相对没有争议的事实。该法案在参议院以仅有一票反对而获得通过，在众议院以仅有 33 票反对而获得通过。少数族裔反对这项措施，但在战后动荡不安的岁月里，他们的论点几乎没有什么说服力。

1921 年春天，随着国会迅速采取限制措施，普雷斯科特·霍尔在他位于马萨诸塞州布鲁克莱恩的家中卧病在床。① 他把 28 年的生

333

① "The League's Numerical Limitation Bill," Publications of the Immigration Restriction League, No. 69, IRL.

命献给了盎格鲁-撒克逊民族的理想。体弱多病的霍尔用他唯一的武
器——钢笔——打击来自南欧和东欧的不受欢迎的移民，并提倡识字
测试。事实上，移民限制联盟在 1918 年向国会提出了自己版本的移民
配额。该组织承认，它的目标是"有倾向性地选择来自北欧和西欧的
移民，因为他们是美国人同种同宗的同胞"。这项法案无疾而终。

　　霍尔有生之年看到了国会通过新的配额法案，然后在当年 5 月去
世，享年 52 岁。[1]波士顿改革家、移民限制同盟的成员约瑟夫·李在
《波士顿先驱报》（*Boston Herald*）上是这样歌颂霍尔的："霍尔先生的
工作无人知晓，没有回报，也不被认可，但是如果没有他，美国的大
门会依然无人把守。"

　　根据国籍设定配额的新法案于 1921 年 6 月底生效，并将每年的移
民总数限制在了 35.5 万。无论是归化的还是本土出生的，只要是美国
公民，其子女和妻子进入美国都不占用配额。该法案通过时本来为期
一年，但国会在 1922 年和 1923 年重新授权了该法案。

　　配额制度严重限制了来自东欧和南欧的移民，只有 43% 的移民名
额被分配到这些地区。对于每个国家来说，配额制度的影响甚至更令
人吃惊。1914 年是战前移民热潮的最后一年，有 296 414 名意大利人
来到美国，但在新的配额制度之下，只有 40 294 名意大利人被允许进
入美国。此外，任何一个月的移民人数都不能超过一个国家年度配额
的 20%，因为否则的话，这意味着大多数国家的年度配额将在财政年
度的头五个月里被用完。

334

　　在 1923 年 6 月 30 日的晚上，如果其中一艘船在午夜前越过了这

---

[1] *Immigration and Other Interests of Prescott Farnsworth Hall*, compiled by Mrs. Prescott F.
Hall (New York: Knickerbocker Press, 1922).

条假想中的界限，它就会被记录为 1923 年 6 月入境，这是财政年度的最后一个月，那么船上所有的乘客都将被计入当年的配额，而那时配额肯定已经用完了。[①] 这样的误判，即使是一分钟，也意味着大多数移民将被禁止入境，并被送回欧洲。在接下来的几个月里，轮船竞渡纽约湾海峡的一幕将在每月第一天的午夜反复上演。

是什么导致了移民政策的这种巨大变化呢？美国在第一次世界大战中的不愉快经历促使美国内转，并令其公民感到不快。到 1920 年，欧洲意味着毁灭、疾病和无意义的种族冲突，美国人再次试图利用大西洋作为屏障，抵御衰落的欧洲带来的恶劣影响。

移民和激进主义之间的联系进一步毒害了美国人对移民的态度——以前是矛盾的，但相对开放。对外来激进分子的恐惧，导致商界许多人默许了这项新的限制性立法，而这些人过去曾经是支持移民的游说团体的先锋。

亲移民情绪的主要支柱是德裔美国人社区，但他们再也没有完全从一战带来的怀疑中恢复过来。[②]1910 年，美国有 634 份德语报纸，但是到了 1920 年，这一数字降至 276 份。

全国德美联盟是美国最大的德裔美国人组织之一，一直坚定支持放开移民，反对限制移民。[③] 该组织——尤其是其中两位领导人，亨利·魏斯曼（Henry Weismann）和阿方斯·科贝尔（Alphonse Koelble）——一直是威廉·威廉姆斯的激烈批评者。第一次世界大战

---

① *NYT*, August 1, September 2, 1923.

② Desmond King, *Making Americans: Immigration, Race, and the Origins of the Diverse Democracy* (Cambridge, MA: Harvard University Press, 2000), 112.

③ Charles Thomas Johnson, *Culture at Twilight: The National German-American Alliance, 1901–1918* (New York: Peter Lang, 1999), 102, 104–107, 118; *NYT*, March 8, 1916.

破坏了这个联盟。1916 年，魏斯曼和科贝尔被指控试图在华盛顿设立一个办公室，为德国政府进行游说。1918 年，国会投票撤销了对全国德美联盟的许可。累积起来的效果是，这个国家最强烈、最响亮、最无畏的支持移民的声音，现在要急于证明它的"百分之百美国主义"，并且再也无法完全恢复这种声音。

优生学的日益流行也促成了配额制度的成功。[①] 战后，普雷斯科特·霍尔称移民限制是"一种大规模的种族隔离，通过这种隔离，可以防止劣等种族稀释和替代良种族群"。一些优生学家将他们的工作与移民限制联系起来。国会议员约翰逊是配额制度的主要支持者，他深受优生学的影响。优生学档案局的局长哈利·劳克林（Harry Laughlin）也担任众议院移民委员会的研究员。然而，正如斯蒂芬·杰伊·古尔德（Stephen Jay Gould）所指出的那样，"限制移民的政策一直在酝酿之中，即使没有科学支撑，这种情况也会发生"。

麦迪逊·格兰特（Madison Grant）歌颂北欧种族优越性的《伟大种族的逝去》（*The Passing of The Great Race*）最初出版于 1916 年，但

---

① Prescott F. Hall, "Immigration and World Eugenics," Publications of the Immigration Restriction League, No.71, IRL. 马克·斯奈德曼 (Mark Snyderman) 和赫恩斯坦 (R. J. Herrnstein) 认为，智力测试对通过移民配额的影响很小，而利昂·卡明则持相反的观点。Mark Snyderman and R. J. Herrnstein, "Intelligence Tests and the Immigration Act of 1924," *American Psychologist*, September 1983; Leon Kamin, *The Science and Politics of I.Q.* (Potomac, MD: Lawrence Erlbaum, 1974). 更加微妙的观点见 Steven A. Gelb, Garland E. Allen, Andrew Futterman, and Barry A. Mehler, "Rewriting Mental Testing History: The View from the American Psychologist," *Sage Race Relations Abstracts*, May 1986; and Franz Samelson, "Putting Psychology on the Map: Ideology and Intelligence Testing," in Allan R. Buss, ed., *Psychology in Social Context* (New York: Irvington, 1979), 135-136. 斯蒂芬·杰伊·古尔德似乎想要两全兼顾，他认为在 20 世纪 20 年代，即使没有优生学，限制移民也是不可避免的，但"1924 年的《限制法案》(*Restriction Act*) 的时机，尤其是其独特的特点，清楚地反映了科学家和优生学家游说的影响"。Stephen Jay Gould, *Hen's Teeth and Horse's Toes* (New York: W.W. Norton, 1983), 301, and Stephen Jay Gould, *The Mismeasure of Man* (New York: W.W. Norton, 1996), 261-262.

几乎没有引起人们的注意。^①然而，20 世纪 20 年代早期为他的观点提供了一个更受欢迎的环境。格兰特指出，第一次世界大战似乎改变了公众对移民的态度，因为"美国人被迫认识到，他们的国家不是一个同质的整体，而是一堆未经同化的种族材料"。他还担心移民正在影响美国人的身高。他抱怨说，军队降低了身高要求，允许从"新来的矮小种族"中征兵。

事实上，许多移民和他们的孩子在美国军队中服役，这无疑是同化的一个积极迹象。对格兰特来说，同化是一个假象。这是他与伦道夫·伯恩等原始多元文化主义者意见一致的少数领域之一。格兰特曾经嘲笑一张著名的战争宣传海报，在这张海报上，自由女神向一份荣誉名单致敬，上面的名字从杜·波依斯（Du Bois）到史密斯和列维，再到克里斯赞尼维茨（Chriczanevicz）。海报上用醒目的字体写着："都是美国人！"格兰特觉得这个想法难以接受。

格兰特哀叹道："这些移民学会了美国人的语言，穿上了美国人的衣服，给自己取了美国人的名字，甚至娶了美国人为妻，但他们很少理解美国的理想。"^②问题不在于缺乏同化，而在于这个大熔炉"被允许毫无控制地沸腾"。他描绘了一个黯淡的未来，在那里，同化将"产生许多惊人的种族混合，以及一些未来人类学家无法解释的种族恐怖"。对于格兰特来说，问题是：是不是为时已晚？

这样的观点并不仅仅局限于曼哈顿这些古怪的自命高雅者之间。^③限制移民的主要声音之一是《周六晚邮报》，这是美国读者最广泛的周

336

---

① Madison Grant, "The Racial Transformation of America," *NAR*, March 1924; Madison Grant, "America for the Americans," *Forum*, September 1925.

② *SP*, May 7, 1921.

③ *SP*, February 28, 1920; February 12, May 7, November 26, 1921.

刊，以诺曼·洛克威尔（Norman Rockwell）体现美国中产阶级价值观的封面而闻名。该报 1921 年的一篇文章警告美国中产阶级："必须阻止移民，对美国来说，这是生死攸关的大问题。"

美国战后对移民的态度对移民的命运产生了重大影响，比如被指控为妓女的拉玛卡。[①]战争意味着他们暂时不会被遣送到欧洲，但由于驱逐令从未被撤销，和平的到来则意味着他们要被驱逐了。战争的动荡和红色恐慌将这些驱逐案件推入了官僚主义的黑洞。但到了 1921 年，随着美国人对移民的态度变得越来越悲观，政府再次将注意力转向拉玛卡这样的移民。

1921 年夏天，官员们重新审理了她的案子。埃利斯岛的助理专员拜伦·乌尔发现，虽然在意大利有一个丈夫和一个孩子，但拉玛卡已经在新泽西公然与人同居了几年。这一点加上 1915 年因卖淫而被驱逐出境的命令，足以让拉玛卡再次被拘留在埃利斯岛。

这一次，她的男朋友达纳·罗宾逊（Dana E. Robinson）写信给移民官员，为她求情。罗宾逊的父亲是埃利斯岛的一名医生，弗雷德里克·豪曾在 1916 年将拉玛卡假释到他的家里。他非常爱拉玛卡（他用她的美国化名字朱丽叶来称呼她），并想娶她为妻。在过去的五年里，她没有受到任何指控，罗宾逊指出"过去的指控真的很难相信，因为在过去的三年里，她一直受到我母亲细心和友好的照顾"。虽然有记录在案的过去，还有在意大利被抛弃的家人，罗宾逊依然表示，他深爱的朱丽叶"在道德上和其他人一样好"，并承诺他们相互的爱将使他们在道德上保持纯洁。

由于有罗宾逊及其母亲葆拉为她说好话，拉玛卡再次被释放。似

---

① File 53986-43, INS.

乎豪是对的，她可以改过自新，重新做人，而且似乎没有证据表明她
已经回到卖淫的老路上。但弗雷德里克·豪、达纳·罗宾逊和其他许
多人希望的美好结局并没有出现。还不到三个月，葆拉就写信给劳工
部。她痛苦地写道："我必须承认，为拉玛卡求情是我一生中最严重的
错误。"

很难说这几个月里究竟发生了什么，但显然出了问题。据葆拉
说，拉玛卡威胁说，美国政府和葆拉"对她所做的一切都不能干预，
如果政府对她有什么行动，她会给他们点颜色看看"。拉玛卡发誓，如
果她被移交给移民局官员，她将把她的故事刊登到报纸上，并通过公
布罗宾逊要与一名曾经的妓女结婚这一事实来毁掉罗宾逊的家庭。她
还威胁说，如果他们把她交给移民局，她就要让黑手党杀死这对母子。

这是因为拉玛卡终于受够了移民官员的骚扰和在悬在她头顶五年
的驱逐威胁吗？是因为她想独立于一个多管闲事的未来婆婆吗？还是
像葆拉·罗宾逊所担心的那样，她是一个诡计多端的阴谋家，傍上一
个富裕的美国未婚夫，一旦结了婚，就会把婆婆扫地出门？拉玛卡显
然不是一个阅世不深的女人，毕竟她经历过阿尔及尔的妓院和布鲁克
林的码头。也许她的意图不那么令人钦佩，也许她只是在这种长期和
侵入性的审查压力下崩溃了。

我们所知道的是，在收到罗宾逊夫人的信之后不到两周，移民局
官员就撤销了拉玛卡的暂缓遣返令。四天后，她被带到埃利斯岛，这
是五年内的第三次。1921 年 12 月 3 日，她被驱逐回意大利。

1923 年 7 月 1 日，轮船在午夜狂奔后的第二天早上，埃利斯岛新
任专员亨利·柯伦（Henry H. Curran）就职。他是一名精力充沛、玩
世不恭的共和党政客，成年后一直在民主党占据支配地位的纽约从政。
柯伦曾在 1921 年竞选市长，以超过二比一的劣势输给了他的民主党对

337

手。难怪保守的卡尔文·柯立芝（Calvin Coolidge）会觉得柯伦"有点
338   暴躁"。

与他的市长竞选活动相比，他在埃利斯岛的新工作似乎只是少了
一点不切实际。[①] 当第一次问他是否愿意接受这份工作时，他的回答
是："天哪，那一切不是都结束了么？"他是对的，埃利斯岛最好的日
子已经过去，但在目睹了疯狂的轮船竞渡之后，柯伦知道事情还没有
完全结束。

柯伦称埃利斯岛为"熊熊燃烧的火炉"，这是他的前任们也会同
意的。埃利斯岛的设施、运营和士气都处于 20 年前麦克斯威尼和鲍德
利不和以来的最差水平。问题的部分原因在于弗雷德里克·豪缺乏管
理才能，但更大的问题是战时对埃利斯岛的使用。德国水手和世界产
业工人联盟激进分子曾被拘留在这里，受伤的士兵也曾被安置在这里，
使岛上的基础设施不堪重负。由于移民几乎完全停滞，为了节省成本，
埃利斯岛的工作人员大幅减少。即使在战后，政府也没有表现出会在
运营上投入更多资金的意愿。

刚一到这里，柯伦就心想"这个拘留点真够糟糕的"。[②] 岛屿周围
的水域充满了污物。老鼠在这些建筑物里安家，臭虫在被拘留者的寝
室里筑巢。柯伦最伟大的改革是说服国会拨款，用真正的床取代铁丝
铺位。铁丝铺位有三层，用一块帆布当床垫。

柯伦几乎无法平息对埃利斯岛无休无止的批评。[③]1921 年，《展
望》杂志称埃利斯岛是"世界上最高效的工厂之一，但它制造的是对
美国及美国制度的仇恨"。另一家杂志警告说，"埃利斯岛滋生的仇恨

[①] Curran, *Pillar to Post*, 285–286.

[②] Curran, *Pillar to Post*, 291–296.

[③] *Outlook*, November 2, 1921; *Delineator*, March 1921.

像瘟疫一样蔓延，增加了威胁我们的机构和政府本身的不满"。这类批评自从埃利斯岛开放以来一直不绝于耳，但到了20世纪20年代初，其中一个族裔的呼声达到了高潮。虽然许多种族和宗教团体抱怨待遇不佳或排外政策，但英国公民有另一种完全不同的不满。

　　英国人的抱怨并不新鲜。[1] 早在1903年，一位在埃利斯岛工作的新教传教士就告诉一个调查委员会，英国人以"牢骚满腹"著称。这位传教士指出，大多数抱怨都集中在英国被扣留者被迫用非英国人用过的毯子睡觉。埃利斯岛最著名的抱怨者之一是悉尼·赫伯特·巴斯牧师，他1911年的短暂拘留曾成为头条新闻。

339

　　就连弗雷德里克·豪也指出，在战争年代英国人给他带来的麻烦最多。[2] 一旦被扣留，英国人就会立即打电话向英国大使馆投诉。当被驱逐出境时，"他会因为受到的侮辱而大发雷霆"。英国公民对被迫接受移民当局的检查感到愤怒。豪有些恼怒地回忆说："似乎每一个英国人都认为他们有权去任何他们想去的地方，任何对这一权利的干涉都是对整个大英帝国的冒犯。"

　　英国人似乎对不得不与其他看似低等的移民打交道而感到特别不安。[3] 被关押在埃利斯岛的英国人认为其他移民是外国人，拒绝和他们睡在同一个房间。英国外交事务次官罗兰·麦克尼尔（Roland McNeill）抱怨说，埃利斯岛的设施基本上是为"行为低下"的人提供的，对于那些"有教养的人，尤其是淑女"来说，这是一种折磨。

　　一位名叫伊什贝尔·罗斯（Ishbel Ross）的英国女记者前往埃利

---

① Von Briesen Commission Report, 1903, File 52727/2, INS; Curran, *Pillar to Post*, 309.
② Frederic C. Howe, *Confessions of a Reformer* (Chicago: Quadrangle Books, 1967), 257–258.
③ *NYT*, July 29, 1923.

斯岛，为《纽约论坛报》（ *New York Tribune* ）报道那里的情况。[1] 她似乎对能与"三等舱人群"混在一起感到很兴奋，这些人不仅缺乏适当的社交礼仪，而且已经很长时间没有洗澡了。她写道："各种奇怪的人通过埃利斯岛的大门涌入这个国家，要与他们亲密接触，这无疑会让任何一个有教养的移民都感到震惊。"

英国人对他们在埃利斯岛所受的待遇曾有过一长串的抱怨，现在这个问题到了英国议会。[2] 那里的发言者把埃利斯岛比作"加尔各答的黑洞"。正如《文学文摘》（ *Literary Digest* ）所言："埃利斯岛是激怒约翰牛的红布。"

英国人继续主张他们享有特权，其中包括不与来自南欧和东欧的粗野和缺乏文化的移民混在一起的权利。但是，虽然北欧人和盎格鲁-撒克逊人很有优越感，大多数美国官员对于让英国人服从移民法还是没有什么良心不安。对于美国人来说，大多数通过埃利斯岛来到美国的英国人不过也是外国人而已。

英国人想要的是在埃利斯岛上与其他人隔离开来。[3] 埃利斯岛已经出现了一些阶级隔离。虽然所有被扣留者都在餐厅的公用桌子上吃饭，但住宿条件却像在蒸汽船上一样等级分明。伊什贝尔·罗斯指出，头等舱和二等舱乘客的房间更小，人也更少，头等舱的乘客甚至可以单独睡一张床。这两个等级的人都有床垫，还有干净的床单和枕套，而不是只有帆布。对于乘坐统舱到达的被拘留者，住宿条件要简陋很多。

---

[1] *LD*, August 4, 1923.

[2] *NYT*, July 2, 1923; *LD*, September 22, 1923; Rex Hunter, "Eight Days on Ellis Island," *Nation*, October 28, 1925.

[3] *NYT*, December 19, 1922.

然而，这对英国人来说还不够。[1]1922 年末，英国大使格迪斯（A. C. Geddes）到埃利斯岛参观，并向议会报告了他的发现。与他的一些英国同胞的批评相反，格迪斯的报告语气温和，对移民官员的困境表示同情。像许多英国批评者一样，格迪斯将问题主要归咎于其他移民。他汇报说："许多移民对'清洁'一词的最基本含义一无所知，如果他们都习惯了同样的个人清洁标准和对同伴的关心，埃利斯岛就没有真正的困难了。"这种"长期不洗澡的人类的刺鼻气味"与其他更普遍的气味混合在一起，给埃利斯岛带来了一种"单调、陈腐的气息"，在格迪斯离开这里 36 个小时后，他身上还有这种味道。

"我宁愿被关在辛辛监狱，也不愿被关在埃利斯岛等待驱逐出境。"格迪斯写道，他显然受到了亲眼所见的影响。他提出了一系列改进建议，包括重新粉刷、改善通风、彻底清洁设施。格迪斯认为埃利斯岛太小，无法处理这么多外国人。他建议为不同等级的外国人建立一些独立的、更小的检查站，而不是建立一个新的更大的检查站。

格迪斯想要什么样的隔离很快就清楚了。他总结说："在仔细考虑了这个问题之后，我认为把犹太人和非犹太人分开可能是可行的。"他在报告中抱怨埃利斯岛的医生为移民检查性病。他报告说："我看到一个清纯帅气的爱尔兰男孩在一个肮脏龌龊的人之后接受检查，后者应该来自东欧的某个地区。医生的橡胶手套刚刚接触过东欧那个人的私处，至少在医学意义上，手套已经被污染了，但是中间几乎一秒钟的间隔都没有，他就接着去接触那个爱尔兰男孩的私处。"

341

柯伦没有理会这份报告，上面的建议也不了了之。[2]当柯伦到达

---

[1]　"Despatch [*sic*] from H. M. Ambassador at Washington reporting on Conditions at Ellis Island Immigration Station," 1923, NYPL.

[2]　Henry H. Curran, "Fewer and Better," *SP*, Nov. 15, 1924; Curran, 298−299.

埃利斯岛时，他对移民很有同情心，有时也愿意通融一下。当一个匈牙利女孩因为配额已满而要被遣返时，柯伦注意到她带着一把小提琴，于是就请她弹奏一下。一曲弹毕，柯伦宣布她是一名艺术家，这个类别是不算在配额之内的，因此可以入境。

柯伦承认，限制移民是他上任后最不愿意做的事情，但他很快就提出，移民人数减少或完全没有移民会对美国更好——至少在一段时间内如此。[①] 他警告说："再从智力、品德和卫生的角度来看看今天的普通移民，那些在埃利斯岛服务了 30 年甚至更长时间的人会告诉你，他们要低于上一代移民。从这三个方面来看，都要差得多。"对于 19 世纪 90 年代的美国人来说，这样的说法一定很有趣，因为他们也曾声称那个时代的移民远不如 30 年前的移民。

虽然这让柯伦听起来像威廉·威廉姆斯，但柯伦的心并不在限制移民上。[②] 当收到另一份工作邀请时，他"像抛掉一个烫手山芋一样"放弃了在埃利斯岛的工作。他后来写道："我从未见过像在埃利斯岛那样集中呈现人类的悲伤和痛苦，三年就够了。"

国会已经两次重新批准了 3% 的配额，但在 1924 年，它准备采取更严格的措施。最终，国会根据 1890 年的人口普查结果，将新的配额定为 2%，配额移民的上限约为 28.7 万人。使用 1890 年人口普查而不是 1910 年人口普查的理由很清楚。当时，美国的意大利人、希腊人、波兰人、犹太人和斯拉夫人要少得多。事实上，新配额意味着近 85% 的配额将流向北欧国家。意大利的配额从每年 40 000 人左右减少到了 3 845 人，俄罗斯的配额从 34 000 人左右降至 2 248 人，希腊的配额从 3 000 人多一点降至微不足道的 100 人。

① Henry H. Curran, "Fewer and Better, or None," *SP*, April 26, 1924.
② Curran, *Pillar to Post*, 296-297.

　　还有更多的变化。从 1925 年开始，对移民的检查从美国港口转移到了美国驻外领事馆。想要来美国的人要到最近的美国领事馆寻求许可，领事馆的官员负责检查，确保他或她是理想的移民。在成功检查并支付费用后，领事馆官员将授予签证。

　　现在，美国领事官员的责任是确保移民的数量达到每月的配额，而这个数字已经减少到了不超过每年配额的 10%。这就避免了移民船在午夜疯狂地冲过分界线的情况。

　　将审查工作转移到美国驻外领事馆，这是移民问题辩论双方的美国人多年来寻求的一项措施。[1]参议员威廉·钱德勒早在 1891 年就指出，驻外领事馆的检查会更加严格，远离媒体和移民援助组织的窥探，并且不会受到寻求移民入境者的朋友、亲戚和政客的干预。

　　菲奥雷洛·拉·瓜迪亚也是这一政策的支持者。[2]在到埃利斯岛工作之前，他曾在港口城市阜姆担任领事官员，在那里他亲自对潜在的移民进行检查。允许移民在跨大西洋旅行之前接受检查，意味着除了极少数例外情况，埃利斯岛和其他港口令人心碎的排斥和驱逐场景将不再上演。那些为了来美国而倾家荡产的移民现在拥有了几乎可以保证他们进入美国的签证。当然，有了新的更严格的配额，能真正体验到这种奢侈和安心的移民也就少多了。

　　虽然拉·瓜迪亚可能认为新的海外检查是一种改进，但他并不支持新的配额。[3]这位前埃利斯岛翻译现在是美国众议院曼哈顿选区的代

---

[1]　William E. Chandler, "Consular Certificates for Intending Immigrants," *Independent*, October 1, 1891.

[2]　1916 年 9 月 9 日，菲奥雷洛·拉·瓜迪亚写给安东尼·卡米内蒂的信，Folder 8, Box 26C7, FLG。

[3]　Thomas Kessner, *Fiorello H. La Guardia and the Making of Modern New York* (New York: Penguin Books, 1989), 120-124.

表。由于在国会中几乎没有实权，拉·瓜迪亚扮演了牛虻的角色，谴责限制性立法，为移民所做的贡献辩护。作为移民的后代，他谴责这种配额制度遵循的是"3K党的精神"。

这种新的配额制度涵盖了来自欧洲、非洲、澳大利亚和新西兰的移民。[①]但几乎同样多的移民来自不受配额制度限制的西半球。在整个20世纪20年代，60%的移民来自加拿大，30%来自墨西哥。

自19世纪90年代以来，超过70%的移民通过纽约港进入美国。在整个20世纪20年代，这个数字大约是50%。虽然对大多数移民来说，27英亩的埃利斯岛依然是边界，但新的入境大门变成了与墨西哥近2 000英里的边界，以及北部与加拿大之间更长的边界。未来的美国移民问题更多与来自南部边境的移民有关，而不是来自欧洲的移民，但是当时人们并没有意识到这一点。

更严格的配额制度导致了逃避新政策的更大努力。[②]非法移民开始引起国家领导人的注意。1923年，劳工部部长詹姆斯·戴维斯（James J. Davis）警告哈丁总统，有多达10万的移民正偷偷进入美国。其他报道无疑夸大了这一数字，称每天有1 000人。同年晚些时候上任的卡尔文·柯立芝总统就这种"越过边境的渗透"向各州州长发出了警告，称这对新移民法构成了"相当大的威胁"。

20世纪20年代，驱逐出境的人数也有所增加。[③]从1910年到1918

---

① Roger Daniels, *Guarding the Golden Door: American Immigration Policy and Immigrants Since 1882* (New York: Hill and Wang, 2004), 56–57.

② 1923年4月16日，劳工部部长詹姆斯·戴维斯写给沃伦·哈丁总统的信，Folder 5, File 75, WGH；1923年10月20日卡尔文·柯立芝总统在白宫州长会议上的讲话，Series 1, File 52, CC。

③ Jane Perry Clark, *Deportation of Aliens from the United States to Europe* (New York: Columbia University Press, 1931), 29.

年，平均每年有 2 750 名移民被驱逐出境。到 1921 年，每年有 4 500
多名移民被驱逐出境。到 1930 年，这个数字飙升到 16 631 人，因为美
国人对移民的态度日益恶化。随着越来越多的人因配额而被拦在前门
之外，随着执法力度的加强，也有更多的人被赶出后门。

　　这项新政策带来的最重要的变化要过几年才会显现。由于大多数
南欧和东欧国家的移民几乎被完全排除在外，限制主义者感到不满，
他们看到了配额制度的巨大漏洞：配额是基于外国出生的人口数量。
如果目标是保持美国作为一个盎格鲁-撒克逊国家的身份，为什么不
根据全国人口的种族背景来计算配额，把本地出生的和外国出生的都
计算在内？事实上，基于 1890 年人口普查的 2% 的配额实际上减少了
来自英国的移民配额，幅度高达一半以上。1924 年移民法的最大赢家
是 19 世纪中期的移民群体，如爱尔兰人和德国人。

　　为了纠正这种情况，国会在 1920 年授权进行一项研究，以确定生
活在这个国家的所有美国公民的确切种族构成。[1] 其成果就是所谓的
"民族起源计划"。为了与那个时代严格的种族界限保持一致，这项研
究只涵盖了美国白人，而忽略了黑人、亚洲人和美国印第安人。

　　根据该委员会的统计，到 1920 年，美国已经不再是盎格鲁-撒克
逊人占多数的国家，因为超过 56% 的人口是非英国祖先的后代。[2] 像
亨利·柯伦这样的乐观主义者可能会为民族起源计划辩护，认为它可
以确保"未来移民的种族比例将与美国现在所有人口的种族比例保持
一致"。然而，对麦迪逊·格兰特来说，未来是黯淡的：殖民地血统的

344

---

[1]　关于民族起源计划，见 King, *Making Americans*, 204-228 and *NYT*, June 30, 1929; Harry
H. Laughlin, "The Control of Trends in the Racial Composition of the American People," in Grant
and Davison, eds., *The Alien in Our Midst or Selling Our Birthright for a Mess of Pottage*。
[2]　*NYT*, August 7, 1925.

美国人很快"就会像伯里克利时代的雅典人和罗洛（Rollo）时代的维京人一样灭绝"。

新的民族起源计划将移民上限降低到每年 15 万人，并给予来自英国的移民近一半的年度配额。最大的输家是德国、爱尔兰和斯堪的纳维亚国家，他们之前的配额被削减了一半以上。具有讽刺意味的是，虽然配额制度最初是为了阻止南欧和东欧国家的移民而设计的，但意大利人、希腊人和俄罗斯人的配额都比依据 1890 年人口普查时的配额有所增加，但他们的数量仍然少得可怜。现在，希腊人和意大利人每年分别只有 307 个和 5 802 个名额。

从表面上看，配额具有科学的精确性，为这一努力增添了真实性。与 1921 年或 1924 年的配额制度不同，民族起源计划的实施遇到了阻力。在远离战争痛苦影响 10 年后，德裔美国人开始大声疾呼，爱尔兰裔美国人也是如此，其中一个声音很熟悉。

在经历了导致他 1902 年离开埃利斯岛的纠葛并因试图窃取政府文件而受到刑事指控后，爱德华·麦克斯威尼的职业生涯和声誉逐渐恢复。[①] 现在，他是马萨诸塞州一位受人尊敬的公民，也是哥伦布骑士团历史委员会（Knights of Columbus Historical Commission）的主席。这位前工会成员和政府官员利用他的新职位呼吁美国本土的国家历史，不受他认为在某些历史中存在的英国偏见的影响。麦克斯威尼认为，盎格鲁-美国人是真正的美国少数族裔，他们过分强调英国人的贡献，而排

---

① 想了解更多关于 20 世纪 20 年代的"历史战争"和麦克斯威尼的角色，见 Jonathan Zimmerman, "Each 'Race' Could Have Its Heroes Sung: Ethnicity and the History Wars in the 1920s," *Journal of American History* 87, no, 1 (June 2000), and Christopher J. Kauffman, "Edward McSweeney, the Knights of Columbus, and the Irish-American Response to Anglo-Saxonism, 1900-1925," *American Catholic Studies* 114, no. 4 (Winter 2003). See also, *NYT*, September 8, 1921, June 9, 1923, and *BG*, July 10, 1921。

斥其他群体。他说："美国最需要的是大多数自封的美国人的美国化。"

　　更有实质意义的是，麦克斯威尼的团队委托出版了大量书籍，以对抗过度亲英的历史，出版了一套种族贡献系列图书（Racial Contribution Series），其中的专著详细描述了不同种族和宗教团体的贡献。[①] 这个系列中的一部作品是杜·波依斯的《黑人的礼物》（*The Gift of Black Folk*），麦克斯威尼为这本书写了序言。

　　少数族裔开始主张自己的美国性，随着他们逐渐被同化，逐渐演变成坚定的爱国者和独特的美国历史的捍卫者，这预示了几十年后的一种趋势。而更成熟的种族群体往往会对美国历史和民族主义持更批判的态度。麦克斯威尼与哥伦布骑士团的合作是一种带着爱国热情与盎格鲁-撒克逊主义和移民限制主义者作斗争的方式。

　　对于像麦克斯威尼这样亲移民的恐英者来说，整个民族起源计划都很可疑。[②] 在他看来，这是英裔美国人犯下的一场非美国式的欺诈。用他的话说，有关民族起源的数据是一种"厚颜无耻的强加……是为了邪恶的目的而编造的，实际上是歧视"。

　　虽然有麦克斯威尼的努力，《民族起源法案》还是在 1929 年生效。然而，麦克斯威尼却没能活着看到这一计划的实施，他认为这项计划违反了美国的传统精神，即把移民作为个体来评判，而不是根据他们的种族、宗教或国家背景来判断。

　　1928 年 11 月 16 日下午晚些时候，麦克斯威尼在马萨诸塞州弗雷

① W. E. Burghardt Du Bois, *The Gift of Black Folk: The Negroes in the Making of America* (Boston: Stratford, 1924) and David Levering Lewis, *W. E. B. Du Bois: The Fight for Equality and the American Century, 1919–1963* (New York: Henry Holt, 2000), 95–96.
② *NYT*, August 7, 1925. 又见 Edward F. McSweeney, "The Immigration Act of 1924: Fallaciousness of the 'National Origins' Theory," Journal of the American-Irish Historical Society, 223 (1926).

明汉开车回家，他的车在一个铁路道口抛锚，而就在此时，迎面开来
一列火车。①麦克斯威尼的车被火车撞坏了，被拖出大约 18 米。由于
头部严重受伤，多处骨折，麦克斯威尼被紧急送往医院，坚持了两天
之后，他最终因伤势过重而不治身亡，享年 63 岁。

346　　　麦克斯威尼比他的前死敌特伦斯·鲍德利多活了四年。参加他葬
礼的有参议员、众议员、法官和其他达官显贵，可见他成功做到了东
山再起。相比之下，鲍德利则死得默默无闻。他从 19 世纪晚期最著名
的劳工领袖变成了一个默默无闻的政府官僚，在他曾经领导过的移民
局做着一份低级别工作。

　　鲍德利曾是一位坚定的限制主义者，他反对移民合同工，并警告
说移民对国家的健康构成威胁。②到了 1920 年，鲍德利改变了他的论
调。在他的新职位上，他担心政府忽视了移民的需求。在写给上司的
信中，他说："我们接纳他们，就像接收一捆捆干草、一块块生铁和一
桶桶橄榄油一样，没有向他们致以丝毫的人类同情，也没有做任何事
来让他们感受到欢迎。"等到他改变主意的时候，已经太晚了。他只不
过是一个无能为力的官僚，需要一份工作来赚取薪水，使他不至于在
老年时陷入贫困。

　　在生命的最后几年，他从琐碎的政治和劳工纠纷中解脱出来，也
基本上摆脱了过去曾经困扰他的精神和情感压力。③他再婚，写自传，
继续他的业余摄影师工作，最终于 1924 年去世，享年 75 岁。

---

① *Framingham News*, November 17, 19, 1928.
② T. V. Powderly, "Immigration's Menace to the National Health," *NAR*, July 1902；1920 年 9 月 9 日特伦斯·鲍德利写给弗雷德里克·沃利斯（Frederick Wallis）的信, Box 139, TVP。
③ Vincent J. Falzone, *Terence V. Powderly: Middle-Class Reformer* (Washington, DC: University Press of America, 1978), 191–193.

麦克斯威尼和鲍德利的移民工作属于另一个时代。两人去世时，美国的移民法已经发生了巨大的变化，四分之一个世纪前两人曾在埃利斯岛发生过激烈争执，但现在该岛的重要性开始逐渐减弱。

鲍德利并不是唯一一个改变主意的人。[①] 发明了"低能者"一词的心理学家亨利·戈达德对强化移民心智低下的观点做出了很大的贡献。但到了 20 世纪 20 年代末，他改变了想法。此时他相信，大多数心智年龄低于 12 岁的人都不是低能者。虽然他一生都在研究这个问题，但戈达德在 1928 年写道，心理学家"仍然被局限于对弱智这一概念不科学的、无法令人满意的定义"中。

在与优生学的支持者争论后，戈达德开始相信弱智是可以治愈的，而且环境对智力的影响和基因一样重要。在 20 世纪 20 年代末，他甚至得出结论，没有太多证据表明弱智父母会生弱智孩子。戈达德本人从未被影响其他优生学家的种族主义所吸引，但到了 20 世纪 20 年代，他甚至认为"不同种族的智力水平可能大同小异"。此时，移民配额制度已经牢牢确立，戈达德在全国的影响力已经减弱。

与戈达德不同，威斯康星大学的社会学家爱德华·罗斯更加坚信移民的遗传劣势。他早些时候创造了"种族自杀"这个词，并抱怨许多新移民像史前生物，是"那些落后人种的后代"。罗斯是一个骄傲的盎格鲁-撒克逊人，是北欧人种优越论的捍卫者，同时也是一个进步主义者。他认为来自南欧和东欧的移民带来了文盲、堕落和政治腐败，

347

---

① Henry H. Goddard, "Feeblemindedness: A Question of Definition," American Association for the Study of the Feeble Minded: Proceedings and Addresses 33 (1928); Leila Zenderland, *Measuring Minds: Henry Herbert Goddard and the Origins of American Intelligence Testing* (Cambridge, UK: Cambridge University Press, 1998), 325–327; Gould, *The Mismeasure of Man*, 202–204.

阻碍了美国文明的发展。

到罗斯写自传的时候，他的态度已经有所缓和。[1]他仍然宣称相信优生学和节育，并为自己的著作帮助推动了 20 世纪 20 年代的配额制度出台而感到自豪。然而，这位曾经写过《种族优越感的原因》（*The Causes of Race Superiority*）和《美国人民的价值等级》（*The Value Rank of the American People*）等文章的人却改变了看法。从那以后，罗斯周游世界，对非北欧文化的看法变得更加缓和。罗斯终于醒悟了，他说："北欧种族优越的神话已经被我抛到了九霄云外……对我来说，种族差异已经没有以前那么重要了。"他后悔自己花了人生三分之二的时间才意识到"根据文化等级来给人评定级别的谬误"。

1904 年，他曾把东欧人称为"失败种族中的失败成员"。30 多年后，罗斯改口了。他承认："我很后悔当年发出这样的嘲讽。"这种态度上的转变并没有改变美国的移民配额制度，但鲍德利、戈达德和罗斯的新态度预示着 20 世纪人们对种族主义思想缓慢而坚定的放弃。

1906 年 11 月，九岁的爱德华·科西（Edoardo Corsi）和他的弟弟朱塞佩·加里波第·科西（Giuseppe Garibaldi Corsi）站在"佛罗里达"号的甲板上，这艘船正在驶进纽约港。[2]在那创纪录的一年里，有超过 100 万移民经过埃利斯岛，他们就是其中的两个。在旅程即将结束的兴奋之中，他们以为看到了远方从薄雾中升起的山脉，他们很纳闷

① Edward Alsworth Ross, *Seventy Years of It: An Autobiography* (New York: Appleton-Century, 1936), 275–277.
② Edward Corsi, *In the Shadow of Liberty* (New York: Arno Press, 1969), 3–7, 22. 和所有人的记忆一样，移民的记忆经常也会是模糊的，爱德华对他们到达时间的说法与实际情况有出入，他们到达的时间是 1906 年 11 月，而不是他所说的 1907 年 10 月，而这也就意味着他当时 9 岁，而不是 10 岁。此外，在乘客名单上，他的名字是"涅利诺·科西"（Nerino Corsi）。

为什么山顶上没有积雪。他们的继父纠正了他们，他指着曼哈顿的天际线说，那些不是山，而是世界上最高的建筑。

科西一家——两个年幼的儿子，两个姐妹，母亲和继父——从意大利南部的阿布鲁齐地区来到这里。除了这些神秘的城市山脉给他们带来的困惑，科西一家也对他们在埃利斯岛的未来感到担忧。虽然继父花了家里剩下的钱给妻子买了一张二等舱船票，让她更容易进入美国，但他们是否能被美国接纳还是个问题。爱德华后来回忆说："我对眼前这个埃利斯岛感到愤恨。"

这个把曼哈顿的天际线误以为是山脉的孩子成年后会在这些城市山脉中生活。成年后的爱德华·科西积极参与纽约的"定居救助之家运动"，并以他的国会议员菲奥雷洛·拉·瓜迪亚为榜样，成为一名进步的共和党人。他的政治活动最终使他在 1931 年被赫伯特·胡佛任命为埃利斯岛的专员。

他不是第一个在国外出生的专员，但他是第一个通过埃利斯岛入境的专员。他在任时的埃里斯岛已经风光不再。它曾引起许多美国人的关注和愤怒。多位总统曾经访问过该岛，近距离观察它的运行情况。限制论者认为这里过于宽松，而移民捍卫者则认为这里过于严格。

那样的日子都已经成为过去。[①] 随着美国陷入大萧条的泥潭，埃利斯岛也渐渐沉入美国人集体意识的深处。1934 年，《文学文摘》写道："这个全国最著名的门户现在只是偶尔出现在新闻中。"当人们提到埃利斯岛时，往往会用非常负面的语气。1934 年，一份由劳工部部长弗朗西丝·帕金斯（Frances Perkins）委托撰写的报告开篇就指出了一个流行的神话，即埃利斯岛曾是一个悲惨的地方，是"幸运的移民

---

① *LD*, February 24, 1934; "Report of the Ellis Island Committee," March 1934.

才能逃脱的地牢"。

　　20 世纪 30 年代是美国移民史上的最低点。[1]埃利斯岛接收外来者

349 的重要性继续下降，而其更具惩罚性的一面却在增强。一家报纸指出：

"限制政策的一个重要后果是使埃利斯岛成为外来移民的移民站，同时

也是外出移民的移民站。甚至可以说，它现在的主要活动是驱逐出境，

因为猛地关上前门是为了挑战那些从后门进入的人。"

　　限制性配额和经济困境的结合意味着，到了 1932 年，离开美国的

人数是来到美国的人数的三倍。[2]在接下来的一年里，只有 23 068 人

决定移民，这是自 1831 年以来的最低值。埃利斯岛已经放弃了几十年

来作为检查移民的"适当筛子"的角色。到了 20 世纪 30 年代，科西

悲伤地指出，"埃利斯岛主要的职责是驱逐出境"。

　　由于需要检查的移民越来越少，埃利斯岛也不再是美国主要的检

查门户，而是越来越多地恢复了它在历史上偶尔扮演的角色：关押不

受欢迎的外国人的监狱。未来几年将会发生天翻地覆的变化。第二次

世界大战和冷战凸显了世界上存在的危险。在关注国外威胁的同时，

美国人也开始关注国内的威胁。美国的移民法越来越多地与国家安全

问题纠缠在一起。埃利斯岛将再次成为争议的中心。

---

[1]　*LD*, February 24, 1934.

[2]　Corsi, In the Shadow of Liberty, 95.

第十七章　监狱

我再也不会回埃利斯岛了。我花了太多时间面对自由女神像的背 350
影。我一直觉得，虽然她欢迎移民，承诺实现美国梦，但她却因为我
们的祖先而背弃了我们。

——埃伯哈德·富尔（Eberhard Fuhr），被拘留在埃利斯岛的德国
敌侨

政府的法律顾问巧妙地争辩说，埃利斯岛是他（麦哲）的"避难
所"。在那里，他可以自由地离开，去除了西方以外的任何方向。这可
能意味着自由，如果他是一只两栖动物的话。

——法官罗伯特·杰克逊，肖内西起诉麦哲案（Shaughnessy v.
Mezei），1953 年

1942 年，埃利斯岛 206 号房间里挂着一张大型海报，上面写着
"热烈欢迎！元首万岁！"① 这里是一个由亲纳粹德国人组成的小集团的

---

① Arnold Krammer, *Undue Process: The Untold Story of America's German Alien Internees*
(Lanham, MD: Rowan & Littlefield, 1997), 10–11, 25–26, 30. 对这个问题的更多探讨，见 John
Christgau, *"Enemies": World War II Alien Internment* (Ames, IA: Iowa State University Press, 1985)。

总部，其成员是美国政府拘留的敌侨。甚至在美国参战之前，富兰克林·罗斯福政府就起草了一份可疑外国人的名单，如果美国加入对抗轴心国的战争，就会逮捕和拘留这些人。在1939年至1941年间，埃德加·胡佛领导的联邦调查局花了大量时间，收集生活在美国的被怀疑同情纳粹德国或法西斯意大利的非公民的信息。1941年10月，司法部部长警告埃利斯岛的官员，要为大量战时被拘留者的到来做好准备。

351

在红色恐慌期间，胡佛遇到了官僚主义的障碍，因为拘留和驱逐外国人的权力属于劳工部。现在他就不会有这样的问题了，因为移民局于1940年被划归司法部。移民问题现在正式成为一个执法问题。

1941年12月8日，正当美国还沉浸在前一天珍珠港被偷袭的阴影中时，移民和归化局局长莱缪尔·斯科菲尔德（Lemuel Schofield）少校给胡佛写了一封信，信中附有一份名单，列出了一些因其对德国和意大利的看法而"被考虑拘留"的人。这种信息收集工作在这两个国家被宣布为美国的敌人之前就已经开始了。①

更令人不安的是，斯科菲尔德的名单上还包括"同情德国的美国公民"和"同情意大利的美国公民"。总共有4 000多人正在被考虑拘留。

珍珠港事件后不久，罗斯福发布了三份总统公告，宣布生活在美国的非归化日本人、德国人和意大利人为敌侨。针对日本人的公告于12月7日发布，另外两份在12月8日发布，也就是美国与德国和意大利正式交战的三天前。

政府很快就将所谓的敌侨集中起来。12月8日，司法部部长命令胡佛立即逮捕"德国敌侨，包括德国出生的人、德国公民、德国居民

___

① 1941年12月8日莱缪尔·B. 斯科菲尔德（Lemuel B. Schofield）少校写给埃德加·胡佛的备忘录，File 56125-29, INS。

和德国的臣民"。他们将被逮捕并交给移民局拘留。胡佛的联邦调查局以闪电般的速度采取了行动。1941 年 12 月 9 日，联邦调查局特工根据过去两年整理的名单，逮捕并拘留了 497 名德国人、83 名意大利人和 1 912 名日本人。第二天又有 2 200 多人被捕。其中一些人很快被释放，但一个月后，政府还是在全国各地的设施中关押了近 2 700 名敌侨。

　　一些被拘留者曾属于德美联盟等组织。[①] 有些人曾经发表评论反对美国参战，无论是对邻居还是写信给编辑。如果告密者在德裔美国人家中发现希特勒的照片，或者无意中听到支持纳粹或反对同盟国的言论，他们就会向联邦调查局报告。

352

　　这次对敌侨的拘留不同于 1942 年 2 月开始在西海岸对日本人和日裔美国人的重新安置和拘留。根据罗斯福总统的第 9066 号行政命令，美国的某些区域可以被指定为军事区域，禁止任何未经授权的人员进入。那年春天晚些时候，军方命令所有居住在西海岸的日本人搬到内陆的集中营。这是由一个叫作战时搬迁管理局（War Relocation Authority）的新机构完成的。与对日裔美国人的战时转移和拘留不同，对敌侨的集中关押是在移民局的主持下完成的。

　　一开始，大量敌侨被拘留在埃利斯岛。[②] 珍珠港事件后的第四天，413 名德国敌侨被拘留在埃利斯岛。《纽约时报》这样报道了埃利斯岛的新角色："当前，纽约有了属于自己的集中营。"

　　美国新成立的战时情报机构——战略情报局（The Office of Strategic

---

① Jerre Mangione, *An Ethnic At Large: A Memoir of America in the Thirties and Forties* (New York: Putnam's, 1978), 321.

② File 56125-29, INS; "Harbor Camp for Enemy Aliens," *NYTM*, January 25, 1942. See also "The Detention of Krauss," *New Yorker*, March 6, 1943.

Services，简称 OSS）对埃利斯岛的在押人员非常感兴趣。^①1942 年夏天，它派了一名卧底在那里待了三个星期。当这位未透露姓名的特工提交报告时，他告诉上级，美国的安全存在一个巨大的漏洞。这名特工写道："埃利斯岛无疑是轴心国的一个主要信息点，无论是接收还是发送信息。有充分的理由可以认为，他们把埃利斯岛视为一个重要的信息传输中心。"

根据战略情报局的报告，埃利斯岛的囚犯中有一个组织严密、纪律严明的"纳粹集团"。他们的非正式总部是 206 号房间。他们唱《霍斯特·韦塞尔之歌》（*Horst Wessel Lied*）和其他纳粹歌曲，在房间里贴满了嘲笑美国在战争中表现的图画和文章。报告指出："他们的行为似乎表明，德国必然会赢得这场战争。"聚集在 206 号房间周围的纳粹同情者"可以进行有效的宣传，并恐吓弱者"。

对美国为战争作出的努力来说，1942 年夏天被拘留在埃利斯岛的这几百名德国人、意大利人和日本人是一个重大威胁吗？战略情报局的特工肯定是这么想的。他认为："如果这些组织严密而又狂热的希特勒分子只从事无害的活动，那的确会很奇怪。阴谋的可能性几乎是无限的。"他说，德国被拘留者监视着新泽西州码头上的船运活动，并将有关信息报告给德国。然而，即便是战略情报局的特工也不得不承认，这在很大程度上是一种猜测，在他与被拘留者相处的三周时间里，他没有发现"这种情况发生的实例"。

到了 1942 年秋，联邦调查局局长埃德加·胡佛听说了一些关于战略情报局报告的闲言碎语，于是要求手下立即将各种说法汇总成一份文件。激怒胡佛的并不是那些牵强附会的说法，即纳粹分子在埃利斯

① 战略情报局的这份报告和其他有关文件，见 File 56125-86, INS。

岛为第三帝国进行情报收集活动。真正让他担心的是，这份报告批评
了（用胡佛的话说）"埃利斯岛的拘留制度既无能又腐败"。他希望立
即"消除"所有有关安全松懈的言论。

　　胡佛是正确的。[①]战略情报局的报告对埃利斯岛看守的描述非常
尖刻。这份报告总结说："这里的监管体系不足以对付有经验的阴谋
家。那里的看守'不关心政治，也不注意观察'。大多数人只对他们的
薪水、运动、食物和饮料感兴趣。"报告指出："看守中的种族偏见非
常明显，尤其是反犹太主义。"

　　该报告称，许多看守很容易被小恩小惠收买。可以看到一些看
守与被拘留者打成一片，分享雪茄和饮料。对官员腐败的大部分指
责都归咎于一名被拘留者：威廉·杰拉尔德·毕肖普（William Gerald
Bishop）。在战争期间的余下时间里，没有哪个被拘留者比毕肖普更让
政府头疼了。

　　一名司法部官员称毕肖普是"我接触过的最不可靠的人之一"，
而另一名官员称他是埃利斯岛"最糟糕的恶作剧源头和员工腐败源头
之一"。[②]毕肖普被指控鼓励看守违反规定，导致一些看守被解雇。他
经常用自己的"政治影响力"来威胁不肯合作的看守和官员。他曾多
次在被拘留者中煽动绝食，从餐厅偷食物，并被指控辱骂和诅咒犹太
看守。据说毕肖普曾在一支铅笔里藏了三片白色的毒药片，他说那是
给犹太看守预备的。据说他还曾对另一名被拘留者说："如果我不能用

①　胡佛也不甘示弱，后来在埃利斯岛的囚犯中安插了自己的联邦调查局特工。据一名在
埃利斯岛被暂时拘留的德国人说："我们中间安插着一些联邦调查局的人，负责监视我们，
但是我们不认识他们。有一次，我的一个室友离开了，他和我一起住了一个多月，一个看
守告诉我，他是联邦调查局的人。""The Detention of Krauss," *New Yorker*, March 6, 1943.
②　File 56125–86, INS.

354　一种方法让他们离开，我就用另一种方法。"

　　毕肖普不仅在岛上享有许多特权，还可以长时间到曼哈顿休假。一位友好的眼科医生要求毕肖普每周预约检查。陪他去看医生的看守很容易就被他用食物、饮料和雪茄收买，允许他去拜访朋友，他可以想做什么就做什么，直到该回岛上为止。

　　虽然毕肖普是在 1942 年 2 月 27 日被带到埃利斯岛的，但他的问题其实早在 1940 年 1 月就开始了。当时埃德加·胡佛举行了一场记者招待会，宣布联邦调查局逮捕了 17 名"基督教阵线"（Christian Front）组织的成员，他们密谋要炸毁纽约的多栋建筑。胡佛声称，这些密谋者希望这些爆炸事件最终会导致美国政府的垮台。[①] 胡佛戏剧化地宣称："他们密谋大规模破坏和摧毁所有这些机构，以便在这里建立一个独裁政权，类似于德国的希特勒独裁政权。"这些所谓的密谋者准备用 18 罐炸药、12 支斯普林菲尔德步枪和各种枪支弹药开始他们的革命。威廉·杰拉尔德·毕肖普是他们的领导者之一。

　　在 1940 年春天对基督教阵线密谋者的审判中，他的所有同案被告都转而反对毕肖普，把他描绘成一个想要对政府实施暴力的冲动分子。他的言辞十分极端，以至于有些人认为他一定是政府的线人。毕肖普承认从国民警卫队军械库偷了许多武器和弹药。与后来的政府报告一致，审判也显示毕肖普患有夸大妄想症。他声称，密歇根州参议员阿瑟·范登堡（Arthur Vandenberg）等知名政治家是他的支持者之一。他还声称 20 世纪 30 年代曾在北非与西班牙叛军作战，并在那里担任

---

① *NYT*, January 15, 1940. 关于基督教阵线，见 Theodore Irwin, "Inside the Christian Front," *Forum*, March 1940, and Ronald H. Bayor, *Neighbors in Conflict: The Irish, Germans, Jews, and Italians of New York City, 1929–1941* (Baltimore, MD: The Johns Hopkins University Press, 1978), 97–104.

弗朗西斯科·佛朗哥将军的秘书。

6 月，陪审团做出了裁决。结果对政府来说是一个打击，因为其中九人被判无罪，而包括毕肖普在内的其他五人则以悬而未决的陪审团结果而告终。其中两人在开庭前发现他们的案子被撤销，一人自杀。此后不久，政府悄悄地放弃了对其余五名被告的起诉。

然而，毕肖普的麻烦才刚刚开始。在审判期间，他的公民身份成为争论的话题。在不同的时候，他提供的出生地也是不同的，有时是马萨诸塞州的塞勒姆，有时是加利福尼亚，有时是瑞士，有时是奥地利的维也纳。在审判过程中，他最终承认自己在国外出生，1926 年作为非法偷渡者进入美国，这让他只要接受宽松得多的移民法的管辖。在毕肖普的官司因陪审团悬而未决而了结后，官员们立即签发了驱逐令。由于欧洲的战争，政府暂停了驱逐，毕肖普依然是自由的。

到了 1942 年 2 月，毕肖普又面临着另一个威胁。他现在被视为敌侨，因为当局宣布他的出生地为奥地利，但是这很不寻常，因为奥地利公民通常并不被视为敌侨。与其他数百名被指控为敌侨的人一起，他被遣送到埃利斯岛。

虽然毕肖普直言不讳地表示支持纳粹德国，但战略情报局的报告仍谨慎地指出，许多被关押在岛上的人并不是纳粹，一些人"仅仅因为这种无法忍受的纳粹氛围而处于精神崩溃的边缘"。这些不幸的人因为错误的指控而陷入了官僚主义的罗网之中。

其中一位是 49 岁的意大利歌剧演唱家埃齐奥·平扎（Ezio Pinza）。[1]

---

[1] 关于平扎案，见 *NYT*, March 13, 1942; Ezio Pinza, *An Autobiography* (New York: Rinehart, 1958), 202–228; Sarah Goodyear, "When Being Italian Was a Crime," *Village Voice*, April 11, 2000; "Statement of Doris L. Pinza," Subcommittee on the Constitution, Committee on the Judiciary, U.S. House of Representatives, October 26, 1999。

作为大都会歌剧院的首席男低音，平扎于 1942 年 3 月在他位于纽约郊区的家中被作为敌侨逮捕。他被捕的消息登上了《纽约时报》的头版。他将在埃利斯岛被拘留近三个月，他担心自己的职业生涯会就此结束。

联邦调查局曾与一些愿意兜售有关平扎的色情故事的线人进行过交谈，其中包括一名歌剧演员同事和平扎的前女友，前者对他心怀憎恨，后者怨恨他最近娶了另一个女人。针对他的指控基于以下几点：他有一枚上面有纳粹十字标志的戒指；他有一艘船，从那里向欧洲传播秘密无线电信息；他是墨索里尼的朋友，甚至以这位独裁者的名字作为自己的绰号；他在大都会歌剧院演出时发送了密码信息；1935 年，他为意大利政府组织了一次募捐活动。只有最后一项指控是有价值的。平扎和其他在大都会歌剧院工作的意大利人为意大利捐款，但这不是出于对法西斯的同情，而是出于对祖国的热爱。这次募捐发生在意大利入侵埃塞俄比亚之后，和大多数意大利人一样，平扎当时也支持入侵埃塞俄比亚。

356

多亏了一位优秀的律师和他妻子的顽强坚持，平扎才得以证明自己的清白。他甚至得到了纽约市市长菲奥雷洛·拉·瓜迪亚的帮助，因为平扎的岳父是他的牙医。他最终于 6 月从埃利斯岛获得假释，每周必须向当地的医生报告，这位医生是他的担保人。在 1942 年的哥伦布日，也就是平扎获释几个月后，罗斯福政府取消了生活在美国的意大利人的敌侨称号，但直到 1944 年，平扎才被无条件释放。

具有讽刺意味的是，在他获释三年后，平扎被邀请在洛杉矶体育馆为乔治·巴顿将军举行的欢迎回家的庆祝活动上演唱了《星条旗永不落》。1950 年，平扎因其在百老汇音乐剧《南太平洋》中所扮演的角色而获得托尼奖。然而，他从未完全从战时监禁的创伤中走出来。他的遗孀多丽丝指控说，监禁使他的心脏状况恶化，并加速了他在

1957 年 64 岁时的早逝。

　　平扎的故事只是成千上万的故事之一。到 1942 年 9 月，大约 6 800 名有德国、日本和意大利血统的外国人被司法部逮捕。在这些人中，有一半很快被释放或假释，就像平扎一样。① 另外一半则仍被拘留，其中包括纽珀特（Neupert）一家。1942 年夏天，艾玛·纽珀特（Emma Neupert）被作为敌侨带到了埃利斯岛。她的丈夫乔治是美国入籍公民，她 9 岁的女儿罗丝·玛丽（Rose Marie）出生时就是美国公民。12 月，罗丝·玛丽被带到埃利斯岛与母亲团聚。几个月后，乔治的公民身份被撤销，他也和妻子、孩子一起被拘留了。

　　根据罗丝·玛丽的回忆，被拘留者大部分时间都待在主楼的移民大厅里，到了 1942 年，那里已经"年久失修，到处都是灰尘"。更糟糕的是，"每次有东西被移动，蟑螂就会跑来跑去"。食物"几乎让人无法下咽"。晚上，她和八个女人、两个孩子挤在一间狭小的宿舍里。白天，女性被拘留者用针织和缝纫来打发时间。

　　大多数被拘留者将从埃利斯岛转移到全国各地的其他拘留营。② 许多人的配偶和孩子也会加入进来，其中一些是像罗丝·玛丽这样的美国公民，他们自愿与家人一起被拘留。纽珀特一家被送到得克萨斯州克里斯特尔的一个拘留营。包括威廉·杰拉尔德·毕肖普在内的其他被拘留者被送到北达科他州俾斯麦的林肯堡。

357

　　1945 年夏天战争的结束本应意味着剩余的敌侨被释放。然而，这是不可能的。1945 年 7 月，哈里·杜鲁门总统发布了第 2655 号总统公告，命令将所有目前被拘留并被发现"对美国公共和平与安全构成威胁"

① 　Rose Marie Neupert, "The Neupert Family Story," http://www.gaic.info/real_neupert.html.
② 　*NYT*, September 23, 1942. 关于这些拘留营的更多信息，见 Mangione, *An Ethnic At Large*, 319–352。

的敌侨驱逐出境。这些所谓的敌侨中大多数人对驱逐令提出了异议。

到了 1946 年 3 月，埃利斯岛上再次挤满了敌侨，因为政府关闭了全国各地的其他拘留营，把剩下的被拘留者送回了纽约。在那里，他们等待案件的解决。[①] 红十字会和国务院的官员检查了埃利斯岛的设施，发现它们存在缺陷。旧的检查站无法无限期地容纳这么多人。在押人员情绪低落，前途不明，越来越多的人需要心理援助。

海琳·哈肯伯格（Helene Hackenberg）就是在这种压力下崩溃的人之一。[②]1926 年，她从德国来到美国，并在 1937 年与一位名叫鲁道夫（Rudolf）的移民同胞结婚。两人都被指控属于亲纳粹组织。鲁道夫于 1943 年 1 月被捕，海琳于同年 11 月被捕，两人都被带到埃利斯岛。从那里，他们被送到克里斯特尔的拘留营，然后在 1946 年初又被转回埃利斯岛。他们将在那里待上两年半，与驱逐令抗争。虽然那段时间不时会有一些假释，让他们处理个人事务，女性被拘留者可以去第五大道的商店购物，但海琳的抑郁加深了，她开始谈论自杀。

数百名敌侨被拘留在埃利斯岛，他们请求法院取消将他们遣返回饱受战争蹂躏的德国的驱逐令。[③] 几个月过去了，他们的案子在法庭上一拖再拖。1947 年初，在所有军事冲突停止将近一年半后，超过 300 人依然被拘留在埃利斯岛，其中就包括威廉·杰拉尔德·毕肖普。他在战后从北达科他州被转移回了纽约。对他们中的一些人来说，遣返意味着要回到被苏联占领的德国，如一对被拘留的夫妇担心的那样，

---

① Stephen Fox, *Fear Itself: Inside the FBI Roundup of German Americans During World War II* (New York: iUniverse, Inc., 2005) , 327–328.

② 关于哈肯伯格的故事，见 Fox, *Fear Itself*, 325–332。

③ *NYT*, January 3, 1947; 1947 年 7 月 23 日，罗茜娜（Rosina）和马克斯·拉普（Max Rapp）给参议员威廉·兰格的信，Folder 12, Box 214, WL.

他们会"被无限期地关押在集中营"。 358

富尔一家 1947 年从克里斯特尔来到埃利斯岛。[①]卡尔·富尔
（Carl Fuhr）和安娜·富尔（Anna Fuhr）在 20 世纪 20 年代带着儿子
朱利叶斯（Julius）和埃伯哈德（Eberhard）从德国来到美国。他们
在俄亥俄州的辛辛那提定居下来，在那里又生下第三个儿子格哈德
（Gerhard）。富尔一家从未成为美国公民。像许多未归化的德国人一
样，他们在 1940 年引起了联邦调查局的注意，线人（许多是匿名的）
指控卡尔是德美联盟和新德国之友（Friends of New Germany）的成
员，说他强烈批评美国、支持希特勒，说他曾经提过要让大儿子回到
德国"为希特勒而战"。

1942 年夏天之前，这家人一直都是自由的，但那时联邦调查局收
到了更多的报告。卡尔和安娜于 1942 年 8 月被捕，与他们最小的儿
子、美国出生的格哈德一起被送到得克萨斯州的一个拘留营。1943 年
3 月，朱利叶斯和埃伯哈德到拘留营和他们一起生活。

在被拘留期间，他们继续发表会加强政府拘留决心的言论。[②]朱
利叶斯和埃伯哈德告诉当局，他们将拒绝在美国军队服役。根据官员
们的说法，老富尔"有纳粹思想"，而朱利叶斯被发现是"一个彻头彻
尾的纳粹"。根据杜鲁门战后对被拘留德国人的命令，1946 年春，这
家人被命令遣返回德国。

然而，这家人改变了对美国的看法，决定反抗驱逐令。他们辩
称，在拘留期间的反美言论部分是由于他们对被拘留的愤怒。他们慢
慢发现自己更像是美国人，而不是德国人，所以想留在美国。回到饱

---

① 关于富尔一家，见 Fox, *Fear Itself*, 109-126。
② Fox, *Fear Itself*, 114, 122.

受战争蹂躏的德国的不确定性无疑也是这个家庭希望留在美国的原因之一。

1947 年，这家人被转移到了埃利斯岛，等待被遣返。埃伯哈德·富尔回忆说，这里"拥挤、肮脏、乏味"。尽管条件恶劣，富尔一家给当局留下了良好的印象。按照一份报告的说法，"这家人有了明显的改进"。到现在为止，欧洲的战争已经结束两年多了，但是包括富尔一家在内的 200 多人仍被关押。

北达科他州参议员威廉·兰格（William Langer）成为这些人的捍卫者，他说服司法部官员成立一个委员会，审理那些仍被困在埃利斯岛政治和法律僵局中的人的案件。1947 年整个夏天，兰格随委员会多次前往埃利斯岛，为每一个被拘留的德国人举行听证会。

兰格向国会提出一项法案，取消对 207 名德国在押人员的驱逐令，其中包括鲁道夫和海伦·哈肯伯格、乔治·纽珀特和富尔一家。① 该法案在国会被搁置，但在 1947 年夏末，富尔一家设法从埃利斯岛获释，返回辛辛那提重建他们的生活。但他们是例外。虽然兰格做出了很大的努力，但是到 1947 年秋，仍有大约 200 名德国敌侨被关押在埃利斯岛。

威廉·杰拉尔德·毕肖普不在兰格的名单之上。② 事实上，兰格已经在 1947 年 4 月提出了一项单独的法案，要求取消对毕肖普的驱逐。兰格不仅认为毕肖普在五年的拘留期间被剥夺了权利，而且还认为，如果把像毕肖普这样的敌侨送到"［欧洲］共产党控制的地区，

---

① Senate Bill 1749, July 26, 1947, 80th Congress, 1st Session; Fox, *Fear Itself*, 124－126; Eberhard E. Fuhr, "My Internment by the U.S. Government," http://www.gaic.info/real_fuhr.html.
② 1947 年 8 月威廉·兰格的宣誓声明，Folder 9, Box 214, WL；1947 年 4 月 10 日参议院第 1083 号法案，第 80 届国会第一次会议；*NYT*, September 11, 1947。

将使他们遭受清洗、奴役或清算，根据每天从欧洲收到的报告，共产党不喜欢的每一个人都难逃这样的命运"。兰格的努力失败了，毕肖普最终于1947年10月被驱逐回奥地利。

至于其余被拘留在埃利斯岛的德国人，1948年6月，最高法院驳回了他们要求被释放的请求。辩护律师认为，杜鲁门总统的公告已经失效，因为美国已经不再与德国交战。最高法院的多数人对这个问题不感兴趣，而是根据狭隘得多的理由对此案做出裁决，认为人身保护令请愿是无效的，因为它们是在华盛顿提出的，而被拘留者被关押在纽约。

到了1948年6月底，也就是战争结束三年后，仍有182名德国人被关押在埃利斯岛，其中包括9名"自愿被拘留者"，他们是自愿与被拘留的家人在一起的美国公民。[1]事实上，在埃利斯岛被拘留期间，有一对夫妇还怀上了一个孩子，他们是玛丽·齐默尔曼（Marie Zimmerman）和尤金·齐默尔曼（Eugen Zimmerman）。

360

在接下来的几周里，政府官员将努力处理这些不幸者的案件。[2]7月8日，57名被拘留者抗争失败，被送回德国。包括海琳和鲁道夫·哈肯伯格在内的少数人自愿前往阿根廷开始新生活，避免了被遣返回国。他们最终在1960年获得了重新进入美国的签证。大多数剩下的被拘留者从埃利斯岛被释放或假释，并被允许在美国重新开始生活，其中包括齐默尔曼一家和乔治·纽珀特，后者总算能够与妻子和女儿团聚了。到1948年8月，政府已经处理了所有被拘留在埃利斯岛的德国敌侨的案件，只有前美国陆军中士弗雷德里克·鲍尔（Frederick

[1] *Ahrens v. Clark*, 335 U.S. 188 (1948); *NYT*, July 7, 8, 1948; Fox, *Fear Itself*, 140.
[2] Fox, *Fear Itself*, 329–333; *NYT*, November 17, 1945. 关于德国被拘留者名单和他们的案件处理情况，见 Folder 1, Box 257, WL.

Bauer）是一个例外。他于 1945 年底被捕，并被指控为德国间谍。

尽管具体数字有所不同，但联邦调查局在战争期间逮捕了 30 000 多名德国、日本和意大利敌侨。① 大约三分之一的人曾被关押在拘留营一段时间，其中包括数千名被从拉丁美洲遣送到美国拘留的德国人和日本人。

到了 1948 年，德国敌侨已经成为一个过时的概念。上一场战争的敌人——德国人——正在变成新的盟友，而上一场战争的盟友——共产党人——则成了新的敌人。1948 年 6 月，埃利斯岛最后几名德国被拘留者发现，他们与格哈德·艾斯勒（Gerhard Eisler）、欧文·波塔什（Irving Potash）和约翰·威廉姆森（John Williamson）等人合住一室，这些人都是因为政治原因被拘留并下令驱逐出境的共产主义者。冷战开始了，但是国家安全和移民的交集将继续贯穿埃利斯岛。

1950 年秋，美国再次陷入战争，这次是在朝鲜半岛。国会通过了《国内安全法》（*Internal Security Act*）。在内华达州参议员帕特里克·麦卡伦（Patrick McCarran）的提议下，该法案将迫使美国的共产主义者和其他颠覆分子在联邦政府登记。

该法案还赋予政府更大的权力将外国人排除在美国之外。② 在现有的禁止无政府主义者和共产主义者的法律基础之上，新法律还将禁止所有那些不仅提倡极权主义，而且还加入任何以任何形式提倡极权主义的组织的人。

---

① 关于被拘留的敌侨人数，见 Krammer, *Undue Process*, 171。两个网站记录了二战期间被拘留德国人的经历：the German American Internee Coalition, http://www.gaic.info/index.html, and http://www.foitimes.com/。

② 关于 1950 年麦卡伦的《国内安全法》，见 Michael J. Ybarra, *Washington Gone Crazy: Senator Pat McCarran and the Great American Communist Hunt* (Hanover, NH: Steerforth Press, 2004), 509–534。

　　杜鲁门总统强烈反对这项法案。[1]9月22日，他对否决该法案的理由做出了长篇解释。他说，目前的法律已经足够严格，足以将可疑的颠覆分子和共产主义者拒之门外，因此没有必要改变外国人入境的规定。他还警告说，该法案将要求政府将来自西班牙等"友好的、非共产主义国家"的人拒之门外。众议院和参议院都拒绝听从杜鲁门的警告，以压倒性多数推翻了他的否决。

　　杜鲁门为他的否决被彻底推翻而感到尴尬，决定报复他的国会对手。[2]他一气之下宣布，如果国会需要这样一项法律，他的政府就会严格执行。司法部部长霍华德·麦格拉思（J. Howard McGrath）下令，《国内安全法》不仅适用于纳粹党、共产党或法西斯政党的成员，也适用于任何曾被迫加入这些组织的人，"不管他现在是否无害，是否反极权，是否亲美，也不管他是在什么情况下加入的"。战争结束五年后，德国人、奥地利人、意大利人以及其他可能曾经被迫加入纳粹或法西斯组织的欧洲人现在被禁止入境。

　　埃利斯岛再次成为攻击的目标。在第一批依据新法律被拘留在埃利斯岛的人中，有后来成为著名前卫音乐家的维也纳钢琴家弗里德里希·古尔达（Friedrich Gulda）。当时他20岁，是首次在纽约卡内基音乐厅登台，被捕的原因是在二战期间，十几岁时的他加入了纳粹青年团。

　　古尔达于10月6日午夜前不久抵达皇后区的艾德怀德机场，[3]在机

① "Text of President's Message Vetoing the Communist-Control Bill," *NYT*, September 23, 1950.

② W. L. White, "The Isle of Detention," *American Mercury*, May 1951.

③ *NYT*, October 9, 1950; *Time*, October 23, 1950; *Newsweek*, Oct. 23, 1950; A. H. Raskin, "New Role for Ellis Island," *NYTM*, November 12, 1950.

场被拘留和审讯后，在凌晨被带到埃利斯岛。当时还不清楚古尔达是否还能进入卡内基音乐厅。在埃利斯岛，他在一架旧钢琴上练习，直到施坦威父子公司获准送一架音乐会用的三角钢琴到岛上。在被拘留三天后，古尔达被释放，并得以在音乐会上表演。他被允许在美国待到月底，但他在音乐会结束后不久就离开了。

大都会歌剧院担心秋季演出的八名歌手将被禁止进入美国。其中一位是 25 岁的意大利女中音费多拉·巴比耶利（Fedora Barbieri），她将在威尔第的《唐卡洛》中首次亮相。她曾短暂被关押在埃利斯岛，因为她小时候曾在意大利的法西斯学校上过学。要知道，在 20 世纪 30 年代和 40 年代初，意大利的每一个学童都是在法西斯控制的学校上学。米兰斯卡拉歌剧院（La Scala）的指挥家维克托·德·萨巴塔（Victor de Sabata）也曾被短期扣留在埃利斯岛。就连伟大的指挥家阿尔图罗·托斯卡尼尼（Arturo Toscanini）也受到了审问，但他逃脱了拘留，被允许入境。

这项法律也影响到了最近与欧洲人结婚的普通美国人。[①] 生活在纽约的美国军人阿瑟·斯威伯格（Arthur Sweberg）不得不与他的新婚妻子分开生活七个月，因为他的新婚妻子是德国人，小时候曾是纳粹青年团的一员。1949 年 10 月，来自伊利诺伊州埃文斯顿的约瑟芬·马佐奥（Josephine Mazzeo）与一名意大利人结婚。根据新的法律，她的意大利丈夫不能进入这个国家，因为他在战争期间属于一个法西斯青年组织。

乔治·沃斯科维克（George Voskovec）目睹了这一切。[②] 这位 45

---

① 1951 年 3 月 22 日，阿瑟·斯威伯格致杜鲁门总统的信；1951 年 3 月 28 日，约瑟芬·马佐奥写给哈里·杜鲁门总统的信，Folder 2750-C Misc, Box 1717, HST。

② *New Yorker*, May 12, 1951; *NYT*, December 4, 1950.

岁的捷克剧作家和演员自 1950 年 5 月以来一直被关押在埃利斯岛，当时新法律尚未通过。沃斯科维克从 20 世纪 30 年代末一直生活在美国，直到二战结束，并娶了一个美国人。他曾是一名直言不讳的反纳粹分子，并在战争期间为战争情报局工作。1950 年 5 月回到美国申请公民身份时，他被拘留在埃利斯岛。沃斯科维克被允许合法离开共产主义的捷克斯洛伐克，这引起了美国当局对其政治倾向性的担心。还有其他数百名疑似颠覆分子和他一样被遣送到了埃利斯岛。

　　正如杜鲁门所预料的那样，对《国内安全法》的严格解释使得该法律看起来很愚蠢，但这是他愿意付出的代价，只要能让国会尴尬，至少使该法律更加严谨。① 这一招真管用。到了 1951 年 3 月底，国会修改了《国内安全法》，豁免了那些可能曾经是极权主义组织成员，但当时未满 16 岁，因此是"非自愿成员"的人，以及"为了获得就业、口粮或其他生活必需品"而加入该组织的人。

　　在国会修改《国内安全法》后不久，乔治·沃斯科维克在埃利斯岛的拘留就结束了。在埃利斯岛待了 10 个月零 17 天之后，他成了一个自由人。只有一个证人站出来指控他是共产主义者，但是有包括剧作家桑顿·怀尔德（Thornton Wilder）在内的一些捷克和美国名人为他做担保人。

363

　　在被释放后，沃斯科维克指出埃利斯岛的被拘留者中没有人受到虐待。② 然而，这并没有减轻他对于被监禁的沮丧情绪。在谈到自己当时的处境时，他告诉一名记者说，被拘留者"没有被告知他所犯罪行的细节，也没有被告知指控者的姓名，几周、几个月过去了，无人理

---

① *NYT*, March 22, 1951.

② *NYT*, April 3, 1951; *New Yorker*, May 12, 1951.

睬，仿佛他无足轻重"。他曾更加直言不讳地批判埃利斯岛："我想公开声明，这是一个令人恶心的地方——一个监狱。"

沃斯科维克后来将他在埃利斯岛的遭遇改编成了电视剧。[①]《我被指控》（*I Was Accused*）于 1955 年 11 月播出，同年他获得了美国公民身份。沃斯科维克的职业生涯后来把他带到了好莱坞，在那里他以在电影和电视中扮演特色配角为生，他最著名的角色是在经典电影《十二怒汉》中饰演一名承受巨大压力的陪审员。

当弗里德里希·古尔达在 1950 年 10 月被带到埃利斯岛时，他发现有将近 200 人被关押在那里，其中包括乔治·沃斯科维克和一位欧洲战争新娘。古尔达这里所说的很可能是艾伦·克瑙夫（Ellen Knauff），她已经第二次被拘留在埃利斯岛了。第一次被拘留是 1948 年 8 月她抵达纽约时。

艾伦于 1915 年出生在德国，原名艾伦·拉斐尔（Ellen Raphael）。20 世纪 30 年代，她搬到了布拉格，嫁给了一个名叫博克斯霍恩（Boxhorn）的捷克人。作为犹太人，艾伦在纳粹入侵后逃离了布拉格——也逃离了婚姻——前往英国，避免了她大部分家人在纳粹集中营里所遭遇的命运。战争期间，她在红十字会当护士，然后在皇家空军服役。战后，她回到了德国，在那里她找到了一份美国军方的文职工作，先是在民事审查司（Civil Censorship Division），后来在通讯兵团（Signal Corps）担任秘书。

1948 年 2 月，艾伦嫁给了库尔特·克瑙夫（Kurt Knauff）。克瑙夫是一名入籍美国公民，是一名光荣退役的老兵，为军事占领区做文职工作。战后，美国政府通过了《战争新娘法案》（*War Brides Act*），

---

① *NYT*, November 13, 1955.

允许美国军人带回国外出生的新娘，既不考虑对移民严格的身心要求，也不考虑国籍配额。

然而，当艾伦在 1948 年 8 月抵达纽约时，她并没有受到任何欢迎。[1] 相反，她被命令拘留在埃利斯岛，并且没有给出任何解释。当一位政府官员告诉她"我要把你送到会有人照顾你的地方"时，艾伦哭了起来。她在大屠杀中失去了家人，拘留命令让她担心自己也会被送往某种集中营。没有任何听证会，也没有被告知对她的指控。就这样，她被困在埃利斯岛，没有方法证明自己的清白并进入美国。

政府对艾伦的指控如下：当她受雇于美国驻德军队的民事审查司时，她曾经向捷克特工提供了秘密情报，包括她的部门正在监听的电话谈话的副本。[2] 她还被指控警告法兰克福的捷克联络处负责人不要使用电话，因为这些电话被美国人监听。她还被指控向捷克特工讲述了美国情报部门使用的解码机器的类型。

这一切都发生在 1948 年捷克斯洛伐克共产党发动政变之前，所以指控并非意指艾伦是共产党人。虽然后来有目击者证实，他们看到艾伦进入了位于法兰克福的共产党总部。对艾伦的指控主要来自一名未透露姓名的"前捷克高官"，他叛逃后正在协助美国军方。另外两名捷克人也提供了对克瑙夫不利的证词。

虽然美国人仍然沉浸在战争胜利的喜悦之中，但面对国内的国家安全威胁，他们却越来越感到不安和脆弱。在众议院非美活动调查委员会（House Un-American Activities Committee，简称 HUAC）面前，阿尔杰·希斯（Alger Hiss）不实地否认了他曾经是共产主义间谍，而九

---

[1] Ellen Raphael Knauff, *The Ellen Knauff Story* (New York: W.W. Norton, 1952), 8.

[2] 在总统 1950 年 7 月 14 日收到的司法部部长霍华德·麦格拉思发来的备忘录中，有对此案的概述，Justice Department Folder, Box 22, HST。

天之后，艾伦·克瑙夫就被下令拘留。

艾伦两年多后才能听到这些细节，因为这些信息是保密的，以保护机密情报来源。[1] 在她的律师提交人身保护请愿书期间，她还将在埃利斯岛被拘留九个月。在写给仍在德国工作的丈夫的信中，艾伦谈到了她"对埃利斯岛式的美国自由极度失望"。她称埃利斯岛为"有蒸汽和自来水的集中营"，说那里的食物"只适合喂猪——如果你不在乎你的猪吃什么的话"。虽然有满腔怒火，艾伦却对在埃利斯岛工作的男男女女赞不绝口。

365　　　最终，她的案子到了最高法院。在审理此案期间，法院允许艾伦保释出狱。最高法院于 1950 年 1 月做出裁决，以四比三的投票结果拒绝了艾伦的请求。有两名法官没有参与此案的判决，其中包括新任命的汤姆·克拉克（Tom Clark）法官，他曾任司法部部长，严格来说是 1948 年下令拘留艾伦的人。

法院依据的是长期以来赋予行政部门在对待外国人方面巨大自由的"充分权力原则"（plenary power doctrine）。[2] 法院以熟悉的语言重申："寻求进入我国的外国人不得根据任何权利要求这样做。允许外国人进入美国是拥有主权的美国政府授予的一项特权。"

1945 年的《战争新娘法案》可能取代了移民法的某些方面，但它并没有凌驾于国家安全考虑之上。虽然充分权力原则在法律上已经是老生常谈，但最高法院还概述了近期鲜为人知的总统公告和法规的历

---

① Knauff, *The Ellen Knauff Story*, 29.

② *Knauff v. Shaughnessy*, 338 U.S. 537 (1950); David Cole, *Enemy Aliens: Double Standards and Constitutional Freedoms in the War on Terrorism* (New York: New Press, 2003), 136–137; Charles D. Weisselberg, "The Exclusion and Detention of Aliens: Lessons from the Lives of Ellen Knauff and Ignatz Mezei," *University of Pennsylvania Law Review* 143, no. 4 (April 1995).

史。正是这些公告和法规导致了艾伦被排除在外。书面记录始于 1941 年 5 月罗斯福总统为了应对欧洲战争带来的威胁而宣布"国家进入无限期紧急状态",虽然在严格意义上美国仍然是旁观者。

国会随后允许总统在国家紧急状态期间对进入美国的人施加额外限制。1941 年 11 月,美国总统颁布了第 2533 号总统公告,规定任何"有损美国利益"的外国人不得进入美国。随后,司法部出台了一项规定,如果证据是机密的,司法部部长可以拒绝为被拒绝入境的外国人举行听证会。

曾在纽伦堡审判期间担任首席检察官的罗伯特·杰克逊(Robert Jackson)大法官发表了反对意见。他称未经听证就将艾伦拒之门外是"唐突和残忍的"。他写道,法院基本上是告诉库尔特·克瑙夫,一名美国公民和退伍军人,"他不能把妻子带到美国,但他不会被告知原因"。要想在自己的国家生活,他必须离弃自己的新娘;要想和自己的新娘在一起,他必须离弃自己的国家。

虽然多数人的决定在很大程度上遵循了移民法的先例,但它表明,罗斯福政府在战时和战前都扩大了行政权力。拒绝对艾伦和其他外国人举行听证会的权力是基于罗斯福在 1941 年宣布的国家无限期紧急状态,但是似乎没有人对这一怪事发表评论。政府是否在暗示这一紧急状态在九年后的和平时期仍然有效?

在最高法院败诉后,艾伦·克瑙夫返回埃利斯岛,等待被驱逐出境。①1950 年春天,法院两次对她暂缓驱逐。在第二次,杰克逊法官在她返回德国的航班从伊德怀尔德机场起飞前 20 分钟发出了暂缓驱逐的命令。然而,暂缓驱逐并不意味着自由,艾伦还是被送回埃利斯岛拘留。

366

---

① *NYT*, May 18, 1950.

　　与此同时，她的案子引起了公众的极大兴趣，她并非走投无路。[①]
作为一名30多岁的年轻女子，她是一个令人信服且讨人喜欢的受害
者。毕竟，艾伦是一名美国大兵的战时新娘，一名在大屠杀中失去了
家人的女性，还是一名在被占领的德国为美军工作的平民。《圣路易斯
邮报》(St. Louis Post-Dispatch) 等报纸对她的案子进行了报道。

　　她的案子也引起了国会的注意。参议员兰格和众议员弗朗西
斯·沃尔特 (Francis Walter) 也为她的案子而奔走，前者曾为捍卫德
国敌侨的权利而战，后者是一名反共产主义的民主党人士，后来担任
众议院非美活动调查委员会的主席。两人都向国会提出了释放艾伦的
议案。

　　1950年春天，艾伦被邀请到华盛顿，在调查她的案件的国会委员
会面前作证。[②]她后来写道："那一整天就像一个真正的美国童话。埃
利斯岛的一名囚犯在一个晴朗的早晨醒来，准备飞往华盛顿特区，接
受国会一个小组委员会的听证，以使真相得到证实。"司法部被邀请
提交针对她的证据，但他们拒绝合作，理由是这会危及机密消息来源。
虽然受到了国会贵宾的待遇，但一天结束时，艾伦坐上了飞机，又被
送回了埃利斯岛的拘留所。听证会结束后，众议院一致通过了一项允
许她留在美国的法案，虽然一项类似的法案在参议院被搁置。

　　哈里·杜鲁门家乡报纸上的媒体关注使艾伦的案子引起了总
统的注意。[③]1950年6月中旬，《圣路易斯邮报》的爱德华·哈里斯

① *Time*, April 17, 1950.
② Knauff, The Ellen Knauff Story, 138.
③ 1950年6月15日，爱德华·哈里斯写给查尔斯·罗斯 (Charles Rose) 的备忘录；1950年6月17日，哈里·杜鲁门写给史蒂夫·斯宾加恩的备忘录，Justice Department Folder, Box 22, HST。

（Edward Harris）向杜鲁门争辩说，艾伦是唯一一个受到这种待遇的战
时新娘，"鉴于她本人在战争期间的服务和她丈夫英勇的战斗经历"，
她至少有资格接受听证。哈里斯正确地指出，总统或司法部部长有
权改变规定，使每个外国人都有权接受听证，除非是在"实际战争"
期间。几天后，杜鲁门亲自要求他的助手史蒂夫·斯宾加恩（Steve
Spingarn）了解一下艾伦的案子，"看看有没有办法解决这个问题"。

367

司法部迟迟没有提供有关艾伦的文件，但最终还是妥协了。[①] 1950 年 9
月，斯宾加恩向司法部副部长详述了他的发现。他对针对艾伦的指控
不以为然。他写道："虽然这些指控很严重，但在我看来却微不足道。
事实上，这一切都可以归结为：一份陆军情报报告中的几段话，在移
民局和联邦调查局的报告中被重复了好几次。"他建议司法部为艾伦举
行一场不公开的听证会，这样她就可以对指控做出回应，同时也会保
留情报来源的机密性。

然而，司法部忽视了斯宾加恩的建议，而忙于朝鲜战争的杜鲁
门似乎不愿干预。[②] 司法部不但无视了国会要求释放她的呼吁，反而
继续推动对她的驱逐。纽约地区移民局局长爱德华·肖内西（Edward
Shaughnessy）总结了禁止艾伦入境的理由。他说，司法部部长"认定
她不是这个国家想要的那种人，仅此而已。让她留在这里被认为有损
于国家的最大利益"。可以理解，艾伦不想回到战后的德国。她告诉她
的律师："我已经做好在埃利斯岛待到世界末日的准备。"

1951 年 1 月，艾伦第二次被拘留在埃利斯岛将近一年后，库尔

① 1950 年 8 月 2 日，史蒂夫·斯宾加恩发给副司法部部长佩顿·福特（Peyton Ford）的
备忘录；1950 年 9 月 25 日，史蒂夫·斯宾加恩发给副司法部部长佩顿·福特的备忘录，
Justice Department Folder, Box 22, HST。
② NYT, February 28, 1950; Knauff, *The Ellen Knauff Story*, 81.

特·克瑙夫从他在德国的工作中休假，来到了纽约。在那里，他在美国一个军事基地担任后勤主管助理。司法部批准了艾伦的临时假释，由她丈夫监护，她再次获得了自由，但她的麻烦远未结束。

368　　1951 年 3 月，在艾伦第一次被拘留在埃利斯岛两年半以后，她第一次在移民官员面前接受听证。政府没有义务举行这样的听证会，但公众的关注迫使它这样做。艾伦终于看到了那些对她不利的证据。她坚决否认所有指控，称自己从未泄露机密，前往捷克使馆只是为了给护照延期。

委员会成员只花了一个小时就审议了这个案子。[1] 艾伦被禁止进入美国，因为她的存在被认为"会危害国家安全"。艾伦的假释被撤销，她再次被送往埃利斯岛等待向华盛顿上诉的结果。如果上诉失败，她将再次面临被驱逐出境的命运。

1951 年 8 月底，一个移民上诉委员会做出了裁决，以二比一的投票推翻了将艾伦驱逐出境的决定，建议允许她进入美国。[2] 大多数人的结论是"没有指控说她过去或者现在是共产主义者，她的背景中没有丝毫传统的党的路线思想或马克思主义哲学的痕迹"。事实上，他们认为艾伦的政治主张是保守的。她是丘吉尔的支持者，英国社会党的反对者，她认为苏联和纳粹德国一样邪恶。委员会中持不同意见的成员继续辩称，对艾伦不利的证词足以将她排除在美国之外。

现在艾伦的命运掌握在司法部部长麦格拉思手中。他对这个案子很熟悉，以前也没有表现出要接纳艾伦的意思。但是在 1951 年 11 月，麦格拉思下令允许艾伦进入美国，目前还不清楚他为什么会改变主意。

---

[1]　*NYT*, March 27, 1951.

[2]　美国司法部移民上诉委员会，File A−6937471, reprinted in Knauff, *The Ellen Knauff Story*。

麦格拉思于 2 日下午 6 时宣布了这一决定。[①]15 分钟后，埃利斯岛的电话响了，传来了好消息。艾伦迅速收拾好行李，赶上了 7 点 30 分去曼哈顿的渡船。媒体在曼哈顿码头等着她，拍下了她站在渡轮上兴高采烈、笑容满面的照片。她告诉记者，首先，她想打电话告诉丈夫这个好消息；然后，"我想吃一顿龙虾晚餐"。库尔特和艾伦分开的时间比在一起的时间还要长，现在他们必须决定是在纽约安家，还是在库尔特留在德国为军队工作期间，艾伦去和他团聚。

艾伦一共在埃利斯岛被监禁了近 27 个月，为自己成为美国人的权利而斗争。在此期间，她写了一本介绍这段经历的书，并在她获释几个月后出版。虽然书中没有多少新信息，但它帮助巩固了公众对她的印象，即她是一个执迷于安全的国家的受害者。

369

然而，艾伦受到了严重的指控。[②]虽然她坚决否认了这些指控，也没人提供进一步的证据来证实对她的指控，但仍然不清楚为什么三名捷克难民会故意撒谎坑害她。艾伦推测，这些难民是为了争取美国公民身份才这样做的。她还认为，有关她涉嫌从事间谍活动的谣言是由她丈夫的一位旧情人在德国散布的。据报道，这位旧情人出于嫉妒，说她会尽最大努力毁掉艾伦来美国的计划。

虽然她最终赢得了与美国政府的斗争，但这一胜利是以她的婚姻为代价的，这场婚姻未能延续到 20 世纪 50 年代。[③]艾伦被关在埃利斯岛期间，库尔特在德国工作，他们婚姻的前三年半很难说是蜜月。艾

---

①　*NYT*, November 3, 1951.

②　*NYT*, July 3, 1953; Knauff, *The Ellen Knauff Story*, 54.

③　Anthony Lewis, "Security and Liberty: Preserving the Values of Freedom," in Richard C. Leone and Greg Anrig Jr., *The War on Our Freedoms: Civil Liberties in an Age of Terrorism* (New York: Public Affairs, 2003), 72.

伦离婚后又结婚了。她和新婚丈夫威廉·哈特利（William Hartley）共
同写了许多儿童书籍。艾伦·拉斐尔·博克斯霍恩·克璐夫·哈特利
在美国过着平静的生活，直到 1980 年在佛罗里达去世。

　　艾伦的困境引起了全国的关注。但她的案件也使人们注意到一个
事实，即个人可能在没有正式听证、也不知道对他们不利的证据的情
况下被拘留并驱逐出境。

　　艾伦的案子引起了广泛的同情，但这并不意味着这个国家的反共
努力会有任何松懈。[①] 埃利斯岛将继续作为对疑似共产主义者和其他政
治激进分子的拘留中心而运作。被拘留者中有一位特立尼达中年作家，
名叫西里尔·莱昂内尔·罗伯特·詹姆斯（Cyril Lionel Robert James）。
他于 1952 年 6 月被捕并被带到埃利斯岛，一个原因是他的政治立场，
另一个原因是政府声称他曾在 20 世纪 30 年代非法进入美国。移民当
局花了数年时间试图弄清他的移民身份和政治倾向。此时，他正在埃
利斯岛等待被驱逐出境。

　　艾玛·戈德曼和艾伦·克璐夫都曾利用被关押在埃利斯岛的时间
记录自己的困境，詹姆斯也追随了这两位作家的脚步，把自己在关押
时期的时间花在了写作上。他写作的主题竟然是赫尔曼·梅尔维尔的
《白鲸记》。詹姆斯在埃利斯岛的经历深刻地影响了他对梅尔维尔这部
经典作品的解读。他会坐在书桌前写作，有时一天写 12 个小时。与此
同时，由于禁闭的压力，他的胃溃疡变得更加严重。刚被拘留了几个

370

---

① For the story of C. L. R. James and his detention at Ellis Island, see C. L. R. James,
Mariners, Renegades, and Castaways: The Story of Herman Melville and the World We Live In,
reprint (London: Allison & Busby, 1985), 132-173; Emily Eakin, "Embracing the Wisdom of a
Castaway," *NYT*, August 4, 2001; Farrukh Dhondy, *C. L. R. James: A Life* (New York: Pantheon,
2001), 107-111.

星期，詹姆斯就病得只能进食牛奶、煮蛋黄、软面包和黄油了。然后，他被送往位于斯塔顿岛的美国海军医院（为了节省成本，埃利斯岛的医院最近关闭了），在这里，他将在 24 小时监护下休养。

在作品的最后一章，詹姆斯写下了他所谓的"一个自然但必要的结论"。这部分上是关于他在埃利斯岛被拘留的经历，但更重要的是詹姆斯试图说服政府，他不是一个危险的颠覆分子，应该被允许留在这个国家。詹姆斯实际上不是共产主义者，而是托洛茨基主义者，是斯大林和苏联的严厉批评者。他写道："我谴责俄罗斯是历史上最野蛮的国家。"当他到达埃利斯岛时，被安排与五名共产主义者共处一室。由于过去对斯大林和苏联的批评，詹姆斯担心身处这些人中间会有生命危险，他"知道这些人凶残的过去，不仅是对公开的、终生的敌人如此，对彼此也如此"。

美国政府并没有兴趣去分析马克思主义者之间的内讧，去区分托洛茨基主义者和斯大林主义者。对美国政府来说，詹姆斯是资本主义制度的马克思主义批评家，著有《世界革命 1917—1936：共产主义国际的兴衰》（*World Revolution 1917–1936: The Rise and Fall of the Communist International*）和《黑人起义史》（*A History of Negro Revolt*）。20 世纪 50 年代美国发生的革命足以把他驱逐出去。

虽然詹姆斯极力宣扬自己的反苏和反斯大林观点，希望能被允许留在这个国家，但他批评起政府官员时也毫不留情。他写道："因此，特别是在埃利斯岛，他们肆无忌惮地专横、任性和野蛮，除了用手中最方便的方法达到某一特定目的之外，完全没有任何原则。"然而，对于他的看守，他却只有好话。他写道："他们是身处困境的一群人，但他们仍然坚持了下来，不是作为个体，而是作为一群充满仁慈的人。"虽然政府继续称像他这样的人为被拘留者，詹姆斯却认为"更多是我帮助他们欺骗美国人民，这实在是一种嘲弄"。他和埃利斯岛的其他人完全就是囚犯。

在被拘留四个月后，詹姆斯于 1952 年 10 月获得保释。次年，他出版了《水手、叛逆者和流浪者：关于赫尔曼·梅尔维尔和我们生活的世界》(*Mariners, Renegades, and Castaways: The Story of Herman Melville and the World We Live In*)。虽然拥有只有托洛茨基派才能拥有的强烈的反共情绪，詹姆斯最终还是在 1953 年被驱逐到了英国。在那里，他以评论板球运动为生。他还往返于他的祖国特立尼达，在那里参与了当地的政治活动。詹姆斯在 20 世纪 70 年代多次回到美国，当时埃利斯岛已成为一个模糊的记忆，而冷战对因为卷入越战而疲惫不堪的美国人来说越来越尴尬。

詹姆斯于 1989 年默默无闻地去世。死后，詹姆斯的声誉逐渐上升，成为 20 世纪黑人社会批评家的领军人物之一。在他死后，《水手、叛逆者和流浪者》被再版并引起学术界及其他领域的关注。埃利斯岛造就了无数经过那里的人真实生活的传奇，这些传奇中有欢乐，也有悲伤。很少有人能想到，它还激发了一部重要的文学批评作品。

至少詹姆斯有一个祖国，可以被驱逐到那里去。对于 52 岁的家具工伊格纳茨·麦哲（Ignatz Mezei）来说，情况就不同了。1950 年 2 月，麦哲从欧洲返回美国之后，被拘留在埃利斯岛，这个他生活了超过 25 年、视之为家的国家拒绝重新接纳他。和艾伦一样，麦哲也被拒绝举行听证会，因为对他的指控是基于机密信息。

麦哲不是随便移民到美国的。[1] 他已经在布法罗定居了 25 年，

---

[1] 关于麦哲案，见 Cole, *Enemy Aliens*, 138–139; Weisselberg, "The Exclusion and Detention of Aliens"; Richard A. Serrano, "Detained, Without Details," *Los Angeles Times*, December 21, 2005。

1948 年回到欧洲，去罗马尼亚看望临终的母亲。然而，他被拘留在匈牙利，再也没能见到母亲一面。在匈牙利，他的同居伴侣茱莉亚·霍瓦特（Julia Horvath）从美国赶来，两人正式结婚。1950 年，他们回到了美国。茱莉亚被允许返回布法罗，而麦哲则被拘留在埃利斯岛，并被下令驱逐。他被拒绝举行听证会，也不被允许看到针对他的具体指控。最基本的指控是，他在美国居住时曾加入一个共产主义性质的团体。

他被下令驱逐出境，但是驱逐到哪里去呢？正如法院后来宣称的那样，"麦哲的历史有些模糊不清"。他于 1923 年非法抵达美国，在一艘船上担任海员。他于 1897 年出生在直布罗陀海峡附近的一艘船上，但在匈牙利和罗马尼亚长大。在美国的 25 年里，麦哲从未成为入籍公民。所有这些都让他的实际国籍变得很不确定。

美国官员在决定把麦哲送到哪里时面临两难的选择。要把他驱逐到法国时，法国拒绝了他。要把他驱逐到英国时，也发生了同样的事情。美国国务院随后要求匈牙利政府收留他，但遭到拒绝。麦哲写信给 12 个拉丁美洲国家，请求被接纳，但没有一个国家愿意接收他。他就这样被困在埃利斯岛，成了一个没有国家的人。

后来，麦哲提出人身保护请愿。[①] 最终，他的案子到了最高法院。随着司法程序的展开，在埃利斯岛被监禁近两年后，麦哲于 1952 年 5 月被保释。他回到布法罗，在法庭审理他的案子期间，他试图以做家具为生。

1953 年 3 月，最高法院做出裁决。在一项在很大程度上依据艾伦案判例的裁决中，法院以五比四的结果宣布，不经听证就将麦哲拒之门外，并随后将其拘留在埃利斯岛，这并没有违背宪法。法院与司法

372

---

① *Shaughnessy v. Mezei*, 345 U.S. 206 (1953).

部一致认为，麦哲实际上并没有被关押在埃利斯岛，因为他可以随时自由离开，前往任何愿意接收他的国家。大法官汤姆·克拉克（Tom Clark）写道："简而言之，被告之所以会待在埃利斯岛，是因为这个国家把他拒之门外，而其他国家又不愿接纳他。"

最高法院再次重申了充分权力原则，即"驱逐或排斥外国人的权力"是"政府行政部门行使的一项基本主权，基本上不受司法控制"。虽然麦哲以前生活在美国，目前也身处美国的土地，但是法院承认法律上的虚构，即他还没有正式和合法地"进入"美国，因此没有资格得到如正当程序这样的宪法保护。克拉克大法官写道："无论是被告在埃利斯岛的滞留，还是他之前在这里的居住，都不能改变本案作为禁止入境诉讼的性质。"

大法官雨果·布莱克（Hugo Black）持不同意见，他抱怨说，麦哲因为"司法部部长不可复审的司法裁量权"被拒之门外，他指出这样的权力更有可能出现在苏联和纳粹德国这样的极权主义国家。就像在艾伦案中一样，杰克逊大法官对本案也持不同意见，他质问道："被告没有入境的权利，这是否意味着他没有任何权利呢？排除在外的权力是否意味着这种排除可以以当局认为适当的任何方式继续或实施呢？"如果是这样，还有什么能阻止政府把麦哲"扔进海里，或者把他扔进小船，让他在海上漂流呢？"

1953年4月，败诉的麦哲回到了埃利斯岛。① 他唯一的希望是国会能够做出有利于他的裁决。他带着衣服、工具和一袋苹果来到渡口，他说："我觉得自己好像在走向死亡。"他仍然坚决否认自己是共产主义者。他说："如果我是共产主义者，我会留在匈牙利，在那里共产主

① *NYT*, April 23, 1953.

义者可以从事很多工作。"可以理解，无限期拘留的前景给他带来了很大的压力。他抱怨说："在埃利斯岛上，你什么都不能做，百无聊赖，你会发疯的。"

与艾伦不同，麦哲并没有从公众、媒体或国会那里获得太多的同情。艾伦曾经目睹家人在大屠杀中死去，曾经在二战期间在英国军队服役，战后曾经为美国军队工作，并且还嫁给了一名美国大兵。而麦哲则是非法来到美国，在这个国家生活了 25 年也没有成为公民，还在可疑的情况下在匈牙利与美国公民茱莉亚·霍瓦特结婚，而这很可能是为了方便他进入美国。杰克逊大法官的一位书记员、后来成为最高法院首席大法官的威廉·伦奎斯特（William Rehnquist）写道："我发现很难为他的命运而哭泣。"

虽然公众对麦哲没有太多的同情，但到了 1954 年夏天，美国发生了很大的变化。新任总统、共和党的战争英雄德怀特·艾森豪威尔成功地结束了朝鲜半岛不受欢迎的僵局。虽然这位新总统对参议员约瑟夫·麦卡锡（Joseph McCarthy）的公开评论一直很谨慎，但很明显，艾森豪威尔想要缓和一下过去几年国内的反共情绪。他的新任司法部部长赫伯特·布朗内尔（Herbert Brownell）将为司法部定下新的基调。1954 年 2 月，在麦哲最初被拘留近四年后，他将接受他的第一次听证会。

不同寻常的是，布朗内尔成立了一个三人委员会来审理麦哲的案件。这个委员会不是由移民官员组成的，而是由外部律师组成，其中包括哥伦比亚大学和纽约大学的法学教授。

政府对麦哲的指控很有力。[①] 对艾伦不利的证据并不充分，她不

374

---

① Weisselberg, "The Exclusion and Detention of Aliens," 975–978. 多年以后，麦哲的继女还记得他是如何召集他的继子女在选举日分发共产主义传单的。Richard A. Serrano, "Detained, Without Details," *Los Angeles Times*, December 21, 2005。

能直接与任何间谍活动联系在一起。而麦哲曾是匈牙利工人生病福利
和教育协会（Hungarian Workers' Sick Benefit and Education Society）的
成员，该协会后来与国际工人兄弟会（International Workers Order）合
并，而后者被认为是一个共产主义组织。麦哲承认自己是当地分会的
负责人，但否认自己是共产主义者。

对麦哲来说，不幸的是政府有很多证人反驳他的说法。两名前共
产党人作证说，他们曾在共产党会议上见过麦哲。其中一人在听证会
上说，麦哲曾亲自招募他入党。另外三名证人告诉官员，他们曾经听
到麦哲发表支持共产主义的声明。除了政治问题，麦哲还被判犯有轻
微盗窃罪，并在布法罗被罚款 10 美元。虽然这是一项相当轻微的罪
行，与他拥有几袋偷来的面粉有关，但这确实意味着根据道德败坏条
款可以将他拒之门外。

艾伦能言善辩，为自己做了很好的辩护，但麦哲却并非如此。[①]
据一位同情他的人说："他的证词前后矛盾，他似乎很难理解和回答许
多问题。他的一些说法缺乏可信度。"此外，他还多次在政府表格上谎
报出生地。

1954 年 4 月，委员会一致投票将麦哲作为安全威胁拒之门外，这
并不令人吃惊。他上诉到华盛顿，但一个移民上诉委员会在 8 月维持
了将他拒之门外的决定。然而，仅仅两天后，政府就改变了态度，宣
布将他假释。

虽然三人委员会裁决要将麦哲拒之门外，但他们私下向司法部部
长布朗内尔建议，由于麦哲在共产党中发挥的作用微不足道，他应该
利用自己的权力释放麦哲。[②]这正是后来布朗内尔所做的。麦哲回到布

---

① Weisselberg, "The Exclusion and Detention of Aliens," 979.

② Weisselberg, "The Exclusion and Detention of Aliens," 983-984.

法罗的妻子和继子女身边，在那里过着低调的生活，直到 1969 年妻子去世。那一年，他卖掉了自己的房子，神秘地搬回了共产主义的匈牙利，一直生活在那里，直到 1976 年去世。

在麦哲获释的同时，参议员约瑟夫·麦卡锡的职业生涯也在迅速瓦解，这要归因于他在 1954 年春对美国军队中所谓共产主义分子的不明智调查所造成的公开羞辱。就在麦哲被从埃利斯岛释放时，针对麦卡锡的谴责程序也即将进入参议院的讨论阶段。反共运动还没有结束，但它粗糙的边缘正在被打磨。艾森豪威尔政府不需要美化其反共的诚意，因此可以缓和政府的反激进运动。

到 1954 年，埃利斯岛的名声因其与冷战时期关押敌侨的不幸联系而被玷污，这越来越成为一个公共关系问题。① 它被称为集中营，而美国作为自由世界反对共产主义暴政的领导者角色，使自己的拘留政策站不住脚。《纽约时报》写道："与极权主义者和暴君不同，我们美国人痛恨依据行政官员的命令而进行的监禁。"

在这种政治环境之下，艾森豪威尔政府开始考虑永久关闭埃利斯岛。在表面上，此举被说成是一项节省成本的措施。联邦政府可以把移民办公室搬到曼哈顿，这样就不用再维护这 27 英亩土地上的许多建筑了。但毫无疑问，公众对艾伦和麦哲案件的关注决定了埃利斯岛的命运。

1954 年退伍军人节那天，司法部部长布朗内尔在纽约市举行的两场大规模入籍仪式上发表了讲话。② 他利用这个机会公布了一项关于移民拘留的新政策。那些在是否获准进入美国方面有疑问的人，在案件

① *NYT*, December 6, 1954.

② *NYT*, November 12, 13, 1954.

被审理期间将不再被拘留。只有那些被认为"有可能潜逃"或其自由"会对国家安全或公共安全不利"的人才会被拘留。其他人将在有条件的假释或保释下被释放，直到他们的案子被结案。据他估计，在过去一年中，当局临时拘留了大约 3.8 万人，其中只有 1 600 人被禁止进入美国。在行政管理、公民自由和公共关系方面，拘留如此多的人已经成为噩梦。

作为这项新政策的一部分，布朗内尔宣布关闭由政府管理的六所拘留设施，包括埃利斯岛。如果关闭它并将其办公室搬到曼哈顿，华盛顿每年将节省近 100 万美元。埃利斯岛不再需要检查和处理成千上万的新移民，也不再是拘留所。

布朗内尔演讲后几天，埃利斯岛就悄悄地关闭了大门。从那时起，那些幸运地获准入境的人，在填补了配额并证明他们不是颠覆分子之后，将不再关心纽约港的这个小岛。在受到记者、政客、传教士和移民援助组织长达几十年的关注后，埃利斯岛逐渐淡出了美国人的视野。由于只有 5% 的美国人是在国外出生的，埃利斯岛的全盛时期结束了，那里的检查程序、医疗和心理测试、特别调查委员会和匆忙的婚礼，含泪的家庭团聚，还有因为驱逐而令人心碎的家庭分离，这一切都结束了。

埃利斯岛的最后一名被拘留者是阿恩·彼得森（Arne Peterssen）。这名挪威海员并不是传统意义上的移民，而是一个在美国超期滞留的人。根据新放宽的移民政策，在他做出将重返船上并返回挪威的承诺之后，官员们将他释放了。

《纽约时报》的一篇社论这样自豪地回顾经过埃利斯岛的移民所取得的成就："他们向盛情接待他们的国家做出了厚重的回报。也许有一天,埃利斯岛上会为他们竖起一座纪念碑。"① 接着,这篇社论告诫读者:"在我们国家的历史上,对这一事件的记忆绝不能被遗忘。"

　　在战后繁荣、同化和郊区化的蓬勃发展时期,很少有人愿意让这段记忆留存下来。这一切得等到以后了。

---

① *NYT*, November 14, 1954.

第五部分

记　忆

第十八章　衰落

儿子想忘记的，孙子却想记住。　　　　　　　　　　　　　　　

　　　　　　　——马库斯·李·汉森（Marcus Lee Hansen），1938 年

　　如果一位商人读 1956 年 9 月 18 日的《华尔街日报》，会看到一则广告，上面有一个令人兴奋的好机会。[①]联邦政府的房东总务管理局（General Services Administration），正在为出售"世界上最著名的地标之一"征集密封投标。

　　总务管理局要出售埃利斯岛 27 英亩的全部设施，包括所有 35 栋建筑和旧渡轮"埃利斯岛"号，这艘渡轮以前曾把移民从曼哈顿码头运送到埃利斯岛。广告宣称，埃利斯岛将是油库、仓库、制造或进出口加工的完美地点。

　　之所以会有这次投标，是因为埃利斯岛的设施自从 1954 年 11 月关闭以来，一直被美国政府视为多余。[②]那一年，美国只有大约 20 万移民，其中不到一半人经过纽约。埃利斯岛已经完成了它的历史使命，

---

① *WSJ*, September 18, 1956.
② *NYT*, November 14, 1954.

它的全盛时期早已成为过去。虽然《纽约时报》的一篇社论希望人们
能够永远铭记埃利斯岛的鼎盛时期及其在美国历史上所发挥的作用，
380　但总务管理局有更紧迫的事情要做。没有其他政府部门想要这个空置
的岛屿，山姆大叔也不能无限期地占有它，尤其是在每年要支付 14 万
美元安保和维护费用的情况下。

　　因此，总务管理局对个人和公司开放了对埃利斯岛的竞标。[①] 但
是，并不是每个人都赞同出售这一历史遗迹的做法。泽西城的一位国
会议员写信给艾森豪威尔总统说："如果你这次能拍卖埃利斯岛，也许
下次就会拍卖自由女神像了。"一位希腊裔美国人也给艾森豪威尔写了
一封信，这位第一代移民讲述了自己 1914 年到达埃利斯岛时的情景，
当时他还是个孩子，他说："我第一次感受到这个国家的伟大，就是在
我踏上这座岛屿的时候。"

　　作为回应，艾森豪威尔政府在《华尔街日报》刊登广告后不到一
周就暂停了出售。[②] 一些人建议将埃利斯岛变成一个国家纪念碑，以纪
念移民的贡献。这一提议遭到了已经准备在自由女神像基座建立美国
移民博物馆的团体的反对。该团体的一位负责人认为，不适合在埃利
斯岛建国家纪念碑。威廉·鲍德温（William Baldwin）写道："吸引移
民来到美国的，从来就不是埃利斯岛。与其相比，自由岛是一个不断
激发灵感的快乐之地，而不是一个糟糕的记忆之所。"

　　关于埃利斯岛未来用场的一些提议包括为酗酒者和吸毒者服务的
诊所、公园、"世界贸易中心"、一所现代而创新的"未来学院"、私人

---

① 　Barbara Blumberg, "Celebrating the Immigrant: An Administrative History of the Statue of Liberty National Monument, 1952–1982," National Park Service, 1985, Chapter 5.

② 　Blumberg, "Celebrating the Immigrant."

公寓、敬老院和少管所。其他的建议就不那么现实了。① 布朗克斯区国会议员保罗·菲诺（Paul Fino）建议在这里建立一个国家彩票中心，他认为这更加符合该岛的历史，因为移民们"要在我们这片土地上开始新生活，这本身就是一场赌注"。

在 1958 年开始竞价时，最高的出价是 20 万美元多一点，而政府认为这里的价值在 600 万美元以上。② 出价较高的是纽约建筑商索尔·阿特拉斯（Sol Atlas），他想把埃利斯岛变成快乐岛（Pleasure Island），一个拥有会议中心、游艇码头、娱乐和文化设施的高端度假胜地。虽然阿特拉斯后来提高了出价，但还是不够，这座岛屿依然作为多余资产留在政府手中。用《商业周刊》的话来说，埃利斯岛已经变成了"山姆大叔在纽约港的昂贵累赘"。

381

埃利斯岛的未来将取决于美国人如何看待这里曾经发生的一切——或者他们心中这里所发生的一切。③ 如果美国人对埃利斯岛的记忆是负面的，那么没有理由不把它变成油库或其他商业项目。但显然，有些美国人将其与正面的记忆联系起来。正如哈佛大学的奥斯卡·汉德林（Oscar Handlin）所说的那样，埃利斯岛的建筑应该"被保存下来，不仅是因为它们具有象征意义，是我们过去重要历史的纪念碑，还因为它们仍然可以发挥用途"。

1962 年，爱德华·科西对一个国会委员会说："这可不是一块普通的地产。"④ 他在 56 年前经过埃利斯岛来到美国，在 20 世纪 30 年代成为那里的专员。现在，他与历史学家汉德林和艾伦·内文斯

① *NYT*, February 3, 1958.
② *Business Week*, September 29, 1956.
③ *NYTM*, May 25, 1958.
④ *NYT*, December 20, 1960; December 8, 1962.

（Allan Nevins）一样，认为这个岛将来"应该成为一个象征，象征着它在我们国家的历史上和无数美国人心中所代表的意义，那就是许多民族、种族和宗教融合成一个由自由和平等机会联结在一起的统一国家"。

对于科西和越来越多的第一代和第二代美国人来说，埃利斯岛不再仅仅是为了淘汰不受欢迎的移民而建立的一个检查中心，以缓解土生土长的美国人的忧虑。[①] 相反，这些移民和他们的后代开始塑造埃利斯岛的历史记忆。在冷战期间，该岛逐渐成为国家统一和自由的象征。然而，在经济大萧条时期，科西却采取了截然不同的论调。在他 1935年出版的介绍埃利斯岛历史的专著中，有一章题为"谁该道歉?"，专门探讨那里对移民所犯下的"罪行"。25 年过去了，科西的看法显然有所转变。

在此期间，东欧和南欧移民及其后代进入了美国主流社会，慢慢摆脱了被当作不受欢迎的移民的耻辱。随着东欧和南欧人的后代在美国社会中占据一席之地，像弗朗西斯·沃克、普雷斯科特·霍尔和麦迪逊·格兰特这样的本土主义者的恐惧实际上已经成为现实。而美国文化和社会也变得不那么盎格鲁-撒克逊了。

在 20 世纪中叶，美国人喜欢弗兰克·卡普拉（Frank Capra）和埃利亚·卡赞（Elia Kazan）导演的电影，比如《美好人生》（*It's a Wonderful Life*）和《码头风云》（*On the Waterfront*）。他们去百老汇看《玫瑰舞台》（*Gypsy*）和《滑稽女郎》（*Funny Girl*）这样的音乐剧，配乐是朱尔·斯泰恩（Jule Styne）。他们被鲍勃·霍普（Bob Hope）的笑

---

① Edward Corsi, *In the Shadow of Liberty: The Chronicle of Ellis Island* (New York: Macmillan, 1935), 281–295.

话逗得哈哈大笑，看着爱德华·罗宾逊（Edward G. Robinson）在《基拉戈》（*Key Largo*）和《双重赔偿》（*Double Indemnity*）等电影中扮演主角，崇拜的是圣母院大学的著名橄榄球教练克努特·罗克尼（Knute Rockne）。而上面这些人物都是经过埃利斯岛而来的移民。最让人感叹的是，美国人唱的是欧文·柏林（Irving Berlin）创作的《上帝保佑美国》（*God Bless America*），他于1893年抵达埃利斯岛，原名以色列·贝林（Israel Beilin），是一位说意第绪语的犹太圣诗领唱的儿子。

虽然早期的本土主义正在消亡，但严格限制东欧和南欧国家配额的现象仍然存在。这种情况不会持续太久了。1964年的《民权法案》（*Civil Rights Act*）是一项里程碑式的立法，它对吉姆·克劳（Jim Crow）的种族隔离制度给予了致命的打击，禁止基于种族、肤色、宗教或国籍的歧视。虽然这种法律禁止并未延伸到移民问题，但在移民政策中保留一种基于国籍的歧视在政治和道德上都是不可接受的。配额制度的日子已经屈指可数了。

在1965年的国情咨文中，林登·约翰逊（Lyndon Johnson）总统提出了一项雄心勃勃的立法计划，名为"伟大社会"（Great Society）运动。作为其中的一部分，他呼吁制定移民法应该"看一个人能做什么，而不是看他的出生地或他是否会拼写自己的名字"。这一年晚些时候，约翰逊前往自由岛签署了这项法案，正式结束了44年来对东欧和南欧人的移民配额歧视，他称这是一个"残酷和持久的错误"。众议院和参议院以压倒性多数通过了该法案。

虽然该法案被广泛誉为结束了美国移民法中种族和民族歧视的一项自由主义立法，但它仍然保留了很多限制性条款。总体配额仍然存在，并且第一次对来自西半球的移民进行了限制。该法案将家庭团聚作为移民政策的基石，规定这种移民不受总体配额的限制，此举将对美国移民的未来产生深远影响。

　　与此同时，约翰逊继续向前推进，解决了埃利斯岛的归属问题，虽然没有解决这个岛的未来会是什么样子的问题。1965 年 5 月，约翰逊签署了一项公告，将埃利斯岛与自由女神像国家纪念碑合并，使其

383 成为国家公园管理局的一部分。这个岛的私人买卖现在不可能了。

　　由于完全掌握埃利斯岛的所有权，约翰逊政府委托建筑师菲利普·约翰逊（Philip Johnson）为该岛的发展制定了方案。[1] 几年前，弗兰克·劳埃德·赖特（Frank Lloyd Wright）起草了一份设计草案，旨在将这座岛屿作为一个独立的未来城市进行私人开发，但是他的方案没有成功。现在轮到约翰逊了，他没有让人失望。约翰逊并没有翻新和修复岛上的主要建筑，而是呼吁将它们作为历史遗迹保留下来。在建筑周围，藤蔓和树木将被允许恣意生长，以增加这里的废墟感。他说："游客将会产生一种既浪漫又怀旧的感觉。"

　　约翰逊的方案核心是一个 130 英尺高的截尾圆锥，被称为"1 600 万人墙"（Wall of Sixteen Million）。[2] 坡道沿着圆锥形蜿蜒而行，游客可以看到每一个经过埃利斯岛的移民的名字。一些媒体将约翰逊的设计称为"对丑陋的崇拜"。

　　除此之外还有其他问题。[3]《纽约时报》的一篇社论认为，约翰逊完全搞错了。埃利斯岛是作为一个"门户"而建造的，而不是一堵"用来拒斥"的墙。该报认为约翰逊设计的这面墙更像是柏林墙。这种

---

[1]　Blumberg, "Celebrating the Immigrant," chapter 6; *Time*, March 4, 1966; *NYT*, February 25, 1966.

[2]　New York World-Telegram and Sun, March 7, 1966.

[3]　*NYT*, February 26, 1966; Harry T. Brundidge, "The Passing of Ellis Island," *American Mercury*, December 1954.

解释忽视了埃利斯岛过去的限制功能，原本阻挡不受欢迎的移民的大门现在已经演变成一个门户、一个欢迎的车站，而不是一个旨在筛选移民的障碍。忘记埃利斯岛限制性的一面，这并不是什么新鲜事。在1954年一篇关于"通过埃利斯岛"的文章中，《美国水星报》就错误地指出，1921年之前"对移民没有限制"。

从20世纪50年代末到60年代初，关于埃利斯岛的争论发生在美国移民史上一个历史性的平静时期。在1955年之后的10年里，平均每年只有28.8万移民进入美国。1960年，只有5.4%的美国人是在国外出生的，这是历史最低水平，而1910年这一比例接近15%。

随着移民逐渐减少，那些经过埃利斯岛来到美国的移民的后代逐渐融入了美国生活。此时，埃利斯岛和廉价公寓、欧洲口音和难以发音的名字一起，成为同化浪潮留下的文化包袱的一部分。虽然奥斯卡·汉德林和爱德华·科西等人偶尔发出呼吁，但公众对拯救埃利斯岛的呼声并不高。

384

岛上一片狼藉。[①]一家报纸称其为"破破烂烂的鬼城"。虽然建筑的结构依然坚固，但破坏和疏忽开始造成影响。小偷偷走了建筑物里的铜制装置，大自然则完成了其余的工作。大块灰泥和瓦片从天花板上掉下来，墙上的油漆开始剥落，木头开始腐烂，屋顶开始泄露。岛上以前的物品——床垫、桌子、医疗设备——散落得到处都是。像丛林一样的植被在岛上恣意生长、无人打理，它们与腐朽的建筑相结合，在岛上营造了一种怪异的氛围。

到了20世纪60年代末，华盛顿的官员和公众都被国内外更紧迫的问题分散了注意力，菲利普·约翰逊宏大的修复计划也没有得到资

---

① *NYT*, July 16, 1964, March 5, 1968.

金支持。在战后美国的富裕和日益混乱之中，埃利斯岛就这样被遗忘并荒废着。

在埃利斯岛关闭后的几年里，国家议程上的主要议题是种族问题，而不是移民问题。就在《华尔街日报》刊登关于埃利斯岛可能出售的广告的同时，亚拉巴马州蒙哥马利市的黑人正在抵制该市的公共交通系统，以抗议罗莎·帕克斯（Rosa Parks）因在公交车上拒绝给一名白人男子让座而遭到逮捕。一位名叫马丁·路德·金（Martin Luther King）的年轻牧师成为公共汽车抵制运动和反对吉姆·克劳种族隔离运动的公众代言人。现代民权运动就此拉开了序幕。

在美国，种族问题和移民问题有着错综复杂的关系。美国的种族历史是一个让人痛苦的话题，充斥着奴隶制、歧视、暴力、虚假承诺和错失机会的悲剧。相比之下，移民的历史在很大程度上被描绘出了乐观的色彩——勇敢的移民克服了贫困和歧视，实现了美国梦，即使不是立即实现，也能在几代人之后实现。人们常常把非裔美国人的历史与移民的历史进行对比，但没有一个是正面的。

对于一些欧洲白人移民来说，他们第一次见到黑人是在埃利斯岛。[①] 奥地利移民埃斯特尔·米勒（Estelle Miller）记得，她13岁时来到埃利斯岛，第一次在岛上看到黑人时，她非常害怕，吓得把手里的祖传古董碗也给丢在了地上。但事实上，她在美国的出现对黑人来说更成问题。一位名叫保罗·纳普朗德（Paul Knaplund）的挪威移民记

385

---

① Peter Morton Coan, *Ellis Island Interviews: In Their Own Words* (New York: Checkmark Books, 1997), 220; Paul Knaplund, *Moorings Old and New: Entries in an Immigrant's Log* (Madison, WI: State Historical Society of Wisconsin, 1963), 148. See also David R. Roediger, *Working Toward Whiteness: How America's Immigrants Became White: The Strange Journey from Ellis Island to the Suburbs* (New York: Basic Books, 2005), 118-119.

得，他在埃利斯岛的时候看到过一个"黑人女清洁工"。他回忆说，当她看着一批批移民从她面前经过时，"脸上充满鄙夷的表情"。

美国黑人对移民的态度至多是模棱两可的。大规模移民的时期与非裔美国人历史上的低谷时期相吻合。20世纪初的进步时代将自由主义改革推到了国家议程的前列，其主要推动力量是对大量欧洲移民和工业化所带来的变化产生的恐惧。虽然本质上是改革的，但进步主义很少涉及黑人的权利问题。如果有什么区别的话，那就是在这一时期，种族隔离制度更加严格了。北方中产阶级城市改革者最关心的不是南方黑人的民权问题，而是他们眼前的问题，而这些问题与大规模欧洲移民有关。

另一方面，黑人领袖布克·华盛顿（Booker T. Washington）和菲利普·伦道夫（A. Philip Randolph）是移民限制主义者，他们认为对廉价移民劳动力的持续需求不利于本土黑人的地位和收入。[1]

因此，战后的民权运动发生在美国历史上持续移民最低点的时期，这也就不足为奇了。由于摆脱了移民问题的困扰，美国人的注意力可以集中在非裔美国人对全面的政治和社会权利的要求上。

在战后的岁月里，民权运动对埃利斯岛的移民产生了一些意想不到的影响。虽然白人族群的政治力量不断增强，他们在新政民主党联盟（New Deal Democratic coalition）中的地位也很稳固，并且有了首位爱尔兰天主教总统上台执政，但移民配额制度依然顽固地保持不变。

---

[1] 关于非裔美国人对移民的态度，见 Daryl Scott, " 'Immigrant Indigestion' : A. Philip Randolph: Radical and Restrictionist," Center for Immigration Studies, *Backgrounder*, June 1999, http://www.cis.org/articles/1999/back699.html, and " 'Cast Down Your Bucket Where You Are' : Black Americans on Immigration," Center for Immigration Studies, Paper 10, June 1996, http://www.cis.org/articles/1996/paper10.html。

只有依据《民权法案》，国会和约翰逊总统才能够争取到足够的支持，结束对移民的种族歧视。

民权运动不仅是改变法律这么简单，它关乎种族自豪感的表达，以及对以前被置于国家历史叙事边缘的群体的包容。这两个主题都与20世纪60年代后埃利斯岛的历史紧密相连。随着移民在美国主流社会中占据一席之地，其他群体在寻求被接纳的过程中也将目光转向了埃利斯岛。

1970年3月16日凌晨，一小群美国印第安人试图在黎明前偷偷溜到埃利斯岛。[①] 他们的目标是把这个岛变成一个印第安人文化中心，但一场天然气泄漏破坏了他们的计划。在那之后，海岸警卫队加强了巡逻，并宣布该岛周围为警戒区域。

可能是最奇怪的一件事发生在同年晚些时候。这一事件表明，当你把尼克松政府的运作与黑人权力和黑人资本主义混在一起时，会发生什么。

1966年，一位名叫托马斯·马修（Thomas Matthew）的神经外科医生成立了国家经济增长与重建组织（National Economic Growth and Reconstruction Organization，简称 NEGRO）。马修医生认为，对福利的依赖损害了黑人，因此他呼吁制定一个自助计划。为此，该组织将建立医院，开办黑人企业，重建内城。马修计划通过在一个街区聚会上出售债券为该组织筹集资金，并用筹集到的资金撬动政府资金。

但债券发行并没有起到多大作用，几年后，马修被判自20世纪60年代初以来未能提交所得税申报单，因此被判处高达15万美元的滞纳金和罚款。1969年底，他被判处六个月监禁，并同意向美国国税

---

① *NYT*, March 17, 1970.

局进行赔偿。

虽然马修的言论与"伟大社会"运动和主流民权运动格格不入，但他的观点引起了理查德·尼克松及其助手的注意。一上任，尼克松就被批评为对民权漠不关心。他的政府从未赢得传统民权组织的支持，因此他们采取了另一种策略，宣布支持黑人资本主义，以帮助少数族裔进入美国的经济主流。尼克松政府提供资金，为黑人提供商业机会。这是将反对福利与关心黑人结合起来的完美方式。托马斯·马修医生的计划似乎是为尼克松量身定做的。

也许这就是尼克松为马修的逃税减刑的原因，而这是他上任后的第一个行政赦免。马修可能会对新政府有用，因为他是支持共和党政策的黑人。事实上，当马修站出来支持尼克松遭遇阻力的最高法院提名人哈罗德·卡斯韦尔（G. Harold Carswell）时，这一举动几乎立刻就带来了政治回报。马修的观点并没有让他在其他民权运动领袖中赢得朋友，但却让他在政治上接触到了尼克松政府，当时尼克松政府急于让商务部和小企业管理局帮助黑人企业家。

1971 年的一场讨论清楚地表明，这种关系并不稳定。[①]在一次讨论吉米·霍法（Jimmy Hoffa）可能被赦免的白宫会议上，尼克松和他的助手们提到了马修一案，从中可见他们对他和所有黑人的复杂感情。尼克松谈到马修时说："他从每个人那里偷窃。毕竟，他是为了他的黑人同胞，所以我们就放他出来了……他们都会偷窃，当然并不是每一个人都这样……人如果走投无路了，都会这样。他可能不知道自己在偷窃。"这段话暗示了他之前的麻烦，也有点让人困惑马修的实际罪

---

① Nixon Tapes, Conversation No. 610-1, Nov. 1, 1971, RMN. 对话没有被转录，录音的音频质量很差，这是作者对这件事的大致记录。出席会议的助理有约翰·米切尔（John Mitchell）、乔治·舒尔茨（George Schultz）和霍尔德曼（ H. R. Haldeman）。

行。此时，尼克松的一名助手开玩笑说，马修"只是把那笔钱解放出来了"，而尼克松则以一种更同情的口吻回应说，马修"是个非常好的人，非常好，很有想法"。

从监狱释放两天后，马修宣布了他最新的计划。^①他要求尼克松政府根据租借协议将埃利斯岛的控制权移交给该组织。他将和追随者们一起为 1 000 个黑人家庭创建一个实验性社区。

马修出狱六个月后，联邦政府仍然没有就这一计划与他签署正式协议。于是，马修和其他大约 60 名成员开始静悄悄地占用该岛。与对以前印第安人的登岛尝试不同，这次海岸警卫队没有采取任何行动将他们赶走。尼克松政府似乎默许了这一举动。马修的追随者们（其中很多是靠救济生活或正在戒毒的人）开始清理岛上的浓密灌木丛。他们希望政府将这种举动视为善意的努力，并授予他们对该岛的永久控制权。

388　对埃利斯岛的秘密定居很快就结束了，因为当地电视台的一架交通直升机注意到，在这个据称是荒岛的地方，有衣服在晾晒。媒体试图登陆埃利斯岛，采访那些非法占用者，但是被拒绝了。这种不必要的宣传意味着实验的结束，13 天后，这一小群人离开了埃利斯岛。

但这并没有阻止马修，他提出了一项新的、更详细的方案，仅几周后就获得了国家公园管理局的批准。^②国家经济增长与重建组织获得了一份为期五年的免税许可证，作为回报，马修把这个荒岛变成了黑人资本主义的伊甸园。他们将首先修复这座岛，并"在埃利斯岛上建

① 关于国家经济增长与重建组织对埃利斯岛的接管，见 *NYT*, January 8, July 25, 26, August 2, 19, 20, 21, 1970; *Newsweek*, September 28, 1970; and Blumberg, "Celebrating the Immigrant," chapter 6。
② 国家经济增长与重建组织的宣传册子，WHCF, SMOF, Leonard Garment, Box 138, RMN。

立一座活生生的美国移民历史纪念馆"。破败的建筑将被翻修，坍塌的海堤将被重建，场地将被清理。第二个也是更重要的目标则是为吸毒者、酗酒者、福利救济者和身负前科者建立一个"康复社区"，让他们学习技能，帮助他们重新进入主流社会。埃利斯岛将成为一个自给自足的社区，国家经济增长与重建组织将建立工厂，生产鞋子、珠宝和金属铸件。从这些企业赚到的钱将使该组织能够扩大其努力，帮助更多的人。根据马修的设想，今后这个岛上将有 1 700 名工人，700 名医院病人和 100 名学生。

马修不断地把黑人称为"新移民"。[1]如果说埃利斯岛标志着欧洲农民在新大陆的重生，马修则试图将这种象征意义传递给在美国出生的黑人。在他的设想中，埃利斯岛可以成为被剥夺权利和无技能的黑人重新进入美国社会的门户，本质上是把他们变成自己国家的移民。在美国出生的贫穷黑人应该像新老移民一样，这在美国历史上一直是一个有争议的比喻。这进一步加剧了移民和本土黑人之间的紧张关系。

意料之中的是，虽然得到了尼克松政府的支持，马修的乌托邦方案却无果而终。[2]部分原因是将黑人视为新移民这一观念存在固有的脱节。但真正的问题是马修本人。这位医生部分上是机会主义者，部分上是真正的人道主义者，部分上是骗子，他的远见远远超过了他的管理能力和商业技巧。马修未能为实现他的梦想而筹集资金，似乎也没有几个黑人愿意承担修复埃利斯岛的艰巨工作。

1970 年的冬天，只有少数人留在岛上。缺乏饮用水、供暖和管道 389

---

① 事实上，早在几年前，欧文·克里斯托尔（Irving Kristol）就写过一篇很长的文章，论证了同样的观点。见 Irving Kristol, "The Negro Today is Like the Immigrant Yesterday," *NYTM*, September 11, 1966。

② Blumberg, "Celebrating the Immigrant," 6.

设施不足等问题阻碍了这些努力，而马修的团队没有表现出解决这些问题的能力。到了 1971 年春天，一位安全工程师发现，埃利斯岛"老化、破旧、不卫生"的环境可能会导致该组织成员生病、受伤，甚至死亡。工程师建议撤销该组织使用埃利斯岛的许可。

自 20 世纪 60 年代中期以来，马修至少获得了价值 1 100 万美元的联邦贷款、补助和合同，尼克松政府急于帮助黑人资本主义事业，拒绝停止埃利斯岛的运行。[①] 最后，他们没有必要亲自动手了，马修医生的无能帮助他们做到了这一点。到了 1971 年夏天，岛上只剩下五个人，到了秋天，已经减少到三个。埃利斯岛没有变成一个充满活力的工业社区，有自己的学校和医院，而是和以前一样，被荒废，被遗弃。

随着这个埃利斯岛定居点的瓦解，马修在皇后区的跨信仰医院因其肮脏的条件和对病人的糟糕治疗而引起了人们的注意。[②] 报告显示，尼克松政府的高级官员拒绝合作，甚至阻挠对该组织的商业行为和合同进行调查。1973 年 4 月，马修被捕，罪名是非法挪用拨给跨信仰医院的 25 万美元医疗补助款，用于国家经济增长与重建组织的其他项目。

到了 1975 年，理查德·尼克松被赶下台，埃利斯岛仍是一片荒芜，而托马斯·马修关于黑人资本主义的梦想——部分是诡计，部分是梦想——早已灰飞烟灭。

非裔美国人重新燃起的种族自豪感并不能拯救一个衰败、被遗忘的埃利斯岛。然而，黑人权力确实给白人移民的后代带来了一种特殊的而且是意想不到的礼物。民权运动和黑人权力运动挑战了大熔炉的

---

① *NYT*, April 24, 1973.

② *NYT*, November 29, December 11, 1973. 1973 年 11 月，马修被判有罪，判处三年监禁。1975 年 3 月，上诉法院驳回了这一判决，认为法官判决有误，应被驳回。

概念，指出美国黑人并没有那么容易融入美国这个大熔炉之中。种族是一个标志，美国白人似乎不想忽视它，而黑人似乎不想忘记它。

　　大约在同一时间，内森·格雷泽（Nathan Glazer）和丹尼尔·帕特里克·莫伊尼汉（Daniel Patrick Moynihan）发表了一项关于纽约种族和民族群体的研究，题为"大熔炉之外"。① 正如作者所指出的那样，390如果种族特性从未在大熔炉中完全消失，那么黑人权力的增长和非裔美国人的种族自豪感就会促使白人族群更加公开地展示自己的身份。"吻我吧，我是爱尔兰人"和"吻我吧，我是波兰人"这样的标语出现了。到了 20 世纪 60 年代，差异成了荣耀而不是耻辱的象征。以种族为主题的小说如菲利普·罗斯（Philip Roth）的《波特诺伊的怨诉》（*Portnoy's Complaint*）和马里奥·普佐（Mario Puzo）的《教父》（*The Godfather*）登上了畅销书排行榜。

　　民族自豪感和民族防御性密切相关。② 斯洛伐克裔年轻作家迈克尔·诺瓦克（Michael Novak）发表了一部名为《无法融合的种族的兴起》的长篇哀歌。在为白人种族辩护的同时，诺瓦克还抨击了"北欧偏见"和说教的、自由派盎格鲁-撒克逊的白人新教徒。现在，是埃利斯岛移民的后代发现自己与"进步的"北欧人和盎格鲁-撒克逊人发生了冲突。彻头彻尾的偏见和歧视可能已经消失，但文化和政治冲突仍然存在。

① Nathan Glazer and Daniel Moynihan, *Beyond the Melting Pot: The Negroes, Puerto Ricans, Jews, Italians, and Irish of New York City*, 2nd ed. (Cambridge, MA: MIT Press, 1970).
② Michael Novak, *The Rise of the Unmeltable Ethnics* (New York: Macmillan, 1971). 关于白人的种族特性，见 Vincent J. Cannato, *The Ungovernable City: John Lindsay and his Struggle to Save New York* (New York: Basic Books, 2001), 389-441; and Mathew Frye Jacobson, *Roots, Too: White Ethnic Revival in Post Civil-Rights America* (Cambridge, MA: Harvard University Press, 2006)。

20世纪早期，美国人在埃利斯岛这样的地方争论谁应该或不应该被允许进入这个国家。到了20世纪下半叶，埃利斯岛已经被遗忘，成为纽约港一个腐烂的象征，它象征着一个逝去的时代。在20世纪结束之前，它将以另一种形式重生，成为一座博物馆和国家纪念碑，但是关于其意义的争论仍将继续。

第十九章　新普利茅斯岩

当我再次踏上埃利斯岛时，我知道我来到了一个属于上帝的地　　391
方，而我们这些曾经来过这里的人将永远与它联系在一起。

——马克·赫尔普林（Mark Helprin），《埃利斯岛和其他故事》
（*Ellis Island and Other Stories*）

1986 年 7 月 3 日晚上，利诺·安东尼·艾柯卡（Lino Anthony
Iacocca）有很多值得骄傲的事情。61 岁的他在汽车行业已经有了成功
的职业生涯，他曾管理过福特汽车公司，后来又在美国政府的帮助下
带领克莱斯勒走出了破产。他最近出版的自传已经卖出了 500 多万册。
他每天收到多达 500 封普通美国人的来信，向他寻求建议或感谢他为
他们的人生提供了启迪。报纸称他为 20 世纪 80 年代的民间英雄。他
刚刚主持了一场全国性的运动，为自由女神像和埃利斯岛的翻新筹集
了近 3 亿美元。

在洋溢着爱国主义氛围的 7 月 4 日的周末，艾柯卡在纽约港主
持了一场盛大的庆祝活动，重新点亮了翻修的自由女神像，以纪念其
100 周年。[1]看台上坐满了观看烟花表演的名人政要。时任美国总统的

---

[1]　*NYT*, July 3, 1986.

罗纳德·里根亲自到场，他按下了点亮雕像的按纽。可以说，如果没有艾柯卡，这一切是不可能实现的，而这位精明的推销员毫不避讳让每个人都知道这一点。

对于这位在宾夕法尼亚州阿伦敦长大的意大利移民的儿子来说，这是很了不起的业绩。他的身上既有霍雷肖·阿尔杰（Horatio Alger）笔下白手起家的人物的影子，也有戴尔·卡耐基（Dale Carnegie）的影子。艾柯卡的面部棱角分明，嗓音沙哑，是当代美国的象征。一位意大利裔美国人竟然会成为美国一家大公司的掌门人，如果移民限制主义者弗朗西斯·沃克或普雷斯科特·霍尔还活着，一定会感到震惊。

有些人可能会纳闷，为什么一个商人最终会负责修复自由女神像和埃利斯岛等标志性公共建筑呢？这在一定程度上是时机问题。联邦政府已经忽视埃利斯岛 30 年了。后来，罗纳德·里根乘着反政府情绪的浪潮入主白宫。他说："政府是问题，而不是解决问题的办法。"在20 世纪 60 年代和 70 年代的社会、政治和经济动荡之后，民众对政府的信心下降。里根政府没有依赖公共部门，而是推动了所谓的"公私合作"。

1981 年，为了修复埃利斯岛，国家公园管理局开始向民间募集资金。理查德·罗夫塞克（Richard Rovsek）是一名营销主管，他曾经为里根政府主持白宫复活节滚彩蛋活动。他创立了自由女神像–埃利斯岛基金会（Statue of Liberty-Ellis Island Foundation），为修复纽约港的这两座纪念碑筹集私人资金。公私合作关系中的私营部分就这样诞生了。

为了监督筹款工作，内政部长詹姆斯·瓦特（James Watt）在 1982年创建了自由女神像–埃利斯岛百年纪念委员会（Statue of Liberty-Ellis Island Centennial Commission），这就是公私合作关系中政府负责的那部分。正如委员会的名字所暗示的那样，人们希望自由女神像能在 1986

年 100 周年时被修复，埃利斯岛能在 1992 年 100 周年时被修复。瓦特任命艾柯卡为这个新委员会的主席。艾柯卡对自己在这个委员会中的顾问角色不太满意，通过一番运作，他很快也成了自由女神像-埃利斯岛基金会的负责人。

艾柯卡还设法让自由女神像-埃利斯岛基金会成为该项目的唯一筹款方，虽然还有其他组织，如菲利普·拉克斯（Philip Lax）的埃利斯岛修复委员会（Ellis Island Restoration Commission）。最后，艾柯卡成了筹款和修复工作的总负责人。

393

虽然自由女神像的修复和埃利斯岛的修复是联系在一起的，但很明显，埃利斯岛是次要的。[①]1986 年就要举行的自由女神像 100 周年纪念使其修缮工作变得更为紧迫，而且公众对它的了解也远多于埃利斯岛。参与了筹款和修复工作的罗斯·霍兰德（F. Ross Holland）写道："在公众心目中，埃利斯岛是自由女神像的可怜小弟。基金会也宣传了埃利斯岛，但很明显，公众对自由女神像更感兴趣。"

因此，自由女神像成为艾柯卡筹款的重点。[②]作为一个优秀的推销员，他一点也没有浪费时间。虽然个人捐款很重要，但他知道，如果他想筹集 2 亿美元，就需要寻求企业的赞助——他也确实这样做了。可口可乐、《今日美国》、斯特罗啤酒厂、克莱斯勒、柯达、雀巢、奥斯卡·梅尔培根热狗和美国烟草公司都被授予在他们的广告中使用自由女神像的独家权利。公众似乎也对筹款的努力有所回应。当美国运通承诺从每笔交易中捐赠一便士时，美国运通卡的使用跃升了 28%。

自由女神像和埃利斯岛与当时更大的政治和意识形态争议联系在

---

① F. Ross Holland, *Idealists, Scoundrels, and the Lady: An Insider's View of the Statue of Liberty–Ellis Island Project* (Urbana: University of Illinois Press, 1993), 80, 205.
② *NYT*, November 4, 1985.

了一起。当时正值"里根革命"（Reagan Revolution）的鼎盛时期，他对自由市场资本主义和创业精神的拥护并没有得到所有人的认同。

1985 年 11 月，左翼杂志《国家》（*The Nation*）开始发表由记者罗伯塔·格拉茨（Roberta Gratz）和埃里克·费特曼（Eric Fettmann）撰写的一系列文章，攻击艾柯卡和他的筹款活动。① 第一篇文章是《出售自由小姐》。这一期的封面是一幅艾柯卡装扮成自由女神像的漫画，他抽着雪茄，手里举的是一个钱袋子，而不是火炬。格拉茨和费特曼认为，筹款活动是在破坏这个美国的象征。他们写道："在这个大公司巧取豪夺已经成为家常便饭的时代，恐怕这些国家纪念碑接下来就要被公司接管了。"

虽然受到各种批评，募捐活动仍以创纪录的速度继续进行着，最终在 1986 年 7 月 3 日晚自由女神像揭幕仪式上达到高潮。这是一个盛况空前的场面。艾柯卡的努力让这个夜晚变成了现实，电视制片人大卫·沃尔泊（David Wolper）负责娱乐活动。作为描述美国黑奴制度的迷你剧《根》（*Roots*）的制作人，他为这个周末安排了一个众星云集的阵容，其中包括弗兰克·辛纳屈、海伦·海丝（Helen Hayes）、尼尔·戴蒙德（Neil Diamond）、格利高里·派克（Gregory Peck）和何塞·费利西亚诺（José Feliciano）。现场有歌舞表演，有历史电影，有烟花，有高大的船只停靠在港口，还有放飞的气球和鸽子。首席大法官沃伦·伯格（Warren Burger）在埃利斯岛主持了 2 000 名新公

---

① Roberta Gratz and Eric Fettmann, "The Selling of Miss Liberty," *Nation*, November 9, 1985. 两人围绕这一话题写作的其他文章有："Mr. Iacocca Meets the Press," *Nation*, March 8, 1986; "Post-Iacocca" *Nation*, April 19, 1986; "Whitewashing the Statue of Liberty," *Nation*, June 7, 1986. 罗斯·霍兰德认为两人的埋怨是"恶言毁谤"，"充斥着半真半假的谎言、错误的信息和扭曲的事实"。*Idealists, Scoundrels, and the Lady*, 180-181。

民的宣誓仪式，其中包括舞蹈家米哈伊尔·巴里什尼科夫（Mikhail Baryshnikov），还有 38 000 人通过视频连线参与了宣誓仪式。所有 40 000 人将同时演唱《美丽的亚美利加》（*America the Beautiful*）。

对一些人来说，这一切都太过分了。[①] 在为《新共和》撰写的一篇文章中，雅各布·韦斯伯格（Jacob Weisberg）怒气冲冲地指出，这场庆祝活动"可能会被铭记为美国历史上最令人反感的、打着爱国旗号的浮华和俗气的盛典"。虽然如此，大多数美国人似乎依旧对他们看到的焕然一新的自由女神像感到满意。然而，对艾柯卡的批评并没有停止。

在这个周末之前的几个月，接替瓦特的内政部长唐纳德·霍德尔（Donald Hodel）将艾柯卡从自由女神像-埃利斯岛百年纪念委员会解雇，但是他仍然是自由女神像-埃利斯岛基金会的负责人。一些人认为，共和党人担心政治上模棱两可的艾柯卡可能会以自己的名气为资本，作为民主党人竞选公职。有些人则认为，政府对艾柯卡关于埃利斯岛的方案不满意。

不管人们对这个周末的盛大活动或艾柯卡有什么看法，仍有很多工作要做。埃利斯岛还远没有准备好向公众开放。到了 1987 年 3 月，艾柯卡的基金会已经从私人渠道筹集了 3 亿多美元。到了 1991 年，这一数字将达到 3.5 亿美元。

如果说公众似乎更喜欢自由女神像，那么艾柯卡明确表示，他背后的驱动力量是埃利斯岛。[②] 对他来说，那座雕像是"自由的美丽象征"，但埃利斯岛才是"现实"。他写道，如果你想成功，"就得付出代

① Jacob Weisberg, "Gross National Production," *New Republic*, June 23, 1986.
② Lee Iacocca with William Novak, *Iacocca: An Autobiography* (New York: Bantam Books, 1984), 339-441.

价，做出努力，……这并不容易，但如果你坚持不懈，持之以恒，在一个自由的社会里，你可以想成为什么样的人就成为什么样的人，这很了不起"。对艾柯卡来说，埃利斯岛已经成为移民成功和美国伟大的象征。

他的父亲尼古拉·艾柯卡（Nicola Iacocca）12 岁时于 1902 年来到美国，最终定居在宾夕法尼亚州的阿伦敦。[1]19 年后，尼古拉回到意大利，带回一位妻子。根据艾柯卡家族的说法，当这对新婚夫妇到达埃利斯岛时，新娘得了斑疹伤寒，头发也掉光了。当检查人员试图拘留她进行进一步检查时，尼古拉这个"好斗的、说话很快的人"告诉他们她只是晕船。他们信以为真，这对夫妻得以入境。这不是一个非常可信的故事，尤其是考虑到斑疹伤寒在过去引起的恐惧，但艾柯卡经常重复这个说法。

因为埃利斯岛对艾柯卡的家庭意义非凡，他把他的筹款工作看作是"出于对父母的爱而心甘情愿的付出"。对他来说，移民大厅具有近乎宗教的神圣意义。他在自传中写道，它是"一座大教堂，一个像教堂一样神圣的场所，一个祈祷的地方。它会让你热泪盈眶"，埃利斯岛"是我生命的一部分，不是这个地方本身，而是它所代表的意义，以及那种艰难的经历本身"。

艾柯卡说："努力工作，劳动的尊严，为正义而战——这些都是自由女神像和埃利斯岛所代表的。"[2]虽然艾柯卡一家在埃利斯岛的经历只不过是避免了潜在的陷阱和悲剧，但对于经过那里的移民后代来说，它现在已经成为骄傲和成功的象征。对于艾柯卡和其他许多有着

---

[1] Iacocca with Novak, *Iacocca*, 5; Peter Wyden, *The Unknown Iacocca* (New York: William Morrow, 1987), 260.

[2] Iacocca with Novak, *Iacocca*, 339.

相似背景的人来说，埃利斯岛越来越多地与他们对美国梦的憧憬交织在一起。

对有些人来说，这种憧憬具有明显的政治和意识形态色彩。[①] 一些历史学家不希望博物馆的主题是大熔炉的观念，而希望是文化多元性。格拉茨和费特曼不仅批评了为自由女神像筹款的行为，同时也批评了埃利斯岛的修复工作。他们质问道："埃利斯岛是应该毫无保留地描绘移民浪潮的历史呢？还是应该变成一个关于种族历史的迪斯尼乐园呢？"他们担心埃利斯岛的历史可能会被"美化"，并想知道"历史的适宜性"如何与"商业兜售"相平衡。格拉茨和费特曼对私营部门深表怀疑，他们只能看到自由女神像和埃利斯岛"越来越变成识别标志"。他们写道："当私人控制取代公共问责制时，公共利益的统一力量就会减弱，这种情况经常发生。我们失去了一个将共同的遗产置于个人利益之上的绝佳机会。"

一位历史学家也提出了类似的观点，他担心新博物馆只会反映企业的价值，只会成为"一个迪斯尼式的'移民乐园'——在《小小世界》(*It's a Small World After All*) 的旋律中，穿着土著服装的工人笑容可掬地兜售可口可乐"。[②] 更糟糕的是，这个博物馆最终可能会以一种"种族民粹主义"的方式颂扬经过埃利斯岛的移民。

应该如何纪念这个旧移民站呢？[③] 两封 1984 年写给《纽约时报》的信代表了这种矛盾的记忆。第一封信称埃利斯岛为"最好被遗忘的"

① Holland, *Idealists, Scoundrels, and the Lady*, 158–159; Roberta Gratz and Eric Fettmann, "The Battle for Ellis Island," *Nation*, November 30, 1985.
② Lynn Johnson, "Ellis Island: Historic Preservation from the Supply Side," *Radical History Review*, September 1984.
③ *NYT*, January 14, 21, 1984.

象征，"它提供给移民的既不是欢迎，也不是避风港。它就像巴士底狱一样，没有人会怀念它"。第二封信认为，埃利斯岛真正纪念的是移民的"奋斗和最终胜利"。人们如何解释埃利斯岛的意义变得比那里实际发生的更加重要。

这个以前的检查站正在成为一个国家圣地，这意味着将埃利斯岛与记忆的最初发源地普利茅斯岩联系了起来。[1] 这不仅将沉闷的检查站升华为象征性的国家神殿，也与新移民群体正在取代美国清教徒前辈的想法形成了共鸣。就像五月花后裔协会（Society of Mayflower Descendants）等组织帮助确立了他们对美国的所有权一样，埃利斯岛移民的后代现在也在争取自己的位置。埃利斯岛是新的普利茅斯岩，而经过这里的移民就是现代多元文化的美国清教徒。

这个过程比大多数人认为的要早得多。[2] 埃利斯岛成为国家象征的历史可以追溯到 1903 年，当时雅各布·里斯称它为"美利坚民族通往应许之地的门户"。两年后，《波士顿文抄报》（Boston Transcript）称其为"20 世纪的普利茅斯岩"，而《青年指南》（The Youth's Companion）则将其称为"新普利茅斯岩"。

1914 年，一位名叫玛丽·安提恩（Mary Antin）的作家写道："五月花号的幽灵指导着每一艘移民船，埃利斯岛则是普利茅斯岩的另一个名字。"[3] 对于像安提恩这样的俄罗斯犹太移民来说，将普利茅斯岩和埃利斯岛联系起来，是一种直接表达她美国特质并谴责移民反对者的方式。

---

[1] 更多关于普利茅斯岩历史记忆演变的信息，见 John Seelye, *Memory's Nation: The Place of Plymouth Rock* (Chapel Hill: University of North Carolina Press, 1998)。

[2] Jacob A. Riis, "In the Gateway of Nations," *Century Magazine*, March 1903; "The New Plymouth Rock," *Youth's Companion*, December 14, 1905.

[3] Mary Antin, *They Who Knock at Our Gates: A Complete Gospel of Immigration* (Boston and New York: Houghton, Mifflin, 1914), 98.

　　像安提恩这样的移民竟然胆敢把普利茅斯岩等同于埃利斯岛，对小说家阿格尼丝·雷普利尔（Agnes Repplier）来说，这实在难以接受。① 她质问道："如果当年在普利茅斯岩有移民官员接待清教徒前辈，如果他们的孩子被立即安置在好的免费学校，有医生和护士的照顾，他们还能养成怎样的先驱者美德呢？"将普利茅斯岩等同于埃利斯岛，就是假设现代移民与最初的定居者及其后代相当，这一判断的飞跃对雷普利尔来说太过牵强。

397

　　其他土生土长的美国人则紧张地认为，从普利茅斯岩到埃利斯岛的接力棒传递不可避免。②20 世纪早期，纽约市的一名教师就发现，她主要由第一代和第二代移民组成的学生无法回答有关美国历史的基本问题。当所有的问题都失败后，她问：埃利斯岛在哪里？她终于找到了正确的问题，房间里的每一只手都举了起来，"每一双眼睛都闪烁着智慧的光芒"。虽然老师一直怀着崇敬的心情来看待普利茅斯岩，这些学生和数百万新美国人的历史却是从埃利斯岛开始的。

　　在 20 世纪 30 年代末和 40 年代初，一个名叫路易斯·阿达米克（Louis Adamic）的斯洛文尼亚移民在全国各地巡回演讲，演讲的题目就是"普利茅斯岩和埃利斯岛"。③

---

① Werner Sollors, "National Identity and Ethnic Diversity: 'Of Plymouth Rock and Jamestown and Ellis Island' or Ethnic Literature and Some Redefinitions of 'America,'" in Genevieve Fabre and Robert O'Meally, eds., *History and Memory in African-American Culture* (New York: Oxford University Press, 1994), 103–105; Agnes Repplier, "The Modest Immigrant," *Atlantic Monthly*, September 1915.
② Thomas Darlington, "The Medic-Economic Aspect of the Immigration Problem," *North American Review*, December 21, 1906.
③ Sollors, "National Identity and Ethnic Diversity," 108–109; Dan Shiffman, *Rooting Multiculturalism: The Work of Louis Adamic*; Louis Adamic, *From Many Lands* (New York: Harper & Brothers, 1939), 296–299.

作为一个群体，他们重要的美国背景的开端不是被美化的"五月花号"，而是尚未被美化的移民统舱；不是普利茅斯岩或詹姆斯敦，而是城堡花园、埃利斯岛、天使岛、国际大桥或墨西哥和加拿大边境；不是新英格兰的荒野，而是城市贫民窟和工厂系统的社会经济丛林。

随着美国卷入另一场欧洲战争，阿达米克希望将埃利斯岛纳入美国的历史万神殿能够有助于统一这个多元化的国家。他告诫听众："让我们使美国成为一个可以包容不同声音的地方，让我们在多样性中寻求统一。"

第二次世界大战结束后，埃利斯岛逐渐淡出了民众的视野，即使在新闻中偶尔出现，也往往是与二战期间作为敌侨拘留营的历史有关，或者与冷战期间作为疑似激进分子拘留营的历史有关。然而，20世纪60年代末和70年代白人种族身份的复兴让埃利斯岛得到了更多的关注。

1968年，莱奥·罗斯滕为《看客》杂志写了一篇文章，题为"不久以前，有一个魔法岛"，语气非常怀旧。[①] 大约在同一时间，埃利斯岛之前爱尔兰移民后裔的参议员泰德·肯尼迪在《君子》杂志上发表了一篇关于埃利斯岛和经过该岛的移民的文章。他写道："他们来了——富有创造力，勤奋，无畏。今天，改头换面的埃利斯岛已经成为美国历史上最古老的主题的象征。它提醒我们每一个人，美国今天的辉煌脱胎于当初的卑微。"1975年，国家公园管理局的历史学家托马斯·皮特金（Thomas Pitkin）出版了第一本全面介绍埃利斯岛历史的专著。他在结论中写道："把埃利斯岛称为那个时代的普利茅斯岩，这并没有什么新奇之处。在长达几十年的时间里，美国没有任何一个

398

---

① Leo Rosten, "Not So Long Ago, There Was a Magic Island," *Look*, December 24, 1968; Edward M. Kennedy, "Ellis Island," *Esquire*, April 1967; Thomas M. Pitkin, *Keepers of the Gate: A History of Ellis Island* (New York: New York University Press, 1975), 177.

地方像埃利斯岛这样引人关注。"

20 世纪 70 年代末，一群亚美尼亚裔美国人聚集在埃利斯岛，"表达对他们所选择的自由之地的感激之情"。[1] 该活动的组织者之一塞特·查尔斯·莫吉安（Set Charles Momjian）很好地表达了埃利斯岛对亚美尼亚人和其他移民的意义。他说："对许多人来说，埃利斯岛是美国生活的一个悲伤和不安的开端。今天，我们回到这个地方，不再害怕，不再胆怯，不再困惑，而是充满信心，对我们在这个国家所经历的祝福而充满感激，这是衡量我们作为美国人获得成功的一个标准。"小说家威廉·瑟罗扬（William Saroyan）曾描述过，他的祖母一到美国就因为视力不好而差点被拒绝入境。虽然瑟罗扬出生在美国，但他写道，埃利斯岛已经深入他的"骨髓"。

在这股怀旧和民族自豪感的浪潮中，意大利移民之子、大学行政官员彼得·萨马蒂诺（Peter Sammartino）成立了埃利斯岛恢复委员会（Restore Ellis Island Committee），希望最终能将其向游客开放。[2] 它成功地让国会拨款 100 万美元用于这项工作，并拨款 700 万美元用于重建该岛的海堤。由于萨马蒂诺的努力，国家公园管理局在 1976 年向公众开放了主楼，但岛上仍是一片混乱。记者西德尼·尚伯格（Sydney Schanberg）称它"像南布朗克斯的一排中空建筑物一样浪漫"。1984 年，埃利斯岛再次因维修而关闭。

同年，杰拉尔丁·费拉罗（Geraldine Ferraro）不仅成为美国主要政党中第一个参加总统竞选的女性，也是这样做的第一个埃利斯岛移

[1] "Ellis Island Remembered," September 23, 1978, NYPL.
[2] F. Ross Holland, *Idealists, Scoundrels, and the Lady: An Insider's View of the Statue of Liberty–Ellis Island Project* (Urbana: University of Illinois Press, 1993), 5–6; NYT, July 25, 1981.

民后裔。沃尔特·蒙代尔（Walter Mondale）选择费拉罗作为其竞选伙伴，这表明了种族身份对于竞选的重要性。出于同样的考虑，他选择了另一位纽约民主党人马里奥·科莫（Mario Cuomo）在民主党全国代表大会上发表主题演讲。

政治作家迈克尔·巴伦（Michael Barone）称这场竞选为"埃利斯岛之战"。[①]他写道："在 1984 年，重要的不是每个被选举人如何吸引特定的种族群体，而是如何更成功地诉诸埃利斯岛的传统。"共和党人会指出，自由市场资本主义在埃利斯岛移民的成功中发挥了重要作用；而民主党人则会辩称，新政在使第二代和第三代美国人成为中产阶级的一部分方面发挥了重要作用。

1988 年，民主党提名埃利斯岛移民的另一个后人为总统候选人。[②]在与出身高贵的共和党人乔治·布什（George H. W. Bush）竞争时，迈克尔·杜卡基斯（Michael Dukakis）强调了自己作为希腊移民之子的背景。在他的提名演讲中，这位马萨诸塞州州长专门提到了他已故的父亲，"他来到埃利斯岛时，口袋里只有 25 美元，但他对美国梦有着深刻而持久的信念"。在竞选期间，杜卡基斯以红白蓝三色出现在埃利斯岛，他在那里谈论了几十年前自己父母的到来。他说："他们的故事就是你们的故事，也是我们的故事，而这就是美国的故事。"

费拉罗和杜卡基斯是政治上的失败者，但就像《新闻周刊》的梅格·格林菲尔德指出的那样，埃利斯岛"已经成为东海岸的小木屋，贫穷的农场男孩的成长环境，以及许多拥有异国姓氏的人所无法拥有

---

① Michael Barone, "The Battle for Ellis Island," *Washington Post*, August 14, 1984, and Matthew Frye Jacobson, *Roots Too: White Ethnic Revival in Post-Civil Rights America* (Cambridge, MA: Harvard University Press, 2006), 320-322.

② *NYT*, September 4, 1988; 1988 年 7 月 21 日，迈克尔·杜卡基斯在亚特兰大民主党全国代表大会上接受总统提名的演讲："美国伟大的新时代"；Jacobson, *Roots Too*, 327-331.

的其他美国特色"。①

现在，埃利斯岛已经深深扎根于这个国家的精神和历史记忆中，又一次准备在公共舞台上占据一席之地。经过自由女神像-埃利斯岛基金会多年的修复和筹款，经过翻新的埃利斯岛终于在 1990 年 9 月 9 日重新开放。由于适逢经济衰退，相对于 1986 年光彩夺目的自由女神像揭幕仪式，这场活动要低调很多。

耗资超过 1.5 亿美元之后，位于该岛北侧的主要建筑作为移民博物馆向公众开放。像他们的祖先一样，游客从渡轮上下来，然后踏上通往这座建筑的小路。到达一楼后，他们会沿着一段楼梯往上走，而这段楼梯完全复制了当年的楼梯。想当年，在移民蜿蜒上楼时，检查人员和医生曾对他们进行仔细的检查。接着，他们会进入移民大厅。

当年，这里熙熙攘攘，挤满了移民，他们会排队等候接受移民官员的询问。今天，重新装修过的大厅里却空无一人。旁边的房间里有对于移民检查过程的说明。游客们可以参观特别调查委员会使用的听证室，还可以参观当年的拘留室，在这里，移民们曾经睡在帆布吊床上，三张吊床自上而下从天花板悬下来。主楼的翻新获得了《纽约时报》建筑评论家保罗·戈德伯格（Paul Goldberger）的好评，他称其"设计巧妙，执行出色"。

在很多层面上，埃利斯岛的修复都是成功的。许多游客来这里不仅是为了参观经过翻修的主楼和博物馆，也是为了参观所谓的美国移民荣誉墙（American Immigrant Wall of Honor）。艾柯卡的这个创意来自菲利普·约翰逊于 20 世纪 60 年代设计的"1 600 万人墙"，但他加入了自己作为推销员的风格。艾柯卡的哲学是"人人有份"，他决定向

---

① Meg Greenfield, "The Immigrant Mystique," *Newsweek*, August 8, 1988.

400

那些把自己或祖先的名字写在墙上的人收费。到了 1993 年，这堵墙已
经筹集了 4 200 多万美元，未来可能会有更多名字加入其中。

艾柯卡无意中增加了人们对埃利斯岛的困惑。大多数游客认为，荣
誉墙上列出了每一个通过该岛的移民的名字。许多人在墙上找不到他们
祖先的名字时会感到沮丧。事实是，只有在移民的后代捐出至少 100 美
元后，他们的名字才会出现在荣誉墙上。没有钱，就不会留下名字。

还有更让人困惑的。塞缪尔·弗里德曼（Samuel Freedman）发现，
他祖父母的名字出现了两次，因为他的父亲和一个叔叔或姑姑分别交
了钱，让他们列出父母的名字。更让人困惑的是，当游客们看到荣誉
墙时，他们很容易在超过 70 万（截至 2008 年）个名字中发现这样一
些 "移民" 的名字：迈尔斯·斯坦迪什（Miles Standish）、保罗·里维
尔（Paul Revere）和托马斯·塞耶（Thomas Thayer）。其中第一位是当
年 "五月花号" 上的上尉，第二位是独立战争时期著名的爱国者，而
第三位之所以能够跻身其中，是因为他的一个后代、前第一夫人芭芭
拉·布什的捐赠。

在历史的另一边，埃利斯岛的移民与 1977 年来到美国的韩国移民
姜信基（Shin Ki Kang，音）和最近从伊朗来到美国的帕尔维斯·迈赫
兰（Parvis Mehran）等人共享墙上的空间。[①] 考虑到荣誉墙的盈利性，
一位记者将其描述为 "美国梦的象征，它允许每个人在美国历史上购
买一席之地"。

401　　　墙上应该出现什么样的名字呢？[②] 一位女士抱怨说，她很希望祖
父的名字出现在荣誉墙上，但不知道该用哪个名字。是他出生时的名
字尼希米·诺尔（Nehemiah Nohr）呢？还是 "埃利斯岛的移民官员给

① *NYT*, January 14, 1993, August 11, 2000.

② *NYT*, September 21, 1990.

他的名字雅各布·弗里德曼（Jacob Friedman）呢？在接下来的 50 年里，他作为一名入籍美国公民而被人熟知的名字是后者"。这位女士抱怨说很多像她祖父这样的人已经消失在历史中，"被毫无理由地抹煞了，这是埃利斯岛的工作人员几乎无法预见的困境"。

埃利斯岛和名字问题之间的联系仍然牢牢地印在公众的脑海中。在雅各布·弗里德曼孙女的心目中，埃利斯岛已经成为"给移民改名"的代名词。

这方面最著名的例子涉及一个名叫肖恩·弗格森（Sean Ferguson）的犹太移民。[1] 他之所以会获得一个有点苏格兰味道的名字，据说是因为当移民官员问他叫什么名字时，茫然不知所措的他用意第绪语回答"Schoen vergessen"，意为"我忘了"，因为这个表达的发音和"肖恩·弗格森"很像，于是这就成了他的名字。

这样的事例还有很多。[2] 来自柏林的移民从移民官员那里得到了"伯利纳"（Berliner，意为"柏林人"）这个姓氏。还有一个犹太孤儿的

---

[1]　关于肖恩·弗格森的故事，又见 Alan M. Kraut, *The Huddled Masses: The Immigrant in American Society, 1880-1921* (Wheel-ing, IL: Harlan Davidson, 1982), 56-57. 虽然作者称这个故事可能是杜撰的，但他用它来说明埃利斯岛官员更改名字的情况。对这个故事一种可能的解释是，最初的肖恩·弗格森是一个说意第绪语的演员，名叫贝雷尔·比恩斯托克（Berel Bienstock）。当他来到美国发展时，他的经纪人建议他给自己取一个美国化的名字。他辗转到了加州，见到一位电影制片人，当制片人问他叫什么名字时，紧张的他用意第绪语回答说："Schoen fergessen"，于是制片人把他的名字写成了"肖恩·弗格森"。但这个故事也可能是杜撰的。见 Stephen J. Sass, "In the Name of Sean Ferguson," Jewish Journal.com, June 21, 2002, http://www.jewishjournal.com/home/preview.php?id=8761。

[2]　Ellen Levine, illustrated by Wayne Parmenter, *If Your Name Was Changed at Ellis Island* (New York: Scholastic, 1993); 作者声称，她祖父原名路易斯·纳奇诺夫斯基（Louis Nachinovsky），但埃利斯岛的移民检查员"把许多犹太人的名字改成了莱文或科恩"，所以她的祖父变成了路易斯·莱文。另一本关于埃利斯岛的书，书名是《有一个四处改名字的人》（*There's a Man Goin' Round Changing Names*），书中讨论了"成千上万"的名字是如何在埃利斯岛被改的。这方面的更多讨论，见 David M. Brownstone, Irene M. Frank, and Douglass Brownstone, *Island of Hope, Island of Tears* (New York: Metro Books, 2002), 177-179。

故事，他告诉移民官员他是一个孤儿，因为"孤儿"这个词在意第绪语中是"yosem"，后来他发现自己的名字变成了"约瑟姆"（Josem）。据说还有一个移民被移民官员告知"把你的名字写在这里"，于是他就写下了英语里表示"你的名字"的发音"Yormark"，结果，这就成了他的名字。在 HBO 电视剧《黑道家族》（*The Sopranos*）中，一位名叫菲尔·列奥塔多（Phil Leotardo）的黑帮成员在一次家族聚会上曾抱怨，这个家族最初的姓氏是列奥纳多，和列奥纳多·达·芬奇是本家，但是在埃利斯岛被改成了列奥塔多。当他的孙子问为什么会发生这样的事情时，菲尔回答说："因为他们很笨，这就是为什么。还有嫉妒。他们不尊重我们引以为豪的意大利传统，竟然用芭蕾舞服装的名称给我们命名。"1994 年有一本很受欢迎的儿童读物，书名就叫《如果你在埃利斯岛被改了名字》（*If Your Name Was Changed at Ellis Island*）。

在晚年接受的一次采访中，索菲娅·克雷茨伯格（Sophia Kreitzberg）讲述了继父告诉她的、当年他在埃利斯岛的经历。[1] 移民官员问他叫什么名字，他回答"科根"（Kogan）。据说移民官员对他说："科根·施摩根（Kogan Shmogan）不像一个美国名字"，然后就将他改名为"山姆·科恩"（Sam Cohen）。她说："他们给每个人都取了科恩或施瓦兹之类的名字。这就是为什么你会发现这么多犹太人有着相同的名字。这些名字是埃利斯岛的人给他们取的。"

还有一个关于华裔洗衣店老板莫伊舍·皮皮克（Moishe Pipik）的笑话。[2] 当被问及为什么一个华裔男子会有这样一个奇怪的名字时，皮皮克解释说："在埃利斯岛，我排在一个叫莫伊舍·皮皮克的人后面。

402

---

[1]　Interview with Sophia Kreitzberg, "Voices from Ellis Island."

[2]　Joseph Epstein, "Death Benefits," *Weekly Standard*, May 21, 2007. 虽然作者讲述莫伊舍·皮皮克的故事是为了开玩笑，但他仍然认为"埃利斯岛官员的不耐烦改变了很多东欧人的姓氏"。

当轮到我报告自己的名字时，我说我叫'Sam Ting（山姆·丁）'，结果移民官员听成了'Same thing'（一样）。"当时有《排华法案》，但是在这个故事中，中国移民竟然可以轻松通过埃利斯岛，可见这个故事是杜撰的。

几乎所有这些改名换姓的故事都是杜撰的。[①]埃利斯岛的移民官员不会改变移民的名字。移民检查员并不会记录移民姓名，只要考虑到这样一个事实，就会明白这一点。唯一的名单是轮船的乘客名单，由欧洲的船务官员填写。在签证制度之前，除了这些乘客名单之外，没有任何正式的移民入境记录。当移民排着长队来到移民官员面前时，后者的面前通常会摆着一张巨大的乘客名单。然后，他会根据乘客名单上的内容提出问题，通常是通过口译员。他们的目标是确保回答和名单上的内容一致。

只有在一种情况下埃利斯岛的移民官员才会写下移民的名字，那就是在移民被扣留进行听证或接受医疗救助的时候。移民官员会在他们的档案中记下这些移民的别名和可能的拼写方式。然而，这些都不是官方文件，只是内部文件，并且无权正式更改移民的名字。

名字的变更主要发生在大西洋的另一边，当轮船官员在乘客名单上记录名字时，或者是在埃利斯岛之后，当移民填写入籍文件或其他官方文件时。移民们常常自愿选择将他们的名字美国化，以适应他们的新家园。

然而，至少有一个改名事件发生在埃利斯岛。弗兰克·伍德哈尔（Frank Woodhull）生来是个女人，原名叫玛丽·约翰逊（Mary Johnson），但是在过去的 15 年里，她是以男人的身份生活的。当她来到埃利斯岛

---

① 见艾伦·伯利纳（Alan Berliner）的纪录片，*The Sweetest Sound*, reviewed in *WSJ*, June 25, 2001.

时，乘客名单上写的是弗兰克·伍德哈尔这个名字。伍德哈尔被拘留了一天，在此期间，当局在考虑是否要接纳她，最终她获准入境并前往新奥尔良，但在此之前，移民官员们在乘客名单上划掉了伍德哈尔这个名字，用铅笔写上了"玛丽·约翰逊"。这显然是一个特例。

403

然而，更名的故事作为都市传奇流传至今。许多美国人相信它的真实性，因为他们的祖父母给他们讲过这个故事。这是一个很方便的神话，凸显了埃利斯岛给移民留下的创伤和所谓的对移民的粗暴对待，以及它在使移民美国化的过程中所扮演的角色，而这一过程往往是违背他们意愿的。这个故事只是为了方便地掩盖一个令人不快的事实，那就是许多移民为了融入美国社会而自愿放弃自己在旧世界的名字。如果你的姓氏被从赫里茨辛（Hryczyszyn）改成了史密斯，将这一事实怪罪于麻木不仁的移民官员总比怪罪你爷爷好。

移民荣誉墙上既有那些真正经过埃利斯岛的人，也有当年的马萨诸塞州清教徒和韩国商人，这给埃利斯岛的纪念性带来了更大的问题。[1] 作为一个圣地，它所纪念的应该是那些经过这里的移民？还是美国历史上每一个时代的移民？抑或是每一个以各种方式来到美国的移民？其中既包括从 18 世纪的奴隶船和 19 世纪早期的"棺材船"抵达的移民，也包括乘坐飞机而抵达的现代移民？

虽然埃利斯岛的修复获得了公众的喝彩，但许多学者对它演变成国家象征持批评态度。[2] 他们关注的是三个问题。首先，对埃利斯岛的

---

① 这个问题出现在 20 世纪 80 年代博物馆的规划过程中。见 Holland, *Idealists, Scoundrels, and the Lady*, 184-185。

② *NYT*, September 7, 1990; Mike Wallace, *Mickey Mouse History and Other Essays on American Memory* (Philadelphia: Temple University Press, 1996), 70-71. 作者错误地声称："尽管里根把这座雕像颂扬为'流亡者之母'，但他当时正在尽最大努力关上敞开的大门。"反移民措施从来不是里根政策或言论的一部分。里根执政时期的主要移民立法——（转下页）

纪念不应被用来与后来的移民群体作负面比较；第二，整修后的埃利斯岛不应引发对自由市场意识形态的庆祝或关于"自力更生"的说教；最后，埃利斯岛故事中所体现的"移民国家"传奇忽略了那些并非自愿移民到美国的群体，即美洲印第安人和非洲奴隶的后代。

　　历史学家理应廓清历史记忆建构所造成的迷雾，但他们的作品表明，他们试图构建一种为意识形态目的服务的历史记忆。例如，历史学家迈克·华莱士（Mike Wallace）曾抱怨岛上的博物馆缺乏"新鲜思维"，他提议可以展示一些表现"国际货币基金组织、大型跨国公司和中央情报局采取的行动对移民流动的影响"的藏品。他认为，新的移民博物馆没有任何可以帮助人们探究当代反移民态度的东西。他写道：404　　"很有可能出现这样的情况，当游览者离开埃利斯岛时，他们会对以前的移民充满温暖的感情，但是对于东南亚人、中南美洲讲西班牙语的人和阿拉伯人移民原有的憎恶却丝毫不会减少。"

　　此外，华莱士等左派人士担心对埃利斯岛的修复助长了美国保守主义的兴起。① 华莱士写道："在里根和艾柯卡对移民历史的解读中，

（接上页）1986 年的《移民改革与控制法案》——并没有呼吁限制移民，而是制定了一项针对已经在美国的非法移民的大赦计划，以及一些旨在惩罚雇佣非法移民的雇主的措施。在里根执政期间，移民人数保持了相当稳定的增长，从 1980 年的 530 639 人增长到 1988 年的 643 025 人，然后在接下来的三年里每年都突破 100 万。彼得·舒克（Peter Schuck）曾写道，20 世纪 80 年代出台的移民政策"以历史标准衡量是非常自由和宽松的"。Wallace, 58; Peter H. Schuck, *Citizens, Strangers, and In-Between: Essays on Immigration and Citizenship* (Boulder, CO: Westview Press, 1998), 92.

① Wallace, *Mickey Mouse History*, 57. 对埃利斯岛的其他学术批评，见 Barbara Kirshenblatt-Gimblett, *Destination Culture: Tourism, Museums, and Heritage* (Berkeley: University of California Press, 1998), 177-187, and John Bodnar, "Symbols and Servants: Immigrant America and the Limits of Public History," *Journal of American History* 73, no. 1 (June 1986). 对埃利斯岛更加积极的学术评价，见 Judith Smith, "Celebrating Immigration History at Ellis Island," *American Quarterly*, March 1992。

核心都是白人'从贫困中崛起'的传奇故事。"

艺术教授艾丽卡·兰德（Erica Rand）透过性别和酷儿研究的视角看待埃利斯岛。[1] 在她于 2005 年出版的《埃利斯岛雪球》一书中，不仅对商业主义进行了谴责，还对同性性爱进行了有趣的讨论，其中包括"高尔夫球上的饲养员：埃利斯岛的性正常化"等章节。兰德还担心这个地方的排他性，她认为这是对一个群体历史叙事的特殊对待。她担心，"声称移民博物馆纪念所有的移民、甚至是所有'美国人'的说法，也掩盖了一种不平等，那就是遗产资源集中在一个主要纪念和记录白人的地点"。

对有些人来说，很难把埃利斯岛的记忆与对种族问题的讨论分开。[2] 许多美国黑人觉得自己被排除在自由女神像和埃利斯岛的庆祝活动之外，尽管几乎没有美国人意识到，在 1899 年至 1937 年间从埃利斯岛来到美国的大约 143 000 名黑人移民中，有黑人民族主义者马库斯·加维（Marcus Garvey）、社会学家肯尼斯·克拉克（Kenneth Clark）和哈莱姆文艺复兴作家克劳德·麦凯（Claude McKay）。这些移民大多来自加勒比海地区。黑人历史学家约翰·霍普·富兰克林（John Hope Franklin）就是这种脱节的例证。他承认，对自由女神像和埃利斯岛的翻修是"为移民举行的庆祝活动，与我无关。作为一项活动，我对它很感兴趣，但我觉得自己并没有参与其中。"

大卫·罗迪格（David Roediger）的《朝着白人的方向努力：美国移民如何变成白人——从埃利斯岛到郊区的奇怪旅程》就是这种不安

---

[1] Erica Rand, *The Ellis Island Snow Globe* (Durham, NC: Duke University Press, 2005), 177.

[2] Ira De A. Reid, *The Negro Movement: His Background, Characteristics, and Social Adjustment, 1899–1937* (New York: Columbia University Press, 1939), 42; *NYT*, May 30, 1986.

的例证。^①是什么让从埃利斯岛到郊区的旅程如此"奇怪"呢？乍一看原因并不明显，但它与这样一种观念有关，即移民必须有意识地"变成白人"，才能进入主流社会，在这样做的过程中，他们接受了白人至上主义的观念，背弃了非裔美国人，没能站入无产阶级反对资本主义革命的先锋队。除了书名之外，埃利斯岛在书中几乎没有出现，但它是罗迪格这部意识形态小册子的一个方便的象征。

对历史学家马修·弗莱·雅各布森（Matthew Frye Jacobson）来说，埃利斯岛的纪念活动与美国是一个"移民国家"这一有问题的观点有关。^②之所以说这种观点是有问题的，是因为它将非移民后裔的美国黑人和印第安人排除在美国的民族神话之外。在他看来，同样糟糕的是，"在 1968 年开始的选举重组中，移民的神话和移民的后代充当决定性的因素，使共和党在 1968 年开始的选举重组中成为多数党"。他痛恨这样的结果。雅各布森暗示，欧洲移民的到来对公民权利来说是一个不利的因素。借用马尔科姆·艾克斯（Malcolm X）的笔法，他写道："我的兄弟姐妹们，我们没有在埃利斯岛入境，是埃利斯岛落到了我们头上。"

另一个群体也感觉被整个"移民国家"的庆祝活动所冷落。^③政治学家塞缪尔·亨廷顿（Samuel Huntington）说，以这种方式描述美国，"无异于将片面的真理夸大为误导性的谬论。"亨廷顿代表的是盎格鲁-撒克逊白人新教徒，他认为这些人的祖先是殖民者，而不是移

---

① David R. Roediger, *Working Toward Whiteness: How America's Immigrants Became White: The Strange Journey from Ellis Island to the Suburbs* (New York: Basic Books, 2005).

② Jacoboson, *Roots Too*, 204–205.

③ Samuel Huntington, *Who Are We? The Challenges to America's National Identity* (New York: Simon & Schuster, 2004), 37–39, 46; Seelye, *Memory's Nation*, 628–629.

民。同样，一位写作普利茅斯岩历史的作者指出，那些清教徒的后裔
"在参观完移民博物馆之后，一定会发现他们不属于这里"。

　　这些批评提出了关于埃利斯岛重建的另一个问题。联邦政府最初
设立这个检查站是为了排除不受欢迎的移民，现在国家公园管理局歌
颂的是经过埃利斯岛的移民，这是不是在实行另一种排斥呢？

　　在之后的几年里，国家公园管理局和自由女神像-埃利斯岛基金
会做出了巨大的努力，以实现历史包容性。[①] 国家公园管理局移民博
物馆项目经理加里·罗斯（Gary G. Roth）解释道："无论你的家人是
乘坐五月花号抵达，还是刚刚从洪都拉斯乘飞机抵达，这都无关紧要。
埃利斯岛是 400 年移民的象征。这里讲述的是每一个美国人的故事，
包括美洲原住民和被迫的移民，即那些被强行带到这里的奴隶。"

　　2006 年，该基金会开始为一个名为"美国移民史中心"（The
Peopling of America Center）的项目筹款。这座新博物馆将展示"美国
历史的全貌"，并超越传统的移民故事。传统的移民故事排除了奴隶船
带来的移民和欧洲殖民之前居住在这片大陆上的土著人。似乎是为了
强调该中心的包容性，而不是所谓的埃利斯岛移民博物馆的狭隘和排
他性，即几乎只专注经过埃利斯岛的移民，这个中心的座右铭是："这
与我们每一个人都有关！"

　　埃利斯岛的标志性地位一直存在。当在线经纪公司德美利证券
发起新的广告宣传活动时，它选择了歌颂美国人的独立精神作为主
题。[②] 为了体现这种精神，它选择了埃利斯岛的移民。该公司发言人
萨姆·沃特斯顿（Sam Waterston）说道："当移民来到埃利斯岛时，他

①　*NYT*, September 7, 1990.
②　这个广告的印刷版，见 *NYT*, April 26, 2006, A11。

们带着一个梦想，那就是只要努力工作，机会就会随之而来。"在该公司登在报纸上的广告上，沃特斯顿站在那里，旁边是一张移民家庭站在埃利斯岛观看自由女神像的大照片，还有一幅著名的画，画的是签署《独立宣言》的场景。广告用大字写道："美国最成功投资者的驱动力是独立精神。"

在《学徒》(*The Apprentice*) 第五季的一集中，那些争夺为唐纳德·特朗普工作的人接到的任务是为埃利斯岛的游客制作一本新的纪念小册子。自由女神像–埃利斯岛基金会在其通讯中指出："是的，就连唐纳德·特朗普似乎也很清楚这座伟大的、象征自由和机遇的国家纪念碑的历史意义和神奇魅力。"

在电影《教父 2》、《全民情敌》(*Hitch*)、《赫斯特街》(*Hester Street*) 和《异星兄弟》(*Brother from Another Planet*) 等电影中，埃利斯岛都扮演着重要角色。2006 年，意大利电影《金色大门》(*Golden Door*，意大利原名为 *Nuovomondo*) 在美国上映，讲述了西西里移民经过埃利斯岛的故事。影片描绘了入境检查过程中的混乱，然而它并不太符合历史事实。在这部电影中，所有移民都要接受严格的身体和心理检查。事实上，埃利斯岛的工作人员相对较少，这意味着大多数经过这里的人接受的检查会很仓促。只有当移民被怀疑有某些缺陷时，他们才会接受全面的心理和身体检查。威廉·威廉姆斯倒是希望能够像我们在电影中看到的那样仔细检查每一个移民。

20 世纪 90 年代，纽约州和新泽西州为争夺埃利斯岛的管辖权打了一场旷日持久的官司。[①] 1998 年，这场官司最终打到了美国最高法院，最高法院以六比三的结果裁定，这块土地除三英亩外全部属于新

① *New Jersey v. New York* 523 U.S. 767 (1998); *NYT*, April 3, 1997, January 13, 1998, May 26, 1998, August 13, 2001; *WP*, May 27, 1998.

泽西州。最高法院的多数意见依据的是 1834 年两州达成的一项协议，该协议当时将三英亩的岛屿授予纽约州，同时允许新泽西州保留对周围水域和被淹没土地的所有权。随着埃利斯岛的扩张，其中一些土地最终被添加到埃利斯岛。

虽然双方都发表了豪言壮语，但这场争斗与重大问题无关，更多是与谁将控制该岛其他土地的开发以及由此产生的税收有关。从 80 年代开始，就曾有关于重新开发该岛南部的讨论，那里曾经是医院所在地。新计划包括拆除一些废弃的建筑，用酒店和会议中心取而代之，用来自商业用地的收入来修复其余的建筑。新泽西州想要修建一座人行桥，从哈德逊河的另一边通往这座岛。艾柯卡有其他想法，他想要建一个专门展示各民族艺术、手工艺和食品的展览中心。

最后，没有一项计划获得批准，岛屿南部仍处于荒废状态，因为保护主义者坚决反对商业开发的想法。遗憾的是，他们没有足够的钱来修复这里。此时，国家公园管理局介入，与一个新成立的非营利组织"拯救埃利斯岛"（Save Ellis Island）达成了协议。该组织被授权为埃利斯岛南部的修复筹集资金。

该组织的使命宣言宣布要"将埃利斯岛上 30 座未修复的建筑改造成埃利斯岛研究所和会议中心"，"埃利斯岛研究所和会议中心将因地制宜，成为一个世界级的设施，为人们在移民、多样性、人类健康和幸福等领域的参与和终身学习服务，这些都是契合埃利斯岛精神的主题"。

为了帮助筹款和提高该项目的知名度，箭牌（Arrow）服装公司发起了一项全国性的公关活动。[①] 它利用电视广告和海报进行了代价

---

① 关于这家公司的广告和筹款活动，见 http://www.weareellisisland.org。关于该岛被遗弃的南部的一组近期照片，见 Stephen Wilkes, *Ellis Island: Ghosts of Freedom* (New York: W.W. Norton, 2006)。

高昂的宣传活动，参与者包括演员埃利奥特·古尔德（Elliot Gould）和克里斯蒂安·斯莱特（Christian Slater），职业足球名人堂成员乔·蒙塔纳（Joe Montana），美国偶像决赛选手凯瑟琳·麦克菲（Kathryn McPhee），以及《黑道家族》的演员。在管弦乐队演奏的音乐声中，他们每个人都穿着时髦的衣服——毫无疑问是箭牌的衣服——走过埃利斯岛南侧废弃的建筑。为了支持这项努力，公众可以购买印有"拯救埃利斯岛"字样的 T 恤，并在网站上留下他们家庭的移民故事。

对于那些想知道服装制造商和移民有什么关系的人，箭牌公司提出了一个口号："埃利斯岛，世界在这里汇聚，美国风格从这里发端。"海报强化了埃利斯岛、美国梦以及家庭、机遇和自由等主题之间的联系。尽管克里斯蒂安·斯莱特的祖先肯定是来自爱尔兰和英格兰的老移民，而且不清楚他们是否经过埃利斯岛，他的海报上仍然写着："埃利斯岛代表着我们的根基，这是一个充满可能性和新开端的地方。"对凯瑟琳·麦克菲来说，埃利斯岛是"美国梦的集体遗产"。对乔·蒙塔纳来说，这关系到他的意大利移民祖先，他们在宾夕法尼亚州的矿山工作，为他们的家庭创造机会。他的海报上写着："不畏艰难，战胜逆境，这才是真正的美国风格。"

另一方面，埃利斯岛国家公园管理局的负责人支持修复埃利斯岛的原因恰恰相反。[1] "这令人难以忘怀，"辛西娅·加勒特（Cynthia Garrett）谈到岛上被遗弃的南部时说，"那里的医院大楼见证了许多疾病和死亡的悲剧。它告诉我们，我们的历史并不都是正面的故事和成功。"

无论埃利斯岛是一个振奋人心的成功故事，还是一个悲惨的悲

---

[1]　*NYT*, August 31, 2001.

剧，它已经演变成了一个类似于国家圣地的东西。①在一篇关于最高法
院案件的社论中，《纽约时报》提到了"埃利斯岛神圣的历史"。2001
年，纽约市市长鲁迪·朱利安尼（Rudy Giuliani）在埃利斯岛举行的一
场入籍仪式上总结了这一趋势："埃利斯岛是一个美妙的地方，是一个
神圣的地方，是美国历史上的圣地。"

409 　　对于像威廉·威廉姆斯、弗雷德里克·豪和其他许多在埃利斯岛
鼎盛时期在此工作过的人来说，这样的说法肯定会显得很可笑。那些
不得不在埃利斯岛克服重重难关的移民可能会感到困惑，他们可能在
自己的经历中看不到什么神圣的东西。埃利斯岛并非注定会成为一个
国家圣地。旧金山的天使岛对中国移民的后代就没有这样的吸引力，
在那里，中国移民受到的待遇比欧洲移民要严格得多。位于布宜诺斯
艾利斯的移民酒店（Hotel de la Inmigración）被称为阿根廷的埃利斯
岛，但是与真正的埃利斯岛相比相形见绌。虽然它也被改造成了一个
移民博物馆，今天的阿根廷人可以在这里缅怀他们一个世纪前来到这
里的祖先，但这里门可罗雀，而且坐落在城市的偏僻地带。

　　话虽如此，每一代人都创造了自己的历史，埃利斯岛移民的后代
重建一个历史遗址也没有什么错，虽然在某种程度上，这个地方就是
为了排除他们的祖先而建。太多急于在政治上得分的批评者忽视了一
点：对埃利斯岛的纪念是对过去和现在的本土主义者的尖锐谴责。

　　虽然如此，就像所有的记忆一样，埃利斯岛的历史记忆也会随着
时间的推移而变化，而且这种记忆将在未来继续演变。这个历史遗迹
究竟象征着什么，即使是在同一个家庭内部也会有争论。

---

① *NYT*, April 3, 1997; Mayor Rudolph Giuliani, "Remarks at Naturalization Ceremony on Ellis
Island with President Bush," July 10, 2001, http://www.nyc.gov/html/rwg/html/2001b/ellis_island.
html.

2004 年，一名妇女参观了修复后的埃利斯岛，在荣誉墙上找到了她祖母的名字。这位成功的纽约专业人士打电话给祖母，与她分享这一刻。她的祖母几十年前从这里进入美国。在电话的另一端，祖母却不耐烦地说："你在那里干什么？"祖母显然不像孙女那样对埃利斯岛抱有积极的想法。

到了 21 世纪初，曾经作为移民检查站的埃利斯岛已经有了新的身份，即国家圣地和象征——现代的普利茅斯岩。当这种转变发生时，美国正处于另一波大规模移民潮之中。美国人能从一个世纪前对待移民的方式中学到什么呢？

结　语

410　　1980 年，83 岁的索菲·沃尔夫（Sophie Wolf）在参观埃利斯岛时对记者说："我们来的时候，不让任何可能成为国家负担的人进来。没有学校可以让你学习语言。"[①] 沃尔夫于 1923 年从德国来到美国，对她来说，20 世纪 80 年代及以后的新移民不如她那个时代的移民。沃尔夫和许多祖先经过埃利斯岛的人认为，20 世纪晚期的移民受到了更宽大的对待，他们从政府那里得到的帮助比到达埃利斯岛的那一代人更多。

乍一看，沃尔夫似乎在为最近对埃利斯岛种族必胜主义的批评辩护。然而，当继续谈论对墨西哥、越南和古巴移民的看法时，她的观点似乎发生了转变。她说："但你必须给人们一个机会，不能把他们赶回去。"从沃尔夫的矛盾反应中，我们可以看到美国人对移民的矛盾心理。

沃尔夫可能认为，过去的移民比现在更艰难，但并不是每个人都这么认为。[②]1998 年，国家公园管理局的理查德·威尔斯（Richard

---

①　*Time*, December 15, 1980.

②　*NYTM*, March 22, 1998.

Wells）告诉记者："在世纪之交（1900 年），美国对待移民的态度比今天好得多。"随着另一个大规模移民时代的到来，美国人将继续为埃利斯岛的记忆而斗争。

　　具有历史讽刺意味的是，埃利斯岛在 1990 年重新向公众开放时，美国见证了有史以来规模最大的移民涌入，甚至超过了 1907 年的记录。接下来的一年人数更多。在 20 世纪 90 年代，平均每年有近 100 万移民进入美国，这一趋势将持续到 21 世纪。

　　不管美国人对如此庞大的新移民数量感到多么不知所措，1990 年美国总人口几乎是一个世纪前埃利斯岛开放时的四倍。因此，20 世纪 90 年代的移民比例不像埃利斯岛时期那么高。

　　就像 19 世纪晚期一样，20 世纪晚期的移民人口构成也在不断演变。欧洲人的大规模移民在很大程度上已经走到了尽头。在 20 世纪 90 年代，只有 14% 的移民来自欧洲，而 22% 的移民来自一个国家：墨西哥。另外 22% 来自加勒比海和中南美洲，29% 来自亚洲。到了 2004 年，在国外出生的美国人的比例已从 1960 年 5% 的低点升至近 12%，虽然仍低于埃利斯岛全盛时期的近 15%。

　　然而，这并不包括非法或无证移民。2005 年，政府估计有 1 050 万非法移民生活在美国。一些人估计，这个数字可能高达 2 000 万。

　　新一波移民潮已经引起了一些美国本土人士的恐慌。虽然一些不安源于移民的绝对数量，以及如此多的非白人移民的事实，但当前辩论的焦点主要集中在非法移民的问题上。首先是 1986 年的《移民改革与控制法案》（*Immigration Reform and Control Act*），该法案为数百万非法移民提供了获得公民身份的途径，并规定将对雇佣非法劳工的企业进行惩罚。20 世纪 90 年代，加州就 187 号提案展开了一场斗争，该提案拒绝向非法移民提供政府福利。2007 年，国会未能通过移民改革法案，反对者阻止了该法案，因为他们认为该法案将赦免非法移民。

　　在最近的这场辩论中，一些反对该法案的保守派人士提到了埃利斯岛。[1]前共和党州议员、专栏作家马特·托尔里（Matt Towery）呼吁用"埃利斯岛方案"来解决美国的移民问题。他主张建立一个现代版
412 的埃利斯岛，在这里，非法移民将"服从于"当局。在官员处理他们的案件并决定接纳谁的时候，这些移民将被安排在修建道路和学校等公共项目工作。但是他忽视了一个事实，即被扣留在埃利斯岛的移民很少从事劳动。

　　托尔里质问道："埃利斯岛方案可以适用于过去的移民，为什么不可以适用于今天的移民呢？"他继续说，埃利斯岛的移民要做的不仅仅是"在获得地位之前踏上美国的土地"。为什么不对新移民提出同样的要求呢？对托尔里来说，埃利斯岛发挥了筛子的作用，把不合格的移民筛除出去。他很纳闷为什么我们不能在 21 世纪恢复这一做法。

　　同样，来自印第安纳州的共和党众议员迈克·彭斯 (Mike Pence) 也提出了自己的移民改革计划，其中包括所谓的"埃利斯岛中心"。这些中心将设在北美自由贸易协定国家和中美洲贸易协定国家，由"美国人拥有的私营职业介绍所"管理。目标是对能够证明自己在美国有工作且没有犯罪记录的非移民临时工进行筛选。

　　虽然名为埃利斯岛中心，这些新的中心从根本上不同于历史上的埃利斯岛。彭斯的计划针对的是非移民，而不是移民；这些中心不是由联邦政府管理，而是由私人公司管理；它们将设在国外，而不是在美国本土；它们将要求移民证明自己有工作，而埃利斯岛严格执行劳动合同法，以防止移民劳动力的输入降低美国工人的工资。

---

[1]　Matt Towery, "Immigration: The Ellis Island Solution," *Townhall.com*, May 31, 2007.

最有可能的是，彭斯想利用"埃利斯岛"这个词让人想起美国历史上一个被认为更幸福、更成功的时期。彭斯无疑希望这些中心能够缓解美国人的担忧，对进入美国的移民进行筛查。

对新移民不满的哈佛大学政治学家塞缪尔·亨廷顿也把目光投向了埃利斯岛。[①]对他来说，埃利斯岛是一个巨大的成功，"对乘船来的移民的控制相当容易，抵达埃利斯岛的移民中有很大一部分被拒绝入境"。亨廷顿将被拒绝入境者的比例夸大到 15%，远高于实际上的 2%。他幼稚地认为埃利斯岛的限制很严格，在移民管理方面相对轻松。在当年管理埃利斯岛的人看来，这样的认识一定会很可笑，毕竟，他们曾经几乎无法阻止寻求入境的欧洲移民洪流。对亨廷顿和其他评论家来说，埃利斯岛是对他们所认为的美国目前无限制移民政策的历史性谴责。 413

对埃利斯岛记忆的使用或误用掩盖了这样一个事实，即无论是过去还是现在，移民辩论中都有一条共同的线索。当时和现在一样，美国人都在问自己：美国是如何决定谁可以入境，谁不能入境的？

美国人一直都在问自己这个问题。在 19 世纪晚期之前，美国对所有移民都敞开大门，这是一个神话。在联邦政府通过管理移民的法律之前，州政府通过了禁止穷人、罪犯和病人入境的法律。这些法律并没有得到很好的执行，直到埃利斯岛时代，联邦政府才将移民检查国有化和正规化。

关于移民的辩论将我们分为支持移民的高尚自由理想和试图限制移民的卑鄙狭隘理想，这是另一个神话。事实上，这场辩论凸显了

---

① Samuel Huntington, *Who Are We? The Challenges to America's National Identity* (New York: Simon & Schuster, 2004), 189, 225.

美国理想内部的根本冲突和矛盾。我们对民主自治美德的坚持，与我
们国家信条中所有人生来平等的普遍主义风格相冲突。如果每个人都
是平等的，那么政府如何筛选移民并决定谁可以或不可以进入这个国
家？但如果我们是代议制民主国家，那么我们的移民法难道不应该反
映民意吗？

把对普遍主义信条的信仰引向其逻辑的终点，意味着否定边界的
相关性或正义性，而"边界"顾名思义就是为了"排除"。美国的主权
意味着美国要保障美国人的自由和民主，但这与美国是世界上穷人和
受压迫者的避难所的观念格格不入。同样，美国越来越多地寻求在其
法律中消除令人反感的歧视，但区别对待是一切移民政策的核心。如
何调和这些观念呢？

正如美国移民改革委员会主席芭芭拉·乔丹（Barbara Jordan）在
1995 年所说的那样，"移民美国应该被理解为一种特权，而不是一种
权利"，美国历史上大部分时间也都是这样做的。[①]但正如乔丹作为一
名女性、女同性恋者和非裔美国政治家的生活所表现出的那样，20 世
纪后期见证了一场法律和社会权利的革命性暴发，从而扩大了妇女、
少数族裔和同性恋者的自由。合乎逻辑的下一步是，不仅要扩大合法
居住在美国的移民的权利，还要扩大那些寻求进入美国、传统上享有
较少宪法权利的人的权利。

关于扩大权利的许多讨论都植根于第二次世界大战之后的人权革

[①] "Testimony of Barbara Jordan, Chair, U.S. Commission on Immigration Reform, Before a Joint U.S. House of Representatives Committee on the Judiciary Subcommittee on Immigration and Claims and U.S. Senate Committee on the Judiciary Subcommittee on Immigration," June 28, 1995. See also, Mark Krikorian, "Immigration and Civil Rights in the Wake of September 11th," Testimony prepared for the U.S. Commission on Civil Rights, October 12, 2001, http://www.cis.org/articles/2001/msktestimony1001.html.

命。① 普遍主义的人权观念和对国际法的更大强调打击了民族国家的核心。国际法的基石之一——1948 年的《世界人权宣言》(*Universal Declaration of Human Rights*)——存在矛盾。它赋予每一个人在其他国家避难的权利、逃离迫害的权利，以及根据自己的意愿改变国籍的权利。但是，该文件并没有说各国有义务接受这些难民，并给予他们公民身份。这是一种不可强制执行的单向权利。《世界人权宣言》的起草者创造了这些权利，但他们在沉默中维护了民族国家的主权。

作为美国人，我们相信人人生而平等，这是一个允许人民在制定本国法律时发出声音的民主制度。我们相信美国的主权和边界神圣不可侵犯，但我们也认识到，这个国家的道德义务和历史遗产是为那些无法忍受自己祖国的人提供避难所。我们相信，当我们谈论移民问题时，所有这些事情——通常是在同一时间——都表现得十分明显。正是这种混乱和智力上的精神分裂，让我们对移民的思考和讨论变得混乱。

更复杂的是，最近的许多社会、经济、政治和意识形态趋势正在削弱国家主权的概念。我们生活在一个迅速全球化的时代，国界的概念被淡化。在一个自由贸易日益增长的世界里，货币、商品和就业机会在几乎没有监管的情况下跨境流动。

随着移民不断跨越国界，跨国主义思想正在生根发芽，挑战着主权的概念。在一个飞机、电话和卫星电视相对容易获得的时代，移民能够以过去难以想象的方式与他们的祖国保持联系。将这些技术创新与多元文化主义相对于同化的意识形态优势结合起来，你就会意识到

---

① Seyla Benhabib, *The Rights of Others: Aliens, Residents, and Citizens* (Cambridge, UK: Cambridge University Press, 2004), 2, 11.

一个跨国主义时代的到来，伦道夫·伯恩在 1916 年就勾勒出了这样一个时代的轮廓。

自 19 世纪晚期以来一直主导移民法的全权原则正在慢慢削弱。[①]这一原则赋予国会和行政部门广泛的权力来规范移民，而不受法院的干涉。实际结果是，寻求进入美国的准移民获得的宪法保障少于已在美国的公民或非入籍移民。多年来，法律学者和移民活动人士一直将他们集体批判的炮火瞄准这一原则。虽然从未被法院明确推翻，但政府越来越不能保护移民法的执行不受法院挑战。

2001 年，最高法院审理了一起案件，涉及一位已经被驱逐出境并被扣留在埃利斯岛的移民的权利，安东宁·斯卡利亚（Antonin Scalia）大法官重复了 100 多年来移民法中常见的词汇。[②]他说："就所主张的进入这个国家的法律权利而言，一个被最终驱逐出境的外国人与一个不被允许入境的外国人是一样的，即他们都没有这种权利。"但在 2001 年，斯卡利亚对全权原则的辩护成为一种异议。他正确地指出，最高法院的大多数人拒绝推翻麦哲案判决的先例，而是选择"在法律迷雾中掩盖它"。在 21 世纪，大部分美国移民法似乎都陷入了同样的迷雾。

---

① 关于移民权利和公民身份的近期趋势，请参阅 Peter H. Schuck, *Citizens, Strangers, and In-Between: Essays on Immigration and Citizenship* (Boulder, CO: Westview Press, 1998), 19–87; Linda S. Bosniak, *The Citizen and the Alien: Dilemmas of Contemporary Membership* (Princeton, NJ: Princeton University Press, 2006), 37–76; and Hiroshi Motomura, "Immigration Law After a Century of Plenary Power: Phantom Constitutional Norms and Statutory Interpretation," *Yale Law School*, December 1990。迈克尔·沃尔泽（Michael Walzer）为保留移民的民族身份提出了强有力的理由，见 *Spheres of Justice: A Defense of Pluralism and Equality* (New York: Basic Books, 1983), 31–63。

② *Zadvydas v. Davis*, 533 U.S. 678 (2001). See Trevor Morrison, "The Supreme Court and Immigration Law: A New Commitment to Avoiding Hard Constitutional Questions?" July 31, 2001, http://writ.news.findlaw.com/commentary/20010731_morrison.html.

9·11恐怖袭击和反恐战争引发了更多关于移民准入和外国人权利的问题。美国能通过针对中东移民的新法律，并更严格地执行现有的类似法律吗？这是一种类似于《排华法案》的种族歧视。另一方面，被美国军方拘留的恐怖分子嫌疑人的地位引发了一场关于非公民宪法权利的法律辩论。这些问题都没有得到解决，未来可能只会带来更多的混乱和冲突。

在21世纪初，很少有美国人对美国的移民法感到满意。一些美国人发现法律被违反，或没有得到执行，数百万人非法进入美国，政府却几乎没有采取任何行动。另一些人则抱怨移民法中让人无法理解的规定，例如，对待不同国家难民的方式不同。他们批评移民法过于死板，迫使数百万人秘密进入美国。

移民面临着一个两极分化的体制。面对日益复杂的制度，那些寻求合法入境的人常常会遇到令人生畏的官僚主义挑战。那些非法入境的人绕过了繁文缛节，但不得不生活在雷达之下，游离于社会之外。许多人发现，由合法和非法移民组成的双重社会令人不安，也不符合美国精神。无论你属于哪个移民群体，现行的美国移民法都注定会让你失望、沮丧和愤怒。

如果对移民的管制在某种程度上与联邦政府的迅速崛起有关，那么我们当代对联邦政府的态度是没有帮助的。许多希望对移民进行更严格控制和监管的人往往是政治上的右翼人士，他们往往也是呼吁政府对市场进行有限干预的人。保守派对政府的攻击使得对移民采取更强硬行动的呼吁显得很空洞。

许多呼吁减少移民限制、支持开放边境的人属于政治上的左派，但他们往往也是呼吁政府更多参与经济的人。他们越来越轻视国家主权的权利，将民族主义视为一种过时和反动的理想而不予理会，然而他们却希望通过全民医疗保健和其他国家福利计划来激励全国人民。他们声称对日益加剧的收入不平等感到担忧，但相对而言，他们又对廉价的移民劳动力压低了外国人和本国人工资的观点不感兴趣。这些自由主义者在其他任何问题上都支持联邦政府的行动，但是在移民问题上，他们变得像《华尔街日报》社论版那样主张自由放任。

更让人困惑的是，工会曾经是移民限制最热心的支持者之一，因为他们真正担心廉价劳动力对工资的影响，但是到了 21 世纪初，他们开始支持对移民实行自由放任的政策。这更多是与工会在这个国家越来越弱的地位有关，工会认为他们的生存取决于服务产业中国外出生的工人的支持。

在一个边界越来越模糊的全球化世界里，关于移民地位的争论只会变得更加激烈。美国人正在进行一场可能比埃利斯岛之争更具争议性的辩论。它不仅涉及美国身份的问题，还涉及美国作为一个国家的相关性问题。早在 1908 年，亨利·卡伯特·洛奇就提出了国家主权至上的观点，他说："如果没有得到美国人民的许可，任何人也没有权利进入美国或成为美国公民。"100 年后的今天，美国人仍在努力理解这一观念的含义。

现代美国人能从埃利斯岛的历史中学到什么呢？历史学家应该警惕书写"有用的过去"的历史。对于那些希望出台更严格或更宽松的移民法的人来说，研究埃利斯岛的历史提供不了多少证据支撑。

研究这段历史并非要让我们夸大或贬低埃利斯岛移民的成功。历史很少提供可以用于当前政治目的的直白教训。如果说历史对我们有什么教益，那就是过去充满了不完美的人，他们在面对不完美的世界时做出了不完美的决定。在这一点上，他们与我们并没有两样。

虽然发生在埃利斯岛的一切今天几乎无法重构，但它的历史可以为我们这个时代提供一些启示。历史的垃圾箱里到处都是反移民作家的警告，其中包括弗朗西斯·沃克、普雷斯科特·霍尔和威廉·威廉姆斯，现在这些警告已经不可信了。现在看来，他们对经过埃利斯岛的移民质量的担忧是毫无根据的，也是刻薄的。美国不仅吸收了这一波移民潮，而且20世纪的繁荣发展应部分归功于他们的贡献。我们应该意识到对当今移民所谓的低劣素质的类似担忧，不要再犯过去那个时代的错误。

　　这并不是说，今天的问题完全可以与埃利斯岛时代的问题相提并论。历史不会简单地在一个无尽的循环中重复自己。然而，埃利斯岛的历史应该提醒我们，美国今天所面对的问题并非独一无二，今天困扰美国人的问题与困扰我们前辈的问题非常相似。

　　在埃利斯岛的历史上，大多数美国人都在向移民完全敞开大门和完全关闭大门之间寻求平衡。当代美国人在寻求解决移民问题的方法时，也将不得不在普世主义与国家主权的对立理想之间找到平衡，在不歧视政策与民主自治、慷慨主义与实用主义之间找到平衡。

　　今天，大多数美国人认为他们生活在一个伟大的国家，并且理解为什么世界各地的人都想生活在这里。美国是一个移民国家的想法是一个强有力的形象，对各个政治派别的人来说都是真实的。然而，这些美国人中也有许多人有点担心，他们的国家会因为大规模移民而发生根本性的变化；他们担心新移民的差异太大，同化的速度不够快。许多美国人相信这一点，虽然这与当年针对他们的移民祖先所使用的论点相同。

　　记住这些关于移民的十分冲突的想法，现代美国人必须找到自己的妥协之道，既要考虑到本土美国人的恐惧和担忧（合理的或不合理的），同时也要尊重那些抵达我们边境的人的权利。美国不能向全世界

418

敞开大门，但是也不能关闭边境。成功的移民政策将保持大门敞开，继续我们欢迎陌生人的悠久历史，这些陌生人将帮助建设这个尚未完成的国家；同时让土生土长的美国人相信，法律正在得到执行，移民造成的社会混乱已被降到最低。

如果美国人不能确信移民正合法而有序地进行着，有利于经济福祉、社会凝聚力和国家安全，那么整个移民的理想就岌岌可危了。这种难以捉摸的平衡是美国人不得不辩论的问题。

在 20 世纪 20 年代配额制出台之前，埃利斯岛时代的争论一直在试图找到这种平衡，限制主义者支持某种形式的移民，而他们的反对者支持某种对不受欢迎的移民的限制。① 我们可以看到同样的情况在我们这个时代上演。支持移民的自由派法律学者彼得·舒克（Peter Schuck）指出："一边是自由主义者的普世主义愿望，另一边是我们作为一个社会为了实现有效的积极治理所要求的团结，两者之间存在着一种紧张关系，必须通过一定程度的排斥来解决。"另一方面，限制主义保守派马克·克里科里安 (Mark Krikorian) 支持"低移民的亲移民政策，这种政策允许更少的移民，但是对被接纳的移民表示更热烈的欢迎"。排除与接纳的界限在哪里呢？当然，一切都取决于细节。

当美国再次着手解决这个问题时，它将不得不在没有埃利斯岛这样的设施的情况下这样做。如今的移民不是经过埃利斯岛之类的地方，而是通过肯尼迪国际机场或洛杉矶国际机场等机场进入美国，或者穿越加拿大和墨西哥边境。允许移民入境的决定是在美国驻外领事馆做出的，而不是在美国港口的移民站，虽然有越来越多的移民绕过繁琐

_____

① Schuck, *Citizens, Strangers*, 80; Krikorian, "Immigration and Civil Rights in the Wake of September 11th."

的签证程序，非法进入美国。

　　在这个大规模移民的新时代，问埃利斯岛是否会重蹈美国建国时另一个图腾象征的覆辙，是不是太牵强了？100年后，埃利斯岛会像现在的普利茅斯岩那样，对许多美国人来说显得古怪、遥远、不具有代表性吗？拉美裔移民的后代会在墨西哥边境围栏上建一座纪念碑，宣称他们进入了美国主流社会吗？

　　未来无法预测，但围绕埃利斯岛的意义——以及移民的一般意义——的争论，很可能仍将是我们国家对话的一部分，只要仍有人觉得有必要离开自己的祖国，踏上这条美利坚之路，无论是乘船、乘飞机还是步行。

致　谢

421　　当我和责编讨论本书的标题时，我曾要求做一点小小的改变。我谦虚地要求把副标题从"埃利斯岛的历史"改为"一部埃利斯岛的历史"。[①] 虽然最终没能如愿，但我仍然认为后者更合适。我之所以谦虚，是因为我认为不可能写出埃利斯岛的整个历史。这部历史由数以百万计的故事组成，是那些来到这里的移民和岛上工作人员的历史，是围绕埃利斯岛的无数政治和法律斗争的历史。大多数读者在这本书中找不到他们祖先的名字，但我希望他们读后能够更好地理解埃利斯岛的许多含义，以及这个国家在 19 世纪末和 20 世纪初是如何对待移民的。

　　读者应该记住这样几点。首先，书中出现的所有名字都是真实的。有些历史学家在讨论经过埃利斯岛的移民时使用了假名，因为他们的故事具有个人性质。由于时间的推移和这些记录的公开性质，我选择使用真实的名字，但是我试图以得体和敏感的方式讲述每一个故事。

　　其次，重要的是要记住，本书讲述的许多关于移民的故事都来自政府记录。许多移民并没有直接与我们"交谈"，而是通过政府官员

----

① 指本书英文原书名 "The History of Ellis Island"。——译者注

的报告或埃利斯岛听证会的记录与我们"交谈"。许多记录移民言论的人并不同情他们面前的移民。更复杂的是，其中许多内容必须由其他人翻译后才能加入记录。这并不是要贬低这些历史记录的价值（通常它们是我们仅有的记录），而是要提醒大家，所有的史料都有其局限性。

最后，像"低能""白痴""弱智""智力缺陷"和"不良"这样的表达遍布全书，通常没有加引号。这是一种文体上的决定，目的是为了使叙述更流畅。这并不意味着作者赞同那些使用这些表达的人对许多移民所作的严苛评判。

调查研究并写作一本书归根结底是一种孤独的努力。然而，如果不对一路走来对我提供帮助的人表示感谢，那将是我的失职。

Phil Costopoulos, Matt Dallek, Tim Hacsi, Adam Rothman 和 Tevi Troy 都读了部分手稿并提供了我所急需的反馈。值得特别提及的是，Kevin Swope 几乎阅读了整部书稿，并在整个过程中给出了大量的评论。Chris Capozzola 慷慨地与我分享了他对一战的研究成果。

Kitty 和 Ira Carnahan 多年来一直以各种方式提供支持和友谊。在我两本书的出版过程中，Brittany Huckabee 一直是一位无价的编辑和顾问。Stephen Haas 与我分享了他对好书和美酒的热爱。Steve Thernstrom 在关键时刻提供了一些重要的帮助，对此我非常感激。大洋葱徒步旅行公司（Big Onion Walking Tours）的老板 Seth Kamil 是我的好友，多年前，当我正在读研究生时，他安排我去埃利斯岛参观，无意之中促成了这本书的问世。感谢 Susan Ferber 慷慨地和我分享了她在埃利斯岛的故事。

每一个研究移民历史的人都知道 Marian Smith。用一个老生常谈的说法，她就是一位国宝级的人物。作为美国公民与移民服务局的资

422

深历史学家，她慷慨地与我分享了她在这方面的渊博知识，并帮助我克服了一些官僚主义的障碍。

感谢 Justin Kehoe、Dalton Little、Dennis Bilger、Amy Lewis 和 Ben D'Amore 在本书问世的各个阶段提供的协助。Jim Thayer 值得单独感谢。从本科生到研究生，他一直是一名忠实的研究助理和计算机专家，慷慨地提供了超出他的助理职位所需要的帮助。Douglas Baynton、J. T. E. Richardson 和 William Forbath 慷慨地与我分享了他们的研究成果。Binkie McSweeney Orthwein 和 Susan Womack 分享了与他们曾经在埃利斯岛工作的先辈有关的资料。感谢哥伦布骑士团博物馆的 Robert Murphy 用他的侦探技巧找到了一张重要的照片。

感谢波士顿的马萨诸塞大学，除了给我一份稳定的薪水外，还给了我一笔约瑟夫·希利捐赠基金（Joseph P. Healey Endowment Grant），让我可以在华盛顿特区进行一个夏天的研究。我要感谢 Donna Kuizenga、Roberta Wollons、Spencer Di Scala 和 Lester Bartson。

如果没有国家人文基金会（National Endowment for the Humanities）的资助，这本书的出版将会更加延迟。这笔慷慨的拨款让我可以从教学中抽出一年的时间，专注于阅读、研究和写作。

我的经纪人 Rafe Sagalyn 对这本书的帮助值得高度赞扬。多年前，我们在华盛顿的一次聚会上偶遇，当时我还没有出版过一部作品。我要感谢他在过去七年里的耐心和对这本书的信心。

事实已经证明，编辑 Tim Duggan 是很明智的，他的评论和编辑促使我把这本书写成一个更有可读性的故事，同时也没有忘记这也是一部严肃的历史著作。正是因为他的努力，本书才变得更好。我还要感谢 Tim 在哈珀柯林斯的助理 Allison Lorentzen 的帮助，以及 Martha Cameron 出色的编辑工作。

Donna Beath 在这个项目快要结束时走进了我的生活。她没有完全意识到前面是什么，就把自己投入到读者和评论者的角色之中，有时坐在沙滩上翻看章节的草稿。她用温暖的微笑、愉快的心情和一杯随时准备好的香茶，忍受着任何一本书问世过程中不可避免的起起落落。

我和埃利斯岛的关系不仅仅是职业上的。从我已故的祖父那里，我第一次听说埃利斯岛。作为一个来自意大利的年轻移民，他至少一次经过埃利斯岛。我的祖母 Antoinette 出生在纽约的小意大利，但是她的父母、继母和兄弟都曾经过城堡花园和埃利斯岛。

423

在完成这本书的喜悦中夹杂着大量的悲伤。在研究和写作的过程中，我失去了两位姑姑。我多么希望 Marion Marino 和 Kitty Molinari 能够看到这本书。

当我写下这些话的时候，我的父亲已经去世两个月了。多年来，我们花很多时间一起观看了无数场棒球、足球和拳击比赛，是我的父亲首先激发了我对历史和政治的兴趣。他给我上了一个年轻人很少能学到的重要一课：历史不仅重要，而且让人着迷。

多年来，父亲一直饱受多种健康问题的困扰。他从没想过会看到我大学毕业，但是他看到了。他从没想过能看到我拿到博士学位，但是他看到了。他从没想过他会看到我第一本书的出版，但是他看到了。他非常想看到这本书出版，虽然他没有这么说，但我知道，他在过去一年多的时间里一直在念叨，因为他不确定自己还能坚持多久。

去年夏天，父亲的病情恶化了，为了能够多陪陪他，我花了很多时间开车往返于纽约和家之间。我终于完成了书稿，但为时已晚。今年秋天，我们都知道他时日无多了，我告诉他，很抱歉他不能看到这本书问世。他微笑着告诉我："我尽力了，我尽力了！"他确实尽力了。这么多年，他一直在竭尽全力，但最终他还是永远离开了我们。

虽然他的痛苦已经结束，去了一个更好的地方，但这并没有带走我深深的悲伤。很难想象我再也听不到他的声音，再也无法与他分享这本书的书评。我还有很多话想对他说，也有很多话想听他说。我很幸运有他在我身边这么久，也很感激他为我所做的一切。我每天都在怀念他，这种怀念将持续我的余生。

值得庆幸的是，还有母亲与我一起分享这本书出版的喜悦。在 20 世纪 60 年代初实行配额制度的年代，她乘飞机来到纽约。对于她的爱和支持，我的感激之情难以言表。

马萨诸塞州水城
2008 年 12 月

中英文对照表

Fitzharris, James "Skin the Goat" "剥羊皮" 詹姆斯·菲茨哈里斯

Flynn, Thomas 托马斯·弗林

Foran Act（1885）《福兰法案》（1885）

Ford, Melbourne 墨尔本·福特

Ford Motor Company 福特汽车公司

Foster, Charles 查尔斯·福斯特

Franco, Francisco 朗西斯科·佛朗哥

Franklin, John Hope 约翰·霍普·富兰克林

Fraser, James 詹姆斯·弗雷泽

Frick, Henry Clay 亨利·克莱·弗里克

Friedman, Jacob 雅各布·弗里德曼

Fuhr, Eberhard 埃伯哈德·富尔

Gage, Lyman 莱曼·盖奇

Garfield, James A. 詹姆斯·加菲尔德

Garrett, Cynthia 辛西娅·加勒特

Garrison, William Lloyd 威廉·劳埃德·加里森

Garrison, William Lloyd, Jr 小威廉·劳埃德·加里森

Garvey, Marcus 马库斯·加维

Gaston, William A. 威廉·A. 加斯顿

Geddes, A. C 格迪斯

General Services Administration（GSA）房东总务管理局

George, Henry 亨利·乔治

Gibbs, Charles 查尔斯·吉布斯

Gift of Black Folk, The（Du Bois）《黑人的礼物》（杜·波依斯）

Giro, Marco 马可·吉罗

Giuliani, Rudy 鲁迪·朱利安尼

Glazer, Nathan 内森·格雷泽

Glueck, Bernard 伯纳德·格鲁伊克

Goddard, Henry H. 亨利·戈达德

Goderis, Joost 约斯特·戈德里斯

Godfather II 《教父》

Goldberger, Paul 保罗·戈德伯格

Golden Door (Nuovomondo) 《金色大门》（Nuovomondo）

Goldman, Emma 艾玛·戈德曼

Goldman, Julius 朱利叶斯·戈

重建组织

National German-American Alliance 全国德美联盟

National Immigration Restriction League 移民限制联盟

National Liberal Immigration League 全国自由移民联盟

National Origins Act（1929） 国家起源法案（1929）

National Quarantine Act（1893）《国家隔离法案》（1893）

National Woman's Party 国家妇女党

Neale, Ralph 拉尔夫·尼尔

Nevins, Allan 艾伦·内文斯

New Republic 《新共和》

New York City Health Department 纽约市卫生局

New York Commercial Advertiser 《纽约商业广告报》

New Yorker Staats-Zeitung 《纽约州报》

New York Independent Benevolent Association 纽约独立慈善协会

New York State Department of Labor 纽约州劳工部

New York Times 《纽约时报》

New York Tribune 《纽约论坛报》

New York World 《纽约世界报》

Nixon, Richard 理查德·尼克松

Nohr, Nehemiah 尼希米·诺尔

North American Review 《北美评论》

North Brother Island 北兄弟岛

Norton, Charles 查尔斯·诺顿

Norton, S. L. 诺顿

Novak, Michael 迈克尔·诺瓦克

Nutt, Codger 考杰·纳特

Oates, William C. 威廉·C.奥茨

O'Beirne, James 詹姆斯·奥贝恩

O'Brien, Hugh 休·奥布莱恩

O'Connell, Maurice 莫里斯·奥康奈尔

Office of Strategic Services（OSS） 战略情报局

O'Sullivan, John F. 约翰·F.奥沙利文

Paine, Robert Treat, Jr. 小罗伯特·特里特·潘恩

Pale of Settlement "栅栏区"

Palmer, A. Mitchell 米切尔·帕

Randolph, A. Philip 菲利普·伦道夫

Reagan, Ronald 罗纳德·里根

Recht, Charles 查尔斯·雷希特

Red Cross 红十字会

Red Dawn 《红色黎明》

Red Scare 红色恐慌

Red Special 红色专列

Reed, Alfred C. 阿尔弗雷德·里德

Rehnquist, William 威廉·伦奎斯特

Republican Party, U.S. 美国共和党

Restore Ellis Island Committee 埃利斯岛恢复委员会

Revere, Paul 保罗·里维尔

Reynolds, James Bronson 詹姆斯·B. 雷诺兹

Rhode Island 罗得岛州

Riis, Jacob 雅各布·里斯

Riordan, John 约翰·里奥丹

Robinson, Allan 艾伦·罗宾逊

Robinson, Dana E. 达纳·罗宾逊

Robinson, Edward G. 爱德华·罗宾逊

Robinson, Paula 葆拉·罗宾逊

Rockefeller, John D. 约翰·洛克菲勒

Rockne, Knute 克努特·罗克尼

Rodgers, John 约翰·罗杰斯

Roediger, David 大卫·罗迪格

Rondez, Jeanne 珍妮·朗代

Roosevelt, Alice 爱丽丝·罗斯福

Roosevelt, Franklin D. 富兰克林·罗斯福

Roosevelt, Theodore 西奥多·罗斯福

Roosevelt Island 罗斯福岛

Root, Elihu 伊莱休·鲁特

Rosceta, Milka 米尔卡·罗塞塔

Ross, Edward A. 爱德华·罗斯

Ross, Ishbel 伊什贝尔·罗斯

Rosten, Leo 莱奥·罗斯滕

Roth, Gary G. 加里·罗斯

Roth, Philip 菲利普·罗斯

Rudniew, Alexander 亚历山大·鲁德纽

Ruggio, Joseph 约瑟夫·鲁乔

Rynders, Isaiah 以赛亚·林德斯

Safford, Victor 维克多·萨福德

St. Louis Post-Dispatch 《圣路易

斯邮报》

Salmon, Thomas　托马斯·萨尔蒙

Sammartino, Peter　彼得·萨马蒂诺

Samson, Samuel　塞缪尔·萨姆森

Sanders, Leon　莱昂·桑德斯

Sargent, Frank　弗兰克·萨金特

Saroyan, William　威廉·瑟罗扬

Saturday Evening Post　《周六晚邮报》

Save Ellis Island　"拯救埃利斯岛"

Scalia, Antonin　安东宁·斯卡利亚

Schanberg, Sydney　西德尼·尚伯格

Schiff, Jacob　雅各布·希夫

Schofield, Lemuel　莱缪尔·斯科菲尔德

Schuck, Peter　彼得·舒克

Schulteis, Herman J.　赫尔曼·J. 舒尔特斯

Schweppendick, Gustave　古斯塔夫·施韦彭迪克

Segla, Anna　安娜·塞格拉

Seinfeld, Rosa　罗莎·辛菲尔德

Senner, Joseph　约瑟夫·森纳

Shaughnessy, Edward　爱德华·肖内西

Shaughnessy v. Mezei　肖内西起诉麦哲案

Sheffield, James　詹姆斯·谢菲尔德

Sherman, Augustus　奥古斯都·谢尔曼

Sherman Anti-Trust Act（1890）《谢尔曼反托拉斯法》（1890）

Shin Ki Kang　姜信基

Sims, Edwin　埃德温·西姆斯

Skuratowski, Hersch　赫尔施·斯库拉托夫斯基

Slater, Christian　克里斯蒂安·斯莱特

Slayden, James　詹姆斯·斯雷登

Smith, Al　阿尔·史密斯

Smith, Herbert Knox　赫伯特·诺克斯·史密斯

Society of Mayflower Descendants　五月花后裔协会

Sopranos（TV show）《黑道家族》（电视剧）

Spanish-American War　美西战争

Spingarn, Steve　史蒂夫·斯宾加恩

Spinola, Francis　弗朗西斯·斯皮
　诺拉

Spitz, Leonard　伦纳德·施皮茨

Sprague, E. K.　斯普拉格

Stahl, Ernest　欧内斯特·斯塔尔

Stallone, Bartolomeo　巴托洛梅
　奥·史泰龙

Staten Island, N.Y.　纽约斯塔滕岛

Statue of Liberty　自由女神像

Statue of Liberty-Ellis Island Foundation
　自由女神像-埃利斯岛基金会

Steele, John　约翰·斯蒂尔

Steffens, Lincoln　林肯·斯蒂芬斯

Steiner, Edward　爱德华·斯坦纳

Stephenson, Edmund　埃德蒙·斯
　蒂芬森

Stevens, Ebenezer　埃比尼泽·史
　蒂文斯

Stewart, Jordan R.　乔丹·R. 斯图
　尔特

Stoddard, Lothrop　洛斯罗普·斯
　托达德

Stone, Frank　弗兰克·斯通

Stoner, George　乔治·斯通纳

"Stranger at Our Gate, The"（cartoon），
　《大门口的陌生人》（漫画）

Strangers in the Land（Higham）
　《国土上的陌生人》（海厄姆）

Straus, Oscar　奥斯卡·施特劳斯

Strong, Josiah　约西亚·斯特朗

Stucklen, Regina　瑞吉娜·施蒂
　克伦

Stump, Herman　赫尔曼·斯顿普

Stuyvesant, Peter　彼得·施托伊
　弗桑特

Styne, Jule　朱尔·斯泰恩

Sulzer, William　威廉·苏尔泽

Supreme Court, U.S.　美国联邦最
　高法院

Survey　《调查》

Sweberg, Arthur　阿瑟·斯威伯格

Swift, Judson　贾德森·斯威夫特

Taft, William Howard　威廉·霍华
　德·塔夫脱

Tammany Hall　坦慕尼厅

Taylor, Horace　霍勒斯·泰勒

Tedesco, Anthony　安东尼·特德
　斯科

Testa, Stefano　斯特凡诺·泰斯塔

盛顿

Washington, George　乔治·华盛顿

Watchorn, Robert　罗伯特·沃乔恩

Waxman, Nathan　内森·韦克斯曼

Weisberg, Jacob　雅各布·韦斯伯格

Weismann, Henry　亨利·魏斯曼

Wells, H. G.　H. G. 威尔斯

Wells, Richard　理查德·威尔斯

Westervelt, Catherine　凯瑟琳·威斯特维尔特

Weyl, Walter　沃尔特·韦尔

Wilder, Thornton　桑顿·怀尔德

Wilhelms, Cornelius　科尼利厄斯·威廉斯

Williams, Jonathan　乔纳森·威廉姆斯

Williams, William　威廉·威廉姆斯

Williamson, John　约翰·威廉姆森

Willis, Henry Parker　亨利·帕克·威利斯

Wilson, William B.　威廉·B. 威尔逊

Wilson, Woodrow　伍德罗·威尔逊

Windom, William　威廉·温德姆

Winthrop, John　约翰·温斯洛普

Wise, Stephen　斯蒂芬·怀斯

Wister, Owen　欧文·威斯特

Witzke, Lothar　洛塔尔·威策克

Wolf, Simon　西蒙·沃尔夫

Wolf, Sophie　索菲·沃尔夫

Wolper, David　大卫·沃尔泊

Wolpert, Otto　奥托·沃尔伯特

Women's Christian Temperance Union　基督教妇女禁酒联盟

Woods, Robert　罗伯特·伍兹

Woolfolk, Austin　奥斯汀·伍尔福克

World War I　第一次世界大战

World War II　第二次世界大战

Wright, Frank Lloyd　弗兰克·劳埃德·赖特

Wyman, Walter　沃尔特·怀曼

Yacoub, Meier Salamy　迈耶·萨拉米·雅各布

Yale University　耶鲁大学

You, A. J.　A. J. 尤

Youth's Companion　《青年指南》

Zangwill, Israel　伊斯瑞尔·赞格威尔

Zionism　犹太复国主义

Zitello family　齐特洛一家

守望思想　　逐光启航

LUMINAIRE
光启

穿越窄门：埃利斯岛上的移民故事

[美] 文森特·J. 卡纳托　著

马百亮　译

责任编辑　张婧易
营销编辑　池　淼　赵宇迪
装帧设计　徐　翔

出版：上海光启书局有限公司
地址：上海市闵行区号景路 159 弄 C 座 2 楼 201 室　201101
发行：上海人民出版社发行中心
印刷：江阴市机关印刷服务有限公司
制版：南京展望文化发展有限公司

开本：890mm×1240mm　　1/32
印张：18　　字数：430,000　　插页：2
2023 年 6 月第 1 版　　2023 年 6 月第 1 次印刷
定价：138.00 元
ISBN：978-7-5452-1947-0 / D.3

图书在版编目 (CIP) 数据

穿越窄门：埃利斯岛上的移民故事 /（美）文森特
· J. 卡纳托著；马百亮译 . —上海：光启书局，2023
书名原文：American Passage: The History of
Ellis Island
ISBN 978-7-5452-1947-0

Ⅰ . ①穿⋯　Ⅱ . ①文⋯　②马⋯　Ⅲ . ①移民－历史－
美国－文集　Ⅳ . ① D771.238-53

中国国家版本馆 CIP 数据核字（2023）第 078697 号

本书如有印装错误，请致电本社更换 021-53202430